20232024
Premier League Guide-Book

20232024 프리미어리그 가이드북

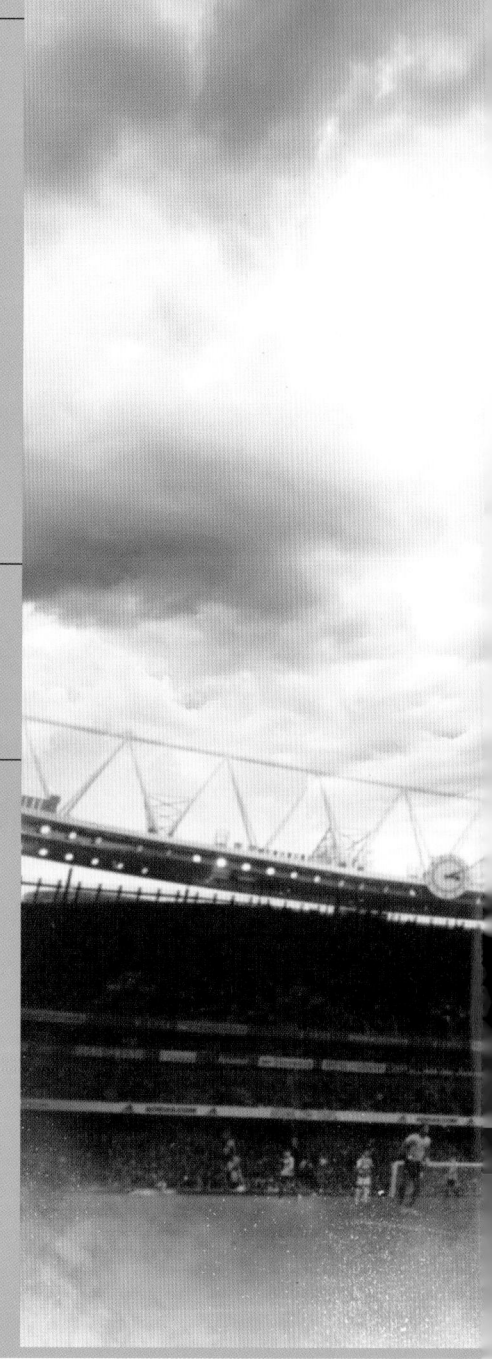

bs
브레인스토어

히든풋볼 지음

CONTENTS

FEATURE		SEASON PREVIEW	8
1		MANCHESTER CITY	18
2		ARSENAL	34
3		MANCHESTER UNITED	50
4		NEWCASTLE UNITED	66
5		LIVERPOOL	82
6		BRIGHTON AND HOVE ALBION	98
7		ASTON VILLA	114
8		TOTTENHAM HOTSPUR	130
9		BRENTFORD	146
10		FULHAM	160

20232024

11	CRYSTAL PALACE	174
12	CHELSEA	188
13	WOLVERHAMPTON WANDERERS	204
14	WEST HAM UNITED	218
15	BOURNEMOUTH	234
16	NOTTINGHAM FOREST	248
17	EVERTON	262
18	BURNLEY	276
19	SHEFFIELD UNITED	290
20	LUTON TOWN	304
SUPPLEMENT	MY FAVORITE PL STADIUM	318

#스쿼드 보는 법

Goalkeeper

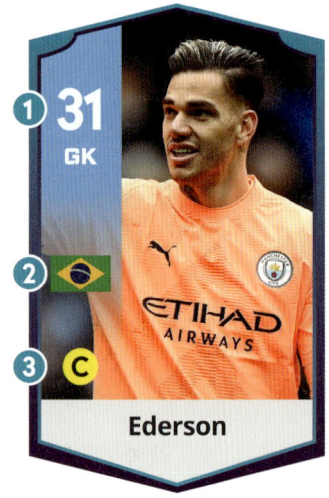

에데르송

국적 브라질 | **나이** 29 | **신장** 188 | **체중** 88 | **평점** 6.44 ④

맨시티의 No.1 골키퍼로 2017년 6월, 4,000만 유로의 이적료에 벤피카에서 이적한 후, 지난 6시즌 동안 공식 290경기에 출전하며 맨시티의 골문을 든든하게 책임졌다. 왼발을 이용한 정확한 킥과 장거리 스로인 능력, 안정적인 볼 컨트롤 등으로 빌드업에 상당 부분 관여한다. 저돌적인 움직임으로 수비 뒷공간을 커버하고 놀라운 반사신경을 통해 멋진 선방을 보여준다. 그러나 최근 공중볼 처리가 미흡하고 위치 선정에서 문제를 노출해 팬들의 비판을 듣고 있다. 또한, 큰 경기에서 예기치 않은 실수를 범하며 패배의 원인을 제공하곤 한다. 그러나 맨시티에서의 자리는 굳건하며, 2017년 10월부터 브라질 대표팀에서도 활약하고 있다.

2022/23시즌

	35 GAMES	3,150 MINUTES	32 실점 ⑤	62.30 선방률 ⑥	
3	46 세이브 ⑦	11 클린시트 ⑧	추정가치: 40,000,000€ ⑨	31.7 경기당패스	84.40 패스성공률	0

- ① 등번호
- ② 국적
- ③ 주장
- ④ 국적, 나이, 신장, 체중, 평균 평점(후스코어드닷컴 기준. 후스코어드닷컴에서 평점을 산정하지 않는 리그 기록은 제외)
- ⑤ 실점 수
- ⑥ **선방률:** 슈팅을 막아낸 비율(%)
- ⑦ **세이브:** 슈팅을 막아낸 횟수
- ⑧ **클린시트:** 무실점으로 방어한 경기 수
- ⑨ **추정 가치(트랜스퍼마켓 기준):** 유로

ABOUT DATA

- 2022/23시즌 정규 리그 기록.
- 브라질, 스웨덴 등 한 해 단위로 시즌을 치르는 리그는 2022시즌 기록.
- 상세 기록을 제공하지 않는 리그는 공개된 기록까지만 수록.
- 2군(유소년) 리그 기록은 제외.
- 지난 시즌 2개 이상의 프리미어리그 팀에서 뛰었던 선수는 개인의 시즌 합산 기록으로 정리.
  (타 국가의 리그에서 임대, 이적해온 경우 직전 소속팀에서의 기록을 표기.)
- **기록 출처:** 프리미어리그 공식 홈페이지, 각 구단 공식 홈페이지, 후스코어드닷컴, 트랜스퍼마켓, FBREF.

Field Player

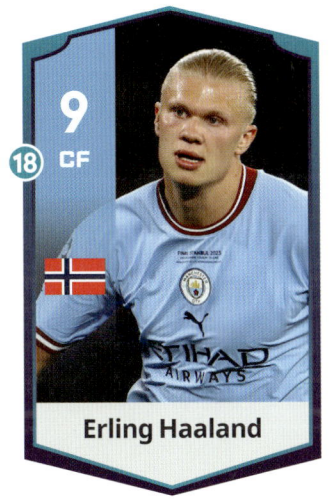

엘링 홀란드

국적 노르웨이 | **나이** 23 | **신장** 194 | **체중** 87 | **평점** 7.54

폭발적인 득점력을 과시하는 스트라이커. 194cm의 신장을 이용한 포스트 플레이, 거구임에도 보여주는 스피드와 순발력, 위력적인 오프 더볼 상황에서의 움직임, 문전에서의 확실한 마무리 능력 등으로 현존하는 스트라이커 중에 최고라는 평을 듣고 있다. 부상을 제외하면 특별한 약점을 찾기 어려울 정도. 2022년 6월, 6,000만 유로의 이적료에 도르트문트에서 맨시티로 이적한 후 2022/23시즌 말 그대로 프리미어리그를 폭격했다. 프리미어리그 단일 시즌 최다 득점(36골)과 프리미어리그 선수로 단일 시즌 공식 경기 최다 득점(52골)을 비롯해 다양한 기록을 양산하며 프리미어리그의 역사를 새로 썼다.

2022/23시즌

| ⑩ 35 GAMES | ⑪ 2,779 MINUTES | ⑫ 36 GOAL | ⑬ 8 ASSISTS |

| 5 | ⑭ 3.77 경기당슈팅 | ⑮ 53 유효슈팅 | 추정가치: 180,000,000€ | ⑯ 13.7 경기당패스 | ⑰ 74.80 패스성공률 | 0 |

- ⑩ 리그 경기 출장 수
- ⑪ 리그 경기 출장 시간(분)
- ⑫ 리그 총 득점 수
- ⑬ 리그 총 도움 수
- ⑭ **경기당 슈팅:** 한 경기당 평균 슈팅 횟수
- ⑮ **유효 슈팅:** 시즌 총 유효 슈팅 수
- ⑯ **경기당 패스:** 한 경기당 평균 패스 횟수
- ⑰ **패스 성공률:** 시도한 패스가 끊기지 않고 전달된 확률(%)
- ⑱ 소화 가능한 포지션

일러두기

- 2쇄 데이터는 한국 날짜로 2023년 9월 30일까지의 이적 현황을 반영하였습니다.
- 이름에 -가 들어가는 경우 국립국어원 기준에 따라 붙여 적었습니다.
- 정확한 기록과 정보가 제공되지 않는 항목은 - 표시했습니다.

스쿼드 보는 법 페이지는 정보와 기록 등 각각의 요소를 설명하기 위한 예시 구성으로, 도서 본문 내용과 일치하지 않을 수 있습니다. 정확한 정보는 구단별 스쿼드 페이지 내의 선수 데이터를 확인해주세요.

2023/24 SEASON PREVIEW 1

맨체스터시티, 프리미어리그 4연패 성공할까?

지금 이 순간 잉글랜드를 지배하는 클럽은 누가 뭐라고 해도 맨체스터시티다. 맨시티는 2022/23시즌 프리미어리그 우승을 차지하며 리그 3연패에 성공했고, 최근 6시즌 중 5시즌이나 리그 우승을 차지했다. 또한, 지난 시즌 프리미어리그뿐 아니라 FA컵, UEFA 챔피언스리그 등에서 우승하며 트레블을 달성, 잉글랜드를 넘어 유럽 무대까지 정복했다. 하지만 이것은 끝이 아니라, 끝이 보이지 않는 진행형이다. 펩 과르디올라 감독을 비롯해 맨시티 선수들은 여전히 우승에 대한 갈증을 숨기지 않고 있다.

당연히 맨시티의 2023/24시즌 목표 역시 참가하는 모든 대회의 우승이다. 그 중에서 프리미어리그의 우승은 매우 중요하다. 1992년 프리미어리그가 출범한 이후, 리그 4연패에 성공한 클럽은 없다. 맨유가 두 차례(1998/99~2000/01, 2006/07~2008/09), 맨시티가 한 차례(2020/21~2022/23) 리그 3연패를 달성했다. 과거 잉글랜드 1부리그로 범위를 넓혀도 4연패에 성공한 클럽은 없다. 허더스필드타운(1923/24~1925/26), 아스날(1932/33~1934/35), 리버풀(1981/82~1983/84) 등이 리그 3연패에 성공했을 뿐이다. 즉, 맨시티가 리그 4연패를 기록하면 잉글랜드 축구 역사를 완전히 새로 쓰게 되는 것이다.

가능성만 논한다면 충분하다. 슈퍼 컴퓨터와 많은 전문가들이 이번 시즌도 맨시티가 잉글랜드 왕좌에 오를 것이라고 예

상하고 있다. 하물며 맨유의 에릭 텐하흐 감독마저 "우승에 대해 논하긴 이르다. 하지만 맨시티가 강력한 우승후보라는 것은 말할 수 있다"라며 맨시티의 우승 가능성을 말했을 정도, 어쩌면 이는 당연한 예측일지 모른다. 맨시티가 2023년 여름 비록 귄도안과 마레즈를 비롯해 주축 선수 일부를 이적시켰다고 할지라도 코바치치와 그바르디올, 제레미 도쿠 등을 영입해 전력을 유지했기 때문이다.

그럼에도 2023/24시즌 프리미어리그는 그 어느 때보다 우승 경쟁이 치열할 것이 분명하다. 지난 시즌 1위를 달리다가 아쉽게 2위를 기록했던 아스날은 이적시장에서 2억 유로 이상을 투자해 라이스, 하베르츠, 팀버 등을 영입했고, 2023 커뮤니티실드 우승으로 가능성을 입증했다. 또한 리버풀은 소보슬라이와 맥알리스터, 엔도 와타루 등을 영입해 미드필드를 개편했고, 맨유는 회이룬, 마운트, 오나나 등의 영입을 통해 약점을 보완했다. 이에 더해 포체티노와 함께 여름을 누구보다 바쁘게 보낸 첼시와 2022/23시즌 돌풍의 주역 뉴캐슬, 포스테코글루 감독이 이끌 토트넘 등도 기회가 된다면 우승 경쟁에 뛰어들고 싶은 마음이 간절할 것이다. 과연 맨시티가 심리적 부담을 이겨내고 치열한 경쟁에서 승리해 프리미어리그 4연패에 성공할까? 그 여부가 자못 궁금하다.

첼시와 맨유, 명가의 재건

전 세계에서 가장 높은 위상을 자랑하는 프로축구리그 잉글랜드 프리미어리그는 1992년 처음 출범될 때만 하더라도 현재의 위상을 상상하기는 어려웠다. 잉글랜드 축구는 1985년 헤이젤 참사를 계기로 모든 클럽들이 5년간 UEFA가 주관하는 유럽클럽대항전에 출전할 수 없었고, 이후 1989년 힐스버러 참사까지 벌어지면서 큰 위기를 맞았다. 잉글랜드 축구계는 프리미어리그의 출범을 통해 이미지 쇄신을 바랐지만, 무조건적인 성공이 보장된 상황은 아니었다. 더구나 출범 초기 5시즌 동안 맨체스터유나이티드가 4번이나 우승을 차지하면서, 리그가 맨유 위주로 일방적으로 흘러가는 것이 아니냐는 우려까지 들었다. 중간에 블랙번이 한 번 우승을 차지하고, 뉴캐슬도 우승에 도전하긴 했지만, 맨유의 벽을 넘기는 버거웠다.

이런 상황은 1996년 아르센 벵거가 아스날에 감독으로 부임하면서 달라졌다. 벵거는 유럽클럽대항전 출전금지로 정체되었던 잉글랜드 축구계에 혁신을 불러왔고, 전통적인 잉글랜드 킥앤러시에서 벗어나 '뷰티풀 게임'을 추구하며 세련된 스타일을 선보였다. 아스날은 난공불락 같았던 맨유에게서 우승을 가져왔고, 2003/04시즌에는 프리미어리그 역사상 최초의 무패우승 신화도 작성했다. 프리미어리그는 맨유와 아스날의 라이벌 구도로 진행되면서 흥미진진해졌고, 맨유는 1999년 챔피언스리그에서 우승하면서 트레블을 달성해 잉글랜드 축구가 유럽에서도 다시 경쟁력을 찾았음을 증명했다. 그리고 이 강고해 보이는 라이벌 구도에 흠집을 내면서 단숨에 세계 축구의 이목을 끈 클럽이 바로 첼시였다. 첼시는 로만 아브라모비치가 팀을 인수함과 동시에 당시 가장 뜨거웠던 감독 무리뉴를 선임해 단숨에 리그 우승을 차지했다. 맨체스터시티의 시대가 오기 전까지 21세기에서 가장 성공적인 프리미어리그 클럽은 바로 첼시였다.

프리미어리그가 출범된 지도 벌써 30년이 넘었다. 그 사이에 맨유와 아스날의 전성기를 이끌었던 퍼거슨과 벵거는 감독에서 은퇴했고, 첼시는 복잡한 세계정세 속에서 구단주 로만이 팀을 매각했다. 기둥과도 같은 존재들이 팀을 떠나자 모든 클럽이 다 어려움을 겪었다. 그래도 아스날은 벵거 이후의 혼란을 비교적 빠르게 정리한 편이다. 아르테타를 선임한 후 믿고 기다려준 결과, 지난 시즌 우승에 근접했으니까. 그렇다면, 맨유와 첼시는 다시 프리미어리그 우승에 다가설 수 있을까?

맨유가 마지막으로 프리미어리그에서 우승한 것은 퍼거슨의 은퇴 시즌이었던 2012/13시즌이었다. 이후 맨유는 모이스, 반할, 무리뉴, 솔샤르, 랑닉까지 많은 감독들이 거쳐갔지만, 단 한 번도 리그에서 우승을 차지하지 못했다. 그나마 리그 외의 트로피를 들어올린 것도 리그컵과 유로파리그를 우승한 무리뉴뿐이었다. 결국 맨유는 보수적인 선택보다는 과감한 선택을 했고, 그것이 바로 텐하흐 감독의 선임으로 이어졌다.

네덜란드 출신의 텐하흐 감독은 과거 크루이프의 토탈풋볼을 현대적으로 재해석한 스타일을 기반으로 삼는 감독이다. 바이에른뮌헨의 유스팀을 지도한 경력이 있어 어린 선수들을 발굴하고 성장시키는 데 능하며, 이를 바탕으로 아약스에서는 좋은 성과를 내기도 했다. 아약스가 챔피언스리그 4강에 진출했을 때 발굴한 더리흐트, 더용 등은 현 시점에서 가장 각광받는 스타 플레이어고, 블린트나 타디치와 같이 다소 애매한 자원이라는 평가를 받던 선수들도 아약스에서 모두 최고의 활약을 펼치는 선수들로 바꿔 놓았다. 이런 텐하흐 감독의 수완은 맨유에 와서도 빛을 발했는데, 여러 감독들을 거치며 중구난방이던 팀의 스타일을 체계적인 빌드업으로 바꿔 놓았고, 팀의 기강 역시 단단하게 만들었다. 그제서야 팀은 맨유만의 색깔을 갖게 되었고 지난 시즌에는 6년 만에 리그컵을 우승했다. 아직까지는 네덜란드 리그 출신의 선수를 지나치게 선호한다는 아쉬움이 있지만, 시간이 지나면 자연스레 해결될 문제로 보인다. 맨유는 이제 어느 정도 궤도에 올라선 것으로 보인다.

첼시의 경우, 맨유보다 오래되지는 않았지만, 역시 프리미어리그에서 우승한 지는 6년이 넘었다. 우승 하나만을 놓고 본다면, 첼시는 챔피언스리그에서 우승한 지 아직 2년 밖에 지나지 않았기 때문에 큰 위기가 아니라고 할 수도 있겠지만 문제는 지난 시즌 너무나 어수선한 구단의 상황이었다. 급격한 팀의 매각, 새로운 오너의 축구에 대한 이해도 부족, 두 번의 감독 교체. 흔들릴 만한 외부요인들이 너무나 많았고, 결과도 매우 좋지 않았다. 지난 시즌 기록한 12위의 성적은 로만이 팀을 인수한 후 20년간 최악의 성적이었다.

다행히 첼시의 이사회는 이제서야 축구에 대한 감을 어느 정도 갖게 된 것 같다. 지난 겨울부터 첼시는 엄청난 금액을 투자하며 공격적인 영입을 계속하고 있고, 방향성 역시 일관적이다. 로만의 마지막 시기 주축이었던 선수들을 젊고 전도유망한 선수들로 교체하는 작업들을 계속 이어가고 있다. 여기에 어린 선수들을 잘 다루는 포체티노 감독을 선임한 것도 긍정적으로 보인다.

맨유와 첼시가 잠시 주춤하는 사이에 맨시티는 과르디올라 감독을 선임한 이후 많은 우승횟수를 추가하면서 프리미어리그 역대 두 번째로 많은 우승을 차지한 팀이 되었다. 이제 맨유와 첼시 두 팀이 세계에서 가장 어려운 리그인 프리미어리그에서 다시 일어설 준비를 마쳤다. 이번 2023/24시즌은 역대 가장 치열한 우승 경쟁이 펼쳐질 것이고, 역대 가장 치열한 챔피언스리그 진출권 경쟁 역시 벌어질 수 있을 것이다.

2023/24 SEASON PREVIEW 3

홀란드의 득점왕을 저지할 선수는?

엘링 홀란드는 2018시즌 노르웨이 몰데에서 리그 12골을 넣으며 주목을 받기 시작했고 2019/20시즌 오스트리아 잘츠부르크로 이적해 리그 16골을 기록하였다. 이후 독일 도르트문트로 이적해 2021/22시즌에는 무려 24경기 22골을 기록할 만큼 No.9의 유일한 계보를 이을 수 있는 스트라이커로 발돋움했다. 이후 2022/23시즌 맨체스터시티는 약 6,000만 유로로 엘링 홀란드를 영입했다. 그리고 리그를 치르면서 자잘한 부상으로 시즌당 10경기 가량 소화하지 못했던 홀란드를 위해 맨체스터시티는 24시간 철저한 관리를 실시했다. 식사, 수면, 훈련, 휴식 등 모든 것을 말이다. 그 결과 홀란드는 확실하게 보답하고 증명했다. 이적 후 첫 시즌만에 프리미어리그 한 시즌 역대 최다 골 기록을 세웠다. 35경기에서 무려 36골이다. 이전 기록은 1993/94시즌 앤디 콜과 1994/95시즌 앨런 시어러가 만든 34골이었다. 심지어 이 시절 프리미어리그는 42경기를 치렀다. 다른 선수들은 한 시즌 통틀어 한 번을 하기 어렵다는 해트트릭을 홀란드는 무려 4번이나 해냈다. 이로써 홀란드는 다시 한번 뛰어난 위치선정과 확실한 결정력, 속도와 피지컬을 겸한 완성형 공격수라는 것을 알리게 되었다.

하지만 누구도 프리미어리그에서 두 시즌 연속 득점왕을 차지할 수 있다고 장담할 수는 없다. 2022/23시즌을 되돌아보자. 홀란드의 뒤를 이어 해리 케인이 30골, 아이반 토니 20골, 모하메드 살라 19골, 칼럼 윌슨 18골을 기록했다. 홀란드의 입장에서는 다행이라고 해야 하는 상황일지도 모른다.

막강한 결정력을 지닌 해리 케인이 바이에른뮌헨으로 떠나게 되면서 경쟁자가 줄어들었다. 그렇다고 해서 안심할 수는 없다. 이미 프리미어리그 득점왕 3회를 차지한 리버풀의 모하메드 살라가 있기 때문이다. '고기도 먹어본 놈이 먹는다'고 했던가. 아무나 골든부츠를 3회나 차지할 수 있는 것이 아니다. 심지어 살라는 최전방 공격수가 아닌 측면 자원임을 생각했을 때 더 대단하다고 볼 수 있다. 2022/23시즌 당시 시즌 초 살라의 퍼포먼스는 기대이하였다. 하지만 월드컵으로 인한 휴식기를 가진 후 후반기 원래의 모습을 되찾은 살라였다. 프리시즌에도 공격포인트를 쉽게 창출하는 등 다시 한번 큰 기대감을 안겨주고 있다. 여기에 지난 시즌은 안와골절, 스포츠탈장으로 어려운 시즌을 보냈던 손흥민 선수도 충분히 기대를 가져볼 만하다. 새롭게 토트넘의 지휘봉을 잡은 포스테코글루 감독은 프리시즌과 시즌 초 경기를 통해 공격적인 축구를 구사할 것을 예고했다. 많은 어려움 속에서도 7 시즌 연속 두 자릿수 득점을 만들었던 손흥민이기에 팬들을 흥분케 한다. 이럼에도 많은 전문가들은 홀란드가 득점왕을 할 확률이 가장 높다고 이야기하고 있고 이미 개막전 멀티골로 자신의 가치를 증명했다. 하지만 뛰어난 경쟁자가 있어야 리그의 수준도, 재미도 올라가는 법. 벌써부터 치열한 순위 싸움이 예상된다.

케인 없는 손흥민, 그리고 코리안 리거들

마지막까지 토트넘을 떠나는 것을 망설이는 것처럼 보였던 케인은 결국 바이에른뮌헨을 선택했다. 토트넘 구단 역사상 최고의 선수이자, 어쩌면 잉글랜드 사상 최고의 공격수일지도 모르는 케인이 팀을 떠난 것은 토트넘에게는 회복하기 어려운 손실이다. 무엇보다 한국팬들에게 중요한 것은 케인이 없는 상황이 손흥민에게 어떤 영향을 미칠 것인가다. 속단하기는 어려운 일이다. 지난 시즌 손흥민은 다소 부진했지만, 과거에는 케인이 부상으로 빠진 기간에도 홀로 충분히 좋은 활약을 펼친 적이 있기 때문이다.

손흥민과 케인은 프리미어리그 역사상 가장 뛰어난 공격 듀오였다. 두 선수는 지금까지 47골을 합작해서 만들었다. 이 두 선수가 이루는 조합의 강점은 서로가 가진 강점을 잘 살려줄 수 있는 특징들을 갖고 있다는 데 있다. 케인은 연계와 포스트플레이에 모두 능한 공격수이며, 손흥민은 스피드가 뛰어나 배후 공간을 침투하는 능력이 좋은 공격수이다. 케인은 발이 빠르진 않지만 손흥민의 존재로 인해 패스를 통해 공격을 빠르게 진행할 수 있고, 손흥민은 제공권과 경합 능력이 뛰어나지는 않지만 케인이 이를 도맡아 서로의 단점을 보완한다.

게다가 지금까지 대부분의 공격 듀오를 살펴보면 대개는 한 쪽이 득점에 강점을 보이는 피니셔, 한 쪽이 도움에 강점을 보인 도우미였던 반면에 손흥민과 케인은 이와 달랐다. 지금까지 케인은 23골과 24개의 도움을, 손흥민은 24골과 23개의 도움을 기록할 정도로 둘의 균형은 절묘했다. 이들은 모두 양발을 잘 쓰는 선수들이기에 상대팀이 막기에 매우 까다로운 조합이었다. 둘 중 누구 하나라도 놓치게 되면 여지없이 위험한 순간을 맞이했다.

이렇게 손흥민이 프리미어리그에서 많은 골을 넣고, 득점왕까지 차지할 수 있었던 데는 케인의 영향력이 컸다. 당연히 케인 역시 여러 차례 득점왕을 차지할 수 있었던 배경에 손흥민의 역할이 막대했다. 프리미어리그 역사상 가장 뛰어난 공격 듀오의 해체는 단순히 토트넘의 팬뿐만 아니라 축구팬이라면 누구나 아쉽게 생각할 것이다.

그래서 당장 케인이 없는 손흥민에게 일어날 수 있는 상황은 상대 수비의 집중견제이다. 현재 토트넘의 공격수들 중에 손흥민보다 득점력이 뛰어난 공격수는 없다. 당연하게도 손흥민만 막아내면 토트넘의 득점을 많이 억제할 수 있으니, 상대로서는 자연스러운 전략이다. 물론, 손흥민은 박스 바깥에서도 강력한 중거리 슛을 성공시킬 수 있는 선수이지만, 장기인 배

후 공간 침투는 이전보다 줄어들 가능성이 있다. 더구나, 토트넘의 새로운 감독인 포스테코글루는 전체적인 라인을 높여 공격적인 스타일을 추구하기에 이런 점도 손흥민에게는 다소 어려운 요인이 될 수 있다.

결국 손흥민의 득점력을 최대한 보존하고, 토트넘의 전반적인 공격력을 향상시키기 위해서는 공격수 보강이 필수적이다. 물론, 어려운 일이다. 케인만큼 다재다능한 공격수는 없다. 그래도 케인의 강점과 유사한 능력을 일정 부분 가지고 있는 공격수를 구하는 것이 최소한의 해결책은 될 것이다.

프리미어리그의 다른 한국인 선수들을 살펴보자면, 우선 황희찬의 경우 감독이 바뀐 것이 긍정적으로 작용할 가능성이 있다. 기존의 로페테기 감독은 프리시즌에서 황희찬을 그리 중용하지 않는 모습을 보였다. 이는 황희찬이 부상으로 인해 제 컨디션을 찾지 못하는 일이 많아 그럴 수 있다고 보이긴 하지만, 현재의 울버햄튼에서 황희찬이 가지고 있는 서툴적인 전진성은 팀에 반드시 필요한 요소 중에 하나이다. 결정력이나 공격력이 강하다고 보기는 어려운 울브스는 황희찬과 같은 스타일의 선수들을 통해 지속적인 시도와 도전이 있어야 한다. 황희찬이 부상 없이 건강하게 시즌을 잘 치를 수만 있다면, 본머스에서 전력이 약한 팀을 프리미어리그에 성공적으로 잔류시킨 경험이 있는 개리 오닐 감독이 그를 유효적절하게 기용할 수 있을 것이다.

노팅엄포레스트 황의조의 경우는 프리시즌에서 제한적인 출전 기회를 부여받았고, 시즌 개막 후에도 리그 경기는 소화하지 못했다. 노팅엄에는 지난 시즌 꽤 큰 돈을 들여 영입한 타이워 아워니이가 있고, 프리미어리그 경험이 많은 베테랑 공격수 크리스 우드도 있다. 아워니이는 좋은 운동능력을 갖추고 있는 공격수이고, 우드는 제공권과 포스트플레이에 능하다. 게다가 센터포워드 외에도 여러 공격 자원들이 많아서 그들이 전부 다 부상으로 이탈하지 않는 이상 황의조가 노팅엄에서 입지를 다지기는 매우 어려운 상황이었다. 결국 황의조는 같은 잉글랜드 무대인 챔피언십의 노리치시티로 1년 임대를 떠나기로 결정했고, 시즌 초반 6경기에 출장하는 등 플레잉타임을 늘려가고 있다.

마지막으로 미래가 기대되는 김지수의 경우 애초에 영입할 때부터 성인팀보다는 주로 B팀에서 뛸 것이라고 알려졌는데, 이번 시즌 프리미어리그에 언제쯤 데뷔할 수 있을지 기대된다. 김지수는 성남에서 뛰던 시절부터 침착한 수비와 좋은 패스 능력을 선보였는데, 이런 점을 현지에서도 자주 보인다면 분명히 기회가 올 수 있을 것이다.

2005년 박지성이 처음으로 프리미어리그에 진출한 이래, 어느새 한국인 프리미어리거 선수가 15명으로 늘어났다. 이번 시즌은 한국인 선수들이 속한 팀이 모두 커다란 변화의 과정을 거치고 있는 중인데, 모든 선수들이 부상 없이 자신의 기량을 마음껏 펼칠 수 있기를 기대한다.

2023/24 SEASON PREVIEW 5

승격 3팀 미리보기

지난 시즌 승격팀 최종 성적, 모두 양호!

프리미어리그 승격만큼 어려운 것은 잔류다. 그런데 지난 시즌은 그 어려운 것을 승격 세 팀이 모두 해냈다. 가장 최근, 지난 10시즌 동안 승격팀이 모두 잔류에 성공한 사례는 2017/18시즌 뉴캐슬, 브라이튼, 허더스필드 세 팀이 유일했다. 이후 지난 시즌 다시 한 번 승격팀이 모두 생존하는 놀라운 결과가 나왔다. 승격팀 모두 3라운드 안에 첫 승을 빠르게 가져가면서 좋은 스타트를 선보였고, 특히 풀럼 같은 경우는 시즌 내내 스몰 스쿼드, 확실한 주력 자원을 바탕으로 좋은 경기력을 선보이며 안정적으로 10위에 안착했다. 동시에 구단 역대 프리미어리그 최다승 기록까지 새로 쓰면서 훌륭한 시즌을 보냈다. 본머스는 어려운 시기를 보냈지만 겨울이적시장 이후 반등하며 잔류에 성공했고, 노팅엄은 수많은 영입생들의 조직력 문제가 발생하며 시즌 초 어려움을 겪었지만 이후 역습에 기반한 확실한 팀컬러를

 풀럼 10위
38전 15승 7무 16패 55득점 53실점   잔류

 본머스 15위
38전 11승 6무 21패 37득점 71실점  잔류

 **노팅엄포레스트** 16위
38전 9승 11무 18패 38득점 68실점  잔류

갖춤과 동시에 홈에서의 끈끈한 경기력을 바탕으로 잔류에 성공하며 세 팀 모두 PL에 생존한 상태로 시즌을 마감했다. 이는 올 시즌 새롭게 승격한 세 팀에게도 굉장한 동기부여가 될 수 있을 것이다.

2023/24시즌 프리미어리그에 올라온 세 팀은 번리, 셰필드, 루턴타운! 치열한 챔피언십 경쟁을 뚫고 올라온 세 팀의 무한도전 스타트!

 번리 | 챔피언십 1위
46전 29승 14무 3패 87득점 35실점
#승점101점_1위직행

지난 시즌 챔피언십 리그 46경기에서 단 3패. 승점은 100점 이상을 달성하며 압도적인 성적으로 일찌감치 승격을 확정지은 번리다. 맨시티의 레전드였던 콤파니가 지휘봉을 잡으면서 우리가 흔히 알고 있던 롱볼 축구를 하던 번리의 팀컬러를 완전히 바꾸어냈고, 펩의 제자답게 강한 압박과 숏패스를 기반으로 하는 패싱 축구로 챔피언십을 장악했다. 특히 무려 19명의 선수가 득점을 기록할 정도로 다양한 선수들이 공격에 적극 가담했고 수비적으로도 훌륭한 밸런스를 보이며 리그 최다 득점, 최소 실점의 완벽한 수치를 보여줬다. 이뿐만 아니라 슈팅시도, 점유율, 패스성공률 모두 리그 최상위의 수치를 보여줬던 번리이기 때문에 이러한 경기력을 PL에서도 보여줄 수 있을지 많은 팬들이 기대하고 있다. 프리미어리그의 빠른 템포와 압박 강도에 번리 선수단이 빠르게 적응하고 챔피언십에서 성공한 특유의 팀컬러를 흔들림 없이 보여줄 수 있다면 의외의 호성적도 기대해 볼 수 있다.

셰필드유나이티드 | 챔피언십 2위
46전 28승 7무 11패 73득점 39실점

#승점91점_2위직행

번리와 마찬가지로 공수에서 안정적인 밸런스를 보여주며 여유 있게 시즌 2위를 차지했다. 다만 번리와는 다른 스타일로 2위의 성적을 거뒀는데, 번리가 압도적인 점유율을 바탕으로 90분 내내 주도하는 운영을 통해 우승을 차지했다면 셰필드유나이티드는 각 지점에서의 즉각적인 압박과 다이렉트한 공격전개, 이른바 뛰는 축구로써 2위의 성적을 만들어냈다. 폴 헤킹바텀 감독의 역임 시 짜임새 있는 동선 배분과 경기 중 유연한 전술변화 능력은 셰필드가 승격하는 데 있어서 중요하게 작용했다. 다만 셰필드의 불안 요인은 역시 얇은 스쿼드와 주요 선수의 이탈이다. 지난 시즌 팀 공격의 선봉장이었던 일리만 은디아예가 프랑스 마르세유로 떠났고, 중원에서 핵심적인 역할을 했던 맨시티 듀오 중 맥아티는 재임대에 성공했지만, 도일은 복귀 후 바로 울버햄튼으로 떠났다. 떠난 선수들이 해줬던 역할이 상당히 컸기 때문에 새로운 이적생들이 적응 문제없이 빠르게 그에 준하는 활약을 펼쳐줘야 하며 주요 선수들이 부상 없이 온전한 컨디션으로 시즌을 치르는 것 역시 셰필드로서는 매우 중요하다.

루턴타운 | 챔피언십 3위
46전 21승 17무 8패 57득점 39실점

#승점80점_플레이오프 통과

지난 시즌 승격을 통해 구단 역사상 처음으로 프리미어리그 진입에 성공했다. 사실 그 직전 시즌도 승격 플레이오프까지 진출하기는 했지만 탈락의 고배를 마셔야 했고, 지난 시즌 리그 3위에 오르면서 다시 한 번 도전한 끝에 코벤트리를 꺾고 마침내 PL 무대로 승격했다. 루턴타운의 경기방식은 효율 축구 그 자체다. 3백을 활용하여 수비를 단단하게 가져가면서 롱볼을 활용한 다이렉트한 전개, 볼 탈취 후 주변 선수들이 함께 밀고 올라가며 슈팅까지 빠른 시간 내에 마무리하는 것을 전술적으로 선호한다. 팀 스타일상 트랜지션 상황에 상당히 익숙한 팀이기 때문에 의외로 PL의 빠른 템포에 빠르게 적응할 수도 있다. 다만 문제는 경험이다. 선수단 대부분이 프리미어리그 경험이 없으며 롭 에드워즈 감독도 승격을 이끌어내며 젊고 유능한 감독이라는 것을 증명했지만 아직까지는 1부 리그 감독 경험이 없는 40세의 '초짜' 감독이다. 잔류를 위해서는 루턴타운 특유의 짠물 축구와 더불어 어느 정도의 기적도 동반되어야 할 것으로 보인다.

EDERSON MORAES
STEFAN ORTEGA
SCOTT CARSON
RÚBEN DIAS
JOHN STONES
KYLE WALKER
JOŠKO GVARDIOL
JÉRÉMY DOKU
NATHAN AKÉ
MANUEL AKANJI
SERGIO GÓMEZ
KALVIN PHILLIPS
RICO LEWIS
MATEO KOVAČIĆ
KEVIN DE BRUYNE
PHIL FODEN
RODRI
BERNARDO SILVA
MATHEUS NUNES
JACK GREALISH
ERLING HAALAND
JULIÁN ÁLVAREZ

Manchester City

MANCHESTER CITY

맨체스터시티 Manchester City

창단 년도	1894년
최고 성적	우승 (1936/37, 1967/68, 2011/12, 2013/14 2017/18, 2018/19, 2020/21, 2021/22, 2022/23)
경기장	시티 오브 맨체스터 스타디움 (City of Manchester Stadium, 에티하드 스타디움)
경기장 수용 인원	53,400명
경기장 위치	Ashton New Road Etihad Campus, Manchester M11 3FF
지난 시즌 성적	1위
별칭	The Citizens (시티즌스), The Sky Blues (스카이블루스)
상징색	스카이블루
레전드	에릭 브룩, 피터 토허티, 앨런 오크스, 콜린 벨, 마이크 서머비, 뱅상 콤파니, 세르히오 아게로, 다비드 실바 등

히스토리

맨체스터시티는 1880년 세인트 마크스 웨스트 고튼이란 이름으로 창단되어 1887년 아드윅 AFC로 명칭을 변경하였고, 1894년부터 맨체스터시티FC라는 현 클럽명을 사용하고 있다. 약 130년의 긴 시간 속에서 프리미어리그를 포함한 잉글랜드 1부리그 우승 9회, FA컵 우승 7회, 리그컵 우승 8회, UEFA 챔피언스리그 우승 1회, 유러피언 컵위너스컵 우승 1회 등 찬란한 역사를 썼다. 특히 2008년 셰이크 만수르가 구단을 인수하면서 오일 머니를 앞세워 잉글랜드를 넘어 유럽 축구의 강자로 부상했다. 2016년 펩 과르디올라 감독이 지휘봉을 잡은 후부터는 무려 14개의 우승 트로피를 들어올리기도 했다. 특히, 2022/23시즌 프리미어리그 3연패에 성공했을 뿐 아니라 학수고대하던 챔피언스리그 우승을 차지해 클럽 역사상 최초로 트레블을 달성했다.

최근 5시즌 리그 순위 변동

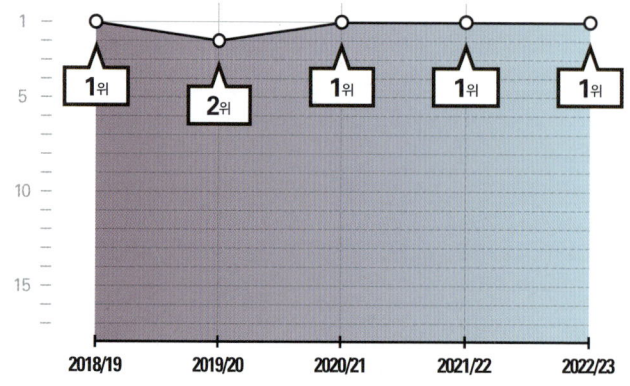

클럽레코드 IN & OUT

최고 이적료 영입 IN

잭 그릴리쉬
1억 1,750만 유로
(2021년 8월, from 아스톤빌라)

최고 이적료 판매 OUT

라힘 스털링
5,620만 유로
(2022년 7월, to 첼시)

CLUB & MANAGER

펩 과르디올라 Pep Guardiola | 1971년 1월 18일 | 52세 | 스페인

펩 과르디올라는 언제나 완벽을 추구한다

현존하는 세계 최고의 명장 중 한 명. 다양한 포메이션과 패턴 플레이를 통해 높은 볼점유율, 골키퍼부터 시작되는 빌드업, 공격수들의 다양한 스위칭 플레이를 활용하는 창의적인 전술을 선보이며 상대를 압도한다. 다만, 완벽주의적 성격으로 인해 편집증에 가까울 정도로 전술적 완벽성을 추구해 종종 선수들과 불화설이 터지곤 했다. 하지만 지난 UEFA 챔피언스리그에서 우승을 차지하며 다시 한 번 지도력을 입증했다. 2007년 감독으로 데뷔한 이후, 거의 매 시즌 우승 트로피를 수집하고 있고, 맨시티에서도 2016년부터 7시즌 동안 무려 14개의 우승 트로피를 들어 올렸다. 그가 부임한 후 맨시티는 지금까지 단 한 번도 리그 최종순위가 3위 밑으로 내려간 적이 없다.

감독 인터뷰
"우리는 지난 시즌 트레블을 달성하며 산 꼭대기까지 도달했다. 산의 최정상에 오르기까지 많은 어려움이 따른다. 우리의 축구, 우리의 행동, 우리의 정신력은 이번 시즌 우리가 어디까지 도달할지를 결정할 것이다. 이번 시즌은 다시 0부터 시작한다."

감독 프로필

통산
863 경기 628 승 132 무 103 패

선호 포메이션
4-3-3

승률
72.77%

우승 이력

- 라리가 (2008/09, 2009/10, 2010/11)
- 코파 델 레이 (2008/09, 2011/12)
- 수페르코파 데 에스파냐 (2009, 2010, 2011)
- 분데스리가 (2013/14, 2014/15, 2015/16)
- DFB 포칼 (2013/14, 2015/16)
- 프리미어리그 (2017/18, 2018/19, 2020/21, 2021/22, 2022/23)
- FA컵 (2018/19, 2022/23)
- EFL컵 (2017/18, 2018/19, 2019/20, 2020/21)
- 커뮤니티실드 (2018, 2019)
- UEFA 챔피언스리그 (2008/09, 2010/11, 2022/23)
- UEFA 슈퍼컵 (2009, 2011, 2013)
- FIFA 클럽 월드컵 (2009, 2011, 2013)

경력

2007~2008	2008~2012	2013~2016	2016~
바르셀로나B	바르셀로나	바이에른뮌헨	맨체스터시티

MANCHESTER CITY

IN

마테오 코바치치
(첼시)

요슈코 그바르디올
(라이프치히)

제레미 도쿠
(스타드렌)

마테우스 누네스
(울버햄튼)

OUT

리야드 마레즈
(알아흘리)

양헬 에레라
(지로나)

일카이 귄도안
(바르셀로나)

뱅자맹 멘디
(로리앙)

아이메릭 라포르트
(알나스르)

콜 팔머
(첼시)

FW
- 9 홀란드
- 10 그릴리쉬
- 11 도쿠
- 19 알바레스

MF
- 4 필립스
- 8 코바치치
- 16 로드리
- 17 더브라위너
- 20 실바
- 32 페로네
- 47 포든
- 27 누네스

DF
- 2 워커
- 3 디아스
- 5 스톤스
- 6 아케
- 21 고메스
- 24 그바르디올
- 25 아칸지
- 82 루이스

GK
- 13 스테판
- 18 오르테가
- 31 에데르송
- 33 카슨

히든풋볼의 이적시장 평가

맨체스터시티는 2023년 여름 트레블을 달성한 전력을 유지하는 데 초점을 맞추면서도 그바르디올과 코바치치, 도쿠를 영입했다. 물론, 마레즈와 귄도안이 떠나면서 아쉬움을 남겼지만 마레즈가 떠난 자리에 도쿠를, 권도안이 떠난 자리에 코바치치를 영입하면서 전력을 유지하는 데 성공했다. 또한, 완발 센터백 그바르디올은 과르디올라 감독의 수비 전술을 더 다양하게 만들 것으로 기대를 모으고 있다.

SQUAD & BEST11

BEST 11

- 9 홀란드
- 10 그릴리쉬
- 17 더브라위너
- 20 실바
- 8 코바치치
- 16 로드리
- 24 그바르디올
- 6 아케
- 3 디아스
- 2 워커
- 31 에데르송

2022/23시즌 스탯 Top 3

득점 Top 3
- 엘링 홀란드 — 36골
- 필 포든 — 11골
- 훌리안 알바레스 — 9골

도움 Top 3
- 케빈 더브라위너 — 16도움
- 리야드 마레즈 — 11도움
- 엘링 홀란드 — 8도움

출전시간 Top 3
- 에데르송 — 3,150분
- 로드리 — 2,920분
- 엘링 홀란드 — 2,777분

히든풋볼의 순위 예측

적수가 없는 강팀이다. 적절하게 영입도 잘 끝냈다. 챔스는 모르겠지만 리그에서는 아직도 최강자다.

1위 · 이주헌

빡빡하다 평가 받는 PL 순위 경쟁이지만 맨시티는 여전히 논외다.

1위 · 박종윤

이미 완성된 전력이라는 건 트레블로 입증했고, 몇몇 자원이 들어와 팀이 더 젊어졌다.

1위 · 박찬우

고기도 먹어본 사람이 먹는다. 물론, 맨시티는 최근 폭식을 했지만 '리그 4연패'라는 고기상을 놓칠 리 없다.

1위 · 송영주

보강은 많지 않았다. 그럼에도 PL에서 맨시티를 압도할 만한 클럽을 찾기는 쉽지 않다.

1위 · 김용남

전술 숙련도와 완성도, 확실한 골잡이 유무, 펩의 무한한 전술 아이디어, 여전히 맨시티는 강력한 우승후보다.

1위 · 이완우

맨시티, 트레블 이상을 원한다

맨체스터시티는 2022/23시즌 프리미어리그, UEFA 챔피언스리그, FA컵 우승을 차지하며 트레블을 달성했다. 구단 역사상 첫 트레블이자 잉글랜드 클럽으로는 1998/99시즌 맨체스터유나이티드 이후 두 번째 트레블, 유럽 역대 10번째 트레블을 달성한 것이다. 사실 과정은 쉽지 않았다. FA컵에선 3라운드부터 결승까지 6연승을 질주하며 우승을 차지했지만 결승전에서 맨유를 상대로 상당히 고전했고, UEFA 챔피언스리그에선 16강부터 라이프치히, 바이에른뮌헨, 레알마드리드, 인테르 등을 차례로 격파하며 우승을 차지했지만 결승전인 인테르전을 포함해 적지 않은 위기가 존재했다. 또한, 프리미어리그에선 아스날의 질주를 꾸준히 추격한 끝에 33라운드 아스날전에서 4-1로 승리하며 뒤늦게 1위를 탈환하며 리그 3연패에 성공했다.

맨시티가 트레블을 달성할 수 있었던 이유는 후반기 들어 3-2-4-1 포메이션이 정착하면서 상대를 압도하는 경기력을 보여줬기 때문이다. 펩 과르디올라 감독은 전반기 4-3-3 포메이션을 바탕으로 특유의 전술을 가동하면서 꾸준히 성적을 냈음에도 이에 만족하지 않고 경기력을 더 향상시키기 위해 노력했다. 결국, 맨시티는 엘링 홀란드의 득점력을 극대화시키면서도 필 포든, 훌리안 알바레스, 케빈 더 브라위너, 잭 그릴리시, 베르나르두 실바 등을 앞세워 다양한 공격 패턴을 보여줬다. 특히, 홀란드가 최전방에서 리그 36골을 넣으며 프리미어리그 단일 시즌 최다골 기록을 새로 쓰면서 득점왕을 차지했다. 또한, 맨시티는 존 스톤스를 수비형 미드필더로 기용하면서 변칙적인 스리백을 가동함에 따라 상대 역습에 대한 대처가 향상되면서 수비도 단단한 모습을 보여줬다.

이제 맨시티는 트레블 이상을 원하고 있다. 2시즌 연속 트레블과 동시에 출전하는 대회마다 우승하기를 원하는 것이다. 그리고 이는 불가능한 일무로 보이진 않는다. 물론, 맨시티는 일카이 귄도안과 리야드 마레즈 등 트레블 멤버들 중 일부가 이적했지만 마테오 코바치치와 요슈코 그바르디올, 제레미 도쿠 등을 영입하며 오히려 전력을 더 강화시켰다. 여기에 펩 과르디올라 감독은 맨시티에서 14개의 우승 트로피를 들어올렸지만 여전히 우승 트로피에 대한 갈증을 숨기지 않고 있다. 다만, 프리미어리그 내에서나 챔피언스리그 내에서나 견제와 경쟁이 더 강해질 것이 분명하다. 과연 맨시티는 다시 트레블을 달성할 수 있을까? 지난 시즌의 퍼포먼스를 떠올린다면 그 이상도 가능해 보인다.

MANCHESTER CITY

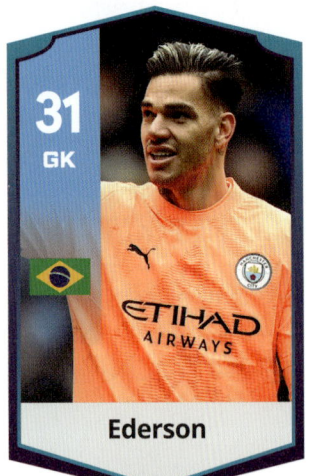

에데르송

국적 브라질 | **나이** 29 | **신장** 188 | **체중** 88 | **평점** 6.44

맨시티의 No.1 골키퍼로 2017년 6월, 4,000만 유로의 이적료에 벤피카에서 이적한 후, 지난 6시즌 동안 공식 290경기에 출전하며 맨시티의 골문을 든든하게 책임졌다. 왼발을 이용한 정확한 킥과 장거리 스로인 능력, 안정적인 볼 컨트롤 등으로 빌드업에 상당 부분 관여한다. 저돌적인 움직임으로 수비 뒷공간을 커버하고 놀라운 반사신경을 통해 멋진 선방을 보여준다. 그러나 최근 공중볼 처리가 미흡하고 위치 선정에서 문제를 노출해 팬들의 비판을 듣고 있다. 또한, 큰 경기에서 예기치 않은 실수를 범하며 패배의 원인을 제공하곤 한다. 그러나 맨시티에서의 자리는 굳건하며, 2017년 10월부터 브라질 대표팀에서도 활약하고 있다.

2022/23시즌

	GAMES	MINUTES	실점	선방률	
3	35	3,150	32	62.30	0
	세이브 46	클린시트 11	추정가치 40,000,000€	경기당패스 31.7	패스성공률 84.40

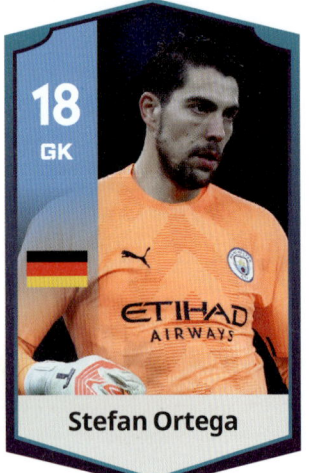

슈테판 오르테가

국적 독일 | **나이** 30 | **신장** 186 | **체중** 87 | **평점** 7.56

독일 출신의 골키퍼로 발기술이 뛰어나 패스 성공률이 높고, 상황 판단과 반사신경이 뛰어나 놀라운 선방을 펼치곤 한다. 다만, 골키퍼로서는 다소 작은 186cm의 신장으로 공중볼에 약한 모습을 보여준다. 빌레펠트 유스 출신으로 2014년 여름 1860뮌헨으로 이적했다가 2017년 여름 빌레펠트로 복귀했다. 2017년 이후 빌레펠트의 수호신으로 활약했고, 2019/20시즌 빌레펠트에 분데스리가 2부리그 우승을 선사했다. 그러나 2021/22시즌 빌레펠트가 강등되면서 2022년 여름 FA로 맨시티로 이적했다. 2022/23시즌 리그 3경기를 포함해 공식 14경기에 출전하며 No.2 골키퍼 역할을 소화했다. 2023 커뮤니티실드에 선발 출전하기도 했다.

2022/23시즌

	GAMES	MINUTES	실점	선방률	
0	3	270	1	93.30	0
	세이브 14	클린시트 2	추정가치 9,000,000€	경기당패스 50.3	패스성공률 85.40

카일 워커

국적 잉글랜드 | **나이** 33 | **신장** 178 | **체중** 73 | **평점** 6.54

다재다능한 라이트백으로 2023년 여름 바이에른뮌헨 이적설로 뜨거웠지만 결국 과르디올라 감독의 설득 끝에 맨시티에 잔류했다. 2017년 7월, 5,400만 파운드의 이적료로 토트넘에서 맨시티로 이적한 후 공식 254경기에 출전했을 정도로 수비진의 중심 역할을 했다. 라이트백으로 직선적인 드리블과 폭발적인 스피드, 왕성한 활동량을 보여주면서도 스리백 하에선 센터백으로 안정적인 수비를 펼친다. 이에 따라 과르디올라 감독은 그의 위치에 변화를 주면서 자유자재로 포백과 스리백을 혼용한다. 2019년 11월 챔피언스리그 아탈란타전에서 골키퍼로 뛰기도 했다. 2011년부터 잉글랜드 대표팀에서 주축으로 활약 중이다.

2022/23시즌

	GAMES	MINUTES	GOALS	ASSISTS	
3	27	1,957	0	0	0
	경기당슈팅 0.05	유효슈팅 1	추정가치 13,000,000€	경기당패스 64	패스성공률 89.50

PLAYERS

3 CB — Rúben Dias

후벵 디아스

국적 포르투갈 | **나이** 26 | **신장** 186 | **체중** 82 | **평점** 6.79

맨시티 수비의 중심. 대인마크, 위치 선정, 태클 능력 등을 앞세워 안정된 수비를 펼치며 맨시티 수비를 지휘한다. 강력한 피지컬과 뛰어난 판단력, 타고난 스피드를 바탕으로 공간 커버에 능하고, 준수한 패스 능력을 바탕으로 빌드업에 관여한다. 측면 공간을 커버할 정도로 수비 범위가 넓고, 공중볼에도 강해 종종 득점을 터뜨린다.

벤피카 유스 출신으로 2020년 여름 6,800만 유로의 이적료에 맨시티로 이적했고, 2020/21시즌 적응 기간도 필요 없이 바로 주전으로 활약하며 맨시티의 수비를 업그레이드시켰다는 평을 들었다. 2018년부터 포르투갈 대표팀에서 활약하고 있다.

2022/23시즌

	GAMES	MINUTES	GOALS	ASSISTS	
3	26	1,999	0	0	
	0.45 경기당슈팅	2 유효슈팅	추정가치: 80,000,000€	79.7 경기당패스	92.70 패스성공률	0

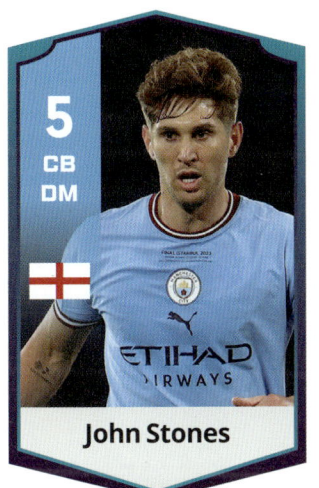

5 CB DM — John Stones

존 스톤스

국적 잉글랜드 | **나이** 29 | **신장** 188 | **체중** 69 | **평점** 6.8

잉글랜드 국가대표 센터백이자 수비형 미드필더. 탄탄한 기본기에 의한 대인마크 능력, 패스를 통한 빌드업 능력, 넓어진 시야를 통한 수비 조율 능력 등을 보여주지만 시즌마다 다소 기복이 있는 편이다. 2016년 8월, 이적료 4,750만 파운드에 에버튼에서 맨시티로 이적한 후, 집중력 결여와 잦은 부상, 어처구니없는 실수 등으로 팬들의 비판을 들었다. 그러나 2020/21시즌 사생활에서 안정감을 찾으며 제 실력을 발휘하기 시작했고, 2022/23시즌 후반기 수비형 미드필더로 출전해 공수 연결 고리 역할을 하면서도 수비라인으로 내려와 수비의 안정감을 높이는 등 놀라운 활약을 펼쳤다.

2022/23시즌

	GAMES	MINUTES	GOALS	ASSISTS	
2	23	1,849	2	2	2
	0.15 경기당슈팅	3 유효슈팅	추정가치: 40,000,000€	65.7 경기당패스	93.20 패스성공률	0

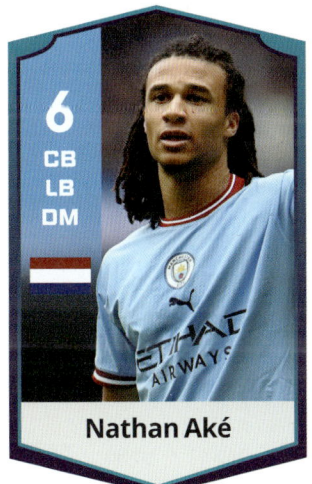

6 CB LB DM — Nathan Aké

네이선 아케

국적 네덜란드 | **나이** 28 | **신장** 180 | **체중** 74 | **평점** 6.75

네덜란드 대표팀에서 활약하는 수비수. 전술 이해력이 뛰어나 센터백, 레프트백, 수비형 미드필더 등 다양한 포지션을 소화한다. 왕성한 활동량, 탄탄한 기본기, 준수한 패싱력, 넓은 수비범위 등을 보여준다. 또한, 상황 판단이 빨라서 상대 공격수의 움직임을 미리 읽거나 상대 패스를 길목에서 차단한다. 다만, 센터백으론 작은 신장이라서 공중볼 경합과 몸싸움에서 고전하고 레프트백으로는 크로스가 부정확한 편이다. 2020년 8월, 4,100만 파운드의 이적료에 본머스에서 맨시티로 이적한 후, 전천후 백업 수비수로 활약했지만 지난 시즌 센터백으로 공식 41경기에 출전하며 존재감을 과시했다.

2022/23시즌

	GAMES	MINUTES	GOALS	ASSISTS	
2	26	1,876	1	0	
	0.43 경기당슈팅	2 유효슈팅	추정가치: 42,000,000€	65.6 경기당패스	91.10 패스성공률	0

MANCHESTER CITY

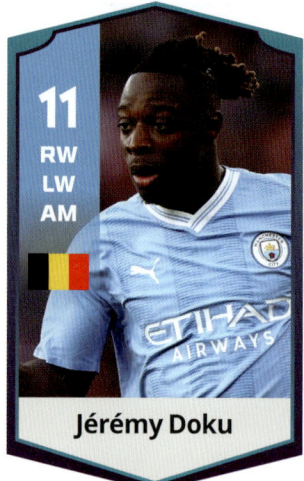

11 RW LW AM
Jérémy Doku

제레미 도쿠

국적 벨기에 | **나이** 21 | **신장** 171 | **체중** 59 | **평점** 7.08

2023년 8월 5,500만 파운드의 이적료에 스타드 렌에서 영입한 윙어. 가공할 만한 스피드와 현란한 드리블, 탄탄한 테크닉을 과시하면서 측면을 파괴한다. 주발이 오른발이지만 왼발도 효과적으로 활용하는 편이다. 득점력이 뛰어나지는 않지만 슈팅에 대한 적극성도 보여준다. 다만, 워낙 뛰어난 드리블 실력을 갖춘 탓에 볼을 끌면서 공격 템포를 늦추는 경우가 종종 존재한다. 물론 이러한 약점도 펩 과르디올라 감독 밑에서 훈련하면 점차적으로 해결될 공산이 크다. 2020년 9월 덴마크전을 통해 벨기에 국가대표로 데뷔한 이후 꾸준히 벨기에 대표팀에 차출되고 있다.

2022/23시즌

0	29 GAMES	1,287 MINUTES	6 GOAL	2 ASSISTS	0
	1.81 경기당슈팅	12 유효슈팅	추정가치: 28,000,000€	17 경기당패스	86.40 패스성공률

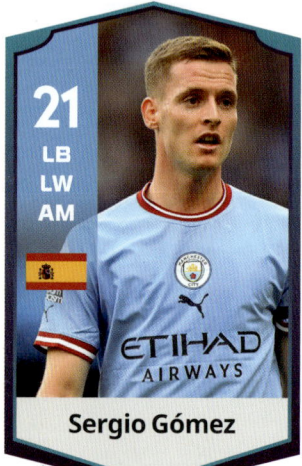

21 LB LW AM
Sergio Gómez

세르히오 고메스

국적 스페인 | **나이** 22 | **신장** 170 | **체중** 63 | **평점** 6.24

잠재력이 뛰어난 미완의 레프트백. 바르셀로나 B와 도르트문트에서 공격형 미드필더로 활약했지만 안더레흐트에서 레프트백으로 포지션을 변경하며 두각을 나타냈다. 2021/22시즌 안더레흐트에서 공식 49경기에 출전해 7골 17도움을 기록할 정도로 엄청난 공격 생산력을 보여줬다. 그 결과, 2022년 8월 맨시티로 이적했다. 바르셀로나 출신답게 테크닉과 패싱력이 뛰어나고 미드필더와 풀백, 윙어 등을 소화할 정도로 전술적 이해도 탁월하다. 또한, 왼발을 활용한 킥이 정확해 공격 포인트를 적지 않게 기록한다. 하지만 피지컬이 약해 몸싸움에 밀리고, 공격에서 수비로 전환할 때 수비 위치 선정에 문제를 노출한다.

2022/23시즌

0	12 GAMES	341 MINUTES	0 GOAL	1 ASSISTS	0
	1.81 경기당슈팅	0 유효슈팅	추정가치: 13,000,000€	23.9 경기당패스	89.20 패스성공률

24 CB
Joško Gvardiol

요슈코 그바르디올

국적 크로아티아 | **나이** 21 | **신장** 185 | **체중** 82 | **평점** 6.67

크로아티아 대표팀의 왼발 센터백. 맨체스터시티는 2023년 8월, 7,500만 파운드의 이적료에 라이프치히에서 맨시티로 이적했다. 피지컬과 테크닉을 겸비한 수비수로 주로 센터백으로 활약하지만 레프트백으로도 뛸 수 있다. 강력한 대인 마크, 정확한 태클, 뛰어난 판단력, 효과적인 동료와의 협력 플레이, 빠른 스피드 등을 바탕으로 안정된 수비를 펼치며, 패스와 드리블을 통해 빌드업에 관여한다. 라이프치히에서 지난 2시즌 동안 공식 88경기에 출전해 5골을 넣었고, 2022 카타르 월드컵에선 코뼈 부상으로 마스크를 쓰고 출전했음에도 놀라운 수비력을 뽐내며 크로아티아를 3위로 이끌었다.

2022/23시즌

2	30 GAMES	2,171 MINUTES	1 GOALS	0 ASSISTS	0
	0.58 경기당슈팅	4 유효슈팅	추정가치: 75,000,000€	71.3 경기당패스	89.30 패스성공률

PLAYERS

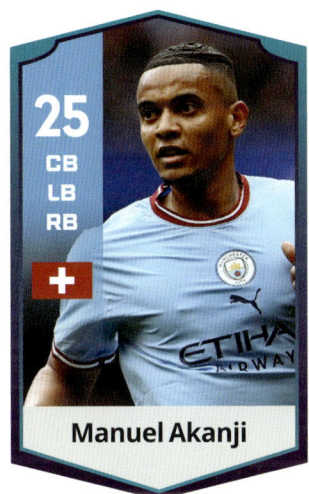

25 CB LB RB
Manuel Akanji

마누엘 아칸지

국적 스위스 | **나이** 28 | **신장** 187 | **체중** 84 | **평점** 6.62

강력한 피지컬과 빠른 스피드, 정확한 태클을 보여주는 스위스 국가대표 수비수. 수비의 모든 포지션을 소화할 정도로 전술적 활용도 높고 주발이 오른발이지만 왼발도 잘 활용하며 패스도 정확한 편이라 빌드업에 기여한다. 그러나 낙하지점을 제대로 포착하지 못해 공중볼 처리가 다소 미숙하고, 상대의 강한 압박에 고전을 겪곤 한다. 빈터투어 유스 출신으로 바젤에서 두각을 나타냈고 도르트문트를 거쳐 2022년 9월, 1,500만 파운드의 이적료에 맨시티로 이적했다. 2022/23시즌 공식 48경기에 출전해 1골 1도움을 기록하며 나름대로 만족할 만한 활약을 펼쳤다.

2022/23시즌

2	29 GAMES	2,287 MINUTES	0 GOALS	1 ASSISTS	0
	0.59 경기당슈팅	2 유효슈팅	추정가치: 38,000,000€	69.7 경기당패스	93.30 패스성공률

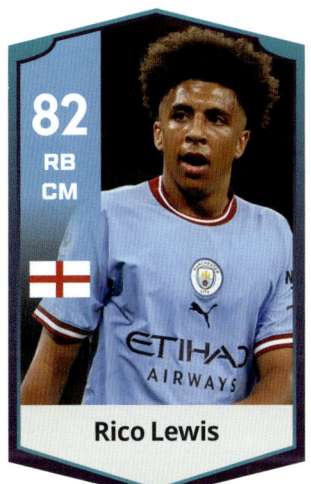

82 RB CM
Rico Lewis

리코 루이스

국적 잉글랜드 | **나이** 18 | **신장** 170 | **체중** 64 | **평점** 6.56

2004년생 젊은 라이트백. 맨체스터에서 태어나고 자란 선수로 2013년 8세의 나이에 맨시티 유스 팀에 입단했고, 연령별 잉글랜드 청소년 대표팀을 거칠 정도로 엘리트 코스를 밟으며 성장했다. 2022년 8월 13일 본머스전을 통해 프로에 데뷔했고, 2022/23시즌 공식 23경기에 출전해 1골을 넣으며 가능성을 입증했다. 유스에서 중앙 미드필더로 성장했지만 인버티드 풀백으로 활약하면서 수준급의 테크닉과 좋은 위치 선정, 탁월한 공간 이해력, 저돌적인 움직임을 통해 인상적인 경기력을 보여준다. 다만 아직 풀백으로서 경험이 부족해 수비 집중력 문제를 노출하곤 한다.

2022/23시즌

1	14 GAMES	905 MINUTES	0 GOALS	0 ASSISTS	0
	0.5 경기당슈팅	2 유효슈팅	추정가치: 20,000,000€	45.6 경기당패스	92.20 패스성공률

4 DM
Kalvin Phillips

칼빈 필립스

국적 잉글랜드 | **나이** 27 | **신장** 177 | **체중** 68 | **평점** 6.27

잉글랜드 국가대표 미드필더. 공격의 시발점 역할을 하는 수비형 미드필더로 왕성한 활동량을 보여주면서도 경기를 읽는 능력이 뛰어나 압박과 태클을 통해 상대의 공격을 사전에 차단하고 오른발 킥을 바탕으로 정확한 패스와 슈팅을 구사하며 공격에 기여한다. 특히, 공격의 활로를 개척하는 롱패스는 매우 위력적이다. 그러나 패싱력에 비해 테크닉과 드리블이 뛰어난 편은 아니라서 상대의 강한 압박에서 실수를 범하곤 한다. 2022년 7월, 약 5,000만 파운드에 리즈에서 맨시티로 이적하면서 로드리를 보좌할 것이라고 큰 기대를 모았지만 몸 관리에 문제를 노출하며 부진을 면치 못했다.

2022/23시즌

1	12 GAMES	291 MINUTES	0 GOALS	0 ASSISTS	0
	1.8 경기당슈팅	0 유효슈팅	추정가치: 320,000,000€	26 경기당패스	92.60 패스성공률

MANCHESTER CITY

마테오 코바치치
국적 크로아티아 | **나이** 29 | **신장** 181 | **체중** 74 | **평점** 6.48

맨시티가 바르셀로나로 떠난 일카이 귄도안의 빈자리를 메우고자 영입한 중앙 미드필더. 디나모 자그레브 유스 출신으로 인테르, 레알, 첼시를 거쳐 2023년 6월, 3,000만 파운드의 이적료로 맨시티에 입성했다. 민첩한 움직임과 뛰어난 테크닉, 효과적인 드리블을 통해 탈압박하며 볼을 전방으로 운반한다. 패스와 연계를 통해 빌드업을 주도하고, 압박과 수비가담 역시 수준급이다. 다만, 드리블에 능하다 보니 볼을 길게 끄는 경향이 있고, 플레이의 영향력에 비해 공격 포인트는 부족한 편이다. 2013년부터 크로아티아 대표팀에서 뛰었고, 2018, 2022 월드컵에서 크로아티아 돌풍의 주역으로 활약했다.

2022/23시즌

	27 GAMES	1,708 MINUTES	1 GOAL	2 ASSISTS	
8	1.21 경기당슈팅	1 유효슈팅	추정가치: 38,000,000€	48.5 경기당패스	86.00 패스성공률	0

잭 그릴리쉬
국적 잉글랜드 | **나이** 27 | **신장** 176 | **체중** 68 | **평점** 7.33

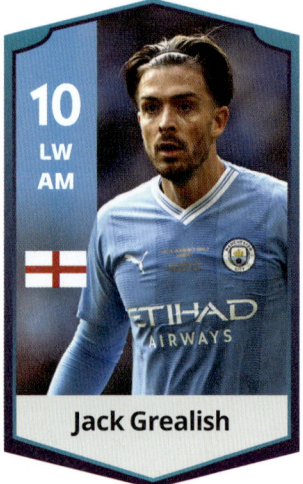

잉글랜드 대표팀의 왼쪽 윙어이자 공격형 미드필더. 화려한 테크닉과 위력적인 드리블, 창의적인 패스, 영리한 연계 플레이 등을 통해 플레이메이커 역할을 하면서 상대 수비를 파괴한다. 오른발 킥이 정확해 왼쪽에서 중앙으로 움직이며 슈팅을 시도해 골을 넣는다. 다만 드리블할 때 공격 템포를 늦추는 경향이 있고, 공격 포인트는 여전히 기대에 비해 부족한 편이다. 또한 가끔 사생활 문제로 비판을 받곤 한다. 아스톤빌라 유스 출신으로 2021년 8월, 무려 1억 파운드의 이적료에 맨시티로 이적했다. 이 이적료는 잉글랜드 선수 역사상 가장 높은 이적료였지만 2023년 여름 웨스트햄에서 아스날로 이적한 데클란 라이스(1억 5,000만 파운드)에 의해 깨지고 말았다.

2022/23시즌

	28 GAMES	2,064 MINUTES	5 GOAL	7 ASSISTS	
4	1.8 경기당슈팅	15 유효슈팅	추정가치: 75,000,000€	35.3 경기당패스	87.60 패스성공률	0

로드리
국적 스페인 | **나이** 27 | **신장** 190 | **체중** 78 | **평점** 7.26

팀의 공격 방향을 지정하고 경기를 조율하는 중원의 지휘자. 190cm의 큰 신장을 바탕으로 한 피지컬로 상대와의 몸싸움에서 이겨내며 정확한 패스와 효과적인 탈압박 능력, 왕성한 활동량 등으로 경기를 조율한다. 그러나 주력이 느려 속도 경쟁에서 약점을 드러내고, 시즌 후반에 체력적인 문제를 노출하곤 한다. 2022/23시즌 무려 56경기나 출전했기 때문에 2023/24시즌에는 체력 관리가 필수. 비야레알 유스 출신으로 아틀레티코마드리드를 거쳐 2019년 7월 바이아웃 금액(6,260만 파운드)에 맨시티로 이적했다. 이후 주전으로 4시즌 동안 공식 207경기에서 17골을 넣었고, 2022년 7월 맨시티와 재계약하며 계약기간을 2027년까지 연장했다.

2022/23시즌

	36 GAMES	2,921 MINUTES	2 GOALS	6 ASSISTS	
5	1.55 경기당슈팅	14 유효슈팅	추정가치: 90,000,000€	82.7 경기당패스	91.30 패스성공률	0

PLAYERS

케빈 더브라위너
국적 벨기에 | **나이** 32 | **신장** 181 | **체중** 69 | **평점** 7.58

맨체스터시티의 에이스이자 현존하는 세계 최고의 미드필더 중 한 명. 경기를 읽는 센스와 넓은 시야를 보유해 중요한 순간마다 중, 장거리 패스를 통해 공격의 시발점 역할을 할 뿐 아니라 전진 패스와 크로스, 감각적인 슈팅을 통해 득점에 직접적으로 관여한다. 중앙 미드필더와 공격형 미드필더, 오른쪽 윙어 등 다양한 포지션을 소화하면서도 꾸준히 제 역할을 하지만 중앙에서 뛸 때 활동 폭의 제한이 없어 100% 실력을 발휘하곤 한다. 프리미어리그 역사상 역대 최다 도움왕(4회), 역대 단일 시즌 최다 도움(20개), 최소 경기 100도움(237경기) 등 어시스트에 관한 거의 모든 기록을 보유하고 있다.

2022/23시즌

	32 GAMES	2,425 MINUTES	7 GOALS	16 ASSISTS	
1	2.42 경기당슈팅	21 유효슈팅	추정가치: 70,000,000€	42.4 경기당패스	80.80 패스성공률	0

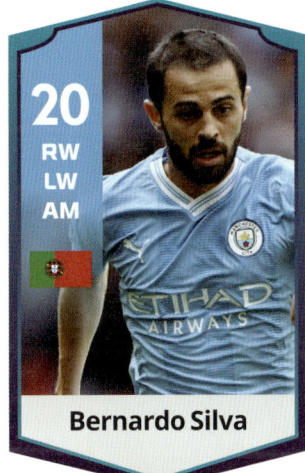

베르나르두 실바
국적 포르투갈 | **나이** 28 | **신장** 173 | **체중** 64 | **평점** 6.8

영양가 높은 플레이를 보여주는 공격형 미드필더이자 오른쪽 윙어. 빠른 스피드와 부지런한 움직임, 탄탄한 테크닉, 공간에 대한 높은 이해력 등을 기반으로 상대 뒷공간을 효율적으로 침투하고, 득점 기회를 창출한다. 연계 플레이와 창의적인 패스, 반박자 빠른 슈팅, 탈압박이 뛰어나 효과적인 공격 작업을 보여주고, 1차 압박에도 적극적인 모습이다. 지난 시즌에도 최고의 유틸리티 플레이어의 모습을 보여주며 공식 경기에서 55경기 7골 8도움을 기록했다. 2022년에 이어 2023년 여름에도 바르셀로나를 비롯한 여러 클럽과 이적설이 있었지만 결국 맨시티에 잔류하게 됐다.

2022/23시즌

	34 GAMES	2,203 MINUTES	4 GOALS	5 ASSISTS	
5	1.02 경기당슈팅	9 유효슈팅	추정가치: 80,000,000€	41.7 경기당패스	89.10 패스성공률	0

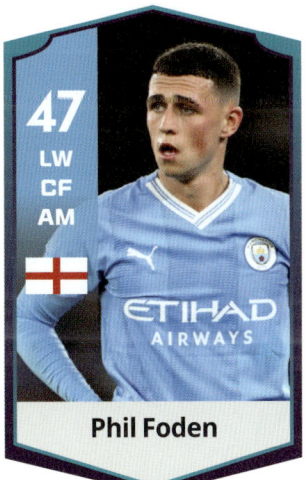

필 포든
국적 잉글랜드 | **나이** 23 | **신장** 170 | **체중** 69 | **평점** 7.13

맨체스터시티 팬들이 가장 사랑하는 선수 중 한 명. 8세의 나이로 맨시티 유스에 입단해 대표팀을 제외하면 오직 맨시티 한 클럽을 위해서만 뛰었다. 왼쪽 윙어, 중앙 미드필더, 제로톱, 왼쪽 풀백 등 다양한 포지션을 소화할 정도로 다재다능하고, 효과적인 드리블과 동료와의 연계 플레이, 감각적인 슈팅 등으로 공격 포인트를 기록한다. 2017년 17세의 나이로 프리미어리그에 데뷔한 이후, 과르디올라 감독의 극찬을 들으면서 매 시즌 성장을 멈추지 않고 있다. 공격 포인트가 조금만 더 많으면 금상첨화. 참고로 그의 등번호 47은 47세의 젊은 나이로 세상을 떠난 할아버지 로니 포든을 기리기 위한 것으로 잘 알려져 있다.

2022/23시즌

	32 GAMES	1,844 MINUTES	11 GOALS	5 ASSISTS	
1	2.25 경기당슈팅	22 유효슈팅	추정가치: 110,000,000€	31.3 경기당패스	86.10 패스성공률	0

MANCHESTER CITY

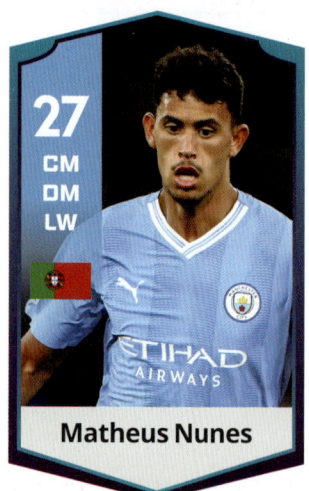

27 CM DM LW
Matheus Nunes

마테우스 누네스

국적 포르투갈 | **나이** 24 | **신장** 183 | **체중** 78 | **평점** 6.6

2023년 이적시장 마감 직전, 6,000만 유로의 이적료에 울버햄튼에서 맨시티로 이적한 다재다능한 미드필더. 맨시티는 케빈 데브라이너의 부상 공백을 메울 미드필더를 찾았고, 누네스는 울버햄튼 훈련에 불참하며 맨시티 이적을 간절히 원했다. 그 결과 누네스는 맨시티 이적에 성공했다. 박스투박스 미드필더로 뛰어난 드리블 능력과 테크닉, 패싱력 등을 보여주며 공격을 주도한다. 왕성한 활동량과 강한 압박 등으로 미드필드에서 수비력도 뛰어난 편이다. 다만 공격 포인트 생산은 아쉽다. 지난 시즌 30라운드 첼시전에서 환상적인 발리슛 골을 넣었지만 시즌 전체적으로 빈곤한 득점력을 노출했다.

2022/23시즌

2	35 GAMES	2,480 MINUTES	1 GOAL	1 ASSISTS	1
	1.02 경기당슈팅	9 유효슈팅	추정가치: 45,000,000€	27.8 경기당패스	82.30 패스성공률

9 CF
Erling Haaland

엘링 홀란드

국적 노르웨이 | **나이** 23 | **신장** 194 | **체중** 87 | **평점** 7.54

폭발적인 득점력을 과시하는 스트라이커. 194cm의 신장을 이용한 포스트 플레이, 거구임에도 보여주는 스피드와 순발력, 위력적인 오프 더 볼 상황에서의 움직임, 문전에서의 확실한 마무리 능력 등으로 현존하는 스트라이커 중에 최고라는 평을 듣고 있다. 부상을 제외하면 특별한 약점을 찾기 어려울 정도. 2022년 6월, 6,000만 유로의 이적료에 도르트문트에서 맨시티로 이적한 후 2022/23시즌 말 그대로 프리미어리그를 폭격했다. 프리미어리그 단일 시즌 최다 득점(36골)과 프리미어리그 선수로 단일 시즌 공식경기 최다 득점(52골)을 비롯해 다양한 기록을 양산하며 프리미어리그의 역사를 새로 썼다.

2022/23시즌

5	35 GAMES	2,779 MINUTES	36 GOAL	8 ASSISTS	0
	3.77 경기당슈팅	53 유효슈팅	추정가치: 180,000,000€	13.7 경기당패스	74.80 패스성공률

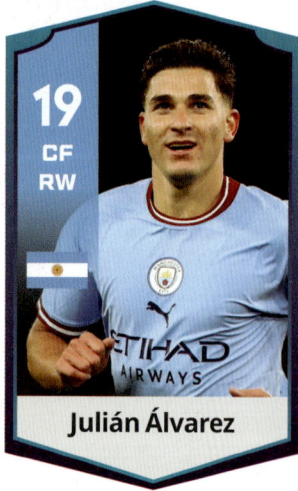

19 CF RW
Julián Álvarez

훌리안 알바레스

국적 아르헨티나 | **나이** 23 | **신장** 171 | **체중** 69 | **평점** 6.7

아르헨티나 국가대표 스트라이커로 2022 카타르 월드컵 우승의 주역. 전술 이해력이 뛰어나 최전방 스트라이커뿐 아니라 윙포워드, 세컨드 스트라이커 등 공격에서 다양한 포지션을 소화할 수 있다. 173cm의 작은 신장이지만, 낮은 무게 중심과 테크닉, 드리블을 바탕으로 볼을 잘 소유하며 운반한다. 또한, 적절한 위치 선정과 효과적인 연계 플레이, 양발을 사용한 슈팅 등을 보여주며 득점포를 가동한다. 이에 더해 왕성한 활동량과 민첩한 움직임을 바탕으로 전방에서 강한 압박을 보여주곤 한다. 홀란드의 명성에 가려졌지만 지난 시즌 공식 49경기에서 17골 4도움을 기록하며 만점 활약을 펼쳤다.

2022/23시즌

0	31 GAMES	1,454 MINUTES	9 GOALS	0 ASSISTS	0
	2.83 경기당슈팅	20 유효슈팅	추정가치: 60,000,000€	15.1 경기당패스	82.70 패스성공률

전지적 작가 시점

송영주가 주목하는 맨시티의 원픽!
케빈 더브라위너

지금 **맨시티**에 이 선수가 있다면!
손흥민

그 누구도 케빈 더브라위너가 현존하는 최고의 미드필더들 중 한 명이란 사실을 부인할 순 없다. 공격형 미드필더와 중앙 미드필더, 윙어 등을 소화하면서 정확한 킥을 바탕으로 중거리 슈팅, 프리킥, 크로스, 전진 패스 등을 통해 공격 포인트를 양산한다. 넓은 시야와 정확한 판단력을 바탕으로 공수 템포를 조율할 뿐 아니라 공격 방향을 지정한다. 그렇기에 더브라위너가 맨시티의 중심으로 에이스 역할을 소화하는 것이다.

하지만 세월 앞에 장사 없다. 1991년생인 더브라위너는 이제 32세가 되었고, 맨시티에서만 8시즌을 뛰었다. 그의 능력에 대한 의문은 존재하지 않지만 그의 몸상태에 대한 우려는 존재할 수밖에 없는 상황. 여전히 훌륭한 퍼포먼스를 보여주지만 예전에 비해 기복이 존재하고 부상도 서서히 많아지고 있다는 사실은 간과할 수 없다. 결국, 펩 과르디올라 감독이 더브라위너를 관리할 시간이 왔다. 맨시티가 2023/24시즌에도 트레블을 노린다면 더브라위너의 활약은 필수이므로 그의 컨디션과 몸 상태 관리는 아무리 강조해도 부족함이 없다.

맨체스터시티의 약점을 찾기는 매우 어렵다. 그만큼 맨시티는 매해 여름마다 약점을 보강하면서 공수 밸런스가 뛰어난 팀으로 진화를 거듭했다. 그렇기에 지난 시즌 트레블을 달성할 수 있었던 것. 하지만 면밀히 살펴보면 아쉬운 점은 존재한다. 엘링 홀란드라는 괴물 스트라이커를 보유했지만 홀란드에 대한 집중 견제를 분산시킬 수 있는 파괴력 있는 윙포워드가 없다는 점, 로드리의 백업인 칼빈 필립스가 부진하다는 점, 전문 풀백이 부족하다는 점 등은 상황과 상대에 따라서 아킬레스건으로 작용할 수도 있다.

물론, 맨시티는 이번 여름 제레미 도쿠를 영입하며 나름대로 측면 공격을 보강했다. 하지만 그가 득점력이 뛰어난 윙어라고 보긴 어렵다. 이런 측면에서 지난 시즌 리그에서 5골 11도움을 기록한 리야드 마레즈의 이적은 아쉬움이 남는다. 만약 맨시티에 손흥민이 있다면? 손흥민처럼 득점력과 드리블, 스피드를 보유한 자원이 있다면 맨시티의 파괴력은 급상승할 것으로 보인다. 물론, 손흥민이 맨시티로 이적할 가능성은 희박하지만 맨시티가 완벽을 추구한다면 손흥민과 같은 유형의 윙포워드를 욕심낼 필요가 있다.

AARON RAMSDALE
DAVID RAYA
ARTHUR OKONKWO
WILLIAM SALIBA
JURRIEN TIMBER
BEN WHITE
GABRIEL
JURRIEN TIMBER
ROB HOLDING
CEDRIC SOARES
OLEKSANDR ZINCHENKO
THOMAS PARTEY
MARTIN ODEGAARD
EMILE SMITH ROWE
JORGINHO
MOHAMED ELNENY
KAI HAVERTZ
DECLAN RICE
BUKAYO SAKA
GABRIEL JESUS
GABRIEL MARTINELLI
EDDIE NKETIAH

Arsenal

ARSENAL

아스날 Arsenal

- **창단 년도** | 1886년
- **최고 성적** | 우승 (1930/31, 1932/33, 1933/34, 1934/35, 1937/38, 1947/48, 1952/53, 1970/71, 1988/89, 1990/91, 1997/98, 2001/02, 2003/04)
- **경기장** | 에미레이츠 스타디움 (Emirates Stadium)
- **경기장 수용 인원** | 60,704명
- **경기장 위치** | Hornsey Rd Holloway, London N7 7AJ
- **지난 시즌 성적** | 2위
- **별칭** | The Gunners (거너스)
- **상징색** | 레드
- **레전드** | 티에리 앙리, 데니스 베르캄프, 패트릭 비에이라, 로베르 피레, 질베르투 실바, 프레드릭 융베리, 옌스 레만, 이안 라이트, 토니 아담스 등

히스토리

아스날은 1886년에 창단되어 136년의 긴 시간 속에서 잉글랜드 1부 리그 우승 13회, FA컵 우승 14회, 리그컵 우승 2회 등 찬란한 역사를 썼다. 특히 FA컵 최다 우승과 2003/04시즌 리그 무패 우승으로 구단 명성을 드높였다. 하지만 그 후 에미레이츠 스타디움 건축으로 뱅거감독과 함께 허리띠를 졸라매었고, 국내 팬들에게는 '4스날'과 '16스날'이라는 안타까운 별명이 붙게 되었다. 이후 아르테타 감독으로 교체되었고 아스날은 과거의 명성을 되찾기 위한 움직임을 가져갔다. 7년 만에 챔피언스리그 재진출 성공을 이루었다. 그렇다면 이제 20년 동안 이루지 못한 리그 우승이 아스날과 아르테타 감독이 이뤄내야 할 가장 큰 과제이다.

최근 5시즌 리그 순위 변동

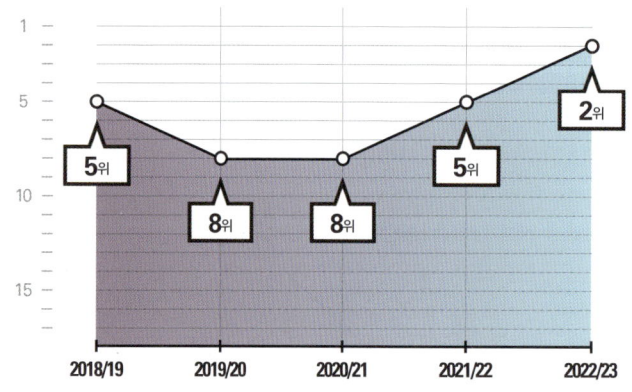

클럽레코드 IN & OUT

최고 이적료 영입 IN

데클란 라이스
1억 1,600만 유로
(2023년 7월, from 웨스트햄)

최고 이적료 판매 OUT

알렉스 옥슬레이드챔벌레인
3,800만 유로
(2018년 6월, to 리버풀)

CLUB & MANAGER

미켈 아르테타 Mikel Arteta   1982년 3월 26일 | 41세 | 스페인

이제는 리그 우승으로 보답하고 증명할 때가 되었다

어느덧 아스날 감독으로서 5년차에 접어들었다. 변형 백3 포지션을 적극적으로 활용하며 높은 점유율, 골키퍼로부터 시작되는 빌드업, 강한 전방압박을 이용하는 등 뛰어난 전술로서 상대를 압도한다. 2, 3년차에는 플랜A가 막히면 답을 찾지 못하는 듯한 모습이었지만 서서히 플랜B도 만들어지며 어려움을 극복해내는 모습이 나왔다. 다만 선수 기용에 있어서 의문을 가지게 할 때가 종종 있다. 최근 컨디션이 좋았던 선수를 벤치에 내리거나 교체 타이밍이 생각보다 늦어서 적절히 분위기 반전을 하지 못할때도 있다. 그래도 선수들과의 관계에 있어서는 어긋남이 없다. 또한 사람을 매혹시키는 뛰어난 하프타임 연설 능력도 갖고 있다.

감독 인터뷰

"아스날에 있는 동안 나는 우리 클럽이 예전 모습으로 돌아오는 것을 보았다. 우리 모두가 놓쳤던 느낌으로 돌아가는 것, 우리 뒤에는 특별한 무언가가 있기 때문이다. 그것은 바로 우리가 함께 한다는 것이다. 지금 여기 있는 우리가 바로 아스날이다."

감독 프로필

통산	선호 포메이션	승률
180 경기 **106** 승 **27** 무 **47** 패	**4-3-3**	**58.89%**

시즌 키워드

#리그우승 | **#챔스토너먼트진출** | **#뒷심**

우승 이력

- FA컵 (2019/20)
- 슈퍼컵 (2020/21, 2023/24)

경력

2019~

아스날

ARSENAL

IN

데클란 라이스
(웨스트햄)

카이 하베르츠
(첼시)

유리엔 팀버
(아약스)

다비드 라야
(브렌트포드)

OUT

그라니트 자카
(레버쿠젠)

오스틴 트러스티
(셰필드유나이티드)

파블로 마리
(몬차)

애인슬리
메이틀런드 나일스
(계약종료)

맷 터너
(노팅엄포레스트)

키어런 티어니
(레알소시에다드, 임대)

폴라린 발로건
(AS모나코)

FW
- 7 사카
- 9 제주스
- 11 마르티넬리
- 14 은케티아
- 19 트로사르
- 24 넬슨

MF
- 5 파티
- 8 외데고르
- 10 스미스로우
- 20 조르지뉴
- 21 비에이라
- 25 엘네니
- 29 하베르츠
- 41 라이스

DF
- 2 살리바
- 4 화이트
- 6 마갈량이스
- 12 팀버
- 15 키비오르
- 16 홀딩
- 18 토미야스
- 35 진첸코

GK
- 1 램스데일
- 22 라야
- 31 칼헤인

히든풋볼의 이적시장 평가

아스날은 구단 최고 이적금액인 약 1,700억 원을 지출하며 웨스트햄에서 데클란 라이스를 영입했다. 추가로 부상이 잦아 고생했던 풀백 자리에는 유리엔 팀버까지 함께 하게 되어 적절한 보강을 이루었다. 다만 고질적인 문제인 전력외 선수 방출 작업이 제대로 이뤄지지 않고 있다. 세드릭 소아레스, 누누 타바레스, 삼비로 콩가, 페페 등 활용하지 않는 자원들이 많을 뿐더러 가치에 맞는 금액을 받을 수 있을지 의문이다.

SQUAD & BEST11

2022/23시즌 스탯 Top 3

베스트 11 (포지션별)
- 19 트로사르
- 9 제주스
- 7 사카
- 41 라이스
- 5 파티
- 8 외데고르
- 35 진첸코
- 6 마갈량이스
- 2 살리바
- 4 화이트
- 1 램스데일

득점 Top 3
- 가브리엘 마르티넬리 — 15골
- 마르틴 외데고르 — 15골
- 부카요 사카 — 14골

도움 Top 3
- 레안드로 트로사르 — 12도움
- 부카요 사카 — 11도움
- 마르틴 외데고르 — 7도움

출전시간 Top 3
- 애런 램스데일 — 3,420분
- 가브리엘 마갈량이스 — 3,409분
- 부카요 사카 — 3,181분

히든풋볼의 순위 예측

4위 · 이주헌
무게감 있는 최전방 공격수 영입이 없다면 이번 시즌도 힘이 많이 빠질 것 같다.

3위 · 박종윤
팀버의 이른 부상 아웃이 플랜을 꼬이게 만들었지만 지난 시즌 2위 팀의 기본 틀은 그대로 유지 중.

2위 · 박찬우
맨시티에 도전할 만한 팀이라면 역시 아스날 뿐이다. 하베르츠는 의문이지만, 라이스는 확실한 업그레이드다.

2위 · 송영주
아스날은 강하다. 여름에 2억 파운드 넘게 투지해 더 강해졌다. 과연 올 시즌엔 맨시티를 넘을 수 있을까?

3위 · 김용남
아르테타 감독의 색채가 이제는 확실하다. 다만 주축의 잦은 부상이 발목을 잡는다.

2위 · 이완우
영건들이 스텝업하며 경험까지 갖췄다. 라이스의 합류로 무게감이 더해졌다. 올 시즌도 맨시티와 우승을 겨룰 것.

PL 우승, UCL 토너먼트를 노린다!

아스날은 2022/23시즌 프리미어리그에서 26승 6무 6패로 승점 84점을 획득, 맨체스터시티와 승점 5점 차로 리그 2위를 차지했다. 3라운드부터 12라운드까지 그리고 16라운드부터 32라운드까지 1위 자리를 지키고 있었지만 리버풀, 웨스트햄, 사우샘프턴과의 경기에서 승점 3점밖에 따지 못하면서 격차를 벌릴 수 있는 찬스에서 스스로 미끄러지고 말았다. 이로써 아스날은 프리미어리그에서 가장 오랜 시간 1위 자리를 지켰음에도 우승을 차지하지 못했다는 불명예 기록을 남기고 말았다.

그래도 많은 아스날팬들은 2022/23시즌을 실패한 시즌으로 보지 않는다. 시즌 시작 당시, 언론과 전문가들은 아스날의 우승경쟁을 점치지 않았다. 2015/16 시즌 이후 4위 안으로 진입한 적이 없던 아스날이기에 우승은커녕 4위 안에 드는 것을 현실적인 목표로 잡는 것이 당연했다. 하지만 이제는 이야기가 다르다. 7년 만에 꿈의 무대인 챔피언스리그에 다시 도전하게 되었고 아르테타 감독도 자신의 능력을 보여준 만큼 가능성보다는 능력을 더 뽐내야 하는 타이밍이 왔다.

이에 따라 구단은 아르테타 감독에게 전폭적인 지원을 해주고 있다. 나이가 많아진 허리 라인의 강화를 위해 데클란 라이스를 영입했다. 또한 부상으로 지난 시즌 막바지 팀을 어렵게 했던 수비 라인을 보완하기 위해 멀티포지션 소화가 가능한 유리엔 팀버를 데려왔다. 다만 최전방 공격수에 대한 고민은 여전하다. 제주스가 3선까지 내려와 공격을 풀어나가는 데 광장한 도움을 주지만 빅찬스미스가 많고 부상으로 인해 필요한 타이밍에 이탈하면서 물음표를 남겼다.

또한 은케티아는 출전해도 경기에 미치는 영향력이 높지 않으며 이번에 영입한 하베르츠도 폴스나인으로 활용 가능하지만 득점력을 신뢰하기는 어렵다. 사카, 마르티넬리, 외데고르가 리그에서 39골을 기록한 것은 긍정적이지만 결정력 있는 공격수가 최전방 공격수가 없다는 것은 여전히 큰 걱정거리로 남아있다. 아스날의 현실적인 목표는 챔피언스리그 토너먼트 진출과 다시 한 번 리그 4위안에 진입하는 것이다. 이를 이루어내기 위해서는 아르테타 감독의 유럽대항전 토너먼트 징크스와 시즌 말미 뒷심 부족이라는 아쉬움을 확실히 털어내야만 한다.

ARSENAL

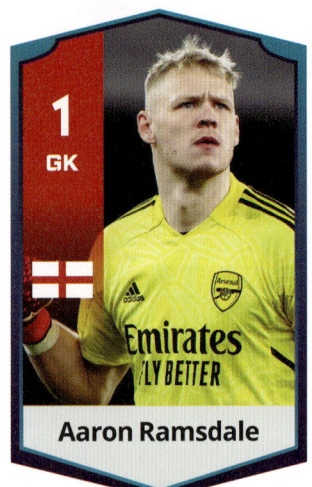

1 GK
Aaron Ramsdale

애런 램스데일

국적 잉글랜드 | **나이** 25 | **신장** 191 | **체중** 88 | **평점** 6.63

2021/22시즌 셰필드유나이티드에서 이적해 2022/23시즌에는 리그 전 경기를 소화하며 아르테타 감독의 입맛에 맞는 골키퍼로서 역량을 보여줬다. 숏패스와 롱패스를 섞어가며 빌드업의 시작점이 되어 주었고, 킥오프 시 램스데일을 거쳐 한 번에 전방으로 찌르는 패턴도 많이 보여주었다. 놀라운 반사신경으로 득점에 가까웠던 상황을 지워내는 등 많은 슈퍼세이브로 감탄을 자아내기도 했다. 다만 킥하기 전, 고민에 빠져 상대 압박에 허둥지둥하면서 위기를 맞거나 간혹 무리한 패스로 상대에게 볼을 넘겨줄 때도 있었다. 순간 집중력을 잃지 않는다면 더 좋은 골키퍼가 될 것이다.

2022/23시즌

	GAMES	MINUTES		실점	선방률	
	38	3,420		43	70.60	
1	94 세이브	14 클린시트	추정가치: 40,000,000€	25 경기당패스	68.50 패스성공률	0

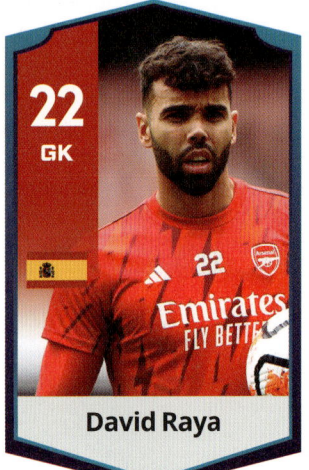

22 GK
David Raya

다비드 라야

국적 스페인 | **나이** 27 | **신장** 183 | **체중** 80 | **평점** 6.97

좋은 빌드업 능력과 선방 능력을 갖춘 브렌트포드의 No.1 키퍼였다. 큰 신장은 아니지만 현대 축구에서 필요한 능력들을 두루 가지고 있어 매 시즌 빅클럽들의 관심이 쏟아지고 있다. 2022년부터는 무적함대의 일원으로 카타르 월드컵을 경험하기도 했다. 지지난 시즌은 십자인대 부상으로 오랜 기간 시련을 겪었지만 지난 시즌은 한 시즌을 모두 소화하며 건강한 다비드 라야가 얼마나 좋은 자원인지 입증했다. 오랜 시간 지켜본 아스날이 바이에른뮌헨을 제치고 완전이적 옵션을 포함한 임대로 팀에 합류하게 했다. 앞으로 램스데일 골키퍼와 치열한 주전 경쟁구도가 예상된다.

2022/23시즌

	GAMES	MINUTES		실점	선방률	
	38	3,420		46	77.70	
1	154 세이브	12 클린시트	추정가치: 30,000,000€	38.8 경기당패스	60.70 패스성공률	0

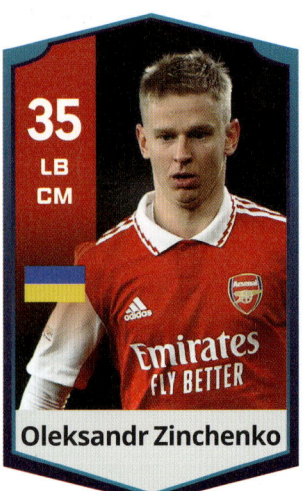

35 LB CM
Oleksandr Zinchenko

올렉산드르 진첸코

국적 우크라이나 | **나이** 26 | **신장** 175 | **체중** 72 | **평점** 6.86

지난 시즌 아르테타 감독 축구의 핵심적인 역할을 소화했다. 직선적인 티어니와는 다르게 인버티드 풀백을 맡아 자카가 공격적으로 올라갔을 때, 빈 공간을 커버하기도 하고 하프스페이스 공략도 심심치 않게 보여주었다. 세레머니를 할 때마다 아스날 유스 출신이 아니냐는 이야기가 나올 정도로 엄청나게 격한 모션을 보여 팬들의 사랑을 듬뿍 받았다. 다만 수비 위치를 잡을 때 간혹 쉽게 벗겨지기도 하며 리그 초반 풀타임을 소화하기에는 체력적인 문제도 드러냈다. 거기에 잦은 부상으로 중요한 순간 이탈했던 것이 가장 뼈아팠다. 팬들은 이번 시즌 무엇보다 부상이 없는 진첸코를 기대하고 바랄 것이다.

2022/23시즌

	GAMES	MINUTES		GOALS	ASSISTS	
	27	2,135		1	2	
3	1.19 경기당슈팅	7 유효슈팅	추정가치: 42,000,000€	63.6 경기당패스	86.40 패스성공률	0

PLAYERS

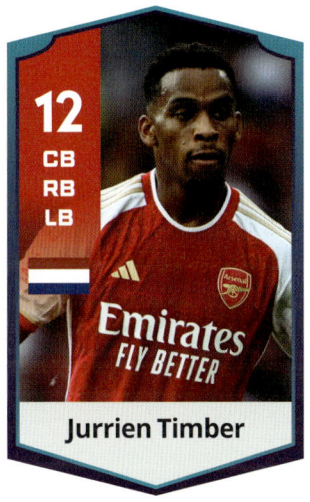

유리엔 팀버

국적 네덜란드 | **나이** 22 | **신장** 179 | **체중** 78 | **평점** 6.89

멀티 포지션을 소화할 수 있는 수비수이다. 어린 시절부터 네덜란드 연령별 대표팀에 줄곧 발탁되면서 아약스에서 3시즌 이상 꾸준한 출장을 보여주었다. 작은 신장임에도 센터백으로서 판단력과 센스를 바탕으로 좋은 수비력을 증명하였다. 필요할 때마다 우측 풀백으로 나서기도 했다. 드리블과 패스를 통해 상대 진영으로 높이 올라가는 수준 높은 오버래핑도 보여줬다. 아스날 이적 후, 프리시즌과 커뮤니티실드를 통해 왼쪽 풀백으로 출전하는 모습도 있었고, 안정적인 수비력과 뛰어난 공격 가담으로 이번 시즌 아스날 최고의 영입으로 꼽히고 있다. 다만 개막 전에 전방 십자인대 파열이라는 부상을 당했고 7~8개월가량 이탈이 예상된다.

2022/23시즌

	34 GAMES	3,033 MINUTES	2 GOALS	2 ASSISTS	
3	0.86 경기당슈팅	9 유효슈팅	추정가치: 42,000,000€	80.2 경기당패스	91.60 패스성공률	0

벤 화이트

국적 잉글랜드 | **나이** 25 | **신장** 186 | **체중** 76 | **평점** 6.78

시즌 초 살리바가 오른쪽 센터백 주전으로 자리를 잡게 되면서 자연스럽게 우측 풀백을 소화하는 시간이 많아졌다. 거기에 토미야스가 잦은 부상으로 전력에서 이탈하게 되면서 과부하가 걸렸다. 공격 시, 직선적인 움직임과 인버티드 성향의 모습을 적절하게 혼합하며 사카의 공격성을 이끌어내는 데 큰 도움을 주었다. 다만 시즌 후반부로 갈수록 지친 모습이 많이 나타나 집중력과 판단력이 떨어지며 위험을 많이 노출하기도 하였다. 로테이션만 적절하게 돌아간다면 화이트의 실력은 의심할 여지가 없다.

2022/23시즌

	38 GAMES	3,068 MINUTES	2 GOALS	5 ASSISTS	
5	0.29 경기당슈팅	2 유효슈팅	추정가치: 55,000,000€	49 경기당패스	84.20 패스성공률	0

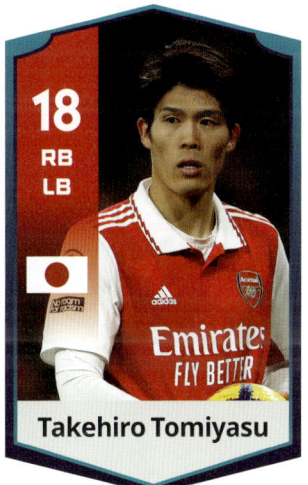

토미야스 다케히로

국적 일본 | **나이** 24 | **신장** 185 | **체중** 78 | **평점** 6.34

지난 시즌도 역시 부상이 뼈아팠다. 2021/22시즌에도 좋은 모습을 보이다가 부상으로 경기를 다 소화하지 못했다. 한동안 부상으로 전열에서 빠져 있다가 월드컵에 참여했지만 실점으로 이어질 뻔한 큼지막한 실수도 나왔다. 리그에서도 비슷한 실수를 연출한 바 있어서 많은 팬들로부터 비판의 대상이 되기도 했다. 부상 없이 경기 감각만 끌어올린다면 측면에서 사카의 좋은 조력자가 될 수 있을 것이라 생각한다. 하지만 무릎 부상의 여파로 시즌 개막을 함께 하기는 어렵고, 9월이 되어야 돌아올 수 있는 것으로 전해진다.

2022/23시즌

	21 GAMES	663 MINUTES	0 GOALS	1 ASSISTS	
2	3 경기당슈팅	0 유효슈팅	추정가치: 25,000,000€	19.6 경기당패스	81.00 패스성공률	0

ARSENAL

가브리엘 마갈량이스

국적 브라질 | **나이** 25 | **신장** 190 | **체중** 87 | **평점** 6.86

빌드업 능력에 강점을 가진 선수이자 적절하게 골도 넣을 줄 아는 선수. 킥력도 많이 향상되어 롱패스를 통해 단번에 후방에서 최전방으로 전개를 가져가기도 한다. 거기에 자카, 진첸코가 공격적으로 나갔을 때 비어 있는 왼쪽 넓은 공간을 혼자서 커버하는 능력까지 보여줬다. 부상도 잘 당하지 않아 아스날의 왼쪽 센터백에 대한 고민을 확실히 덜어주었다. 하지만 간혹 나오는 박스 근처에서의 부주의한 파울로 가끔은 찬물을 끼얹을 때도 있다. 그래도 매 시즌 향상된 모습을 보여주기에 이번 시즌에도 왼쪽 센터백 1선발로 필수불가결이다.

2022/23시즌

🟨	GAMES	MINUTES	GOAL	ASSISTS	🟥
5	38	3,409	3	0	0
	0.84 경기당슈팅	9 유효슈팅	추정가치: 55,000,000€	63.1 경기당패스	89.40 패스성공률

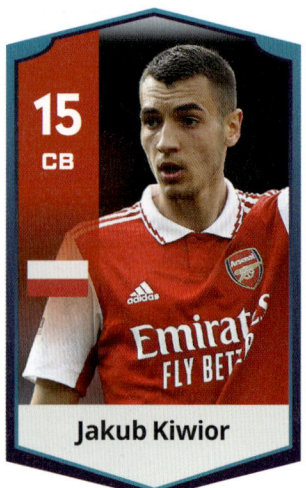

야쿱 키비오르

국적 폴란드 | **나이** 23 | **신장** 182 | **체중** 78 | **평점** 6.6

준수한 수비 능력과 적절한 빌드업으로 가능성을 보여준 선수. 가브리엘 마갈량이스의 백업 역할로 이적해왔으나, 기회를 많이 받지는 못했다. 하지만 살리바의 부상과 롭 홀딩의 부진으로 인해 왼쪽이 아닌 오른쪽 센터백으로 기용되었고, 왼발이 주발이지만 양 측면으로 찢어주는 질 높은 패스 퀄리티를 보여주었다. 센터백으로 큰 신장은 아니지만 속도가 빠른 편이라 뒷공간에 대한 커버도 좋은 모습을 보였다. 아직 나이도 어린 만큼 향후 10년은 아스날 센터백 걱정으로부터 벗어나게 해줄 기대주로 주목받고 있다.

2022/23시즌

🟨	GAMES	MINUTES	GOAL	ASSISTS	🟥
0	7	427	1	0	0
	0.21 경기당슈팅	1 유효슈팅	추정가치: 25,000,000€	28 경기당패스	86.30 패스성공률

윌리엄 살리바

국적 프랑스 | **나이** 22 | **신장** 193 | **체중** 76 | **평점** 6.77

아스날과 프랑스 국가대표의 절대적 핵심 선수. 이적 후 두 시즌 임대를 다녀왔다. 그리고 곧바로 주전으로 등극하였다. 처음에는 의문부호를 띄웠지만 경기가 진행되면서 눈녹듯 사라졌다. 숏패스와 롱패스를 적절하게 섞는 빌드업, 상대 공격수가 압박을 해도 당황하지 않는 침착함, 넓은 시야를 바탕으로 전개하는 안정감 있는 공수 전환 그리고 속도까지 갖추었다. 하지만 생각보다 길어진 등 부상이 마음을 아프게하였고 이는 곧바로 아스날의 성적과 연결되었다. 길고 길었던 재계약 논의도 협상이 잘 완료된 만큼 이제는 마음 편히 이 선수의 플레이를 감상할 일만 남아 있다.

2022/23시즌

🟨	GAMES	MINUTES	GOALS	ASSISTS	🟥
4	27	2,415	2	1	0
	0.22 경기당슈팅	3 유효슈팅	추정가치: 65,000,000€	69 경기당패스	91.00 패스성공률

PLAYERS

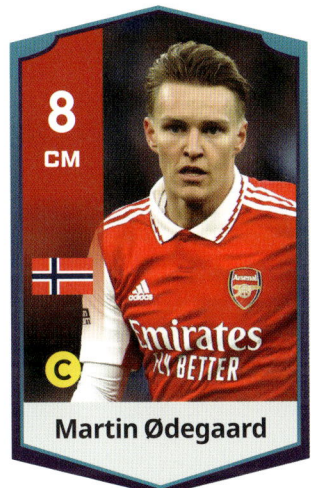

마르틴 외데고르

국적 노르웨이 | 나이 24 | 신장 179 | 체중 68 | 평점 7.29

번뜩이는 창의성으로 공수 연결고리 역할을 하는 선수. 2022/23시즌 아스날의 주장을 맡았다. 그리고 공격포인트 생산 능력이 만개했다. 팀이 잘 풀리지 않을 때는 과감히 내려와 왼쪽 빌드업에 시작 포인트가 되어주었다. 사카와 함께 왼쪽에서 상대 수비를 허무는 움직임을 가져갔다. 탈압박과 패스, 경기조율까지 다른 선수들보다 한 두 차원 높은 수준의 퀄리티를 보여주었다. 다만 큰경기에서 존재감이 사라지거나 슈팅 타이밍에도 과감하게 마무리를 시도하지 않는 점이 아직까지는 고쳐야 할 과제로 남아 있다. 대대적인 개편이 기다리고 있는 아스날의 새 시즌에, 주장으로서의 역할은 더욱 중요하게 느껴진다.

2022/23시즌

4	37 GAMES	3,127 MINUTES	15 GOALS	7 ASSISTS	0
	2.68 경기당슈팅	31 유효슈팅	추정가치: 90,000,000€	45.6 경기당패스	80.30 패스성공률	

조르지뉴

국적 이탈리아 | 나이 31 | 신장 180 | 체중 67 | 평점 6.6

압박만 받지 않는다면 충분히 안정감을 느끼게 해주는 선수. 허리에 많은 전력 이탈로 인해 보충이 필요했던 아스날은 겨울에 조르지뉴를 영입했다. 호불호가 많이 갈렸던 만큼 장단점이 뚜렷하다. 다이렉트 롱패스로 측면을 열거나, 예상치 못한 공간으로 넘겨주는 보내는 퀄리티 높은 패스를 보여준다. 하지만 압박이 있을 시, 대처를 어려워하거나 수비가담이 적절하게 이루어지지 않아 위기를 노출하곤 했다. 지난 시즌 24라운드 아스톤빌라를 상대로 넣은 중거리슛은 많은 팬들의 머리속에 오랜시간 남을 것이다. 2023/24시즌은 주전 경쟁이 더 어렵기에 로테이션 멤버로 경기에 출전할 확률이 높다.

2022/23시즌

4	32 GAMES	2,134 MINUTES	2 GOALS	1 ASSISTS	0
	0.63 경기당슈팅	0 유효슈팅	추정가치: 25,000,000€	49.8 경기당패스	87.10 패스성공률	

모하메드 엘네니

국적 이집트 | 나이 30 | 신장 180 | 체중 77 | 평점 6.07

아스날에 충성심이 강한 선수다. 시즌이 거듭될수록 엘네니가 설 수 있는 자리는 계속 줄어들고 있다. 그로 인해 다양한 이적설이 끊임 없이 이적시장 때마다 나왔지만 팀을 떠나지 않겠다는 강한 의지를 드러냈다. 2022/23시즌은 넓적다리 부상과 무릎부상으로 인해 경기를 거의 소화하지 못했다. 출전할 때마다 전진패스를 쉽게 찔러주지 못해 항상 비판의 대상이 되었다. 하지만 시즌 중 한두 경기에서 '모하메드 굴리트'라는 수식어가 나올 정도로 다른 모습을 보여줄 때가 있다. 자주 있는 일은 아니지만 그럴때 마다 과감성, 전진성 그리고 대포알 같은 슈팅까지 모든 것을 보여준다. 재계약이 이뤄지지 않는다면 이번 시즌이 아스날에서 보내는 마지막 시즌이다.

2022/23시즌

0	5 GAMES	113 MINUTES	0 GOALS	0 ASSISTS	0
	0 경기당슈팅	0 유효슈팅	추정가치: 6,000,000€	12 경기당패스	95.00 패스성공률	

ARSENAL

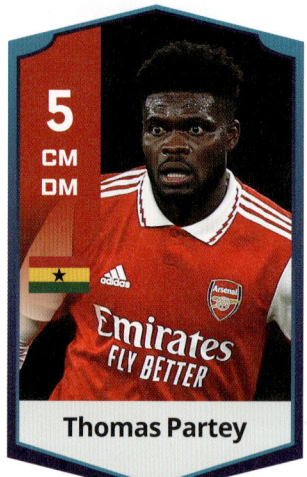

5 CM DM
Thomas Partey

토마스 파티
국적 가나 | **나이** 30 | **신장** 185 | **체중** 78 | **평점** 7.06

6번 롤에 완벽히 적응한 후, 아스날 빌드업의 중심이 된 선수. 부드러운 턴 동작으로 상대의 압박을 유려하게 벗겨내며 외데고르 혹은 왼쪽으로 넓게 벌려주는 과정을 만들어주었다. 파티의 수비 커버 및 높은 곳으로 올라오는 움직임이 팀에 공수 양면으로 큰 힘이 되었다. 또한 2022/23시즌에는 파티의 전매특허인 놀라운 중거리슛도 심심찮게 볼 수 있었다. 다만 중요한 경기를 앞두고 부상으로 이탈해 팀에 꼭 필요한 상황에서 도움이 되지 못하였다. 부상으로 이탈한 일수는 줄어들었지만 핵심자원인 만큼 아쉬움을 크게 남겼다. 부상이나 컨디션 난조만 없다면 이번 시즌 라이스와 선의의 주전 경쟁을 펼칠 것이다. 치열하고 험난한 경쟁이 예상된다.

2022/23시즌

	GAMES	MINUTES	GOAL	ASSISTS	
5	33	2,483	3	0	0
	1.01 경기당슈팅	4 유효슈팅	추정가치: 35,000,000€	59 경기당패스	87.20 패스성공률

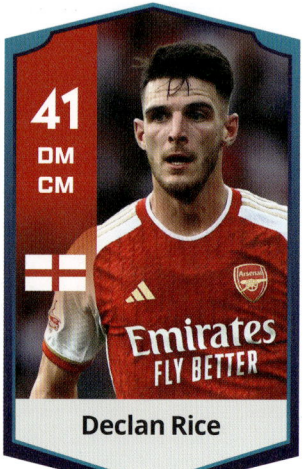

41 DM CM
Declan Rice

데클란 라이스
국적 잉글랜드 | **나이** 24 | **신장** 185 | **체중** 77 | **평점** 7.01

아스날 클럽 레코드 이적료를 달성한 선수. 맨체스터시티와 경쟁이 붙었지만, 아스날이 라이스를 품게 됐다. 어린 나이에도 웨스트햄의 주장으로 활약했고 리더십뿐만 아니라 뒤쪽에서 조율, 패스, 시야, 움직임까지 뛰어난 선수다. 간혹 높은 위치까지 올라가 후방 빌드업의 시작점을 강하게 프레스하기도 하고 패스 길목을 차단하면서 공격 흐름 자체를 원천봉쇄하는 모습도 보인다. 다만 이적 후, 친선경기를 뛰는 모습을 봤을 때는 아직 아르테타 감독이 원하는 NO.6 역할까지 이르지는 못했다. 조금 더 가다듬을 필요가 있다. 감독이 원하는 전개에 있어 시작점이 되는 위치에서 플레이하는 만큼 라이스의 성공 여부가 아스날의 판 자체를 흔들 수 있다.

2022/23시즌

	GAMES	MINUTES	GOAL	ASSISTS	
5	37	3,273	4	1	0
	0.96 경기당슈팅	8 유효슈팅	추정가치: 90,000,000€	57.3 경기당패스	86.50 패스성공률

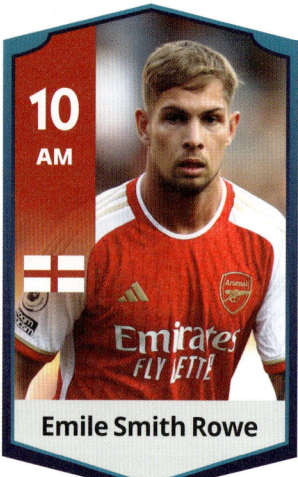

10 AM
Emile Smith Rowe

에밀 스미스 로우
국적 잉글랜드 | **나이** 22 | **신장** 182 | **체중** 72 | **평점** 6.18

'No.10'이라는 큰 기대를 받았지만 다시 한 번 부상이 발목을 잡았다. 헤일앤드 출신으로 탈압박, 운반능력, 깔끔한 터치와 마무리까지 2021/22시즌 기대감을 갖게 해준 스미스 로우. 하지만 지독한 부상 악재는 이번 시즌에도 마음을 아프게 했다. 재활을 하면서 살이 많이 찐 모습에 팬들은 실망감을 감추지 못했고 시즌 말미 간간히 교체출전하기도 했지만 고작 10분 남짓 짧은 시간만 소화하였다. 그래도 다행인 점은 7월에 펼쳐진 유로 U-21 대회에서 잉글랜드 대표로 선발되어 우승에 일조했다. 2023/24시즌에는 부상없이 메짤라 혹은 왼쪽 윙으로서 제 역할을 해주면서 아스날 아트사커의 중심이 될 자원임을 스스로 입증해야 한다.

2022/23시즌

	GAMES	MINUTES	GOALS	ASSISTS	
0	12	172	0	2	0
	2.09 경기당슈팅	1 유효슈팅	추정가치: 35,000,000€	6.7 경기당패스	87.10 패스성공률

PLAYERS

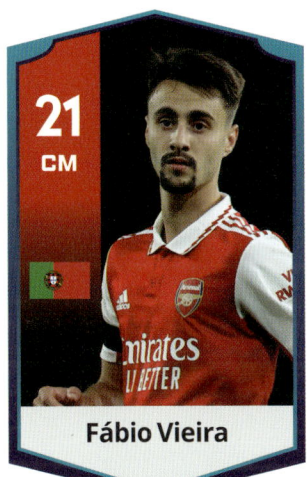

파비우 비에이라

국적 포르투갈 | **나이** 23 | **신장** 170 | **체중** 66 | **평점** 6.31

지난 시즌 기대만큼의 능력을 보여주지 못한 선수. 이적 당시 볼을 운반하거나 탈압박, 왼발 마무리 등 많은 장점이 눈에 띄었다. 하지만 리그 적응 탓인지 본인의 능력을 제대로 보여주지 못했다. 특히 피지컬에서 상대에게 압도 당하는 모습을 많이 보였고, 왼발에 대한 의존도가 굉장히 높아 타이밍을 놓치는 경우도 빈번하게 보였다. 그래도 아르테타 감독은 공격적인 교체가 필요할 때는 항상 비에이라를 빼놓지 않았다. 본인이 자주 위치했던 왼쪽이 아닌 오른쪽에서 뛴 것도 적지 않은 영향이 있었을 것이다. 다가올 2023/24시즌에는 메짤라로서 자신의 가치를 증명하지 못한다면 아스날에서 더이상 설 곳이 없을 수도 있다.

2022/23시즌

🟨	GAMES		MINUTES		GOALS		ASSISTS		🟥
1	22		514		1		2		0
	2.63 경기당슈팅	2 유효슈팅	추정가치: 25,000,000€				12.1 경기당패스	80.70 패스성공률	

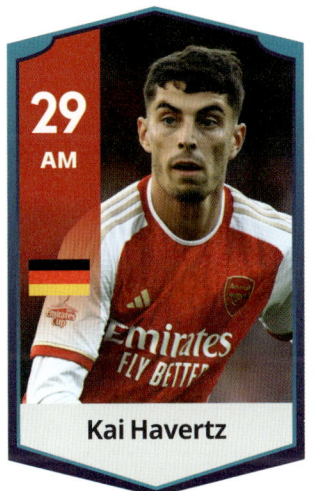

카이 하베르츠

국적 독일 | **나이** 24 | **신장** 186 | **체중** 77 | **평점** 6.75

2023/24시즌 아스날의 첫 영입. 레버쿠젠 시절 높은 가치를 보였던 하베르츠는 첼시로 이적해 챔피언스리그 우승을 견인하는 결승골을 터뜨리기도 했지만, 그 장면을 제외하면 성공한 선수로 평가받기 어렵다. 투헬과 포터 두 감독은 하베르츠를 제로톱, 측면, 허리 등 다양하게 활용하였다. 다만 어느한 포지션에서도 번뜩임을 보여주지는 못했다. 특히 결정적인 상황에 득점을 놓치는 경우도 빈번했다. 그래도 연계하는 과정이나 수비가담에서는 적절히 도움을 주었다. 아마도 아르테타 감독은 하베르츠를 자카의 위치에서 메짤라 역할을 부여할 것으로 보여진다. 1000억이라는 이적료의 가치를 증명해야 하는 하베르츠다.

2022/23시즌

🟨	GAMES		MINUTES		GOALS		ASSISTS		🟥
5	35		2,569		7		1		0
	2.45 경기당슈팅	31 유효슈팅	추정가치: 55,000,000€				24.8 경기당패스	81.30 패스성공률	

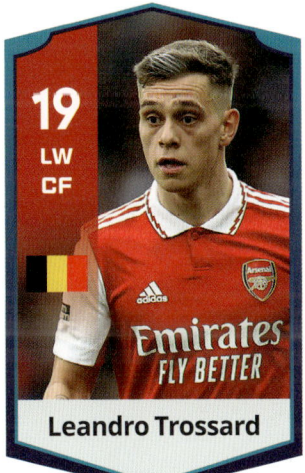

레안드로 트로사르

국적 벨기에 | **나이** 28 | **신장** 172 | **체중** 60 | **평점** 6.97

겨울 이적시장 최고의 영입. 한화 약 410억 원의 이적료로 브라이튼에서 팀을 옮겼다. 2020/21시즌부터 서서히 품을 끌어올렸고 2022/23시즌 전반기 브라이튼 최고의 선수 중 한 명으로 선정되었다. 왼쪽윙 혹은 폴스나인으로서 적절한 연계를 보여주거나 아이솔레이션 상황에서 탁월한 1 대 1 능력을 보여주었다. 또한 번뜩이는 센스로 패스 길을 찾아 공격을 열어주기도 하며 날카로운 오른발킥으로 득점이나 어시스트를 창출하였다. 그러나 제주스의 부상복귀 이후 선발 기회가 조금씩 줄어들어 활약상이 옅어졌다. 공격에서 확실하게 힘을 불어넣어 줄 수 있는 자원이기에 이번 시즌도 오른발의 마법은 기대감을 갖게 한다.

2022/23시즌

🟨	GAMES		MINUTES		GOALS		ASSISTS		🟥
1	36		2,246		8		12		0
	2.12 경기당슈팅	22 유효슈팅	추정가치: 35,000,000€				29.5 경기당패스	74.20 패스성공률	

ARSENAL

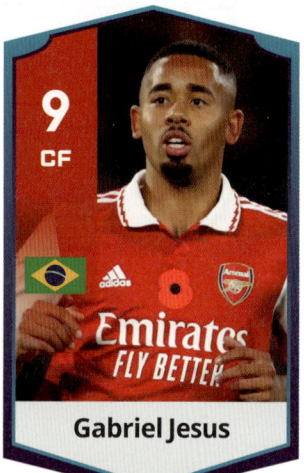

9 CF
Gabriel Jesus

가브리엘 제주스

국적 브라질 | **나이** 26 | **신장** 177 | **체중** 72 | **평점** 7.42

폴스나인 역할을 잘 소화하는 아는 선수. 지난 여름에 팀에 합류한 이후 시즌 초반 우수한 활약을 보였다. 넓게는 3선까지 내려와서 연계에 도움을 주었고 미끼 역할로 공간을 열어주기도 했다. 간혹 왼쪽 측면으로 빠지면서 수비라인에 균열을 만들고 어시스트를 창출하는 등 공격 퍼포먼스가 뛰어났다. 하지만 시간이 흐를수록 빅찬 스미스가 늘어나면서 기대했던 부분보다 우려했던 득점력에 대한 고민이 더 커지기 시작했다. 엎친 데 덮친 격으로 월드컵에서 부상을 당하고 돌아와 3월초까지 출전하지 못했다. 부상 복귀 후 득점력을 찾아가는 모습을 보였다. 제주스가 2023/24시즌 20골 가까이 넣어준다면 이제 아스날은 최전방을 고민할 필요가 없다.

2022/23시즌

	26 GAMES	2,064 MINUTES	11 GOAL	6 ASSISTS	
6	3.31 경기당슈팅	31 유효슈팅	추정가치: 75,000,000€	25.9 경기당패스	80.30 패스성공률	0

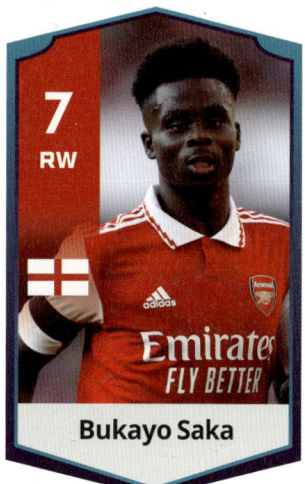

7 RW
Bukayo Saka

부카요 사카

국적 잉글랜드 | **나이** 21 | **신장** 178 | **체중** 72 | **평점** 7.4

자타공인 아스날의 젊은 에이스다. 매 시즌 커리어하이를 쌓고 있다. 발재간과 속도, 양발을 활용한 드리블로 수비수와의 1 대 1 대결을 두려워하지 않는다. 상대 수비를 2~3명 끌고 다니는것은 기본이다. 특히 지난 시즌 페널티박스 부근에서 감각적으로 마무리짓는 왼발의 위력은 많은 사람들을 놀라게 했다. 다만 리그 38경기를 모두 선발로 출전하면서 시간이 흐를수록 체력적으로 힘에 부치는 모습이 많이 나타났다. 아스날의 전담 PK 키커로 나서지만 시즌 말미와 프리시즌 바르셀로나와의 친선경기에서 실축하는 모습이 나와 팬들을 실망시켰다. 팀의 핵심으로 부여 받은 임무가 많은 만큼 아스날의 우승 레이스는 사카에게 달려 있다고 해도 과언이 아니다.

2022/23시즌

	38 GAMES	3,181 MINUTES	14 GOAL	11 ASSISTS	
6	2.43 경기당슈팅	29 유효슈팅	추정가치: 120,000,000€	32.5 경기당패스	73.70 패스성공률	0

11 RW
Gabriel Martinelli

가브리엘 마르티넬리

국적 브라질 | **나이** 22 | **신장** 180 | **체중** 74 | **평점** 7.25

피지컬도 득점력도 한층 더 성장했다. 지난 시즌은 출발부터 좋았다. 장점이었던 속도가 더 강해지면서 라인을 타고 측면을 파괴하는 모습이 자주 눈에 띄었다. 또한 안쪽으로 파고들어 과감한 마무리까지 보여주면서 화끈한 결정력을 보여주었다. 다만 월드컵 이후 전반기와는 다르게 이전의 부진한 마르티넬리로 돌아갔다. 흔히 일컫는 꽂게 드리블이 자주 나오면서 측면에서 고립되거나 공격 전개의 맥이 끊기는 모습들도 볼 수 있었다. 그래도 곧 정상 컨디션을 다시 찾으면서 2월말부터 사라진 득점력을 끌어올리기도 했다. 트로사르와 더 어려운 주전 경쟁을 펼칠 것으로 예상되는 이번 시즌, 측면에서 더 수준 높은 파괴력을 보여줘야 한다.

2022/23시즌

	36 GAMES	2,789 MINUTES	15 GOAL	5 ASSISTS	
3	2.55 경기당슈팅	30 유효슈팅	추정가치: 80,000,000€	27.1 경기당패스	75.20 패스성공률	0

전지적 작가 시점

김용남이 주목하는
아스날의 원픽!

데클란 라이스

지금 **아스날**에
이 선수가 있다면!

해리 케인

아스날의 자카는 애증의 선수였다. 이적 후 사랑보다는 비난과 비판을 더 많이 받았고 잘했던 시즌보다는 아쉬웠던 시간이 더 길었다. 그럼에도 불구하고 지난 시즌 괄목할만한 성장을 보여주었다. 왼쪽 메짤라로서 진첸코와 마르티넬리의 연결고리가 되기도 하며 박스 안쪽을 직접 타격하기도 하고 진첸코가 올라간 뒷공간을 커버해주는 등 과거에 비해 훨씬 발전된, 뛰어난 모습을 자랑했다. 그런 자카가 팀을 떠났고 아스날 팀 내 최다 이적료로 데클란 라이스가 영입되었다.

철강왕이라는 공통점. 높은 위치까지 올라가 압박을 하고 빠른 속도로 내려와 부족한 공간을 메우는 수비능력만 보더라도 자카의 역할을 충분히 소화하기에 가능하다는 평가를 받는다. 추가로 필요 시 6번 롤까지 소화가 가능하기에 파티의 역할도 기대케 한다. 프리시즌 친선경기와 커뮤니티실드에서는 아직 포지션 소화에 대한 적응이 필요해 보였지만, 이적료에 상응하는 모습을 보여줘야 한다. 올 시즌 아스날의 행보에 있어서 가장 중요한 선수라고 해도 과언이 아니다.

2021/22시즌 아스날은 겨울이적시장에 블라호비치를 영입하려 했지만 실패했다. 이후 2022/23시즌 맨체스터시티에서 제주스를 데려왔다. 아르테타 감독의 전술 스타일과 잘 어울리는 공격수 유형이었기에 팬들의 반응은 긍정적이었다. 다만 빅찬스미스가 많다는 점과 큰 경기에서 영향력을 끼치지 못한다는 점이 불안요소로 남아있었다. 그 점은 2022/23시즌 그대로 드러났고 월드컵 때 당한 부상으로 장기 이탈했다가 3월쯤에 팀에 다시 합류하는 등 아쉬움을 남겼다.

그런데 만약 이 자리에 '제2의 비에이라'처럼 해리 케인이 합류하게 된다면 어떨까. 밑으로 내려와 연계플레이를 하는 데도 어려움이 없으며 엄청난 발목힘으로 쉽지 않은 상황에서도 어떻게든 득점을 만들어준다. 큰 부상도 없으며 빅찬스미스도 많지 않아 리그에서 시즌당 20골가량 넣을 수 있는 발군의 결정력을 선보이기도 했다. 최근 바이에른뮌헨으로 이적했다는 사실을 떠나, 라이벌 구단으로 이적하는 것은 쉬운 일은 아니지만, 아스날의 큰 고민을 해결하는 데 있어서 이보다 확실한 정답은 없다.

ANDRE ONANA
ALTAY BAYINDIR
VICTOR LINDELOF
LISANDRO MARTINEZ
SERGIO REGUILÓN
RAPHAEL VARANE
DIOGO DALOT
LUKE SHAW
AARON WAN-BISSAKA
SOFYAN AMRABAT
MASON MOUNT
BRUNO FERNANDES
CHRISTIAN ERIKSEN
FRED
CASEMIRO
SCOTT MCTOMINAY
ANTHONY MARTIAL
MARCUS RASHFORD
ANTONY
JADON SANCHO
ALEJANDRO GARNACHO
RASMUS HOJLUND

Manchester United

MANCHESTER UNITED

맨체스터 유나이티드
Manchester United

창단 년도	1878년
최고 성적	우승 (1907/08, 1910/11, 1951/52, 1955/56, 1956/57, 1964/65, 1966/67, 1992/93, 1993/94, 1995/96, 1996/97, 1998/99, 1999/00, 2000/01, 2002/03, 2006/07, 2007/08, 2008/09, 2010/11, 2012/13)
경기장	올드 트래포드 (Old Trafford)
경기장 수용 인원	74,310명
경기장 위치	Sir Matt Busby Way, Old Trafford, Stretford, Manchester M16 0RA
지난 시즌 성적	3위
별칭	The Red Devils (레드데블스), United (유나이티드)
상징색	레드
레전드	바비 찰튼, 피터 슈마이켈, 리오 퍼디난드, 네마냐 비디치, 박지성, 개리 네빌, 라이언 긱스, 에릭 칸토나, 데이비드 베컴, 로이 킨, 웨인 루니, 폴 스콜스 등

히스토리

맨체스터유나이티드는 1878년에 창단되어 144년의 오랜 역사 속에서 잉글랜드 1부 리그 우승 20회, FA컵 우승 21회, 리그컵 우승 6회, 챔피언스리그 우승 3회 등 아름다운 결과들을 만들어왔다. 특히 1부 리그와 FA컵은 잉글랜드 내 최다 우승이라는 타이틀까지 거머쥐었다. 하지만 맨체스터유나이티드는 퍼거슨 감독이 떠난 뒤 아직도 과거의 명성을 되찾지 못하고 있다. 2016/17시즌 리그컵 우승을 따낸 후 긴 시간 동안 트로피와는 인연이 없었다. 하지만 이제는 달라졌다. 텐하흐 감독 부임 후 2022/23시즌 리그컵 우승을 차지했다. 첫 시즌부터 가능성을 보여준 텐하흐 감독과 함께 비상할 준비를 마친 맨체스터유나이티드다.

최근 5시즌 리그 순위 변동

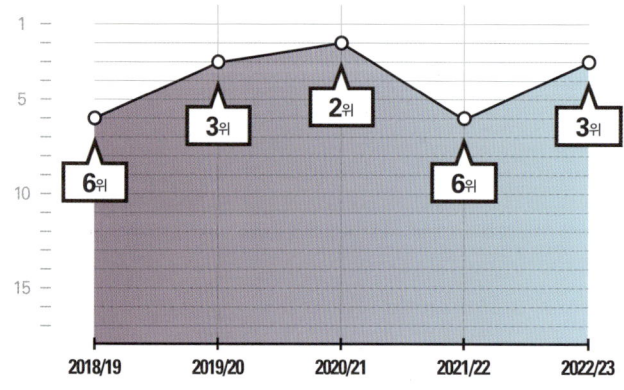

클럽레코드 IN & OUT

최고 이적료 영입 IN

폴 포그바
1억 500만 유로
(2016년 8월, from 유벤투스)

최고 이적료 판매 OUT

크리스티아누 호날두
9,400만 유로
(2009년 7월, to 레알마드리드)

CLUB & MANAGER

에릭 텐하흐 Erik ten Hag

1970년 2월 2일 | 53세 네덜란드

의심은 사라졌다. 맛보기도 끝났다. 이제는 트로피다!

부임 당시 빅리그에서 경험이 없다는 이유로 텐하흐 감독에 대한 평가는 반신반의였다. 심지어 2022/23시즌 리그 초반 2연패로 시작하며 커다란 불안감을 안겨주었다. 하지만 이는 잠시뿐이었고 금세 텐하흐 감독의 전술색채가 발현되기 시작했다. 공수 전환 속도에 초점을 맞추어 소유권을 빠르게 되찾고 속도감 있는 선수들로 상대 수비를 타격했다. 또한 과할 정도의 전방압박을 구사하기보다는 적절한 인원수 배치로 압박은 유지하되 안정적인 수비를 구축하여 흔들림을 최소화하려는 모습도 보이고 있다. 다가오는 2023/24시즌은 텐하흐 감독 특유의 눈이 즐거워지는 축구를 감상할 차례이다.

감독 인터뷰

"기준을 높여야 한다. 매 경기 승리를 원한다. 우리는 지난 시즌 전 세계의 모든 팀을 이길 수 있다는 것을 보여주었다. 이제는 더 일관성 있게 높은 수준으로 경기를 해야한다. 경쟁은 치열하지만, 우리는 어떤 팀도 이길 수 있다."

감독 프로필

통산				선호 포메이션	승률
499 경기	**324** 승	**80** 무	**95** 패	**4-3-3**	**64.93%**

시즌 키워드

#명가재건 | #트로피 | #2년차징크스

우승 이력

- 에레디비지 (2018/19, 2020/21, 2021/22)
- KNVB 컵 (2018/19, 2020/21)
- 요한 크루이프 쉴드 (2019)
- 레지오날리가 바이에른 (2013/14)
- 잉글랜드 리그컵 (2022/23)

경력

2012~2013	2013~2015	2015~2017	2017~2022	2022~

고어헤드이글스	바이에른뮌헨II	FC 위트레흐트	아약스	맨체스터유나이티드

MANCHESTER UNITED

IN

- 라스무스 회이룬 (아탈란타)
- 메이슨 마운트 (첼시)
- 안드레 오나나 (인터밀란)
- 조니 에반스 (레스터시티)
- 소피앙 암라바트 (피오렌티나)
- 세르히오 레길론 (토트넘, 임대)
- 알타이 바인드르 (페네르바체)

OUT

- 안토니 엘랑가 (노팅엄포레스트)
- 알렉스 텔레스 (알나스르)
- 다비드 데헤아 (계약종료)
- 악셀 튀앙제브 (계약종료)
- 필 존스 (계약종료)
- 딘 헨더슨 (크리스탈팰리스)
- 브랜든 윌리엄스 (입스위치, 임대)
- 에릭 바이 (베식타시)

FW: 9 마샬 · 10 래시포드 · 11 회이룬 · 16 디알로
17 가르나초 · 21 안토니 · 25 산초 · 28 펠리스트리 · 47 쇼타이어
MF: 4 암라바트 · 7 마운트 · 8 페르난데스 · 14 에릭센
17 프레드 · 18 카세미루 · 37 마이누 · 39 맥토미니
DF: 2 린델뢰프 · 5 매과이어 · 6 마르티네스 · 12 말라시아 · 15 레길론
19 바란 · 20 달로 · 23 쇼 · 27 에반스 · 29 완비사카
GK: 1 바인드르 · 22 히튼 · 24 오나나 · 38 코바르

히튼풋볼의 이적시장 평가

후방에서부터 빌드업을 중요시하는 텐하흐 감독 축구 철학에 맞춰 발밑이 좋은 골키퍼 오나나를 영입했고 브루노 페르난데스의 부담을 덜어줄 마운트 그리고 최전방 공격수 회이룬까지 영입했다. 아직 보강이 더 필요하다. 카세미루의 백업 및 허리 쪽 선수의 영입이 필요하다. 또한 방출 작업도 더딘 편이다. 매과이어, 프레드 등 전력 외 자원들이 여전히 맨유 유니폼을 입고 있다.

히튼풋볼 이적시장 평가단

SQUAD & BEST11

BEST 11

- 10 래시포드
- 17 회이룬
- 21 안토니
- 7 마운트
- 18 카세미루
- 8 페르난데스
- 23 쇼
- 6 마르티네스
- 19 바란
- 20 달로
- 24 오나나

2022/23시즌 스탯 Top 3

득점 Top 3
- 마커스 래시포드 — 17골
- 브루노 페르난데스 — 8골
- 제이든 산초 — 6골

도움 Top 3
- 크리스티안 에릭센 — 8도움
- 브루노 페르난데스 — 8도움
- 마커스 래시포드 — 5도움

출전시간 Top 3
- 다비드 데헤아 — 3,420분
- 브루노 페르난데스 — 3,320분
- 마커스 래시포드 — 2,890분

히든풋볼의 순위 예측

회이룬에게 달려있다. 기대만큼 활약해준다면 챔스도 가능하겠지만 경쟁팀들의 거센 도전에 힘들어 보인다.

양쪽 측면 공격 자원들의 활약이 더 절실하다. 회이룬이 제대로 터져준다면 금상첨화.

원정 성적이 나아지지 않으면 이보다 높은 순위를 달성하기 어렵다.

기대되는 텐하흐의 시즌 2. 필요한 포지션마다 영입을 단행했지만 오나나를 제외한 신입생들은 좀 의문스럽다.

시즌 초 경기 중에도 들쭉날쭉하다. 그래도 텐하흐 감독이라면 UCL 진출은 믿고 본다.

올드트래포드 요새화에 성공한 맨유. 원정 성적만 개선한다면 더 나은 순위도 기대할 수 있을 듯하다.

 5위 이주헌

 4위 박종윤

 4위 박찬우

 4위 송영주

 4위 김용남

 3위 이완우

텐하흐, 제 2의 퍼거슨이 될 수 있을까?

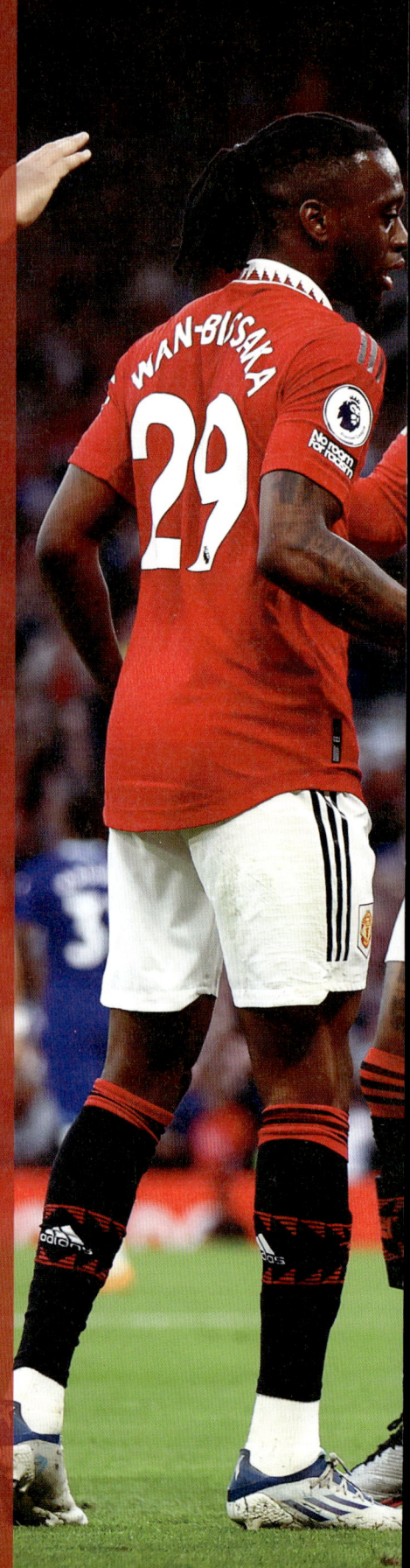

맨체스터유나이티드는 2022/23시즌 프리미어리그에서 23승 6무 9패로 승점 75점을 획득, 뉴캐슬과의 승점차를 4점으로 벌리고 리그 3위를 차지했다. 시즌 출발은 불안했다. 기대를 받았던 텐하흐 감독이 2연패로 시작을 했다. 온갖 비판에 시달렸지만 오래가지는 않았다. 금세 흐름을 바꿔내며 상승세의 기운을 보여주었고 2016/17시즌 이후 처음으로 카라바오컵에서 우승 트로피를 들어 올렸다. 물론 FA컵도 결승에 진출했지만 맨체스터시티에게 아쉽게 2 대 1로 패배했고 유럽 대항전에서는 유로파리그의 제왕 세비야를 만나 8강에서 탈락의 고배를 마셨다. 아쉬운 점도 분명 있지만 텐하흐 감독의 첫 시즌임을 고려했을 때 나름 만족할만한 성과였다.

퍼거슨 감독 이후 데이비드 모이스, 루이스 반할, 조세 무리뉴, 올레 군나르 솔샤르 등 다양한 감독들을 거쳐갔지만 퍼거슨 감독의 향수를 지워내기에는 모두 역부족이었다. 이제 텐하흐 감독만큼은 달라야 한다. 더 이상의 감독 교체보다는 맨체스터유나이티드라는 이름에 걸맞은 성적을 내야 하는 감독으로서 자리잡아야 한다. 맨유는 확실한 체질 개선에 들어갔다. 특히 척추 라인에 많은 신경을 쓰고 있다. 오랜 시간 후방을 든든하게 지켜주던 데헤아를 내보내고 발밑 좋은 골키퍼인 오나나를 영입했다. 그리고 매 시즌 공격을 만드는데 많은 책임을 지고 있던 브루노 페르난데스의 부담을 줄이기 위해 마운트를 데려왔다. 추가로 최전방에 대한 고민을 해결하기 위해 20살의 전도유망한 라스무스 회이룬도 함께 하게 되었다.

텐하흐 감독 입맛에 맞는 선수들로 변화를 주고 있는 맨체스터유나이티드이다. 다만 매과이어, 프레드 등 아직까지 원활한 방출작업이 이루어지지 않고 있어서 스쿼드를 두툼하게 해줄 수 있는 추가 영입이 이뤄지지 않고 있다. 이 점만 보완된다면 텐하흐 감독의 축구는 리그뿐만아니라 토너먼트 대회에서도 힘을 발휘할 수 있을 것으로 느껴진다. 여기에 셰이크 자심 회장의 인수까지 확실하게 이루어진다면 맨체스터유나이티드 팬들의 걱정은 사라지고 환한 미소가 가득해질 것이다.

MANCHESTER UNITED

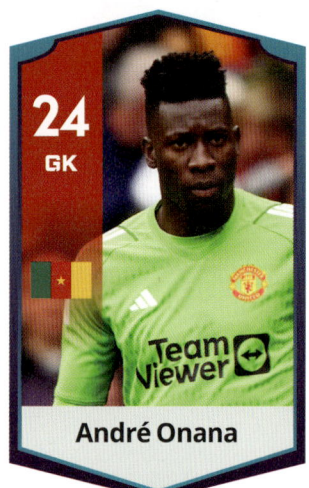

24 GK
André Onana

안드레 오나나

국적 카메룬 | **나이** 27 | **신장** 190 | **체중** 93 | **평점** 6.72

역대 골키퍼 최고 이적료 4위에 이름을 올렸다. 이적료는 무려 5,250만 유로. 오나나의 최대 장점은 뛰어난 발밑을 활용한 빌드업이다. 라마시아와 아약스 출신으로 안정적인 전개 능력을 선보인다. 또한 준수한 세이브 능력과 뛰어난 탄력을 가지고 있다. 골키퍼부터 출발하는 텐하흐 감독의 빌드업 축구에 있어 큰 도움을 줄 수 있는 자원임은 확실하다. 다만 큰 실수가 없지 않다. 자주 있는 모습은 아니지만 패스를 할 때 타이밍을 놓치거나 상대의 압박에 불안정한 처리가 될 때가 있다. 또한 생각보다 민첩성이 떨어져 실점을 허용할 때도 있다. 그럼에도 데헤아의 아픈 기억을 지워주기에 충분한 골키퍼인 것은 틀림없다.

2022/23시즌

1	24 GAMES	2,160 MINUTES	24 실점	73.50 선방률		0
	61 세이브	8 클린시트	추정가치: 35,000,000€	38 경기당패스	81.30 패스성공률	

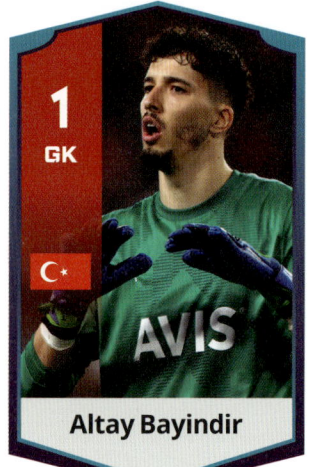

1 GK
Altay Bayindir

알타이 바인드르

국적 튀르키예 | **나이** 25 | **신장** 198 | **체중** 88 | **평점** 6.63

골키퍼 딘 헨더슨의 빈자리를 채우기 위한 영입. 데뷔 후 꾸준히 튀르키예 슈퍼리그에서만 활동했다. 2019/20 시즌 명문구단인 페네르바체로 이적해 꾸준히 주전으로 활동하며 자신의 가치를 증명했다. 침착하고 선방능력이 좋은 편이다. 다만 발밑이 뛰어나다는 평가를 받지는 못하고 골키퍼 포지션을 감안하더라도 패스성공률이 낮은 편이다. 오나나가 아프리카 네이션스컵으로 팀을 떠날 시, 대신 출전할 확률이 가장 높다. 하지만 아직까지 맨체스터유나이티드에서 출전한 적이 없기에 활약 여부는 미지수다. 특히 골키퍼부터 시작하는 텐하흐감독 축구에 있어 골키퍼의 킥이 매우 중요하기에 불안 요소는 존재한다.

2022/23시즌

2	26 GAMES	2,340 MINUTES	31 실점	66.70 선방률		0
	54 세이브	9 클린시트	추정가치: 11,000,000€	23 경기당패스	68.90 패스성공률	

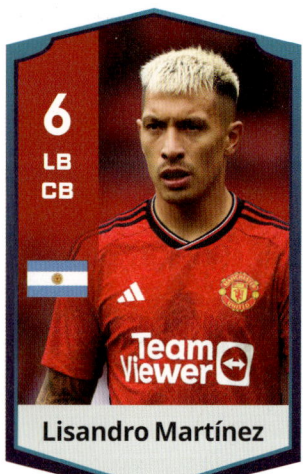

6 LB CB
Lisandro Martínez

리산드로 마르티네스

국적 아르헨티나 | **나이** 25 | **신장** 178 | **체중** 77 | **평점** 6.88

맨체스터유나이티드의 수비 걱정을 줄여준 선수. 텐하흐 감독이 지휘봉을 잡게 되며 맨유에 입성하게 되었다. 작은 신장임에도 아약스에서 센터백을 볼 수 있었던 이유는 뛰어난 완발 빌드업 덕분이었다. 공격을 전개하는 데 있어서 거침이 없고 과감한 선택을 보여주기도 했다. 거기에 몸을 사리지 않는 투지 넘치는 수비력을 보여주며 맨체스터유나이티드 팬들에게 많은 사랑을 받았다. 다만 시즌 막바지 부상으로 전력에서 이탈해 아쉬움을 남겼다. 프리시즌에서는 아직 몸 상태가 100%로 보이지 않았지만 2023/24시즌에도 리산드로 마르티네스는 바란과 함께 핵심 센터백으로 자리매김할 것이다.

2022/23시즌

6	27 GAMES	2,116 MINUTES	1 GOALS	0 ASSISTS		0
	0.43 경기당슈팅	1 유효슈팅	추정가치: 50,000,000€	56.6 경기당패스	87.00 패스성공률	

PLAYERS

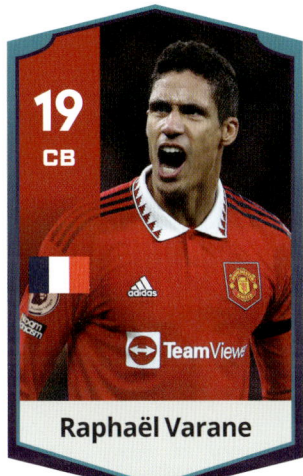

라파엘 바란
국적 프랑스 | **나이** 30 | **신장** 194 | **체중** 83 | **평점** 6.85

빠른 발과 좋은 빌드업 능력, 팀을 이끄는 리더십을 가진 선수. 제공권, 태클 역시 좋다. 프랑스 대표팀에서 월드컵, 레알마드리드에서 챔피언스리그 우승을 차지하며 다양한 경험치를 쌓았던 모습을 맨체스터유나이티드에서 보여주었고 클래스를 증명했다. 다만 꼬리표처럼 따라다니는 부상은 여전히 걱정거리이자 문제이다. 센터백 숫자가 많지만 믿을만한 선수가 없는 상황에서 바란의 공백이 발생한다면 빌드업과 안정감 모두 불안 요소를 남길 수밖에 없다. 맨체스터유나이티드의 핵심인 만큼 더 이상 큰 부상 없이 리그에서 30경기 넘게 소화해줘야 한다.

2022/23시즌

	GAMES	MINUTES	GOALS	ASSISTS	
1	24	1,915	0	0	0
	0.38 경기당슈팅	4 유효슈팅	추정가치: 35,000,000€	46.1 경기당패스	86.30 패스성공률

해리 매과이어
국적 잉글랜드 | **나이** 30 | **신장** 188 | **체중** 98 | **평점** 6.75

팬들에게 신뢰를 완전히 잃어버렸다. 출전할 때마다 수비에서 안정감을 찾아볼 수가 없다. 발밑을 중시하는 텐하흐 감독의 스타일상 후방에서 빌드업을 요구했는데 적절하지 못한 판단으로 압박에 허둥지둥하거나 볼을 너무 길게 앞으로 보내 실점으로 이어지는 커다란 실수만 유발하였다. 다만 월드컵 기간 잉글랜드 국가대표 수비수로서는 클럽에서보다 전투적이며 조금 나아진 모습이었지만 그리 오래가지 못했다. 이제는 주장 자리까지 내려놓게 되었다. 맨체스터유나이티드에서 매과이어의 자리는 더 이상 남아있지 않을 것으로 보인다.

2022/23시즌

	GAMES	MINUTES	GOALS	ASSISTS	
4	16	759	0	0	0
	0.35 경기당슈팅	0 유효슈팅	추정가치: 20,000,000€	36.1 경기당패스	85.10 패스성공률

빅토르 린델뢰프
국적 스웨덴 | **나이** 29 | **신장** 187 | **체중** 82 | **평점** 6.68

빌드업과 오른발 킥이 좋아 롱패스를 통해 단번에 후방에서 최전방으로 전개를 가져가기도 한다. 라파엘 바란이 부상으로 출전하지 못할 때 그 자리에서 나름 안정적인 모습을 보여주었다. 하지만 속도와 공중볼 처리 능력은 여전히 개선이 필요해 보인다. 다행히 과거에 비해 몸싸움 등 경합 상황에서 상대에게 우위를 내주는 상황은 줄었다. 리그보다는 유럽대항전 조별리그나 컵대회에 출전할 가능성이 높을 것이다. 맨체스터유나이티드 팬들은 린델뢰프가 3옵션으로 남아주길 바란다.

2022/23시즌

	GAMES	MINUTES	GOALS	ASSISTS	
1	20	1,360	0	0	0
	0.2 경기당슈팅	0 유효슈팅	추정가치: 18,000,000€	46.5 경기당패스	93.10 패스성공률

MANCHESTER UNITED

루크 쇼

국적 잉글랜드 | **나이** 28 | **신장** 185 | **체중** 74 | **평점** 6.91

부상 후 수술의 여파를 완전히 털어낸 지난 시즌이었다. 2021/22시즌에는 텔레스에게도 주전자리를 내주며 힘들어했지만 다시 우리가 알던 과거의 루크 쇼로 돌아왔다. 안정적인 수비능력과 함께 리산드로 마르티네스와 좋은 호흡으로 측면 빌드업을 이어나갔다. 또한 공격적인 모습에서도 측면을 넓게 벌려 크로스를 올리거나 박스 안쪽으로 침투하는 움직임까지 섞어주며 활발함을 선사하였다. 특히 볼 운반 능력에서 뛰어난 모습을 보여주었기에 이번 시즌에도 루크 쇼의 전진 능력은 의심할 여지가 없으며 맨유의 왼쪽을 활발하게 이끌어줄 것이다.

2022/23시즌

	31 GAMES	2,555 MINUTES	1 GOAL	2 ASSISTS	
8	0.49 경기당슈팅	4 유효슈팅	추정가치: 42,000,000€	67.7 경기당패스	83.70 패스성공률	0

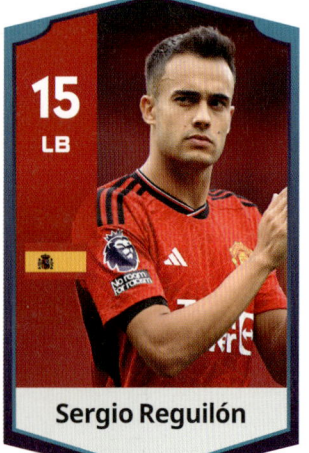

세르히오 레길론

국적 스페인 | **나이** 26 | **신장** 176 | **체중** 63 | **평점** 6.2

토트넘에서 무색무취, 기대 이하의 활약으로 인해 아틀레티코 마드리드로 2022/23시즌 임대 이적을 떠났다. 하지만 그마저도 실패. 부상으로 시즌초반 합류하지 못했고 간간히 출전하더라도 만족스러운 활약을 보여주지 못하며 거의 교체로만 출전시간을 소화했다. 지난 시즌 리그 선발은 단 2번밖에 없었다는 것만 봐도 레길론의 임대 배경은 짐작 가능하다. 그럼에도 맨체스터 유나이티드에서 루크쇼의 백업으로 임대 이적을 했다. 시즌 초 루크 쇼의 부상으로 출전시간을 늘렸던 레길론은 상대를 마킹하는 것과 공격에서도 꽤나 준수한 모습을 보여주며 긍정적인 신호탄을 쏘아 올렸다. 다만 부상이 다시 찾아와 팀을 이탈했기에 걱정을 사게 되었다.

2022/23시즌

	11 GAMES	303 MINUTES	0 GOAL	0 ASSISTS	
1	0.87 경기당슈팅	1 유효슈팅	추정가치: 10,000,000€	11.2 경기당패스	82.10 패스성공률	1

소피앙 암라바트

국적 모로코 | **나이** 27 | **신장** 173 | **체중** 69 | **평점** 6.46

2022 카타르 월드컵 모로코 4강 신화의 주역이다. 엄청난 활동량과 수비보호 능력뿐만 아니라 번뜩이는 패스길도 보여주는 선수이다. 맨체스터유나이티드로 이적해 카라바오컵 3라운드 크리스탈팰리스와의 경기를 통해 첫 선발 데뷔전을 치렀다. 텐하흐 감독이 아약스 시절 프랭키 더용을 썼던 것처럼 왼쪽 풀백 위치에서 수비 역할도 하고 중간 연결고리 역할도 수행하며 박스 타격까지도 보여주었다. 순간 번뜩이는 중거리 슈팅도 보유하고 있어 드디어 맨체스터유나이티드가 원하는 미드필드가 영입되었다는 이야기가 들리고있다. 카세미루와의 호흡이 더 살아난다면 허리에 대한 걱정은 줄어들 것으로 예상된다.

2022/23시즌

	24 GAMES	2,007 MINUTES	0 GOALS	1 ASSISTS	
11	0.59 경기당슈팅	4 유효슈팅	추정가치: 30,000,000€	50.1 경기당패스	89.80 패스성공률	0

PLAYERS

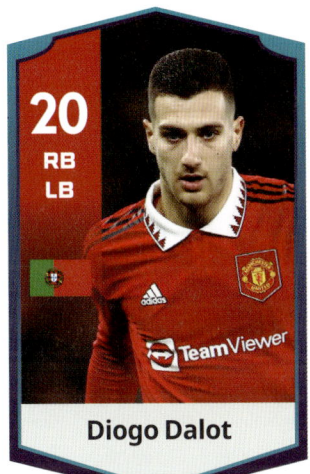

지오구 달로
국적 포르투갈 | **나이** 24 | **신장** 184 | **체중** 76 | **평점** 6.85

공격적인 움직임이 좋은 풀백이다. 괜찮은 드리블 능력, 오프더볼 움직임을 통해 적극적으로 공격에 가담하지만 크로스 정확도는 조금 더 향상되어야 할 필요가 있다. 준수한 피지컬을 활용해 상대의 움직임을 저지하고 볼을 빼앗는다. 이전 시즌보다 더 발전되어 나름의 합격점을 받았지만 아직까지 완벽하다고 볼 수 없다. 완비사카와의 주전경쟁에서는 앞서 있는 것은 사실이다. 하지만 프리시즌 경기력을 놓고 보았을 때는 불안감을 안겨다 주었다. 2023/24시즌은 달로의 한층 더 성장된 모습이 필요하다.

2022/23시즌

	GAMES	MINUTES	GOALS	ASSISTS	
6	26	2,155	1	2	0
	0.92 경기당슈팅	7 유효슈팅	추정가치: 40,000,000€	55.4 경기당패스	79.20 패스성공률

아론 완비사카
국적 잉글랜드 | **나이** 25 | **신장** 182 | **체중** 72 | **평점** 6.78

부상 그리고 텐하흐 감독과의 마찰로 인해 시즌 출발이 불안했다. 거기에 공격적으로 올라가기는 하지만 정확도 낮은 크로스는 팀에 도움을 주지 못했다. 또한 2021/22시즌보다는 향상되었지만 빌드업을 하는 데 있어서 꾸준히 불안감을 자초하였다. 잦은 패스 미스로 인해 전방으로 전달되지 않는 전개 능력은 모두를 답답하게 만들었다. 그나마 완비사카의 장점인 수비력과 태클 능력은 이전보다 나아진 모습을 보여주었지만 달로와의 경쟁에서 이기기는 어려웠다. 프리시즌 친선경기에서도 희망적인 모습을 보여주지 못했기에 맨체스터유나이티드 팬들은 오른쪽 수비에 대한 고민을 내려놓을 수가 없다.

2022/23시즌

	GAMES	MINUTES	GOALS	ASSISTS	
2	19	1,436	0	0	0
	0.63 경기당슈팅	2 유효슈팅	추정가치: 25,000,000€	44.2 경기당패스	84.00 패스성공률

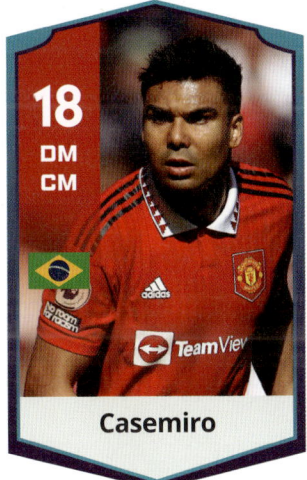

카세미루
국적 브라질 | **나이** 31 | **신장** 184 | **체중** 79 | **평점** 7.01

불안하고 답답했던 맨유 허리의 고민을 풀어준 선수이다. 이적 후 리그 초반에는 교체로 출전하는 횟수가 더 많았다. 하지만 금세 주전으로 자리를 잡았고 여유 있게 볼을 끊어내거나 키핑을 하면서 쉽게 압박을 떨쳐내는 모습을 보여주었다. 다만 한 시즌에 다이렉트 퇴장을 2번이나 당하며 무려 7경기 출장 정지를 당했다. 거기에 빌드업 시 잦은 패스미스로 인해 상대 공격수에게 큰 기회를 내주기도 했다. 하지만 이런 단점을 감출 만큼 탁월한 수비 보호 능력을 보여주는 카세미루이기에, 이번 시즌에도 맨체스터유나이티드 중심이 되어줘야 한다.

2022/23시즌

	GAMES	MINUTES	GOALS	ASSISTS	
7	28	2,127	4	3	2
	1.44 경기당슈팅	11 유효슈팅	추정가치: 40,000,000€	51.3 경기당패스	77.40 패스성공률

MANCHESTER UNITED

39 CM DM
Scott McTominay

스콧 맥토미니
국적 스코틀랜드 | **나이** 26 | **신장** 192 | **체중** 84 | **평점** 6.5

피지컬이 최고의 무기이다. 활동량을 바탕으로 전투적으로 경기에 임하며, 상대와의 경합을 두려워하지 않았다. 공중볼에도 강점이 있고 간혹 터지는 중거리슛은 팬들의 마음을 뜨겁게 만든다. 또한 카세미루가 적응하는 동안 수비 보호 역할을 착실하게 해주며 자리를 잘 채워주었다. 하지만 거침 없는 플레이스타일로 인해 잦은 파울과 과하다 싶은 아찔한 장면이 빈번히 나온다. 퇴장을 당하지 않은 것이 다행이라고 할 정도로 많은 경고를 받았다. 또한 터치나 패스 같은 세밀한 부분은 확실한 개선이 필요해 보인다. 투지 넘치지만 투박한 플레이는 팀에게 마이너스 요소가 될 우려가 크다.

2022/23시즌

8	24 GAMES		1,149 MINUTES	1 GOAL	0 ASSISTS	0
	1.01 경기당슈팅	6 유효슈팅	추정가치: 25,000,000€	18 경기당패스	82.20 패스성공률	

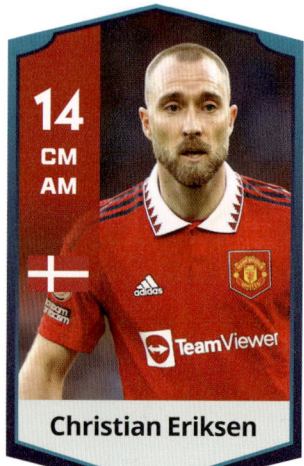

14 CM AM
Christian Eriksen

크리스티안 에릭센
국적 덴마크 | **나이** 31 | **신장** 177 | **체중** 67 | **평점** 6.75

볼 전개에 있어서 확실한 강점이 있다. 에릭센이 발목 부상으로 인해 빠져 있던 시기 맨체스터유나이티드는 앞쪽으로 볼 배달에 있어서 어려움을 겪었다. 또한 경기를 운영하는 능력과 조율하는 모습은 클래스는 여전하다는 모습을 증명하기도 했다. 다만 강팀 앞에서는 플레이가 원활하게 나오지 못했다. 압박에 쉽게 대처하지 못하면서 큰 위기를 초래하기도 했다. 게다가 기동력적인 측면은 이제 기대하기 어려워졌다. 그럼에도 킥이라는 큰 무기를 가지고 있기에 다가오는 시즌에도 상대팀을 위협하기에는 충분히 매력적인 선수이다.

2022/23시즌

3	28 GAMES		2,063 MINUTES	1 GOAL	8 ASSISTS	0
	1.71 경기당슈팅	11 유효슈팅	추정가치: 22,000,000€	53 경기당패스	81.00 패스성공률	

8 AM
Bruno Fernandes

브루노 페르난데스
국적 포르투갈 | **나이** 28 | **신장** 173 | **체중** 64 | **평점** 7.36

명실상부한 맨체스터유나이티드의 에이스다. 과감한 전진 패스로 상대 수비를 곤란하게 만든다. 중원에서부터 최전방까지 진두지휘하며 팀을 이끌었다. 거의 매 경기 출전하며 체력적으로 지친 모습이 드러나기는 했지만 그럼에도 공격 전개에 있어서 페르난데스의 존재 유무는 너무 큰 차이를 불러왔다. 2020/21시즌 18골을 기록했던 것에 비해 득점력은 계속 줄어들고 있지만 여전히 기회창출 능력은 리그 최상위권이다. 이제는 매과이어의 주장 완장을 이어받아 책임감이 배로 늘어난 만큼 다시 한번 리그 10골-10도움 이상의 기록으로 공헌해야 한다.

2022/23시즌

6	37 GAMES		3,320 MINUTES	8 GOALS	8 ASSISTS	0
	2.44 경기당슈팅	32 유효슈팅	추정가치: 75,000,000€	54.9 경기당패스	73.80 패스성공률	

PLAYERS

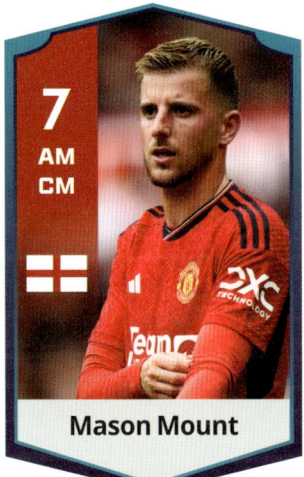

메이슨 마운트
국적 잉글랜드 | **나이** 24 | **신장** 180 | **체중** 74 | **평점** 6.85

처음으로 파란색 유니폼이 아닌 빨간색 유니폼을 입게 되었다. 첼시에서 지난 시즌 말미 부상으로 출전하지 못했던 것과는 별개로 연계의 움직임이나 마무리 혹은 창의적인 플레이가 예전 시즌처럼 나오지 못했다. 거기에 팀과의 재계약에 있어 잡음이 끊임없이 나와 첼시 팬들과는 애증의 관계가 되어버렸다. 하지만 이제는 엄연히 맨체스터유나이티드 소속의 선수이다. 브루노 페르난데스, 에릭센이 있기에 공격을 혼자 진두지휘하는 것보다 부담이 덜할 수 있다. 활동량을 바탕으로 박스 안쪽 타격을 더 자주 노려야 한다. 다만 프리시즌에 나왔던 빈약한 마무리 능력은 여전히 성장해야 할 포인트이다.

2022/23시즌

4	24 GAMES	1,655 MINUTES	3 GOALS	2 ASSISTS	0
	1.8 경기당슈팅	9 유효슈팅	추정가치: 60,000,000€	32.4 경기당패스	75.20 패스성공률	

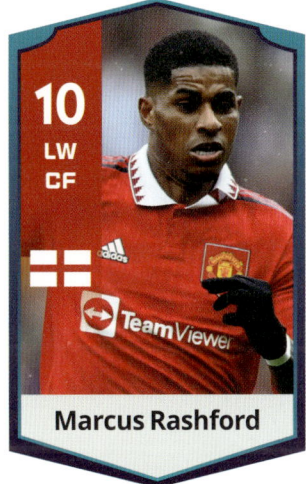

마커스 래시포드
국적 잉글랜드 | **나이** 25 | **신장** 182 | **체중** 70 | **평점** 6.89

단연코 맨체스터유나이티드에서 유일하게 득점력을 가진 공격 자원이다. 자신의 속도를 활용해 상대의 뒷공간을 돌파하거나 드리블을 통해 측면을 허물었다. 최전방 공격수로도 기용되어 플레이를 펼쳤지만 왼쪽 윙으로 나올 때보다는 파괴력이 떨어졌다. 다만 결정력에 대한 아쉬움은 여전하다. 한 시즌을 치르면서 적지 않은 기복을 보이기에 많은 걱정을 남기기도 한다. 22-23시즌에도 월드컵을 기준으로 전반기에는 장점을 살리지 못한 반면 후반기에는 미친듯한 퍼포먼스를 보였다. 2023/24시즌 꾸준한 모습을 보여준다면 맨체스터유나이티드의 측면 공격은 걱정할 필요가 없다.

2022/23시즌

2	35 GAMES	2,890 MINUTES	17 GOALS	5 ASSISTS	0
	3.38 경기당슈팅	49 유효슈팅	추정가치: 80,000,000€	23.3 경기당패스	76.70 패스성공률	

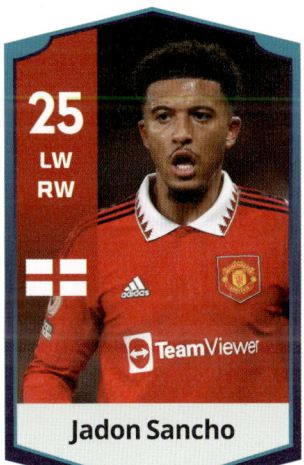

제이든 산초
국적 잉글랜드 | **나이** 23 | **신장** 180 | **체중** 73 | **평점** 6.55

2021/22시즌 말미에만 하더라도 폼을 끌어올리며 가장 큰 장점인 드리블로 기대감을 불러일으켰다. 하지만 잠시뿐, 공격포인트를 생산하는 것과는 별개로 경기에 미치는 영향력이 높지 않았다. 번뜩이는 패스로 상대방을 당혹케 하거나 좋은 크로스로 최전방 공격수를 도와주는 등 장점이 제대로 발휘되지 못했다. 다만 텐하흐 감독이 프리시즌을 통해서도 어떻게든 산초를 잘 살려서 쓸 것처럼 이야기했다. 특히 '중앙에서 플레이할 때가 최적이다'라고 이야기했듯 폴스나인의 기용도 시도해 보았다. 텐하흐 감독의 묘수를 통해 우리가 알던 산초의 모습으로 돌아온다면 맨유 공격의 미래는 한결 밝을 수밖에 없다.

2022/23시즌

0	26 GAMES	1,699 MINUTES	6 GOALS	3 ASSISTS	0
	1.12 경기당슈팅	9 유효슈팅	추정가치: 45,000,000€	29.8 경기당패스	83.40 패스성공률	

MANCHESTER UNITED

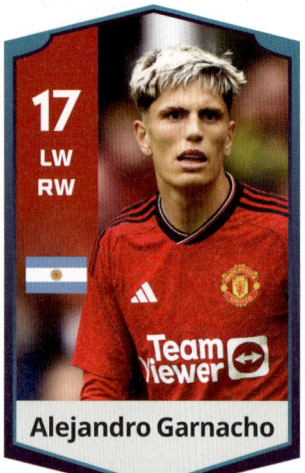

17 LW RW
Alejandro Garnacho

알레한드로 가르나초
국적 아르헨티나 | **나이** 19 | **신장** 180 | **체중** 79 | **평점** 6.45

19세의 전도유망한 측면 공격수. 출전시간을 많이 부여받지는 못했지만 래시포드를 대신해 왼쪽을 휘젓고 다니는 모습을 종종 보여주었다. 뛰어난 속도와 마무리 능력은 가르나초를 눈에 띄게 만들었고 어린 선수인 만큼 적극적인 움직임도 가져갔다. 다만 아직 유망주인 만큼 경기를 읽는 능력이나 판단력에 있어서는 부족한 부분을 보이기도 했다. 2023/24시즌 시작 전 프리시즌에 가르나초는 스탭업한 모습을 보여줬다. 이번 시즌도 래시포드의 백업으로 출전할 확률이 높은 가르나초이지만 2022/23시즌보다는 더 많은 출전시간을 부여받아 더 좋은 활약을 펼칠 것으로 예상된다.

2022/23시즌

	19 GAMES	559 MINUTES	3 GOAL	2 ASSISTS	
3	3.8 경기당슈팅	9 유효슈팅	추정가치: 25,000,000€	9.8 경기당패스	80.20 패스성공률	0

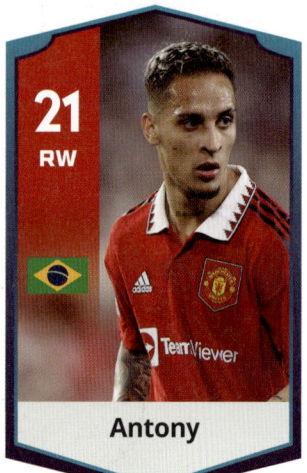

21 RW
Antony

안토니
국적 브라질 | **나이** 23 | **신장** 172 | **체중** 64 | **평점** 6.7

이적 후 초반에는 리그 3경기 연속 득점을 만들어내면서 기대감을 불러일으켰다. 하지만 사실 그것이 거의 끝이었다. 오른쪽에서 공격 템포를 이어나가지 못하고 동료들과의 호흡도 잘 맞지 않았다. 특유의 드리블을 자주 보여주었지만 실속이 없었다. 또한 중요한 순간 아쉬운 판단을 보이며 패스할 순간에 슛을, 슈팅을 노릴 순간에 패스를 택하며 팬들의 속을 뒤집어 놓았다. 그래도 시간이 흐르면서 슛에 대한 탐욕, 무리한 돌파, 주발 의존도 등 단점을 꽤 많이 개선시켰다. 향상된 모습을 이어간다면 2023/24시즌 맨유의 오른쪽 윙은 안토니의 몫이다. 다만 부족한 공격 포인트는 반드시 늘릴 필요가 있다.

2022/23시즌

	25 GAMES	1,817 MINUTES	4 GOAL	2 ASSISTS	
5	3.6 경기당슈팅	24 유효슈팅	추정가치: 60,000,000€	32.76 경기당패스	79.50 패스성공률	0

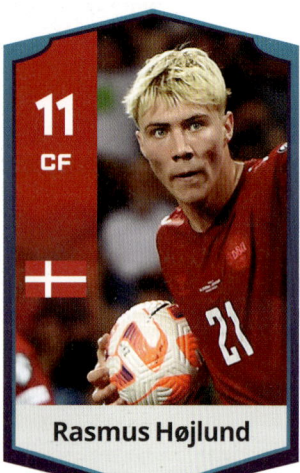

11 CF
Rasmus Højlund

라스무스 회이룬
국적 덴마크 | **나이** 20 | **신장** 192 | **체중** 85 | **평점** 6.63

이제 막 성인이 된 어린 선수에게 약 7,500만 파운드라는 거금을 주고 야심차게 영입했다. 일각에서는 맨유의 행보를 이해하지 못했지만 회이룬은 텐하흐 감독의 스타일과 잘 어울린다는 평가를 받았다. 엄청난 속도로 침투를 할 수 있으며 연계에도 능하고 소유권이 없을 때는 강한 압박도 보여준다. 큰 신장에도 불구하고 100미터를 11초 미만에 주파하는 위력적인 스피드를 갖고 있는 회이룬은 이제 래시포드와 함께 맨유의 역습에 큰 힘을 불어넣을 수 있는 선수임에 틀림없다. 양발을 활용한 안정적인 터치는 박스 안에서 더 위력을 발휘할 것이다. 프리미어리그 데뷔 첫 시즌이기에 빠르게 적응하는 것이 가장 큰 숙제이다.

2022/23시즌

	32 GAMES	1,834 MINUTES	9 GOALS	4 ASSISTS	
1	2.65 경기당슈팅	28 유효슈팅	추정가치: 45,000,000€	13.5 경기당패스	73.10 패스성공률	0

전지적 작가 시점

김용남이 주목하는 맨유의 원픽!
브루노 페르난데스

2019/20시즌 겨울에 영입되어 오자마자 눈에 띄는 플레이를 선보였다. 왕성한 활동량을 바탕으로 공격의 이음새 역할을 했고 뛰어난 침투패스를 통해 공격수들의 득점을 도왔다. 뿐만 아니라 마무리에서도 탁월한 능력을 선보이며 첫 시즌 리그 8골을 시작으로 2020/21시즌 리그 18골, 2021/22시즌 리그 10골, 2022/23시즌 리그 8골을 기록했다. 상대적으로 저조했던 패스성공률도 60%에서 70% 이상으로 끌어올리며 퀄리티 또한 더 높였다.

다만 최근 들어 해줘야 할 역할이 너무 많다지 보니 2021/22시즌 후반기부터 서서히 지쳐가는 모습이 보이기 시작했다. 2023/24시즌은, 이전보다 다소 나아진 느낌이기는 했지만 여전히 브루노 페르난데스가 맨체스터 유나이티드에서 많은 부분을 떠맡고 있는 것이 사실이다. 이제는 마운트, 에릭센과 함께 하며 수비에 대한 부담도 줄이고 공격에 더 초점을 맞추게 된다면 2020/21시즌 페르난데스의 모습을 보는 것은 시간문제이다.

지금 맨유에 이 선수가 있다면!
트렌트 알렉산더아놀드

루크 쇼와 마커스 래시포드로 이어지는 왼쪽 라인의 공격력은 맨체스터유나이티드 팬들을 기대케 한다. 반면 반대편은 안토니 혹은 산초 그리고 완비사카와 달로다. 완비사카는 수비적인 부분에서 달로보다는 앞선다. 다만 공격적인 부분에서 아쉬움을 나타내는 것은 사실이다. 그렇다고 달로의 공격력을 믿고 보기에는 패스의 선택지나 크로스의 질이 더 향상될 필요성을 느낀다.

그렇기에 공격력을 살려줄 수 있는 트렌트 알렉산더아놀드가 함께 한다면 공격력은 몇 배 이상이 될 것이다. 2022/23시즌 인버티드 풀백으로서도 후방에서의 빌드업 관여에 큰 도움을 주었고 다시 돌아온 킥과 크로스 퀄리티는 현재 프리미어리그에서 최고 수준에 달한다. 공격수들을 사이드로 넓게 서게 도와주기도 하고 오히려 박스 안쪽으로 이동하는 움직임도 가져가게 해주는 수준 높은 플레이로 인해 왼쪽과 오른쪽 모두 파괴력 있는 공격력을 기대해볼 수 있다.

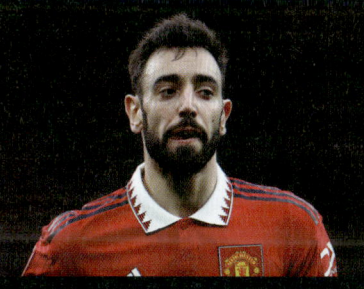

NICK POPE
SVEN BOTMAN
DAN BURN
PAUL DUMMETT
TINO LIVRAMENTO
JAVIER MANQUILLO
FABIAN SCHÄR
MATT TARGETT
KIERAN TRIPPIER
MIGUEL ALMIRÓN
ELLIOT ANDERSON
JOELINTON
BRUNO GUIMARÃES
JEFF HENDRICK
MATT RITCHIE
SANDRO TONALI
JOE WILLOCK
HARVEY BARNES
ANTHONY GORDON
ALEXANDER ISAK
CALLUM WILSON

Newcastle United

NEWCASTLE UNITED

뉴캐슬 Newcastle United

- 창단 년도 | 1892년
- 최고 성적 | 우승 (1904/05, 1906/07, 1908/09, 1926/27)
- 경기장 | 세인트 제임스 파크 (St James' Park)
- 경기장 수용 인원 | 52,305명
- 경기장 위치 | Barrack Rd, Newcastle upon Tyne NE1 4ST
- 지난 시즌 성적 | 4위
- 별칭 | Toon (툰), The Magpies (맥파이스),
- 상징색 | 화이트, 블랙
- 레전드 | 앨런 시어러, 지미 로렌스, 빌 맥크라렌, 파브리시오 콜로치니, 게리 스피드, 놀베르토 솔라노, 셰이 기븐, 조 하비, 바비 몬커, 재키 밀번 등

히스토리

뉴캐슬유나이티드는 1892년 뉴캐슬이스트엔드와 뉴캐슬웨스트엔드라는 팀이 결합하며 탄생했다. 131년의 역사동안 잉글랜드 1부리그 우승 4회, FA컵 우승 6회, UEFA 인터토토컵 우승 1회, 커뮤니티 우승 1회 등의 기록을 썼다. 프리미어리그로 재편된 후 1990년대 중반부터 2000년대 초반에 시어러를 앞세워 우승권에 도전하는 팀으로 거듭나기도 했다. 그리고 2021년 사우디 국부펀드가 뉴캐슬을 인수하면서 세계 최고 갑부 구단이 됐다. 당장 이름값이 높은 스타선수, 감독보다 리그 내 검증된 알짜 자원들을 영입하고 에디 하우 감독을 벤치에 앉히면서 신흥 강호로 자리를 잡았고, 마침내 지난 시즌 무려 21년 만에 챔피언스리그 진출에 성공했다. 이번 시즌 목표도 역시 UCL 진출권 유지라고 할 수 있겠다.

최근 5시즌 리그 순위 변동

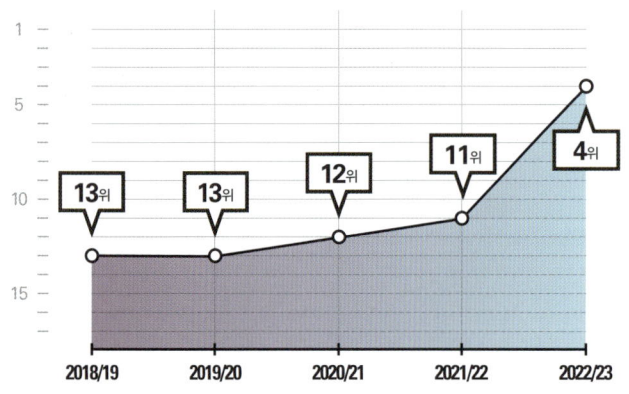

클럽레코드 IN & OUT

최고 이적료 영입 IN

알렉산데르 이삭
7,000만 유로
(2022년 8월, from 레알소시에다드)

최고 이적료 판매 OUT

앤디 캐롤
4,100만 유로
(2011년 1월, to 리버풀)

CLUB & MANAGER

에디 하우 Eddie Howe

1977년 11월 29일 | 45세 | 잉글랜드

PL, UCL 병행, 하우에게 주어진 또 다른 시험대

프리미어리그에서 가장 주목받고 있는 잉글랜드 출신 감독. 지난 시즌 10위권 내 팀의 사령탑 중 유일한 잉글랜드 국적이다. 감독으로서 능력을 인정받던 본머스 시절엔 4-4-2 포메이션을 주로 활용했지만, 뉴캐슬에서는 4-3-3을 주 포메이션으로 쓰고 있다. 안정적인 수비력을 바탕으로 팀 전체가 강력한 압박을 구사한다. 지난 시즌 댄 번과 트리피어를 활용한 변형 백쓰리 전술로 트리피어의 공격력을 극대화했고, 보트만, 셰어, 기마랑이스와 같이 후방에서 좋은 패스를 전방으로 한번에 찔러주는 전술을 활용하는 모습도 보여줬다. 전임 감독 하에서 부진하던 선수들의 경기력을 끌어올렸고, 전반적으로 로테이션을 적절하게 활용했다는 점도 좋은 평가를 받았다. 다만, 대부분의 감독들이 챔피언스리그를 처음 병행할 때 어려움을 겪는다는 점에서 우려 섞인 전망이 있으며, 팀이 아직 UCL을 병행할 만큼의 스쿼드 뎁스를 갖추지 못했다는 점도 불안 요소이다.

감독 인터뷰

"다가오는 시즌은 우리에게 가장 큰 도전이 될 것이다. 일부 언론은 우리가 빅6에서 밀려날 것이라고 했는데, 이는 오히려 우리에게 좋은 자극제가 될 수 있다. 나는 선수들에게 자신이 가진 능력의 최대치를 보여 달라고 요구할 것이다."

감독 프로필

통산	선호 포메이션	승률
551 경기 231 승 126 무 194 패	4-3-3	41.92%

시즌 키워드

#잉글랜드감독 | #최근장기재계약 | #챔스첫경험

우승 이력

- EFL 챔피언십 (2014/15)

경력	2008~2011	2011~2012	2012~2020	2021~
	AFC본머스	번리	AFC본머스	뉴캐슬 유나이티드

NEWCASTLE UNITED

IN

산드로 토날리
(AC밀란)

하비 반스
(레스터시티)

티노 리브라멘토
(사우샘프턴)

야쿠바 민테
(오덴세BK)

루이스 홀
(첼시))

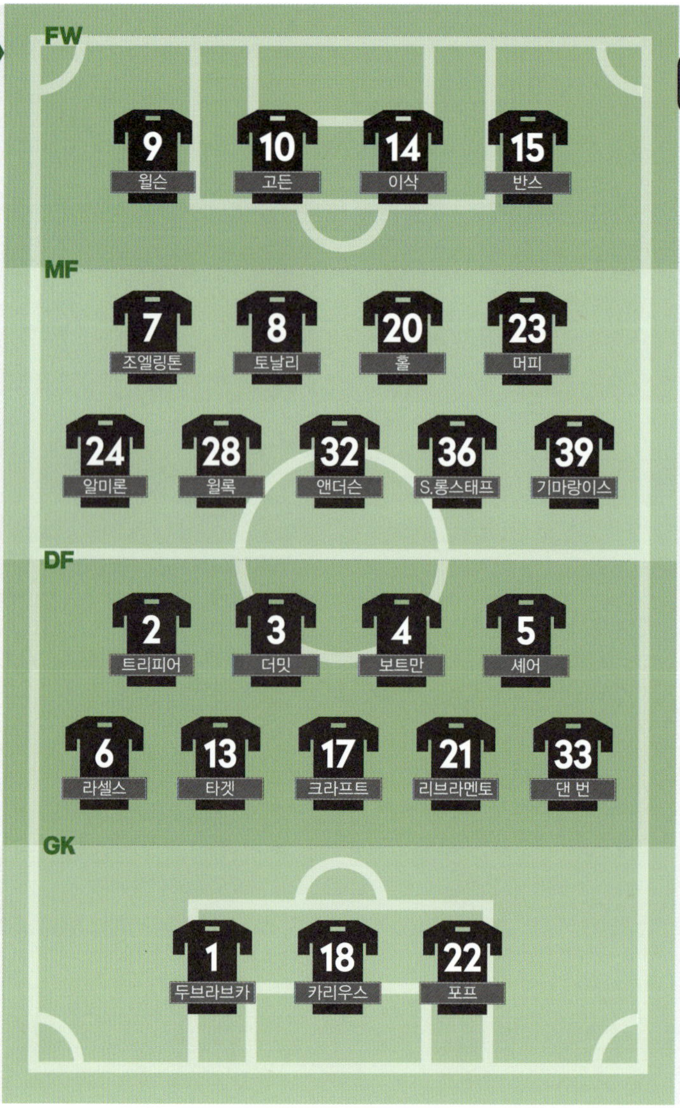

OUT

알랑 생막시맹
(알아흘리)

크리스 우드
(노팅엄포레스트)

칼 달로우
(리즈유나이티드)

자말 루이스
(왓포드)

맷 롱스태프
(계약종료)

클라란 클락
(계약종료)

FW
- 9 윌슨
- 10 고든
- 14 이삭
- 15 반스

MF
- 7 조엘링톤
- 8 토날리
- 20 홀
- 23 머피
- 24 알미론
- 28 윌록
- 32 앤더슨
- 36 S.롱스태프
- 39 기마랑이스

DF
- 2 트리피어
- 3 더밋
- 4 보트만
- 5 셰어
- 6 라셀스
- 13 타겟
- 17 크라프트
- 21 리브라멘토
- 33 댄 번

GK
- 1 두브라브카
- 18 카리우스
- 22 포프

히든풋볼의 이적시장 평가

2023년 여름 뉴캐슬이 토날리를 영입할 거라고 예상한 전문가는 별로 없었다. 기마랑이스, 조엘링톤과 함께 중원을 구성한 선수들의 활약이 다소 부족했던 것을 생각하면 매우 좋은 영입이다. 잦은 부상에 시달리던 생막시망을 매각하고, 그 자리에 지난 시즌 커리어하이를 찍은 반스를 강등된 레스터에서 데려왔다. 트리피어의 백업이자 장기적인 대체자로 영입된 리브라멘토는 부상 여파를 빠르게 털어내야 할 것으로 보인다.

히든풋볼 이적시장 평가단

SQUAD & BEST11

BEST 11

- 10 고든
- 14 이삭
- 24 알미론
- 7 조엘링톤
- 39 기마랑이스
- 8 토날리
- 33 댄 번
- 4 보트만
- 5 셰어
- 2 트리피어
- 22 포프

2022/23시즌 스탯 Top 3

득점 Top 3
- 칼럼 윌슨 — 18골
- 미겔 알미론 — 11골
- 알렉산데르 이삭 — 10골

도움 Top 3
- 키어런 트리피어 — 7도움
- 조 윌록 — 6도움
- 브루노 기마랑이스 — 5도움

출전시간 Top 3
- 키어런 트리피어 — 3,348분
- 닉 포프 — 3,262분
- 파비안 셰어 — 3,209분

히든풋볼의 순위 예측

지난 시즌 챔피언스리그 티켓을 따냈지만 오히려 리그 일정을 치르는 데 더 어려움이 있을 것 같다.

6위 이주헌

토날리가 가세한 중원은 단단하지만 차이를 만들어낼 수 있는 자원이 더 늘어야 할 것. 챔스 병행은 쉽지 않다.

5위 박종윤

챔피언스리그 병행으로 인해 관리의 어려움을 겪을 가능성이 높다.

6위 박찬우

야망은 크지만 위험 요소도 적지 않다. 특히, UCL 병행과 집중 견제에 발목을 잡힐 가능성이 존재한다.

7위 송영주

PL, UCL을 병행한다는 것이 독이 될 수도 있다. 선택과 집중이 필요한 에디 하우 감독이다.

7위 김용남

분명한 챔피언스리그권 전력이지만, PL, UCL 병행이 익숙하지 않은 점이 결국 걸림돌로 작용할 것 같다.

5위 이완우

UCL 병행 첫 시즌, 또 챔스 도전!

뉴캐슬유나이티드는 2022/23시즌 프리미어리그에서 19승 14무 5패로 승점 71점을 획득해 21년 만에 챔피언스리그 진출에 성공했다. 이는 시즌 초부터 강한 수비력을 바탕으로 좋은 성적을 유지하면서 거둔 결과이다. 특히, 지난 시즌 맨시티와 함께 33실점, 5패로 리그 최소 실점, 최소 패배를 기록할 만큼 쉽게 지지 않는 모습을 보여줬다. 물론, 리그 성적 외에도 리그컵 준우승을 차지하는 등 전반적인 상승세가 두드러진 시즌이었다. 뉴캐슬은 사우디 국부 펀드 인수 이후 스타 플레이어보다 알짜 영입 기조를 유지하면서 서서히 리그에서 신흥 강호로 거듭나고 있다. 다가오는 시즌에선 챔피언스리그를 병행해야한다는 점에서 다시 한번 시험대에 오를 것으로 보인다.

뉴캐슬의 이번 시즌 현실적인 목표는 챔피언스리그 진출권 사수, 컵대회 우승 도전 정도라고 할 수 있다. 지난 시즌 부진했던 상위권 팀들이 이적시장을 활발하게 보내면서 재기를 꿈꾸고 있는 상황에서 뉴캐슬도 기존의 기조대로 필요한 포지션만 골라서 영입을 하고 있다. 먼저 토날리의 영입은 팀의 비전을 보여줄 수 있는 영입이자, 조엘링턴과 기마랑이스가 버티고 있는 미드필드진에 활력을 더 할 수 있는 좋은 계약이었다. 그리고 강등된 레스터시티에서 하비 반스를 영입해 팀을 떠난 생막시맹의 빈자리를 메웠다. 비록 지난 시즌 부상으로 대부분의 경기를 소화하지 못했지만 재능만큼은 인정받은 티노 리브라멘토를 영입해서 트리피어의 백업이자 장기적인 대체자도 잘 구했다고 할 수 있다. 트리피어의 나이를 고려했을 때 챔피언스리그와 리그 모두를 좋은 컨디션으로 소화하기엔 무리가 있다.

이번 여름 뉴캐슬은 생막시맹, 크리스 우드, 맷 롱스태프 등 전력 외 자원에 대한 처분도 비교적 잘 마무리지었다. 하지만 챔피언스리그를 병행하기엔 스쿼드의 퀄리티가 다소 아쉽다는 편도 있다. 물론 조 윌록, 제이콥 머피, 션 롱스태프 등 주전 자리를 넘볼 수 있는 선수들은 지난 시즌 가능성을 입증했기에 로테이션 자원으로는 충분히 가치가 있다. 하지만, 프리미어리그와 챔피언스리그를 병행하기 위한 더블 스쿼드를 갖췄는지에 대해선 확언하긴 어렵다. 김민재 영입설이 돌았던 만큼 발 빠른 센터백 영입이 이뤄지지 않은 점은 비교적 아쉬운 대목이다. 이번 시즌 에디 하우 감독은 다시 한 번 시험대에 오른다. 감독 커리어 사상 처음으로 뛰어드는 챔피언스리그를 비롯해 상위권 팀의 감독으로서 자신의 지도력을 확실히 보여줄 수 있는 시즌이 돼야 한다.

NEWCASTLE UNITED

닉 포프

국적 잉글랜드 | **나이** 30 | **신장** 191 | **체중** 76 | **평점** 6.7

22 GK
Nick Pope

지난 시즌 맨시티와 함께 뉴캐슬이 리그 최저 실점을 기록한 데에 1등 공신이자, 2022/23시즌 프리미어리그 최고의 골키퍼. 지난 시즌을 앞두고 1,150만 유로의 이적료로 뉴캐슬의 새로운 수문장으로 자리를 잡았으며, 팀 성적과 개인의 퍼포먼스를 고려한다면, 이적료도 상당히 저렴했다고 할 수 있다. 지난 시즌 퇴장 징계로 인한 1경기를 제외하곤 전 경기를 소화했으며 MOM에 2번 선정됐다. 위치 선정과 핸들링 등 키퍼의 기본 소양에 있어서 강점을 가지고 있으나, 빌드업에 대해선 아쉬운 평가를 받는다. PL 주전 골키퍼 중 패스 성공률이 아쉬운데, 이를 개선하면 더 높은 평가를 받을 수 있을 것이다. 픽포드, 램스데일과 함께 잉글랜드 No.1를 놓고 경쟁중이다.

2022/23시즌

🟨	GAMES	MINUTES	실점	선방률	🟥
3	37	3,262	32	74.60	1
	세이브	클린시트	추정가치: 20,000,000€	경기당패스	패스성공률
	85	14		17.8	58.80

마틴 두브라브카

국적 슬로바키아 | **나이** 33 | **신장** 190 | **체중** 83 | **평점** 6.98

1 GK
Martin Dúbravka

어느덧 뉴캐슬에서 7번째 시즌을 보내고 있는 뉴캐슬의 든든한 수문장. 하지만 No.1 자리를 차지하는 것은 쉽지 않아보인다. 지난 시즌 초 맨유로 임대를 갔다가 복귀를 했는데, No.2를 두고도 카리우스와 경쟁을 펼쳐야 한다. 다만 이미 능력은 검증됐으며, 풍부한 경험을 갖고 있기에 백업으로 이만한 자원이 있을까 싶다. 세이브, 반사신경 등 골키퍼의 기본 능력 이외에도 롱패스를 이용한 빌드업에서 강점을 지니고 있지만, 지난 시즌부터 경기 감각 저하로 인해 안정감이 줄어든 것이 아쉬운 점으로 꼽히고 있다. 다가오는 시즌에도 리그보단 컵 대회 위주로 출전할 것이 예상된다.

2022/23시즌

🟨	GAMES	MINUTES	실점	선방률	🟥
0	2	156	1	88.90	0
	세이브	클린시트	추정가치: 1,500,000€	경기당패스	패스성공률
	9	0		17.8	58.80

키어런 트리피어

국적 잉글랜드 | **나이** 32 | **신장** 178 | **체중** 66 | **평점** 7.41

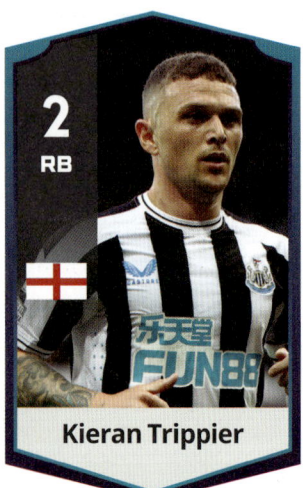

2 RB
Kieran Trippier

지난 시즌 뉴캐슬 최고의 선수임과 동시에 프리미어리그 베스트 11에도 선정된 베테랑 풀백. 변형 포백에서 트리피어는 본인의 강점인 킥을 주무기로 공격적인 재능을 마구 뽐냈다. 리버풀의 알렉산더 아놀드와 세부역할이나 뛰는 위치는 다르지만, 오른쪽 풀백에서 공격의 기점 역할을 하고 플레이메이킹까지 담당한다는 점에서는 공통점이 많다. 또한, 일명 '트컴'으로 불리는 등 사우샘프턴의 제임스워드프라우스와 함께 리그에서 가장 날카로운 프리키커로 꼽힌다. 지난 시즌 앞선에 위치한 알미론과의 궁합이 좋았는데, 다가오는 시즌 새롭게 합류하는 미드필더 동료들과 어떤 시너지를 보일지 기대된다.

2022/23시즌

🟨	GAMES	MINUTES	GOALS	ASSISTS	🟥
5	38	3,348	1	7	0
	경기당슈팅	유효슈팅	추정가치: 11,000,000€	경기당패스	패스성공률
	0.6	4		78.2	76.00

PLAYERS

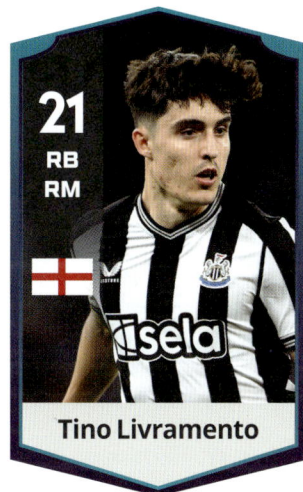

티노 리브라멘토

국적 잉글랜드 | **나이** 20 | **신장** 181 | **체중** 67 | **평점** 6.45

2021/22시즌 후반부에 당한 십자인대 부상으로 지난 시즌을 거의 소화하지 못한 리브라멘토는, 전 소속팀 첼시가 바이백 조항을 삽입했던 만큼 능력과 잠재력이 검증된 자원이다. 주전 라이트백 키에런 트리피어의 나이를 고려한다면 혼자서 리그와 컵대회를 모두 소화하는 건 불가능하다. 리브라멘토는 트리피어의 좋은 로테이션 멤버가 될 수 있고, 나이를 고려하면 장기적인 대체자로 볼 수 있다. 하지만 일단 부상 여파를 다 털어내고, 90분을 소화할 수 있는 몸 상태를 보여주는 것이 먼저라고 할 수 있다.

2022/23시즌

	2 GAMES	26 MINUTES	0 GOALS	0 ASSISTS	
0	0 경기당슈팅	0 유효슈팅	추정가치: 25,000,000€	0 경기당패스	73.70 패스성공률	0

파비안 셰어

국적 스위스 | **나이** 31 | **신장** 186 | **체중** 84 | **평점** 7.05

지난 시즌 셰어 개인적으로 최고의 시즌을 보냈다. 든든한 동료들과 함께 뉴캐슬의 적은 실점에 크게 기여했다. 수비수 본연의 임무보다 빌드업 능력으로 더 주목받았지만, 지난 시즌부터 든든한 동료 그리고 에디 하우 감독과 함께 하며 수비 능력까지 보완했다. 여기에 때때로 보여주는 전진 드리블과 롱패스 그리고 중거리 슈팅까지 다양한 무기를 갖고 있는 자원이다. 경기당 패스 지표에서도 볼 수 있듯이 뉴캐슬 후방 빌드업의 중심축을 맡고 있다. 물론 시즌 막판으로 갈수록 수비 전환에서의 문제점을 드러낸 점은 아쉬운 대목이다.

2022/23시즌

	36 GAMES	3,209 MINUTES	1 GOALS	3 ASSISTS	
7	1.6 경기당슈팅	14 유효슈팅	추정가치: 10,000,000€	75.1 경기당패스	77.70 패스성공률	0

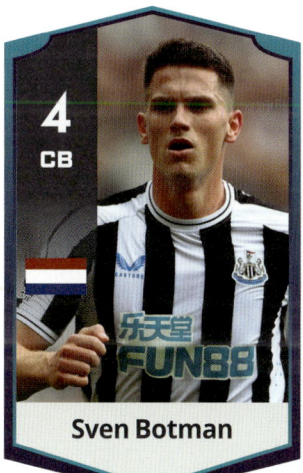

스벤 보트만

국적 네덜란드 | **나이** 23 | **신장** 195 | **체중** 86 | **평점** 6.74

지난 시즌 뉴캐슬 최고의 영입 중 한 명. 사우디 자본 인수 후 프리미어리그 검증이 끝났거나, 잉글랜드 선수 위주의 영입을 이어오던 뉴캐슬이었지만, 보트만에게는 과감하게 베팅을 했다. 이에 화답하듯 보트만은 별다른 리그 적응 문제 없이 곧 바로 좋은 모습을 보여줬다. 공중볼을 비롯해 경합 능력이 좋고, 빌드업 능력을 갖춘 왼발 센터백. 왜 전설적인 수비수 말디니가 과거 밀란에서 그를 노렸는지 실력으로 보여준 선수다. 아직 발전 가능성이 창창한 젊은 선수이기에 앞으로가 더 기대되는 선수인데, 이번 시즌도 뉴캐슬의 수비는 보트만을 중심으로 돌아갈 예정이다.

2022/23시즌

	36 GAMES	3,129 MINUTES	0 GOALS	0 ASSISTS	
2	0.63 경기당슈팅	7 유효슈팅	추정가치: 45,000,000€	50.8 경기당패스	86.80 패스성공률	0

NEWCASTLE UNITED

댄 번

국적 잉글랜드 | **나이** 31 | **신장** 198 | **체중** 87 | **평점** 6.77

Dan Burn — 33 LB/CB

지난 시즌 주전 왼쪽 풀백. 보트만 영입 후 왼발 센터백 자리에서 밀려날 거란 전망과 달리 맷 타겟을 밀어내고 왼쪽 풀백에 자리를 잡았다. 댄 번의 존재로 인해 뉴캐슬은 변형 쓰리백 전술을 토대로 트리피어의 공격력을 극대화할 수 있었다. 발밑과 킥도 준수한 편이며, 측면에서 있는 헤더 경합 과정에서 팀에 도움을 줄 수 있는 자원. 순발력이나 스피드 면에서 아쉬움은 있다. 점점 강팀으로 자리잡는 뉴캐슬이 이에 따라 수비라인을 올린다면, 댄 번의 뒷공간에 대한 고민도 필요할 것으로 보인다.

2022/23시즌

	GAMES	MINUTES	GOAL	ASSISTS	
6	38	3,117	1	0	0
	0.61 경기당슈팅	4 유효슈팅	추정가치: 10,000,000€	49.61 경기당패스	79.40 패스성공률

자말 라셀스

국적 잉글랜드 | **나이** 29 | **신장** 189 | **체중** 83 | **평점** 6.04

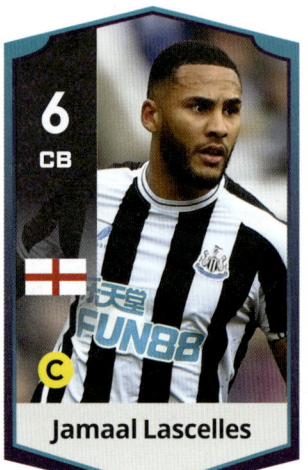

Jamaal Lascelles — 6 CB

올 시즌 뉴캐슬의 주장. 지난 시즌 자신의 경쟁자이자 동료들이 워낙 좋은 퍼포먼스를 보여준 탓에 출전한 경기수도 적었고, 경기당 출전시간 역시 평균 30분대에 머물렀다. 빌드업 능력이 아쉽지만, 주장이라는 점, 홈그로운이 충족된다는 점과 빠른 스피드를 갖고 있다는 점에서 로테이션, 후보 자원으로는 충분한 가치가 있다. 하지만 발빠른 주전급 센터백이 영입된다면, 로테이션이나 후보 자리도 위태로워 보이는 것이 사실이다. 올 시즌 주장으로서 자신의 능력과 가치를 입증해야 한다.

2022/23시즌

	GAMES	MINUTES	GOAL	ASSISTS	
4	7	213	0	0	0
	0.83 경기당슈팅	0 유효슈팅	추정가치: 4,500,000€	10.3 경기당패스	84.90 패스성공률

맷 타겟

국적 잉글랜드 | **나이** 27 | **신장** 183 | **체중** 70 | **평점** 6.39

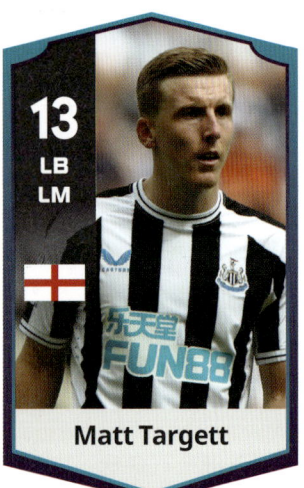

Matt Targett — 13 LB/LM

2021/22시즌 임대 신분으로 기대 이상의 좋은 모습을 보여준 걸 고려해봤을 때, 지난 시즌은 맷 타겟이 왼쪽 수비수로 주전을 차지할 거라고 많은 이들이 예상했다. 하지만 부상의 여파가 있었고, 트리피어의 공격력을 살리는 변형 백쓰리 전술의 희생을 당했다고 볼 수도 있겠다. 물론 경쟁자인 댄 번의 활약도 타겟의 적은 출전 시간에 큰 영향을 주었다. 인터셉트, 크로스 등 강점을 갖고 있으며, 왼쪽 터치라인 모든 포지션을 소화할 수 있다는 점에서 알짜배기 선수다. 다만, 몸 상태를 끌어올리지 못하면, 점점 투자의 규모를 키우고 있는 뉴캐슬에서 맷 타겟의 시간은 이번 시즌이 마지막일지도 모른다.

2022/23시즌

	GAMES	MINUTES	GOALS	ASSISTS	
1	17	603	0	0	0
	0.15 경기당슈팅	0 유효슈팅	추정가치: 13,000,000€	61.82 경기당패스	77.80 패스성공률

PLAYERS

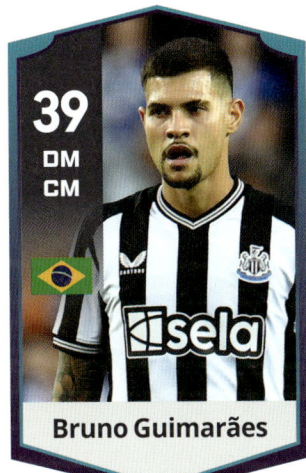

39
DM
CM

Bruno Guimarães

브루노 기마랑이스

국적 브라질 | **나이** 25 | **신장** 182 | **체중** 74 | **평점** 7.21

1라운드 노팅엄포레스트와의 홈경기에서 선발 출전해 공수를 종횡무진 오가며 볼터치 1위, 패스 성공률 1위, 찬스메이킹 1위, 드리블 성공 1위, 볼경합 1위 등 엄청난 퍼포먼스를 보여주었고 스카이스포츠 선정 MOM에 이름을 올렸다. 시즌 초 레알마드리드 이적설에도 뉴캐슬에 애정을 드러내며 잔류했다. 트리피어와 함께 뉴캐슬의 새로운 프로젝트의 중심이자 리그 최고의 수비형 미드필더 중 한 명. 공격적인 재능도 상당한데, 파트너로 토날리가 영입되어 기마랑이스의 공격적인 모습도 더욱 기대를 모은다. 6번, 8번 자리를 오가며 공수 양면에서 활약을 보이는 선수다. 스피드가 아쉽다는 평도 있지만, 크게 두드러지는 단점은 없는 편이라 할 수 있다.

2022/23시즌

7	32 GAMES	2,735 MINUTES	4 GOALS	5 ASSISTS	0
	0.92 경기당슈팅	8 유효슈팅	추정가치: 70,000,000€	55.07 경기당패스	83.20 패스성공률

28
CM

Joe Willock

조 윌록

국적 잉글랜드 | **나이** 23 | **신장** 178 | **체중** 73 | **평점** 6.88

잠재적 경쟁자가 될 뻔했던 매디슨, 소보슬라이가 타 팀으로 향해 다행인가 싶었던 조 윌록이지만, 토날리가 합류하면서 주전 경쟁이 험난해졌다. 많은 활동량, 넓은 활동 범위가 장점이며, 간결한 플레이 역시 훌륭하지만, 시야가 좁다는 점이 아쉽다. 패스가 아쉽다는 평이 많았는데 지난 시즌 32라운드 토트넘과의 홈경기에서는 전반 18분 역습 상황에서 좌측면에서 전방의 이삭에게 마치 케빈 더브라위너를 연상시키는 엄청난 아웃프론트 스루패스를 보여주며 감탄을 자아냈다. 선발 출전의 빈도는 줄어들지 모르겠지만, UCL 진출로 여러 대회를 병행해야 하는 팀 사정상 어느 정도의 경기수는 보장될 것으로 보인다.

2022/23시즌

1	35 GAMES	2,578 MINUTES	3 GOALS	6 ASSISTS	0
	2.04 경기당슈팅	16 유효슈팅	추정가치: 38,000,000€	33.46 경기당패스	81.70 패스성공률

7
CM
LM
AM

Joelinton

조엘링톤

국적 브라질 | **나이** 26 | **신장** 190 | **체중** 76 | **평점** 7.24

건장하고 듬직한 피지컬을 보유하고 있으며, 자신의 우월한 신체조건을 잘 활용하는 플레이를 보여준다. 또한 활동량도 엄청나다. 공격수 시절엔 답답했지만, 어느덧 중앙 미드필더 자리에 완전히 적응한 조엘링톤은 지난 시즌 왼쪽 윙어 자리에서도 좋은 모습을 보여줬고, 기마랑이스의 부재 시에는 6번 롤을 소화하는 멀티성도 보여줬다. 게다가 지난 시즌 뉴캐슬 이적 후 최다 득점으로 공격력 면에서도 발전을 보였다. 기대를 갖고 영입했던 앤서니 고든의 부진으로 레프트 윙에서 활약하는 시간이 많았는데, 다가오는 시즌엔 중앙 미드필더로서 출전 빈도가 더 높을 것으로 보인다.

2022/23시즌

12	32 GAMES	2,664 MINUTES	6 GOALS	1 ASSISTS	0
	1.72 경기당슈팅	19 유효슈팅	추정가치: 42,000,000€	42.89 경기당패스	81.60 패스성공률

NEWCASTLE UNITED

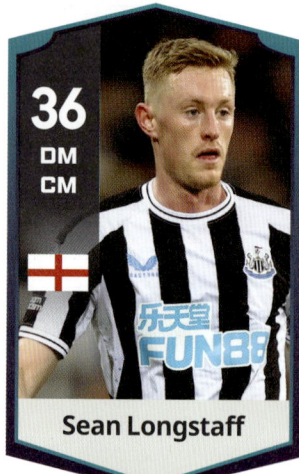

션 롱스태프

국적 잉글랜드 | **나이** 25 | **신장** 181 | **체중** 77 | **평점** 6.64

든든한 국밥 같은 선수라고 할 순 없지만, 없을 때 늘 소중함을 느끼게 되는 선수. 전형적인 잉글랜드산 박스투박스 미드필더로, 많은 활동량과 준수한 패싱력을 갖추고 있다. 중앙 미드필더로서 필요한 많은 활동량과 체력, 준수한 기동력을 바탕으로 중원에서 열심히 움직여주면서 공을 후방에서 전방으로 연결하는 연결고리 역할을 맡는다. 뿐만 아니라 수비에서도 3선에 위치하면서 중원은 물론, 역습 상황에서 생기는 빈 공간을 커버하는 데 뛰어난 모습을 보인다. 롱스태프는 침투나 슈팅 등 미드필더로서 갖추어야 할 박스 타격 능력이 부족하다는 점이 아쉽다. 조윌록과 마찬가지로 미드필더 전 지역에서 열띤 경쟁을 펼칠 것으로 보인다.

2022/23시즌

옐로카드	GAMES	MINUTES	GOAL	ASSISTS	레드카드
2	33	2,517	1	4	0
	1.18 경기당슈팅	7 유효슈팅	추정가치: 25,000,000€	41.57 경기당패스	81.10 패스성공률

미겔 알미론

국적 파라과이 | **나이** 29 | **신장** 174 | **체중** 69 | **평점** 6.91

파라과이의 메시. 스탯 이외에도 매 경기 성실한 모습을 보여주는데 팬들이 사랑할 수 밖에 없는 선수. 지난 시즌 전반기에는 10월의 이달의 선수상을 수상했고, 득점 페이스도 좋았는데 후반기부터는 상대 수비수들이 패턴을 파악하기도 했고 피로가 누적되면서 퍼포먼스가 떨어졌다. 지난 시즌 뉴캐슬에서의 최다골 기록을 기록했으나, 단점은 슈팅이나 마무리 패스 등 마지막 선택이 아쉽다는 점이 지적된다. 또한, 극도의 왼발잡이라는 점에서 왼발 각도가 나오지 않는다면 팀 공격의 템포를 잡아먹으며 턴오버를 범하는 플레이도 볼 수 있다. 여전히 팀의 준척 자원이지만, 다가오는 시즌엔 고든, 반스와 치열한 주전경쟁을 펼칠 것으로 보인다.

2022/23시즌

옐로카드	GAMES	MINUTES	GOAL	ASSISTS	레드카드
2	34	2,508	11	2	0
	2.49 경기당슈팅	20 유효슈팅	추정가치: 32,000,000€	35.48 경기당패스	82.60 패스성공률

산드로 토날리

국적 이탈리아 | **나이** 23 | **신장** 181 | **체중** 78 | **평점** 6.91

로쏘네리의 심장이 잉글랜드의 비안코네리로 왔다. 토날리의 지난 시즌은 고군분투라 할만하다. 많은 경기를 소화하며 좋은 경기를 펼쳤지만, 밀란의 후반기 경기력이 너무 형편없어 토날리가 공수를 오가며 힘들게 뛰어야 했다. 주로 3선에서 활약하는 수비형 미드필더로 특유의 전진성과 투쟁심 덕에 가투소의 플레이도 떠올리게 만든다. 후방에서 받은 공을 전방과 좌우로 정확하게 배급하는 모습으로 피를로의 후계자로 불리기도 했다. 기마랑이스, 트리피어 외의 볼배급 루트를 하나 더 확보했다고 할 수 있으며, 그의 수비 가담으로 기마랑이스의 공격도 지원 받을 것이다. 새로운 팀과 리그에 대한 적응만 마치면 뉴캐슬은 한층 강력해질 것이다.

2022/23시즌

옐로카드	GAMES	MINUTES	GOALS	ASSISTS	레드카드
0	34	2,721	2	7	0
	0.98 경기당슈팅	14 유효슈팅	추정가치: 50,000,000€	49.71 경기당패스	75.00 패스성공률

PLAYERS

10 LW AM
Anthony Gordon

앤서니 고든
국적 잉글랜드 | **나이** 22 | **신장** 173 | **체중** 62 | **평점** 6.61

전반기 에버튼에서 나쁘지 않은 모습을 보이던 고든은 뉴캐슬 합류 이후엔 적응의 어려움을 겪으며 슈팅 수, 골 모두 급감했다. 상당한 수준의 이적료를 들여 영입했지만 들인 돈에 비해 많이 실망스러운 시즌을 보냈다고 할 수 있다. 더 많은 노력을 기울여 팀의 전술에 녹아들고 선수 개인으로서도 더 성장하는 모습을 보여줘야 할 것으로 보인다. 고든은 압박과 수비에 적극 가담한다는 점에서 공수 밸런스를 잘 갖췄다고 볼 수 있다. 다만, 너무 저돌적인 성향에 수비 지능이 떨어져서 경고 수집 횟수도 2선 자원으로는 굉장히 많은 축에 속한다. 축구 통계 매체 '스쿼카'는 새 시즌 고든을 주전으로 분류했는데, 자신의 능력을 보여줘야 할 시즌이다.

2022/23시즌

7	32 GAMES	1,579 MINUTES	4 GOALS	0 ASSISTS	0
	1.93 경기당슈팅	18 유효슈팅	추정가치: 38,000,000€	27.19 경기당패스	74.30 패스성공률	

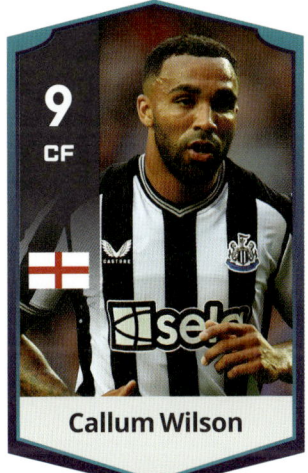

9 CF
Callum Wilson

칼럼 윌슨
국적 잉글랜드 | **나이** 31 | **신장** 180 | **체중** 66 | **평점** 6.92

앨런 시어러 이후 두 번째로 뉴캐슬 소속으로 프리미어리그 개막전에서 3년 연속 득점에 성공한 선수로 기록된 윌슨. 지난 시즌 초반 활약으로 대표팀에 소집돼서 월드컵까지 다녀왔다. 빠른 스피드를 바탕으로 순간적인 뒷공간 침투를 시도하는 라인브레이커형 포처다. 센터포워드로서는 작은 신장이지만 체구가 단단해서 드리블시에 바디 밸런스를 낮추고 공을 잘 뺏기지 않는다. 좋은 점프력을 바탕으로 하는 헤더도 훌륭하다. 단, 부상이 잦다는 점이 아쉽다. 다가오는 시즌에는 소화해야 할 경기가 많은데, 이삭이 모든 경기를 홀로 소화할 수 없기 때문에 윌슨의 부상 관리가 필수적이라고 할 수 있다.

2022/23시즌

4	31 GAMES	1,887 MINUTES	18 GOALS	5 ASSISTS	0
	3.36 경기당슈팅	31 유효슈팅	추정가치: 16,000,000€	11.6 경기당패스	66.10 패스성공률	

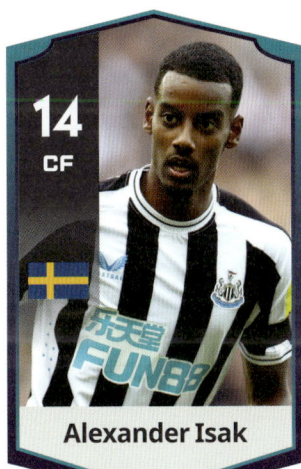

14 CF
Alexander Isak

알렉산데르 이삭
국적 스웨덴 | **나이** 23 | **신장** 190 | **체중** 69 | **평점** 7.06

지난 시즌 합류한 이삭은 워크퍼밋 발급이 늦어지면서 5라운드부터 투입됐지만, 데뷔전부터 데뷔골을 터뜨리며 기대감을 갖게 했다. 하지만 월드컵 브레이크를 앞두고 당한 부상이 길어지면서 전반기에는 많은 경기를 소화하지 못했다. 하지만 홀란드에 이어 두 번째로 출전시간 당 득점 수가 높은 선수였을 정도로 활약이 상당했다. 이삭의 최대 장점은 수준급의 기동력과 유연한 신체능력이다. 왼쪽 측면에서 안쪽으로 들어오는 컷인 플레이를 좋아하는데, 하비 반스나 앤서니 고든과의 유기적인 스위칭을 활용한 플레이를 기대해본다.

2022/23시즌

3	22 GAMES	1,527 MINUTES	10 GOALS	1 ASSISTS	0
	2.8 경기당슈팅	23 유효슈팅	추정가치: 70,000,000€	21.4 경기당패스	74.40 패스성공률	

NEWCASTLE UNITED

23
RM
LM
RB

Jacob Murphy

제이콥 머피
국적 잉글랜드 | **나이** 28 | **신장** 176 | **체중** 69 | **평점** 6.43

이전까지 뉴캐슬 팬들의 비판도 많았지만 지난 시즌부터 간결한 플레이에 눈을 뜨더니 팀 내 주전급 플레이어로 도약한 머피. 오른쪽 정발 윙어라 클래식한 맛도 있고 전술적 다양성도 확보할 수 있다. 지난 시즌 교체자원 1순위이자 주전 윙어 공백 시 선발로 정기적으로 경기에 출전했는데, 2023년 들어서부터는 유독 폼이 많이 올라온 모습을 보였다. 그 중 토트넘전에서 보여준 중거리슛이 백미였다. 머피는 양발을 모두 잘 사용하고 태클에서 강점을 갖고 있다. 발밑이 투박하고 피지컬도 부족해 경기력의 기복이 있다는 점이 단점이지만, 최근 발전하고 있는 기량을 보면 다가오는 시즌도 기대해볼만 하다.

2022/23시즌

0	36 GAMES	1,246 MINUTES	4 GOAL	2 ASSISTS	0
	2.09 경기당슈팅	0 유효슈팅	추정가치: 15,000,000€	32.23 경기당패스	66.10 패스성공률	

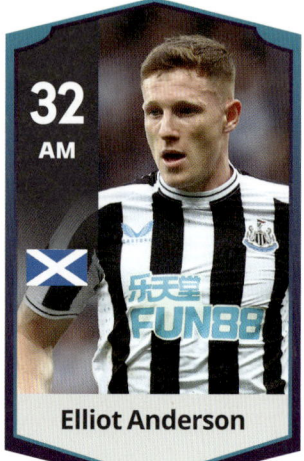

32
AM

Elliot Anderson

엘리엇 앤더슨
국적 스코틀랜드 | **나이** 20 | **신장** 179 | **체중** 72 | **평점** 6.3

뉴캐슬이 열심히 키우고 있는 재능. 지난 시즌 예상보다 기회를 많이 받았는데, 가능성은 충분히 보여줬다는 평가. 주로 2선에서 로테이션 멤버로 활용될 것으로 보인다. 간결한 드리블로 상대 수비진을 돌파하는 것에 강점을 가지고 있으며, 안쪽으로 파고들어 득점을 노리는 인사이드 커터 형태의 플레이를 즐긴다. 또한 패널티박스 부근에서 간결한 패스 플레이로 기회를 창출하는 것을 매우 잘하며, 기본적인 연계 능력도 매우 준수한 편이다. 반스의 합류로 2선의 경쟁이 더 치열하기 때문에 당장은 컵 대회 위주로 기회를 부여받을 것으로 보인다.

2022/23시즌

0	22 GAMES	396 MINUTES	0 GOAL	1 ASSISTS	0
	2.41 경기당슈팅	4 유효슈팅	추정가치: 8,000,000€	0 경기당패스	75.80 패스성공률	

15
LW

Harvey Barnes

하비 반스
국적 잉글랜드 | **나이** 25 | **신장** 174 | **체중** 68 | **평점** 6.66

지난 시즌 소속팀은 강등 당했지만, 하비 반스 개인의 퍼포먼스는 커리어하이였다. 다만 스탯에 비해 경기 영향력이 아쉽다는 평은 있었다. 반스는 전형적인 잉글랜드식 윙어로, 빠른 스피드와 왕성한 활동량을 갖고 있다. 다만 지난 시즌 기록한 두 자릿수 골에 비해, 결정력이 좋은 편은 아니다. 그럼에도 지난 시즌만큼 스탯을 생산해준다면, UCL을 병행해야 하는 뉴캐슬에겐 천군만마라고 할 수 있다. 근래 생막시망이 책임져주던 왼쪽 윙 자리에서 고든과 함께 파괴력을 보여줘야 한다. 리그 내 검증이 끝난 자원이지만 지난 시즌 고든의 사례도 있기 때문에 팀 적응이 먼저라고 할 수 있다.

2022/23시즌

3	34 GAMES	2,720 MINUTES	13 GOALS	1 ASSISTS	0
	2.39 경기당슈팅	34 유효슈팅	추정가치: 35,000,000€	26.09 경기당패스	69.80 패스성공률	

전지적 작가 시점

김용남이 주목하는
뉴캐슬의 원픽!
기마랑이스

뉴캐슬이 지난 시즌 4위라는 호성적을 거두는 데 큰 공을 세운 건 골키퍼 닉 포프와 센터백 보트만을 중심으로 한 수비진이었다. 33실점으로 우승팀 맨시티와 함께 최소 실점을 기록했다. 하지만 수비라는 것이 수비진의 퍼포먼스로만 이뤄진다고 볼 수는 없다. 바로 앞선에서 수비진을 돕는 미드필더의 역할도 중요한데, 이 부분에서 기마랑이스의 역할이 컸다. 그는 특유의 패싱력을 바탕으로 양질의 패스를 뿌려줄 뿐만 아니라 넓은 활동범위를 통해 수비진을 보호했다. 다만, 느린 발은 기동력을 주무기로 하는 중원을 지닌 상대팀에겐 공략 당하기 쉬웠다.

이런 점에서 토날리의 영입은 신의 한 수라고 할 수 있다. 토날리는 수비형 미드필더와 중앙 미드필더 모두 소화가 가능한 육각형 미드필더다. 피를로의 후계자라는 별명답게 훌륭한 볼 전개 능력을 가졌고, 자신이 존경하는 가투소처럼 왕성한 활동량 또한 장점으로 갖고 있다. 토날리가 순조롭게 적응을 한다면, 뉴캐슬의 볼 줄기가 늘어날 뿐만 아니라 기마랑이스의 단점인 느린 속도도 보완할 수 있을 것으로 보인다. 이를 바탕으로 기마랑이스가 공격적인 재능을 더 뽐낸다면, 뉴캐슬은 수비뿐만 아니라 공격에서도 좋은 모습을 보여줄 수 있다.

지금 **뉴캐슬**에
이 선수가 있다면!
에므리크 라포르트

이번 시즌을 앞두고 뉴캐슬은 센터백 보강에 대한 이야기가 많이 나왔다. 지난 시즌 보트만, 셰어가 잘 버텨줬지만 챔피언스리그를 병행해야 하는 이번 시즌을 앞두고는 한 명의 주전급 센터백이 더 필요해 보였다. 그래서 김민재와 연결되기도 했던 뉴캐슬이다. 또한, 뉴캐슬의 주 전술은 트리피어를 올리는 변형 백쓰리라고 할 수 있고, 이를 통해 댄 번이 수혜를 봤다. 다만 댄 번은 발이 느리다는 치명적인 단점이 있고, 백업인 맷 타겟은 부상 이후 폼 저하가 현저하다.

라포르트는 한때 반다이크와 함께 리그 최고의 센터백으로 불렸고 어딜 가도 주전으로 뛸 수 있는 능력을 가지고 있다. 왼쪽 풀백과 센터백이 모두 가능하며, 체격조건도 좋고 스페인 대표팀과 맨시티에서 활약한만큼 발밑 능력도 리그 내에서 알아준다. 라포르트 입장에서도 그바르디올의 합류로 인해 입지가 애매해진 만큼 뉴캐슬의 새로운 프로젝트에 흥미를 느낄 수도 있었을 것이다. 물론 사우디의 제안을 거스를 수는 없었지만 말이다.. 속도를 비롯해 댄 번보다 거의 모든 점에서 나은 모습을 보이는 수비수이기에 뉴캐슬 수비의 단점을 지워줄 수 있는 영입이 될 수 있었을 것이다.

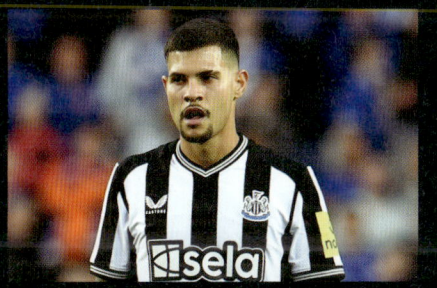

ALISSON BECKER
ADRIAN
CAOIMHIN KELLEHER
WATARU ENDO
VIRGIL VAN DIJK
IBRAHIMA KONATE
KOSTAS TSIMIKAS
ANDY ROBERTSON
JOEL MATIP
RYAN GRAVENBERCH
TRENT ALEXANDER-ARNOLD
THIAGO ALCANTARA
DOMINIK SZOBOSZLAI
ALEXIS MAC ALLISTER
CURTIS JONES
HARVEY ELLIOTT
STEFAN BAJCETIC
LUIS DIAZ
CODY GAKPO
DIOGO JOTA
DARWIN NUNEZ
MOHAMED SALAH

LIVERPOOL

리버풀 Liverpool FC

- **창단 년도** | 1892년
- **최고 성적** | 우승 (1900/01, 1905/06, 1921/22, 1922/23, 1946/47, 1963/64, 1965/66, 1972/73, 1975/76, 1976/77, 1978/79, 1979/80, 1981/82, 1982/83, 1983/84, 1985/86, 1987/88, 1989/90, 2019/20)
- **경기장** | 안필드 (Anfield)
- **경기장 수용 인원** | 53,394명
- **경기장 위치** | Anfield Rd, Anfield, Liverpool L4 0TH
- **지난 시즌 성적** | 5위
- **별칭** | The Reds (레즈), The Kops (콥스)
- **상징색** | 레드
- **레전드** | 빌리 리델, 이안 캘러한, 필 닐, 케니 달글리시, 이안 러시, 존 반스, 로비 파울러, 제이미 캐러거, 스티븐 제라드 등

히스토리

리버풀은 잉글랜드 1부리그 19회 우승을 기록하며 맨체스터유나이티드와 함께 최다 우승 경쟁을 펼칠 정도로 명문구단이다. 최고의 명장이라고 손꼽히는 빌 샹클리, 밥 페이즐리 감독을 거치며 한 시대를 풍미했고, 라파 베니테스 감독 시절인 2005년 챔피언스리그에서 드라마틱한 역전 우승을 차지하며 '이스탄불의 기적'을 연출하기도 했다. 존 헨리 구단주가 중심이 된 FSG 그룹의 공격적인 투자가 이뤄지며 리버풀은 경쟁력을 갖췄고, 프리미어리그와 챔피언스리그 우승후보로 부상했다. 그 결과, 위르겐 클롭 감독이 부임한 후 2018/19시즌 챔피언스리그 우승을, 2019/20시즌 무려 30년 만에 프리미어리그 우승을 차지했다. 다만, 지난 시즌 우승후보라는 평가와 달리 전반기 부진으로 5위에 머물러 아쉬움을 자아냈다.

최근 5시즌 리그 순위 변동

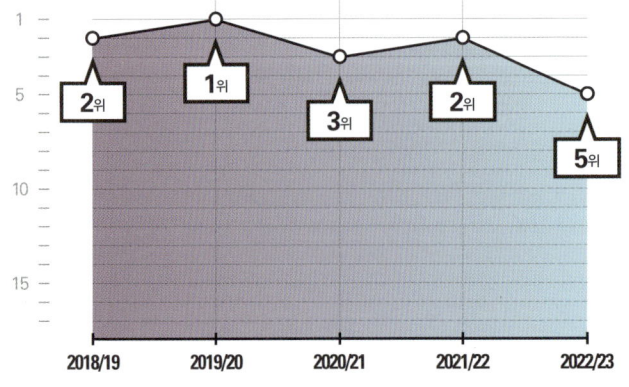

클럽레코드 IN & OUT

최고 이적료 영입 IN
버질 반다이크
8,465만 유로
(2018년 1월, from 사우샘프턴)

최고 이적료 판매 OUT
필리피 쿠치뉴
1억 3,500만 유로
(2018년 1월, to 바르셀로나)

CLUB & MANAGER

위르겐 클롭 Jürgen Klopp | 1967년 6월 16일 | 55세 | 독일

흔들렸던 클롭 감독, 자존심 회복할까?

현대 축구의 전술적 트렌드를 가장 잘 읽고 풀어내는 감독. 프리미어리그를 대표하는 명장 중 한 명으로 전진 압박과 빠른 전환을 통해 빠른 템포의 축구를 구사한다. 분데스리가부터 프리미어리그까지 유럽 빅리그에서 트로피를 수집하며 자신의 가치를 증명했다. 특히, 힘든 시기를 보내고 있던 리버풀에 부임해 무려 30년 만에 프리미어리그 우승을 차지했다. 그러나 지난 2022/23시즌 강력한 우승후보로 주목을 받았음에도 미드필더의 기동력과 압박에 문제를 노출하면서 프리미어리그 5위에 머물렀을 뿐 아니라 무관에 그쳤다. 당연히 클롭 감독은 2023/24시즌 재도약을 꿈꾸고 있다.

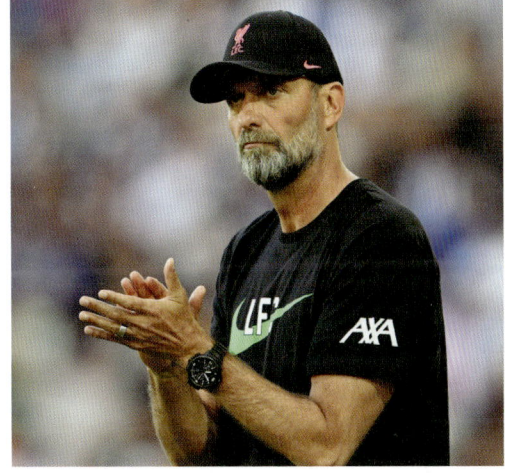

감독 인터뷰

"2022년 영입한 다르윈 누녜스와 2023년 영입한 맥알리스터는 시간이 좀 더 필요하다. 이들은 올바른 방향으로 가고 있다. 우리 선수들은 모두 수비할 준비가 되어 있어야 한다. 이것은 공격수들에게도 적용된다. 엉성한 수비로 성공한 팀은 존재하지 않는다."

감독 프로필

통산	선호 포메이션	승률
1,022 경기 **549** 승 **245** 무 **228** 패	**4-3-3**	**53.71%**

우승 이력

- 분데스리가 (2010/11, 2011/12)
- DFB 포칼 (2011/12)
- DFL 슈퍼컵 (2013, 2014)
- 프리미어리그 (2019/20)
- UEFA 챔피언스리그 (2018/19)
- UEFA 슈퍼컵 (2019)
- FIFA 클럽 월드컵 (2019)
- FA컵 (2021/22)
- 카라바오컵 (2021/22)
- 커뮤니티실드 (2022)

경력	2001~2008 마인츠	2008~2015 도르트문트	2015~ 리버풀

LIVERPOOL

IN

도미니크 소보슬라이
(라이프치히)

알렉시스 맥알리스터
(브라이튼)

엔도 와타루
(슈투트가르트)

라이언 흐라번베르흐
(바이에른뮌헨)

FW
- 7 디아스
- 9 누녜스
- 11 살라
- 18 학포
- 20 조타
- 50 도크

MF
- 3 엔도
- 6 알칸타라
- 8 소보슬라이
- 10 맥알리스터
- 17 존스
- 19 엘리엇
- 38 흐라번베르흐
- 43 바이체티치

DF
- 2 고메스
- 4 반다이크
- 5 코나테
- 21 치미카스
- 26 로버트슨
- 32 마팁
- 66 알렉산더아놀드
- 84 브래들리

GK
- 1 알리송
- 13 아드리안
- 62 켈러허

OUT

파비뉴
(알이티하드)

조던 헨더슨
(알이티파크)

호베르투 피르미누
(알아흘리)

나비 케이타
(브레멘)

제임스 밀너
(브라이튼)

파비우 카르발류
(라이프치히)

세프 판덴베르흐
(마인츠)

칼빈 램지
(프레스턴)

리스 윌리엄스
(애버딘)

옥슬레이드 체임벌린
(계약종료)

나다니엘 필립스
(셀틱)

히든풋볼의 이적시장 평가

리버풀은 2022/23시즌 내내 미드필드의 기동력과 속도, 압박 등의 저하로 인해 고생했다. 임대로 영입한 멜루가 기대 이하였고 케이타는 부진했으며 헨더슨과 밀너는 나이가 들면서 기동력 저하를 보여줬다. 2023년 여름 미드필드 영입에 집중한 것은 당연지사. 소보슬라이와 맥알리스터, 엔도를 영입해 미드필드의 공수 전력을 강화하는 데 성공했다. 다만, 조금 더 공격적인 투자가 필요했다고 본다.

히든풋볼 이적시장 평가단

SQUAD & BEST11

2022/23시즌 스탯 Top 3

득점 Top 3
- 모하메드 살라 — **19**골
- 호베르투 피르미누 — **11**골
- 다르윈 누녜스 — **9**골

도움 Top 3
- 모하메드 살라 — **12**도움
- 트렌트 알렉산더아놀드 — **9**도움
- 앤디 로버트슨 — **8**도움

출전시간 Top 3
- 알리송 — **3,330**분
- 모하메드 살라 — **3,297**분
- 트렌트 알렉산더아놀드 — **2,930**분

BEST 11

FW: 7 디아스 · 18 학포 · 11 살라
MF: 10 맥알리스터 · 6 알칸타라 · 8 소보슬라이
DF: 26 로버트슨 · 4 반다이크 · 5 코나테 · 66 알렉산더아놀드
GK: 1 알리송

히든풋볼의 순위 예측

7위 이주헌
기존에 팀을 지켰던 선수들이 많이 떠났다. 많은 변화 속에 힘든 과도기를 경험할 것으로 보인다.

2위 박종윤
몇 년 동안 실제로 펩시티를 견제했던 팀은 클롭의 리버풀이었다. 미드필더 세대교체가 힘을 받을 것.

3위 박찬우
엔도의 적응 여부가 관건이다. 빠르면 빠를수록 순위는 더 높아질 것이다.

3위 송영주
실수 반복은 없다. 미드필드 재편으로 약점 보완 하지만 다른 포지션은? 클롭이 건재해도 우승 경쟁은 어려울 듯.

2위 김용남
미드필드의 연령대를 확 낮췄다. 주요 전력의 부상 이탈만 조심한다면 막강한 화력을 뽐낼 것이다.

7위 이완우
중원 조합이 전부 바뀌었다. 좋은 선수진이지만 과도기가 있을 것이고, 다른 팀들과의 경쟁이 타이트할 것이다.

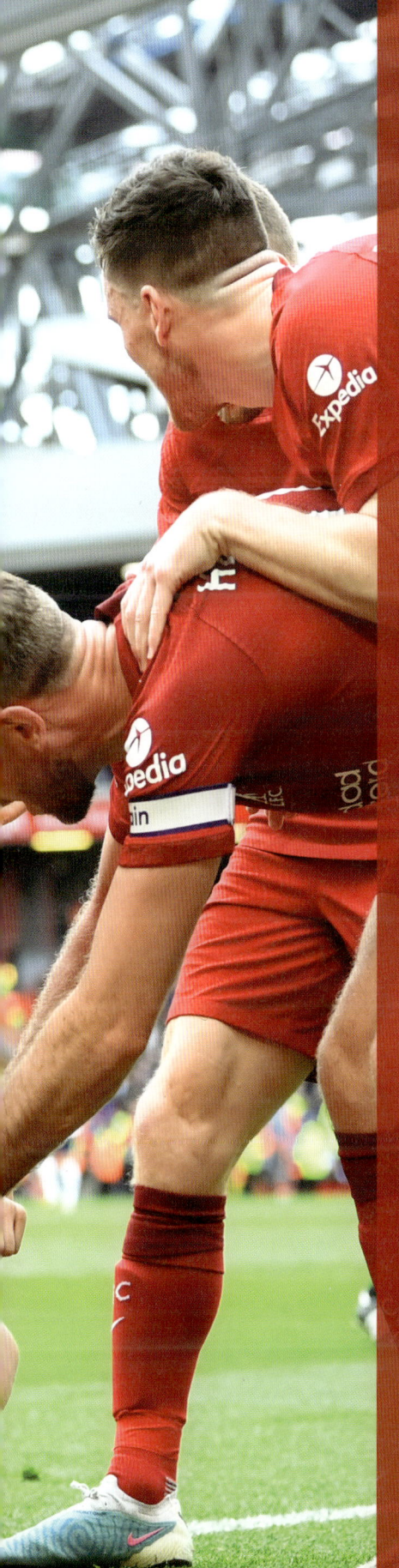

리버풀은 다시 PL 왕좌에 앉길 원한다

리버풀은 2022/23시즌 프리미어리그에서 19승 10무 9패를 기록하며 5위를 기록했다. 시즌 초반 강력한 우승후보라는 평가와 달리, 2015/16시즌 리그 8위를 기록한 후 최악의 성적을 거둔 것이다. 2018/19시즌부터 맨시티와 계속 우승경쟁을 했던 리버풀로선 맨시티의 리그 3연패와 트레블을 막지 못했을 뿐 아니라 챔피언스리그 진출 티켓마저 놓치면서 자존심에 상처를 입었다. 물론, 일부에선 예견된 참사라고 보기도 했다. 나비 케이타의 부진, 티아구 알칸타라의 부상, 조던 헨더슨의 노쇠화가 예견된 가운데 2022년 여름 미드필더 보강은 아르투로 멜루의 임대 영입밖에 없었고, 이에 따라 미드필드가 흔들릴 것이라는 예상이 존재했기 때문이다. 그리고 이러한 예상은 현실이 되었다. 미드필드에서 기동력과 스피드 저하가 이어지면서 압박 타이밍이 느려짐에 따라 상대의 빠른 공격을 차단하지 못해 공격과 수비의 간격이 벌어져 수비가 흔들렸던 것이다.

물론, 클롭 감독은 기본 포메이션인 4-3-3이 아닌 4-2-3-1로 변화를 추구해 수비형 미드필더를 2명을 배치하거나 커티스 존스와 하비 엘리엇 등 젊은 선수들을 미드필드에 배치, 또는 아놀드를 인버티드 풀백으로 활용하며 미드필드의 문제를 해결하고자 노력했다. 다만 해결책을 찾는 데 시간이 소비되면서 전반기 만족할 수 없는 성적을 기록했다. 19R를 치른 시점에는 리그 9위에 위치했을 정도. 그럼에도 클롭 감독이 임시방편이지만 나름대로 해결책을 찾으며 리버풀은 시즌 막판 가파른 상승세를 타며 5위까지 순위를 상승시킬 수 있었다.

지극히 당연하게도 리버풀은 2023년 여름 미드필드에 변화를 추구했다. 기존의 파비뉴와 조던 헨더슨, 나비 케이타, 제임스 밀너 등을 이적시키는 대신에 소보슬라이와 맥알리스터, 엔도를 영입한 것. 물론, 다르윈 누녜스와 코디 학포가 기대만큼의 득점력을 보여주지 못해 최전방의 화력이 다소 약하다는 점과 로버트슨과 아놀드가 과거만큼 안정된 수비를 보여주지 못한다는 점도 보완해야 하지만 일단 미드필드 개편으로 급한 불은 끈 셈이다. 이제 리버풀은 다시 맨체스터시티와 잉글랜드 왕좌를 놓고 경쟁할 태세이다. 리버풀의 최우선 목표는 맨시티의 리그 4연패를 저지하면서 4시즌 만에 프리미어리그 우승을 차지하는 것이다. 과연 리버풀이 다시 왕좌에 오를까? 리버풀이 다시 부활한다면 프리미어리그 우승 경쟁은 그 어느 때보다 치열할 것이다.

LIVERPOOL

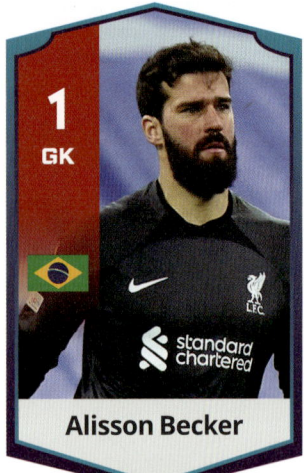

1 GK
Alisson Becker

알리송 베커

국적 브라질 | **나이** 30 | **신장** 193 | **체중** 91 | **평점** 6.92

리버풀의 수호신. 2018년 7월, 6,680만 파운드의 이적료에 AS로마에서 리버풀로 이적한 후, 바로 주전으로 도약하며 리버풀의 고질병과도 같았던 수문장 문제를 단번에 해결해준 톱클래스 골키퍼다. 193cm의 신장과 뛰어난 위치 선정으로 공중볼 처리에 능하고 엄청난 반사신경을 바탕으로 선방 능력을 과시한다. 또한 정확한 패스로 빌드업에 관여하고 수비라인을 조율한다. 2021년 웨스트브로미치전에서 헤더로 결승골을 넣어 리버풀 역사상 처음으로 득점을 기록한 골키퍼가 됐다. 2015년부터 브라질 대표팀에서 활약 중이며 에데르송과의 경쟁에서 우위를 차지하며 주전으로 활약하고 있다.

2022/23시즌

	37 GAMES	3,330 MINUTES	43 실점	72.10 선방률	
1	105 세이브	14 클린시트	추정가치: 35,000,000€	33.5 경기당패스	83.40 패스성공률	0

13 GK
Adrián

아드리안

국적 스페인 | **나이** 36 | **신장** 190 | **체중** 83 | **평점** 5.9

스페인 출신의 베테랑 골키퍼. 레알베티스 유스 출신으로 웨스트햄을 거쳐 2019년 FA로 리버풀로 이적했다. 알리송 골키퍼를 보좌하는 No.2 골키퍼로 2019/20시즌에는 나름대로 적지 않은 출전 기회를 잡았지만 이후 주로 벤치에서 시간을 보내고 있다. 지난 4시즌 동안 리버풀에서 리그 14경기밖에 출전하지 못했을 정도로 경기 경험이 떨어져 있다. 하물며 2022/23시즌도 커뮤니티실드 1경기만 출전했을 뿐이다. 190cm의 신장을 활용한 공중볼 장악과 놀라운 반사신경으로 종종 막기 어려운 슈팅을 막곤 한다. 하지만 판단력이 좋지 못하고 기본기가 부족해 종종 큰 실수를 범한다.

2022/23시즌

	3 GAMES	270 MINUTES	9 실점	50.00 선방률	
0	9 세이브	1 클린시트	추정가치: 800,000€	36.7 경기당패스	75.00 패스성공률	0

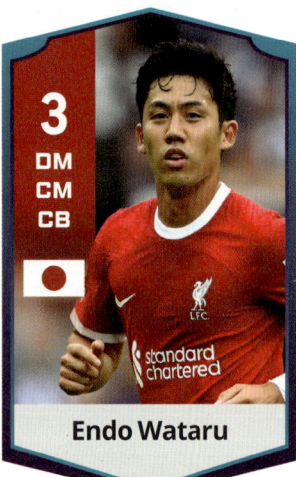

3 DM CM CB
Endo Wataru

엔도 와타루

국적 일본 | **나이** 30 | **신장** 178 | **체중** 74 | **평점** 6.97

2023년 8월 이적료 1,620만 파운드에 독일 슈투트가르트에서 영입한 미드필더. 주 포지션은 수비형 미드필더지만 센터백, 라이트백, 중앙 미드필더까지 다양한 포지션을 소화할 정도로 전술적 활용 가치가 높다. 왕성한 활동량과 기동력, 뛰어난 볼 경합 능력, 드리블을 통한 탈압박, 정확한 패스 등을 통해 중원에서 높은 영향력을 보여준다. 하지만 순간 스피드에서 문제를 노출해 종종 1차 수비 저지선에서 상대를 놓치곤 한다. 2015년 8월 A매치 데뷔전을 치른 후 일본 대표팀에서도 중심 역할을 하고 있다.

2022/23시즌

	33 GAMES	2,925 MINUTES	5 GOALS	4 ASSISTS	
3	1.39 경기당슈팅	15 유효슈팅	추정가치: 6,500,000€	44.3 경기당패스	79.70 패스성공률	0

PLAYERS

버질 반다이크

국적 네덜란드 | **나이** 32 | **신장** 193 | **체중** 87 | **평점** 6.97

리버풀 수비의 상징적 존재이자 주장. 현존하는 세계 최고의 센터백 중에 한 명으로 빠른 상황 판단과 높은 수비 집중력을 통해 리버풀의 수비를 지휘한다. 195cm의 큰 신장과 탄탄한 체격, 타고난 스피드를 바탕으로 대인 마크, 공중볼 다툼, 공간 커버 등에 탁월한 모습을 보여주며 안정된 수비를 펼치고 있다. 경기 흐름 파악과 넓은 시야, 뛰어난 패싱력을 보유해 후방에서 공격 루트를 개척한다. 2020/21시즌 초반 머지사이드 더비에서 에버튼 골키퍼 조던 픽포드와 충돌하며 큰 부상을 당해 아쉬움을 남겼지만 부상 이후 지난 2시즌 동안 공식 92경기에 출전하면서 수비의 중심 역할을 톡톡히 했다.

2022/23시즌

	32 GAMES	2,836 MINUTES	3 GOALS	1 ASSISTS	
3	0.95 경기당슈팅	9 유효슈팅	추정가치: 35,000,000€	80.7 경기당패스	90.50 패스성공률	0

이브라히마 코나테

국적 프랑스 | **나이** 24 | **신장** 193 | **체중** 95 | **평점** 6.79

프랑스 국가대표 센터백으로 리버풀에서 반다이크의 파트너로 활약하고 있다. 프랑스 소쇼 유스 출신으로 라이프치히를 거쳐 2021년 여름, 3,500만 파운드에 리버풀로 이적했다. 타고난 피지컬과 운동 능력을 바탕으로 대인 마크와 공중볼에 강한 모습을 보여주고, 패싱력과 전진 드리블도 위력적이라 빌드업에 기여한다. 리버풀로 이적 후, 첫 시즌에 조엘 마팁과 로테이션을 돌면서 출전했지만 출전할 때마다 만족스런 경기력을 선보이며 조엘 마팁과의 주전 경쟁에서 우위를 점했다. 문제는 빈번한 부상 이슈. 리버풀로 이적하기 전부터 크고 작은 부상으로 고생하더니 리버풀에서도 2022/23시즌 부상으로 고생하며 18경기 출전에 그쳤다.

2022/23시즌

	18 GAMES	1,551 MINUTES	0 GOALS	0 ASSISTS	
5	0.64 경기당슈팅	3 유효슈팅	추정가치: 38,000,000€	62.8 경기당패스	87.20 패스성공률	0

코스타스 치미카스

국적 그리스 | **나이** 27 | **신장** 177 | **체중** 69 | **평점** 6.48

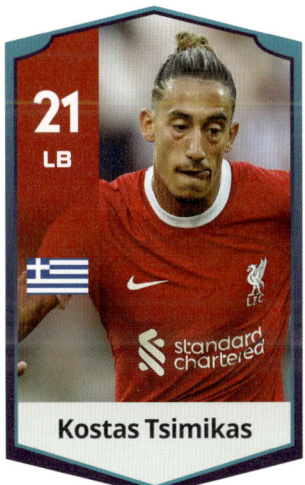

리버풀의 공격적인 레프트백. 왕성한 활동량과 효과적인 드리블, 정확한 왼발 크로스 등으로 왼쪽 측면에 활기를 불어넣는다. 특히, 측면에서 드리블을 통해 직선적인 플레이를 즐겨한다. 하지만 피지컬적으로 뛰어나지 않아 상대의 압박에 고전하고, 상대 공격수와의 몸싸움에도 밀리는 모습을 종종 노출한다. 또한 수비 집중력이 부족하고 위치 선정에서도 문제를 드러낸다. 2020년 8월, 1,100만 유로에 이적료에 그리스 올림피아코스에서 리버풀로 이적 후 지난 3시즌 동안 점차적으로 출전 시간을 늘리고 있다. 2019년 10월 헝가리전을 통해 A매치에 데뷔한 후 그리스 대표팀에서 꾸준히 활약하고 있다.

2022/23시즌

	20 GAMES	769 MINUTES	0 GOALS	4 ASSISTS	
3	0.82 경기당슈팅	2 유효슈팅	추정가치: 18,000,000€	22.2 경기당패스	85.40 패스성공률	0

LIVERPOOL

26 LB
Andy Robertson

앤디 로버트슨
국적 스코틀랜드 | **나이** 29 | **신장** 178 | **체중** 63 | **평점** 6.78

공수 능력을 겸비한 레프트백. 2017년 7월, 800만 파운드의 이적료에 헐시티에서 리버풀로 이적한 후, 리버풀의 왼쪽 측면을 책임지고 있다. 리버풀 데뷔 시즌인 2017/18시즌 실수와 부진으로 아쉬움을 남겼지만 2018/19시즌부터 자신의 본색을 드러내며 주전으로 활약해 매 시즌 공식 40경기 이상을 소화했다. 정확한 왼발 킥을 이용해 위력적인 크로스와 롱패스를 구사하며 공격 포인트를 자주 기록하고, 왕성한 활동량과 엄청난 투지, 밀리지 않는 1대1 수비력 등을 통해 수비에서도 단단한 모습을 보여준다. 2014년 3월, 스코틀랜드 대표팀으로 국제무대에 데뷔했고, 현재 스코틀랜드 국가대표 주장으로 활약하고 있다.

2022/23시즌

	GAMES		MINUTES		GOAL		ASSISTS	
	34		2,588		0		8	
3	0.45 경기당슈팅	2 유효슈팅	추정가치: 40,000,000€		53.9 경기당패스		84.20 패스성공률	0

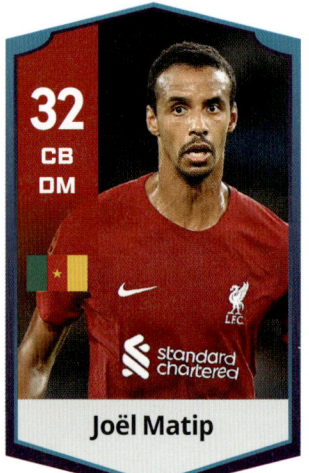

32 CB DM
Joël Matip

조엘 마팁
국적 카메룬 | **나이** 31 | **신장** 195 | **체중** 89 | **평점** 6.5

카메룬 국가대표 센터백. 독일 샬케04 유스 출신으로 2016년 6월 FA로 이적했고 리버풀에서 지난 7시즌 동안 187경기에 출전했다. 195cm의 장신을 이용한 헤더, 뛰어난 판단력에 따른 위치 선정, 수준급의 스피드와 드리블, 그리고 효과적인 대인 마크 능력 등 중앙 수비수로서 장점이 많은 선수다. 샬케04에서 프로에 데뷔했을 때 수비형 미드필더로 뛰기도 했다. 다만 잦은 부상으로 결장하는 경우가 많다. '부상 없는 마팁은 새로운 영입과도 같다'는 말이 있을 정도다. 부상으로 인해 일관된 플레이를 보여주지 못함에 따라 점차적으로 코나테와의 주전 경쟁에서 밀리는 상황이다.

2022/23시즌

	GAMES		MINUTES		GOAL		ASSISTS	
	14		1,093		1		0	
3	0.41 경기당슈팅	3 유효슈팅	추정가치: 12,000,000€		62.8 경기당패스		86.70 패스성공률	0

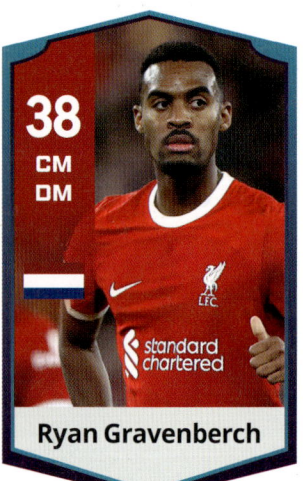

38 CM DM
Ryan Gravenberch

라이언 흐라번베르흐
국적 네덜란드 | **나이** 24 | **신장** 190 | **체중** 78 | **평점** 6.29

공수 기여도가 높은 중앙 미드필더로 190cm의 신장에도 빠른 스피드와 기동력을 바탕으로 효과적인 압박과 오프더볼 움직임을 보여주며, 주발이 오른발이지만 왼발도 정확한 편이라 양발을 활용해 패스하며 공격의 템포를 조율한다. 다만, 공격 전개 능력에 비해 수비력에 대한 비판이 존재하는데 포지셔닝과 태클에서 문제를 노출하곤 한다. 아약스 유스 출신으로 2022년 6월 1,850만 유로의 이적료에 바이에른뮌헨으로 이적했지만 주전 경쟁에서 밀리며 기대만큼의 활약을 하지 못했다. 2023년 9월, 4,000만 유로의 이적료에 뮌헨에서 리버풀로 이적하며 프리미어리그에 도전장을 던졌다.

2022/23시즌

	GAMES		MINUTES		GOALS		ASSISTS	
	24		561		0		0	
1	1.72 경기당슈팅	3 유효슈팅	추정가치: 30,000,000€		15.1 경기당패스		89.30 패스성공률	0

PLAYERS

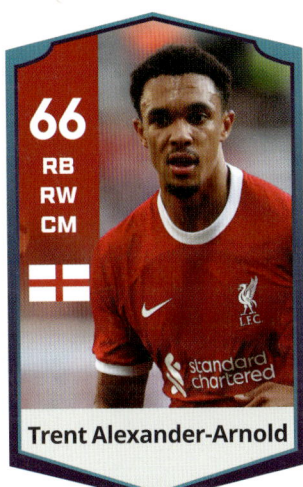

66
RB
RW
CM

Trent Alexander-Arnold

트렌트 알렉산더아놀드

국적 잉글랜드 | **나이** 24 | **신장** 175 | **체중** 68 | **평점** 7.11

리버풀 유스 출신의 라이트백. 2004년, 6세의 나이에 리버풀에 입단해 잉글랜드 대표팀을 제외하면 오직 리버풀 한 클럽만을 위해 뛰었다. 유스팀에선 중앙 미드필더로 성장했고, 2016/17시즌 데뷔 당시에 공격력을 높게 평가 받아 오른쪽 윙으로도 뛰기도 했다. 하지만 시간이 흐르면서 수비력이 크게 향상되어 라이트백으로 자리매김했다. 부지런한 움직임과 빠른 드리블, 강력한 크로스, 뛰어난 수비 위치 선정 등을 보여주며 공수에서 뛰어난 활약을 펼친다. 특히, 오른발 킥이 워낙 정확해서 위력적인 크로스로 공격 포인트를 양산한다. 2022/23시즌 후반기 클럽 감독의 요구에 따라 인버티드 풀백으로 활약했다.

2022/23시즌

	37 GAMES	2,932 MINUTES	2 GOALS	9 ASSISTS	
5	1.23 경기당슈팅	8 유효슈팅	추정가치: 65,000,000€	62.4 경기당패스	78.70 패스성공률	0

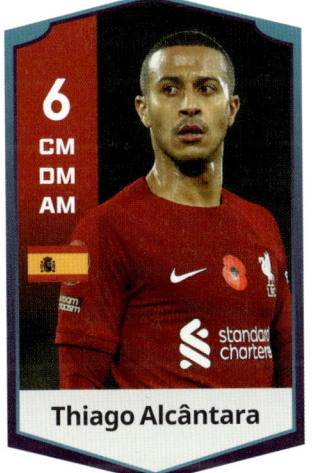

6
CM
DM
AM

Thiago Alcântara

티아고 알칸타라

국적 스페인 | **나이** 32 | **신장** 172 | **체중** 59 | **평점** 6.82

리버풀의 다재다능한 미드필더. 탄탄한 기본기와 정확한 패스, 오프더볼 상황에서의 민첩한 움직임, 효과적인 드리블, 왕성한 활동량, 헌신적인 수비가담 등 미드필더가 보유해야 할 모든 재능을 보유하고 있다. 부상만 아니면 언제나 100% 제 몫을 하는 미드필더로 감독의 요구에 따라 10번, 8번, 6번 등 중앙의 모든 위치에서 활약할 수 있다. 바르셀로나 유스 출신으로 프로 데뷔와 동시에 두각을 나타냈고, 바이에른뮌헨에서 제대로 실력 발휘를 하며 2020년 9월, 이적료 2,000만 파운드에 리버풀로 이적했다. 티아고는 2011년부터 스페인 대표팀에서 활약하지만 그의 아버지 마지뉴는 브라질 대표팀의 레전드이고, 그의 동생 하피냐는 브라질 대표팀에서 뛰었다.

2022/23시즌

	18 GAMES	1,256 MINUTES	0 GOALS	0 ASSISTS	
2	0.72 경기당슈팅	1 유효슈팅	추정가치: 15,000,000€	60.3 경기당패스	86.50 패스성공률	0

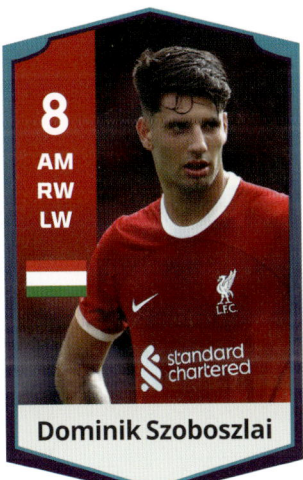

8
AM
RW
LW

Dominik Szoboszlai

도미니크 소보슬라이

국적 헝가리 | **나이** 22 | **신장** 186 | **체중** 73 | **평점** 7.32

헝가리 국가대표 공격형 미드필더이자 윙어. 2선의 모든 위치에서 뛸 정도로 전술적 활용 가치가 높고, 빠른 스피드와 효과적인 드리블, 정확한 패스, 강력한 슈팅, 왕성한 활동량, 오프더볼에서의 움직임 등으로 공격을 주도한다. 특히, 오른발 킥이 정확해 프리킥과 코너킥, 중거리 슈팅 등으로 공격 포인트를 양산한다. 다만, 프리미어리그의 빠른 템포와 강력한 몸싸움에 얼마나 빨리 적응할 수 있을진 미지수다. 2023년 7월, 이적료 7,000만 유로에 라이프치히에서 리버풀로 이적했는데 그의 이적료에서 리버풀이 그에게 얼마나 큰 기대를 하고 있는지 쉽게 알 수 있다.

2022/23시즌

	31 GAMES	2,453 MINUTES	6 GOALS	8 ASSISTS	
3	2.14 경기당슈팅	28 유효슈팅	추정가치: 50,000,000€	45.2 경기당패스	83.00 패스성공률	2

LIVERPOOL

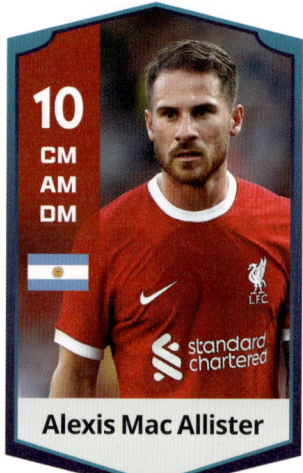

알렉시스 맥알리스터

국적 아르헨티나 | **나이** 24 | **신장** 174 | **체중** 72 | **평점** 7.05

아르헨티나 대표팀의 미드필더로 2022 카타르 월드컵 우승 핵심 멤버. 2023년 6월 3,500만 파운드의 이적료에 브라이튼에서 리버풀로 이적했다. 탄탄한 기본기와 넓은 시야, 끊임없는 움직임, 능숙한 테크닉, 오른발 중거리 슈팅 등을 활용해 중원에서 안정적으로 볼을 배급하고, 공격을 지원한다. 워낙 간결한 플레이를 통해 이타적인 플레이를 펼쳐 팀 기여도가 매우 높다. 다만, 스피드와 피지컬이 뛰어난 편은 아니라서 종종 수비에서 문제를 노출한다. 아버지 카를로스는 아르헨티나 대표팀 레프트백으로 뛰었고, 첫째 형 프란시스와 둘째 형 케빈도 아르헨티나 리그에서 축구 선수로 활약하는 축구 가족의 일원이다.

2022/23시즌

8	35 GAMES	2,886 MINUTES	10 GOAL	2 ASSISTS	0
	2.49 경기당슈팅	28 유효슈팅	추정가치: 65,000,000€	51.5 경기당패스	87.20 패스성공률

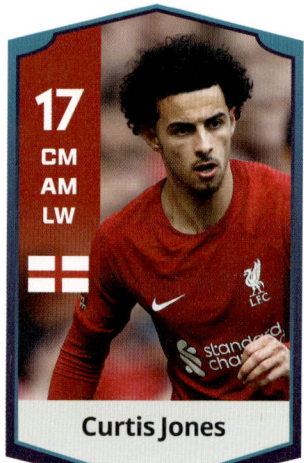

커티스 존스

국적 잉글랜드 | **나이** 22 | **신장** 185 | **체중** 74 | **평점** 6.67

리버풀 유스 출신의 중앙 미드필더. 리버풀에서 태어나고 자랐으며 9세의 나이에 리버풀에 입단했다. 2018/19시즌을 앞둔 프리시즌 경기와 훈련에서 클롭 감독에 눈에 띄면서 1군으로 승격했다. 당시 클럽 감독은 그의 드리블과 기동성을 크게 칭찬했다. 탄탄한 기본기와 오프더볼 상황에서의 움직임, 동료와의 연계 플레이, 박스 근처에서의 중거리 슈팅 등 중원에서 나름대로 경쟁력을 보여준다. 다만, 잔 부상이 있는 편이고, 종종 볼을 끌면서 공격 템포를 늦출 때가 있다. 2022년 11월, 2027년까지 장기 재계약을 맺었고, 2022/23시즌 후반기 가파른 성장을 보여주며 미드필드에 에너지를 불어 넣었다

2022/23시즌

2	18 GAMES	1,040 MINUTES	3 GOAL	1 ASSISTS	0
	1.3 경기당슈팅	5 유효슈팅	추정가치: 25,000,000€	36.6 경기당패스	91.20 패스성공률

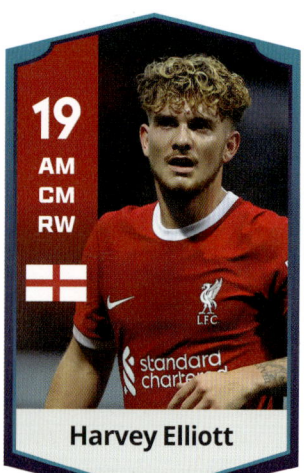

하비 엘리엇

국적 잉글랜드 | **나이** 20 | **신장** 170 | **체중** 67 | **평점** 6.53

공격형 미드필더, 중앙 미드필더, 윙어 등 다양한 포지션을 소화하는 다재다능한 미드필더. 왼발 테크니션으로 저돌적인 돌파와 빠른 드리블, 창의적인 패스, 연계 플레이 등으로 공격력을 과시한다. 풀럼 유스 출신으로 2019년 5월 4일 울버햄튼전에 출전하면서 프리미어리그 최연소 데뷔 기록(16세 30일)을 세우면서 2019년 7월 리버풀로 이적하는 데 성공했다. 2020/21시즌 블랙번으로 임대되어 42경기에 출전해 6골 12도움을 기록하며 제 실력을 발휘하기 시작했다. 2022/23시즌 오른쪽 미드필더로 출전 기회를 충분히 잡았지만 기복이 있는 경기력을 보여주며 아쉬움을 남겼다.

2022/23시즌

2	32 GAMES	1,615 MINUTES	1 GOALS	2 ASSISTS	0
	2.01 경기당슈팅	12 유효슈팅	추정가치: 35,000,000€	29.9 경기당패스	82.90 패스성공률

PLAYERS

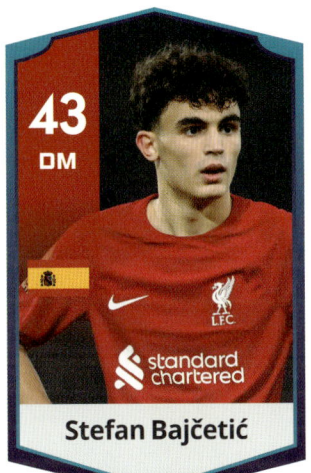

스테판 바이체티치

국적 스페인 | **나이** 18 | **신장** 185 | **체중** 77 | **평점** 6.54

리버풀 팬들의 기대를 모으고 있는 수비형 미드필더. 리버풀 유스 출신으로 2022년 8월 27일 본머스전을 통해 프리미어리그에 데뷔했다. 어린 나이에도 탄탄한 기본기와 볼 관리 능력, 상황에 맞는 현명한 판단력, 준수한 패싱력 등을 바탕으로 빌드업에 적극적으로 참여한다. 그리고 기동력과 위치 선정, 볼 차단 능력을 보여줘 수비력도 뛰어나다. 하지만 아직 피지컬적으로 완성 단계가 아니고, 경험이 부족하다는 사실은 부인할 수 없다. 아버지 스르잔 바이체티치는 현재 감독으로 활동하며 현역 시절에는 미드필더로 셀타비고, 브라가 등에서 뛰었고, 형 요반도 수비형 미드필더로 스페인 무대에서 뛰고 있다.

2022/23시즌

	GAMES	MINUTES	GOALS	ASSISTS	
	11	527	1	0	
2	1.03 경기당슈팅	3 유효슈팅	추정가치: 13,000,000€	23 경기당패스	78.70 패스성공률	0

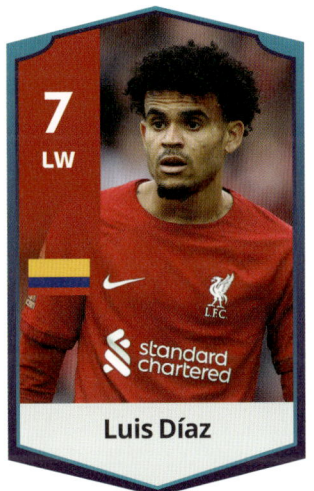

루이스 디아스

국적 콜롬비아 | **나이** 26 | **신장** 180 | **체중** 72 | **평점** 6.97

에너지 넘치는 왼쪽 윙어. 2022년 1월, 이적료 4,500만 파운드에 포르투에서 리버풀로 이적한 이후 리그 13경기에서 4골을 넣으며 센세이션을 일으켰다. 화려한 테크닉과 빠른 드리블, 왕성한 활동량으로 왼쪽 측면을 지배했을 뿐 아니라 반대발 윙어답게 중앙으로 들어오면서 강력한 오른발 슈팅을 보여줬다. 2022/23시즌 초반에도 기세를 이어갔지만 10라운드 아스날전에서 무릎 부상을 당하면서 전력에서 이탈했다. 약 7개월 만에 복귀했지만 경기 감각을 회복하는 데 초점을 맞출 수밖에 없었다. 2022/23시즌 루이스 디아스가 폼을 회복할 수 있을지 여부가 리버풀 공격에서 가장 중요하다고 해도 과언이 아니다.

2022/23시즌

	GAMES	MINUTES	GOALS	ASSISTS	
	17	997	4	2	
2	2.44 경기당슈팅	8 유효슈팅	추정가치: 75,000,000€	26.2 경기당패스	82.70 패스성공률	0

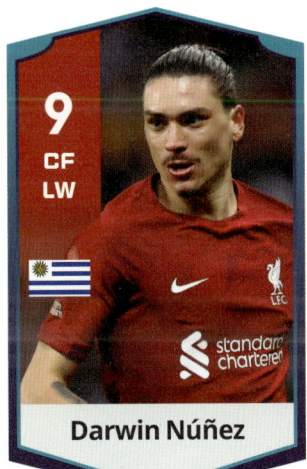

다르윈 누녜스

국적 우루과이 | **나이** 24 | **신장** 187 | **체중** 82 | **평점** 6.79

리버풀의 스트라이커이자 왼쪽 윙포워드. 누녜스가 2023년 6월, 이적료 7,500만 유로(옵션 2,500만 유로)라는 거금에 벤피카에서 리버풀로 이적했을 때, 축구팬들은 누녜스가 맨시티의 엘링 홀란드와 득점왕 경쟁을 펼칠 것이라고 기대했다. 하지만 누녜스는 2022/23시즌 프리미어리그에서 9골만을 기록, 비판에서 자유로울 수 없었다. 타고난 피지컬과 빠른 드리블, 반박자 빠른 슈팅, 오프더볼에서의 침투 등은 위력적이지만 순간적인 판단 미스와 미숙한 퍼스트 터치, 세밀함 부족을 노출했다. 어쩌면 누녜스에게 2022/23시즌은 리버풀에서의 성공 혹은 실패를 결정하는 시즌이 될지도 모른다.

2022/23시즌

	GAMES	MINUTES	GOALS	ASSISTS	
	32	1,844	9	3	
1	4.46 경기당슈팅	35 유효슈팅	추정가치: 65,000,000€	12.8 경기당패스	67.10 패스성공률	1

LIVERPOOL

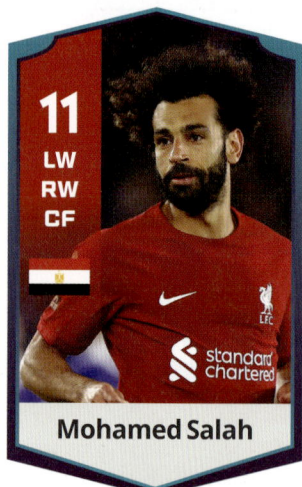

11
LW
RW
CF

Mohamed Salah

모하메드 살라

국적 이집트 | **나이** 31 | **신장** 175 | **체중** 71 | **평점** 7.16

리버풀의 간판 공격수이자 해결사. 빠른 스피드와 치명적인 드리블, 뛰어난 마무리 능력, 동료와의 연계 플레이 등으로 리버풀의 공격을 주도한다. 주발인 왼발에 비해 오른발이 약하다는 평을 듣지만 이는 그의 득점력에 큰 영향을 미치지 않고 있다. 프리미어리그 득점왕 3회, 도움왕 1회를 차지했을 뿐 아니라 PFA 올해의 선수로 2차례나 선정되었을 정도로 명실상부한 월드클래스 공격수이다. 2017년 6월 3,690만 파운드에 AS로마에서 리버풀로 이적한 후, 지난 6시즌 동안 매 시즌 리그에서 19골 이상을 기록했다. 2022/23시즌은 예년에 비해 다소 주춤했지만 프리미어리그에서 19골 12도움을 기록하며 건재함을 과시했다.

2022/23시즌

	GAMES	MINUTES		GOAL	ASSISTS	
2	38	3,297		19	12	0
	3.31 경기당슈팅	45 유효슈팅	추정가치: 65,000,000€	29.5 경기당패스	78.10 패스성공률	

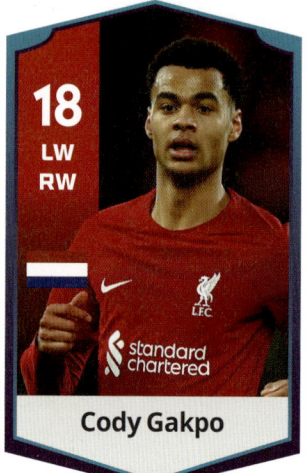

18
LW
RW

Cody Gakpo

코디 학포

국적 네덜란드 | **나이** 24 | **신장** 187 | **체중** 78 | **평점** 7.06

네덜란드 대표팀의 에이스로, 감독의 요구에 따라 스트라이커, 왼쪽 윙어, 공격형 미드필더 등 다양한 포지션을 소화한다. 2022년 12월, 이적료 3,700만 파운드에 PSV 에인트호번에서 리버풀로 이적했다. 2022/23시즌 후반기 리버풀에서 공식 26경기에 출전해 7골을 넣으며 팀에 적응하는 모습을 보여줬다. 2023년 여름 피르미누가 떠남에 따라 최전방에 배치되어 '가짜 9번' 역할을 할 가능성이 크다. 전술과 공간에 대한 이해력이 뛰어나고 동료와 연계 플레이가 탁월하다. 오른발을 활용한 크로스와 패스, 슈팅이 위력적이며 193cm의 신장을 이용한 헤더에도 일가견이 있다.

2022/23시즌

	GAMES	MINUTES		GOAL	ASSISTS	
0	21	1,465		7	2	0
	2.41 경기당슈팅	12 유효슈팅	추정가치: 55,000,000€	17.7 경기당패스	78.40 패스성공률	

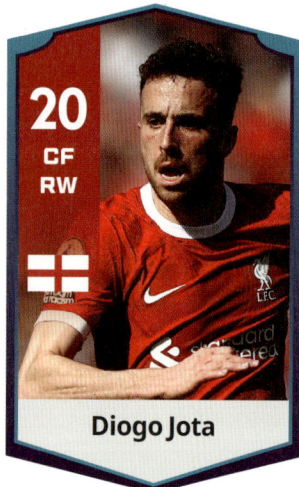

20
CF
RW

Diogo Jota

디오구 조타

국적 포르투갈 | **나이** 26 | **신장** 173 | **체중** 69 | **평점** 6.74

포르투갈 국가대표 공격수로 공격의 모든 포지션에서 뛸 정도로 다재다능하다. 2020년 9월 울버햄튼에서의 활약을 바탕으로 이적료 4,500만 파운드에 리버풀로 이적했다. 2022/23시즌 부상으로 고생했음에도 리버풀에서 3시즌 동안 113경기에 출전해 4골을 넣었다. 즉, 출전을 하면 공격 포인트를 기록하며 기대에 부응했다는 이야기. 훌륭한 오프더볼 움직임과 빠른 스피드를 이용한 드리블, 감각적인 슈팅 등으로 공격에 기여한다. 공격에서 수비로 전환될 때 압박 타이밍이 좋아 수비 기여도도 높은 편이다. 다만 동료와의 연계 플레이 향상을 통해 경기 전반에 미치는 영향력을 조금 더 높일 필요성이 있다.

2022/23시즌

	GAMES	MINUTES		GOALS	ASSISTS	
2	22	1,133		7	4	0
	2.79 경기당슈팅	11 유효슈팅	추정가치: 50,000,000€	17 경기당패스	75.90 패스성공률	

전지적 작가 시점

송영주가 주목하는 리버풀의 원픽!
코디 학포

호베르투 피르미누가 리버풀을 떠났다. 2015년 6월 호펜하임에서 리버풀로 이적한 후, 8시즌 동안 공식 362경기에서 111골을 넣은 피르미누는 한때 사디오 마네, 모하메드 살라와 함께 '마누라 트리오'를 구성해 상대 수비를 처참히 파괴했다. 물론, 피르미누는 최전방에 위치함에도 득점이 탁월한 스타일이 아니라 전후좌우로 움직이며 연결고리가 되면서 공격의 윤활유 역할을 담당하곤 했다. 따라서 피르미누의 가치와 영향력은 그가 기록한 공격 포인트로 평가할 수 없을 정도로 컸던 것이 사실이다. 클롭 감독의 2022/23시즌 후반기 선수 기용을 돌아볼 때, 클롭 감독은 피르미누의 빈 자리를 코디 학포로 메울 수도 있다. 물론, 학포를 다양하게 활용하고 조타와 누녜스를 최전방에 배치할 수도 있다. 하지만 학포는 가짜 9번 역할도 충분히 소화할 능력을 보유했다. 학포는 193cm의 큰 신장에도 스피드와 드리블이 뛰어나고 다양한 포지션을 소화할 정도로 전술 이해력이 뛰어나 최전방에서 해결사 역할뿐 아니라 도우미 역할도 가능하다. 리버풀이 살라와 조타, 디아스, 누녜스 등 득점력을 갖춘 윙포워드들이 많다는 점을 고려할 때, 학포의 활약에 따라 리버풀의 파괴력이 달라질 것이 분명하다.

지금 리버풀에 이 선수가 있다면!
프렝키 더용

리버풀은 2023년 여름 미드필드를 개편하는데 집중했다. 2022/23시즌 파비뉴와 조던 헨더슨, 나비 케이타, 제임스 밀너, 아르투르 멜루, 티아구 알칸타라 등을 활용해 미드필드를 구성했지만 부상과 부진이 이어지면서 속도와 압박, 기동력에서 문제를 노출했다. 이에 따라 하비 엘리엇과 커티스 존스 등이 미드필더로 기용됐고, 아놀드에게 인버티드 풀백의 역할을 맡기기도 했다. 당연히 2023년 불필요한 자원들을 정리하면서 소보슬라이와 맥알리스터, 엔도를 영입해 미드필드에 변화를 추구했다. 그럼에도 2% 부족해 보이는 것은 부인할 수 없다. 리버풀에게 바르셀로나의 프렝키 더용처럼 팔방미인이 있다면? 중원에서 다양한 임무를 소화할 뿐 아니라 빌드업에 적극적으로 참여하면서도 왕성한 활동량과 정확한 패스를 통해 높은 경기 기여도를 보여주는 더용이 있다면 금상첨화가 아닐까? 만약 리버풀이 더용을 영입한다면 클롭 감독이 활용할 수 있는 전술과 선수단 운영의 폭 자체가 엄청나게 넓어질 것이 분명하다. 솔직히 리버풀이 더용을 보고 군침을 흘려도 이상하지 않지만 영입 가능성은 희박하다.

BART VERBRUGGEN
JASON STEELE
TARIQ LAMPTEY
IGOR JULIO
ADAM WEBSTER
LEWIS DUNK
JAN PAUL VAN HECKE
PERVIS ESTUPI
JOEL VELTMAN
JAMES MILNER
SOLLY MARCH
MAHMOUD DAHOUD
BILLY GILMOUR
PASCAL GROß
ADAM LALLANA
JAKUB MODER
CARLOS BALEBA
KAORU MITOMA
JOAO PEDRO
JULIO ENCISO
DANNY WELBECK
EVAN FERGUSON

Brighton and Hove Albion

BRIGHTON AND HOVE ALBION

브라이튼 & 호브알비온
Brighton and Hove Albion

- 창단 년도 | 1901년
- 최고 성적 | 6위 (2022/23)
- 경기장 | 아메리칸 익스프레스 커뮤니티 스타디움
  (The American Express-Community Stadium)
- 경기장 수용 인원 | 30,750명
- 경기장 위치 | Village Way, Brighton and Hove, Brighton BN1 9BL
- 지난 시즌 성적 | 6위
- 별칭 | The Seagulls (시걸스), Albion (알비온)
- 상징색 | 블루, 화이트
- 레전드 | 미셸 쿠니퍼스, 캐리 마요, 버트 스티븐스, 보비 자모라, 글렌 머레이, 키트 네이피어, 토미쿡, 터그 윌슨 등

히스토리

잉글랜드 남동부에 있는 이스트서식스주 브라이튼앤드호브를 연고로 한 팀이다. 1901년에 창단했으며 창단 후 대부분을 하부리그에서 머무르면서 1910년 FA커뮤니티실드 우승 외에는 뚜렷한 메이저 우승 경력이 없는 팀이다. 하지만 2016/17시즌 프리미어리그 승격을 확정지은 이후 지금까지 프리미어리그에 꾸준하게 안착하고 있으며 2019/20시즌 그레이엄 포터 감독이 부임하면서 팀이 명확한 색깔을 갖추기 시작했다. 지난 시즌 데제르비 감독이 중간에 부임하면서 FA컵 4강, 리그 6위라는 좋은 성적을 냈다. 특유의 패싱축구를 팀에 잘 조화시키면서 이제는 PL에서 가장 재미있는 축구를 하는 팀이자 PL 최고의 다크호스로 급부상했다. 올 시즌 창단 후 처음으로 유럽대항전에도 출전하기 때문에 브라이튼 팬들에게는 잊을 수 없는 시즌이 될 것이다.

최근 5시즌 리그 순위 변동

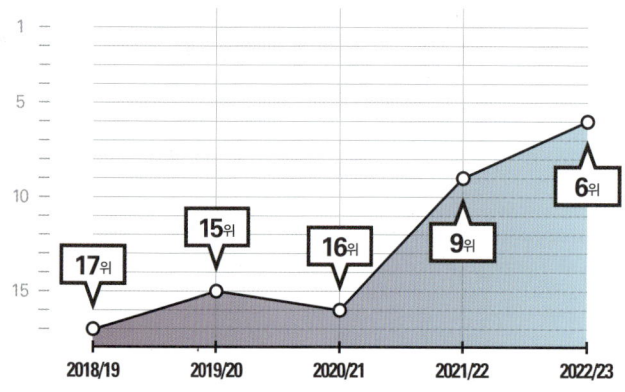

클럽레코드 IN & OUT

최고 이적료 영입 IN

주앙 페드루
3,420만 유로
(2023년 7월, from 왓포드)

최고 이적료 판매 OUT

모이세스 카이세도
1억 1,600만 유로
(2023년 8월, to 첼시)

CLUB & MANAGER

로베르토 데제르비 Roberto De Zerbi | 1979년 6월 6일 | 44세 | 이탈리아

떠오르는 전술 천재 데제르비의 유럽대항전 검증!

현재 전 유럽이 주목하는, 가치가 급부상한 감독 중 한 명. 체계적인 후방 빌드업과 중앙을 수시로 거치며 빠르게 상대지역까지 전개시키는 데제르비 특유의 속도감 있는 패싱 축구는 온 축구팬들과 현직 감독들마저 매료시켰다. 실제로 세계 최고의 명장 중 한 명인 펩 과르디올라 감독도 데제르비의 축구에 대해서 입이 마르도록 칭찬을 아끼지 않았다. 브라이튼 합류 후 짧은 시간 동안 본인의 색깔을 팀에 확실하게 주입시키면서 현재는 리그에서 가장 매력적인 축구를 하는 팀 중 하나로 탈바꿈시켰고, 첫 시즌 만에 FA컵 4강, 리그 6위로 구단 역사상 최고순위를 이끌어냄과 동시에 구단 역사상 첫 유럽대항전 진출까지 달성했다. 팀의 첫 유럽대항전이고 데제르비 감독에게도 역시 유럽대항전 경험은 많지 않다. 과연 유럽대항전에서도 본인의 진가를 보여줄 수 있을지 주목된다.

감독 인터뷰
"우리는 유럽 무대에서 싸울 것이고, 우리가 가진 자질을 보여줄 것이다. 용감하게 경기할 것이며, 팬들을 행복하게 하고 싶다."

감독 프로필

통산	선호 포메이션	승률
321 경기 **137** 승 **76** 무 **108** 패	**4-2-3-1**	**42.67%**

시즌 키워드

#유로파리그 | **#다크호스** | **#닥공**

우승 이력
- 우크라이나 슈퍼컵 (2021/22)

경력

2014~2016	2016~2016	2017~2018	2018~2021	2021~2022	2022~
포지아	팔레르모	베네벤토	사수올로	샤흐타르	브라이튼 & 호브알비온

BRIGHTON AND HOVE ALBION

IN

주앙 페드루
(왓포드)

바트 베르브뤼헌
(안데레흐트)

이고르 훌리오
(피오렌티나)

마흐무드 다후드
(도르트문트)

제임스 밀너
(리버풀)

사이먼 아딩그라
(임대복귀, 생질루아즈)

카를로스 발레바
(릴)

안수 파티
(바르셀로나, 임대)

포메이션

FW
- 7 마치
- 9 페드루
- 10 엔시소
- 18 웰백

MF
- 22 미토마
- 24 아딩그라
- 28 퍼거슨
- 31 파티
- 6 밀너
- 8 다후드
- 11 길모어
- 13 그로스
- 14 랄라나
- 15 모데르
- 20 발레바
- 40 부오나노테

DF
- 2 램프티
- 3 이고르
- 4 웹스터
- 5 덩크
- 29 반헤케
- 30 에스투피냔
- 34 벨트만

GK
- 1 베르브뤼헌
- 23 스틸
- 38 맥길

OUT

알렉시스 맥알리스터
(리버풀)

레다 카드라
(스타드랭스)

제레미 사르미엔토
(WBA, 임대)

데니스 운다프
(슈투트가르트, 임대)

로베르트 산체스
(첼시)

모이세스 카이세도
(첼시)

야산 아야리
(코벤트리, 임대)

앤디 제키리
(헹크)

아론 코놀리
(헐시티)

압달라 시마
(레인저스, 임대)

스티븐 알사테
(스탕다르 리에주, 임대)

히든풋볼의 이적시장 평가

지난 시즌 팀의 핵심이었던 맥알리스터와 카이세도가 떠났지만 나머지 주력 자원들은 잘 지켜냈고 포지션 별로 재능 있는 선수들을 알차게 영입했다. 측면과 최전방 모두 소화할 수 있는 주앙 페드루와 파티를 영입하며 공격진을 강화시켰고 빌드업 능력이 좋은 골키퍼인 베르브뤼헌을 데려오면서 후방 쪽 체계를 더욱 탄탄하게 했다. 이고르, 다후드에 떠오르는 유망주 발레바, 베테랑 밀너까지 영입하여 부족한 부분을 채웠다.

SQUAD & BEST11

BEST 11

- 22 미토마
- 9 페드루
- 7 마치
- 11 길모어
- 14 랄라나
- 8 다후드
- 30 에스투피냔
- 4 웹스터
- 5 덩크
- 13 그로스
- 1 베르브뤼헌

2022/23시즌 스탯 Top 3

득점 Top 3
- 알렉시스 맥알리스터 — 10골
- 파스칼 그로스 — 9골
- 미토마 카오루 — 7골

도움 Top 3
- 파스칼 그로스 — 8도움
- 솔리 마치 — 7도움
- 미토마 카오루 — 5도움

출전시간 Top 3
- 파스칼 그로스 — 3,246분
- 루이스 덩크 — 3,240분
- 모이세스 카이세도 — 3,140분

히든풋볼의 순위 예측

9위 · 이주헌

언제나 꽤 안정적인 경기력을 보여주는 팀이다. 중상위권 순위는 유지할 것으로 생각한다.

8위 · 박종윤

핵심 선수가 유출되도 경기력은 유지하는 데 제르비의 브라이튼. 새로 영입된 발레바는 어디까지 성장할지…

9위 · 박찬우

매력적인 축구를 구사하는 팀이지만, 이번 시즌은 한계에 부딪칠 가능성이 더 많다.

9위 · 송영주

데제르비 마법의 유통기한은? 주축들의 이탈과 UEL 병행은 부담스럽다. 지난 시즌 돌풍은 좋은 추억이 될 듯.

8위 · 김용남

유럽대항전을 병행하는 것은 쉽지 않다. 이에 대해서는 데제르비 감독도 경험이 깊지 않다.

6위 · 이완우

데제르비가 두 시즌 이상 맡은 팀은 언제나 상승을 이뤄냈다. 올 시즌도 데제르비 매직을 증명해낼 것.

두 마리 토끼, 잡을 수 있을까?

브라이튼은 2022/23시즌 리그 6위, FA컵 4강 진출이라는 구단 역대 최고성적을 만들어냈고 구단 사상 첫 유럽대항전 진출이라는 쾌거까지 달성하며 엄청난 성공을 거두었다. 그 과정에서 데제르비 감독의 공은 절대 빼놓을 수 없다. 데제르비 감독 부임 후 브라이튼은 리그에서 경기당 슈팅시도 1위를 기록할 정도로 공격적인 팀이 되었다. 최강 맨시티보다도 많은 슈팅을 시도하는 팀이 된 것이다. 리그 전체를 통틀어도 패스와 관련된 수치에서는 맨시티와 1, 2위를 다툴 정도로 확고한 색깔을 지닌 팀으로 변모시켰다. 실제로 그는 이탈리아 사수올로 시절에도 과거 롱볼 축구를 하던 팀을 이끌면 리그에서 가장 점유율이 높고 숏 패스 시도를 많이 하는 매력적인 팀으로 변화시켰다. 이러한 전적을 봤을 때 데제르비 감독이 브라이튼을 이끌고 매력적이고 공격적인 축구를 하는 팀으로 변화시킨 것은 결코 우연이 아니다.

브라이튼 부임 첫 시즌 만에 사수올로에서도 해내지 못했던 유럽대항전 진출을 이뤄냈기 때문에 데제르비에게 남은 숙제는 다가오는 시즌 유럽대항전과 리그를 병행해야 하는 어려운 도전속에서 적절하게 좋은 성과를 내는 것이다. 실제로 브라이튼에게도 유럽대항전은 첫 경험이고, 데제르비 감독 역시 유럽대항전 경험은 2021/22시즌 샤흐타르 시절이 유일하다. 당시 챔피언스리그 본선에는 진출했지만 조별예선에서 단 1승도 거두지 못하고 꼴지로 탈락하는 쓴 맛을 봤다. 데제르비의 유럽대항전에서의 역량도 검증해볼 수 있는 시즌이 될 것이다. 또한, 지난 시즌 데제르비축구의 핵심이었던 맥알리스터와 카이세도의 공백을 어떻게 매울 것인지도 관건인 한 해가 될 것이다. 여름이적시장에서 다누드와 제임스 밀너, 주앙 페드루 같은 좋은 자원들을 영입하긴 했지만 중원조합을 새롭게 만들어 내는 것 역시도 데제르비에게 큰 숙제가 될 것으로 보인다.

데제르비의 또다른 숙제 중 하나는 수비력 개선이다. 지난 시즌 리그 53실점으로 상당히 많은 실점을 허용했으며, 사수올로 시절에도 좋았던 공격력에 비해 수비력은 평균 이하였다. 라인을 높이고 공격적인 축구를 좋아하는 데제르비의 특성상 넓은 수비 뒷공간은 언제든지 약점으로 작용할 수 있으며, 특히나 유럽대항전을 병행하기 때문에 선수들의 체력적인 부하가 나타날 시즌 중반시점부터는 그러한 약점들이 조금씩 더 노출될 것이다. 이러한 문제점을 전술적으로 어떻게 극복할 것인지, 그리고 얼마나 적절하게 선수를 기용하면서 체력적인 변수도 최소화시킬 것인지가 관건이다. 유로파리그에서의 성과, 프리미어리그 유럽대항전 진출권 이내, 두마리 토끼를 모두 잡기 위해 팬들은 올시즌도 데제르비만 믿고 있다.

BRIGHTON AND HOVE ALBION

1 GK
Bart Verbruggen

바트 베르브뤼헌
국적 네덜란드 | **나이** 20 | **신장** 194 | **체중** 82 | **평점** 6.98

지난 시즌 안더레흐트에서 리그 후반기, 시즌의 절반만 뛰었음에도 벨기에 리그 경기당 패스 시도 1위. 패스 정확도 1위. 세이브 2위의 압도적인 스탯을 보여주었다. 특히나 베르브뤼헌의 가장 큰 강점은 역시 발밑 능력이다. 짧은 패스, 롱 패스의 정확도가 매우 좋으며 어려운 볼을 처리할 때도 동료를 바라보며 동료가 있는 쪽으로 처리한다. 후방 빌드업과 공 소유를 중시하는 데제르비 감독과는 궁합이 아주 좋을 전망이다. 이뿐만 아니라 신체의 모든 부위를 활용한 선방 능력과 큰 신장, 긴 리치 역시 이 선수의 타고난 강점이다.

2022/23시즌

0	17 GAMES	1,530 MINUTES	21 실점	75.00 선방률	0
	63 세이브	8 클린시트	추정가치: 10,000,000€	40.9 경기당패스	73.40 패스성공률

4 CB
Adam Webster

아담 웹스터
국적 잉글랜드 | **나이** 28 | **신장** 192 | **체중** 79 | **평점** 6.52

포츠머스 유스 출신의 센터백으로 2019/20시즌 브라이튼에 합류한 이후 프리미어리그 5시즌째를 맞이하게 됐다. 브라이튼 합류 후 부상만 아니라면 주전 자리를 단 한 번도 놓친 적이 없을 정도로 팀 내에서 루이스 덩크와 함께 핵심 센터백으로 분류된다. 굉장히 희소성 있는 양발잡이 센터백이며, 양발을 활용한 빌드업과 패스에 모두 능하고, 공격 상황 시 전진성도 좋고 제공권도 탁월한 자원이다. 속도가 느린 단점이 있지만 단점보다 장점이 훨씬 더 많은 선수이고 발밑이 좋은 유형이기 때문에 데제르비 축구에 있어서 올 시즌도 핵심자원으로 분류될 전망이다.

2022/23시즌

2	27 GAMES	1,985 MINUTES	0 GOALS	0 ASSISTS	0
	0.7 경기당슈팅	16 유효슈팅	추정가치: 25,000,000€	62.1 경기당패스	88.60 패스성공률

5 CB
Lewis Dunk

루이스 덩크
국적 잉글랜드 | **나이** 30 | **신장** 192 | **체중** 87 | **평점** 6.62

데제르비 감독이 팀에 합류한 이후 덩크의 플레이를 보고 했던 말이 있다. "덩크를 잉글랜드 대표로 만들겠다." 그리고 데제르비는 그 말을 지켜냈다. 시즌 종료 후 덩크는 5년 만에 다시 한 번 대표팀 명단에 올랐지만 부상으로 아쉽게 출전은 좌절됐다. 브라이튼 성골 유스로서 브라이튼 팬들에게 가장 사랑받는 선수인데, 엄청난 제공권과 피지컬을 바탕으로 공중볼 경합에 능하고, 발밑도 매우 좋다. 롱 패스뿐아니라 숏 패스 위주의 전개 능력도 탁월하여 후방 빌드업을 중시하는 데제르비와는 최고의 궁합을 보였고, 올 시즌 역시 팀의 리더로서 핵심적인 역할을 할 것으로 기대를 모은다.

2022/23시즌

4	36 GAMES	3,240 MINUTES	1 GOALS	0 ASSISTS	0
	0.6 경기당슈팅	16 유효슈팅	추정가치: 16,000,000€	89.1 경기당패스	90.40 패스성공률

PLAYERS

29 CB
Jan Paul van Hecke

얀 폴 반헤케
국적 네덜란드 | **나이** 23 | **신장** 189 | **체중** 78 | **평점** 6.26

네덜란드 브레다에서 2020/21시즌 브라이튼으로 이적했고, 임대생활을 거치다 지난 시즌부터 본격적으로 팀 스쿼드에 합류했다. 임대 시절 좋은 활약을 펼쳤는데 특히 2021/22시즌에는 임대 신분임에도 블랙번 시즌 최우수선수에 선정될 정도로 굉장한 퍼포먼스를 선보였다. 판단력이 좋아 전진 수비와 인터셉트에 능하고 대인방어가 뛰어나다. 은근히 발 기술도 좋다. 지난 시즌 맨시티와의 경기에서 홀란드를 꽁꽁 묶으면서 엄청난 인상을 심어주기도했다. 다만 발이 느리고 빌드업 능력도 덩크, 웹스터에 비해 부족한 부분이 있기 때문에 올 시즌도 다소 험난한 경쟁이 예상된다.

2022/23시즌

	8 GAMES	292 MINUTES	0 GOALS	0 ASSISTS	
2	0.3 경기당슈팅	0 유효슈팅	추정가치: 5,000,000€	30.8 경기당패스	93.90 패스성공률	0

30 LB
Pervis Estupiñán

페르비스 에스투피난
국적 에콰도르 | **나이** 25 | **신장** 175 | **체중** 78 | **평점** 6.79

브라이튼으로 넘어오고 훨씬 더 발전된 기량을 선보이며 한 시즌 만에 팀에 완벽히 적응한 모습을 보여주었다. 리리가 시절 기본적인 프로필은 빠르며 공격적이고 킥력이 좋은 풀백이었다. 다만 수비력과 세밀함에 있어서 아쉬움이 있다는 평가가 있었는데, 데제르비 부임후 이런 단점마저 보완하며 리그 최고의 좌측 풀백으로 거듭났다. 왕성한 활동량으로 공수에 모두 기여하며 좌측에서의 빌드업과 공격 전개 관여까지 완벽한 모습을 보여주며 에스투피난을 시즌 최고의 풀백으로 꼽는 언론도 상당히 많았다. 올 시즌도 왼쪽 '믿을맨'으로 활약할 것이 기대된다.

2022/23시즌

	35 GAMES	2,683 MINUTES	1 GOALS	5 ASSISTS	
4	0.8 경기당슈팅	18 유효슈팅	추정가치: 32,000,000€	46.3 경기당패스	84.00 패스성공률	0

34 CB RB
Joël Veltman

조엘 벨트만
국적 네덜란드 | **나이** 31 | **신장** 184 | **체중** 74 | **평점** 6.59

기본기와 축구 지능이 좋은 멀티 자원이다. 센터백과 우측 풀백을 소화할 수 있는데, 실제로 어느 포지션에 나와도 안정감이 있다. 아약스 출신인 만큼 발밑과 패스에도 일가견이 있고 후방빌드업이나 점유에도 관여할 수 있는, 소위 말하는 '볼을 이쁘게 차는' 유형이다. 다만 최근 들어 잔부상이 잦은 편이고, 공격 작업 시 관여나 파괴력은 아쉽다. 수비력에 있어서도 아쉬운 모습을 종종 보여주고 있다. 하지만 가진 장점만큼은 데제르비가 원하는 유형에 아주 가까운 스타일이기 때문에 다가오는 시즌에도 적재적소에 알짜배기 같은 역할을 충분히 해줄 것으로 예상된다.

2022/23시즌

	31 GAMES	2,192 MINUTES	1 GOALS	1 ASSISTS	
6	0.5 경기당슈팅	9 유효슈팅	추정가치: 10,000,000€	41.8 경기당패스	85.20 패스성공률	0

BRIGHTON AND HOVE ALBION

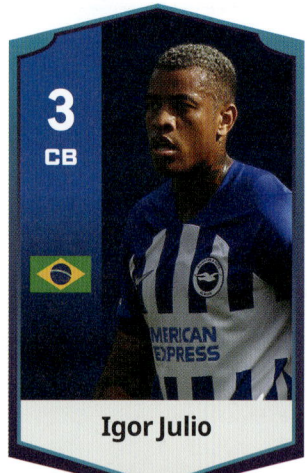

이고르 훌리오

국적 브라질 | **나이** 25 | **신장** 185 | **체중** 85 | **평점** 6.47

레드불브라질 유스에서 커리어를 시작한 후 오스트리아로 넘어가 임대를 전전하다 이탈리아로 넘어가면서 꽃을 피웠다. 특히 피오렌티나에서 좋은 활약을 펼치면서 세리에A 수준급 센터백으로 자리잡았고 그러한 활약을 바탕으로 브라이튼으로 이적했다. 일단 브라이튼에 없는 왼발잡이 센터백이며, 피지컬이 강하고 경합 능력이 매우 출중하다. 발 기술이 좋아 직접 전진을 하거나 상대 압박에 당황하지 않고 패스 전개를 할줄 아는 선수이며, 긴 패스보다 숏 패스를 활용한 빌드업을 선호하는 유형이라는 점에서 데제르비의 축구에도 금방 적응할 것으로 보인다.

2022/23시즌

	27 GAMES		2,060 MINUTES	0 GOAL	0 ASSISTS	
8	0.3 경기당슈팅	5 유효슈팅	추정가치: 10,000,000€	48.6 경기당패스	88.00 패스성공률	1

마흐무드 다후드

국적 독일 | **나이** 27 | **신장** 178 | **체중** 67 | **평점** 6.54

가진 능력 자체는 맥알리스터를 대체할 수 있는 재능이 충분한 선수라 본다. 문제는 다후드는 매 시즌 크고 작은 부상이 끊이질 않았고, 지난시즌 도르트문트에서도 큰 부상과 폼 저하로 인해 출장한 리그 경기가 단 9경기에 불과했다. 한참 폼이 좋았을 때 이 선수의 특징은 탈압박에 능하고 직접적인 볼 운반과 날카로운 패스 능력, 탁월한 축구센스를 갖춘 8번 미드필더였다. 잦은 부상과 부족한 실전 감각으로 인해 현재 폼은 그 누구도 예측할수 없지만 데제르비는 다후드의 플레이스타일을 좋아하고 함께 하길 원한다고 직접 언급했다. 결국 올시즌 재기의 향방은 선수 본인에게 달려 있다.

2022/23시즌

	9 GAMES		335 MINUTES	0 GOAL	0 ASSISTS	
1	0.7 경기당슈팅	1 유효슈팅	추정가치: 12,000,000€	28.2 경기당패스	83.90 패스성공률	0

빌리 길모어

국적 스코틀랜드 | **나이** 22 | **신장** 170 | **체중** 66 | **평점** 6.33

지난 시즌 많은 경기에 출전하지 않았지만 후반기 들어서 출전기회를 조금씩 잡기 시작했고, 나올 때마다 생각보다 팀의 시스템에 잘 녹아들어 있는 모습을 보여줬다. 특히나 올 시즌은 맥알리스터와 카이세도 모두 팀을 떠났기 때문에 지난 시즌보다 더 많은 기회를 받을 것으로 보인다. 장점으로는 흔히 말하는 볼줄이 상당히 좋은 유형의 미드필더이다. 부지런한 활동량과 안정적인 볼배급, 날카로운 패싱능력, 볼을 다루는 능력이 괜찮은 유형이기 때문에 장점을 잘 살리고 단점으로 지적받는 왜소한 체격으로 인한 피지컬적인 문제점을 극복해야 한다.

2022/23시즌

	14 GAMES		505 MINUTES	0 GOALS	1 ASSISTS	
1	0.4 경기당슈팅	3 유효슈팅	추정가치: 12,000,000€	28.8 경기당패스	90.30 패스성공률	0

PLAYERS

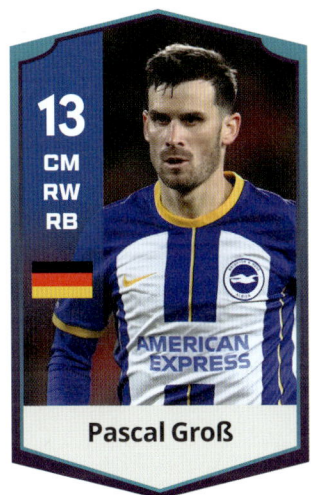

파스칼 그로스

국적 독일 | **나이** 32 | **신장** 181 | **체중** 72 | **평점** 7

덩크와 더불어, 브라이튼 팬들이 가장 사랑하는 선수를 한 명 더 꼽으라면 단연 파스칼 그로스다. 브라이튼의 프리미어리그 승격 첫 시즌인 2017/18시즌부터 지금까지 두 번째 시즌을 제외하고는 큰 부상없이 꾸준하게 출전했고 활약상도 뛰어났다. 브라이튼의 역대 PL 최다득점자이기도한 그로스는 탁월한 축구 지능으로 골키퍼와 센터백을 제외한 모든 포지션을 소화할 수 있으며, 좋은 기본기를 바탕으로 정확한 킥과 패스 앤 무브, 적재적소에 박스를 타격할 수 있는 공격과 공격 포인트 생산능력, 활동량까지 여러 장점을 두루 갖췄다. 올 시즌도 그로스의 경험과 멀티성은 팀에 큰 도움을 줄 것이다.

2022/23시즌

	37 GAMES	3,246 MINUTES	9 GOALS	8 ASSISTS	
7	1.1 경기당슈팅	20 유효슈팅	추정가치: 8,000,000€	54.8 경기당패스	86.00 패스성공률	0

제임스 밀너

국적 잉글랜드 | **나이** 37 | **신장** 176 | **체중** 69 | **평점** 6.34

맨시티와 리버풀, 심지어 아스톤빌라와 뉴캐슬 시절에도 유럽대항전에 출전했던 밀너의 풍부한 경험은 창단 후 첫 유럽대항전에 출전하는 브라이튼에 경기장 안팎으로 엄청난 힘이 되어줄 것이다. 실제로 브라이튼은 이러한 경험과 경기장 안팎에서의 영향력을 기대하며 제임스 밀너를 영입했고, 멀티플레이어를 곧잘 활용하는 데제르비 역시 밀너를 강력히 원했다고 전해진다. 전성기와 비교하면 분명 기량 저하가 눈에 띄지만 미드필더와 풀백 어느 위치에서도 여전히 로테이션멤버로서 제 역할을 해줄 수 있는 선수가 밀너다. 유럽대항전을 병행하는 브라이튼에 큰 힘이 되어줄 것이다.

2022/23시즌

	31 GAMES	893 MINUTES	0 GOALS	1 ASSISTS	
2	0.2 경기당슈팅	5 유효슈팅	추정가치: 1,500,000€	19.6 경기당패스	81.40 패스성공률	0

파쿤도 부오나노테

국적 아르헨티나 | **나이** 18 | **신장** 174 | **체중** 65 | **평점** 6.28

로사리오센트럴에서 지난 시즌 겨울 팀에 합류한 아르헨티나의 특급 유망주이다. 아르헨티나 리그에서는 17세의 나이에 프로 데뷔 첫 해부터 주전 핵심자원으로 활약했으며, 왼발을 활용한 드리블과 볼 운반, 플레이메이킹에 아주 능한 어린 선수다. 하지만 왼발 의존도가 높은편이며, 볼을 무리하게 끄는 경향이 있고, 압박이 강한팀을 만났을 때 고전하는 모습도 분명 있었다. 그러나 특유의 테크닉과 센스는 데제르비 감독이 높게 사고 있으며 실제로 첫 해부터 기대보다 더 많은 출전기회를 부여받았다. 다가오는 2023/24시즌도 지난 시즌보다는 더 많은 기회를 받을수 있을 것으로 보인다.

2022/23시즌

	13 GAMES	561 MINUTES	1 GOALS	1 ASSISTS	
2	0.8 경기당슈팅	6 유효슈팅	추정가치: 12,000,000€	14.3 경기당패스	81.70 패스성공률	0

BRIGHTON AND HOVE ALBION

14 AM CM
Adam Lallana

애덤 랄라나

| 국적 잉글랜드 | 나이 35 | 신장 172 | 체중 67 | 평점 6.45 |

탁월한 축구센스와 지능, 양발을 활용한 부드러운 턴 동작과 정교한 발 기술은 랄라나의 최대 장점이다. 미드필드 모든 지역을 소화할수 있으며, 지난 시즌 부상 당하기 전까지 2선 꼭짓점에서 아주 좋은 역할을 해주었다. 여전히 부상만 아니라면 데제르비 체제에서도 팀에 핵심적인 역할을 해줄 수 있는 선수라는점을 보여줬고, 제임스 밀너와 같은 리버풀 출신으로서 밀너가 브라이튼으로 넘어오는데에도 어느정도 공을 세웠다고 한다. 부상만 아니라면 여전히 중요한 역할을 충분히 해줄 수 있는 베테랑이다.

2022/23시즌

0	16 GAMES	728 MINUTES	2 GOAL	1 ASSISTS	
	0.5 경기당슈팅	7 유효슈팅	추정가치: 1,200,000€	19.4 경기당패스	83.20 패스성공률	0

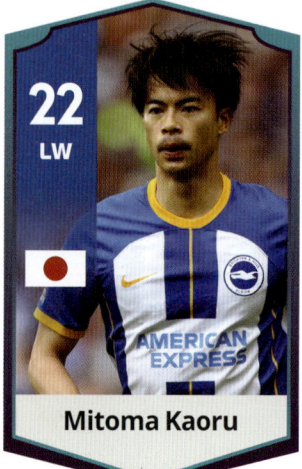

22 LW
Mitoma Kaoru

미토마 카오루

| 국적 일본 | 나이 26 | 신장 178 | 체중 71 | 평점 7 |

벨기에 임대를 거쳐 지난 시즌부터 브라이튼의 스쿼드에 합류하며 사실상 본격적인 PL 첫 시즌부터 엄청난 퍼포먼스를 보여줬다. 특히 중앙을 수시로 거치는 빌드업을 통해 상대 수비를 가운데로 몰리게 만들고 비어 있는 측면 넓은 공간을 활용하는 데제르비 축구에서 측면 크랙으로서 확실한 역할을 보여주었다. 브라이튼 상승세의 선봉장중 하나였고, 상대의 템포를 가지고 노는 특유의 능수능란한 드리블과 돌파력을 통해 본인의 가치를 증명해냈다. 시즌 막판 살짝 폼이 떨어진 부분과 결정력의 아쉬움, 이런 부분만 보완된다면 이번 시즌 더 많은 공격 포인트를 생산해낼 것이다.

2022/23시즌

0	33 GAMES	2,316 MINUTES	7 GOAL	5 ASSISTS	
	1.6 경기당슈팅	37 유효슈팅	추정가치: 32,000,000€	27.7 경기당패스	83.30 패스성공률	0

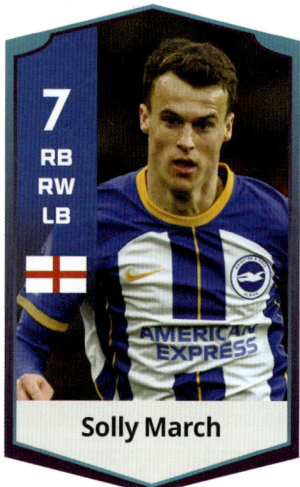

7 RB RW LB
Solly March

솔리 마치

| 국적 잉글랜드 | 나이 29 | 신장 180 | 체중 72 | 평점 7.38 |

던크에 이어 또다른 브라이튼 유스 출신 원클럽맨이다. 지난 시즌 초까지는 3백의 윙백으로 활약 했지만 데제르비 특유의 4-2-3-1 시스템이 정착하고 나서는 우측 윙어로 포지션을 변경했다. 이후 후반기에만 7골 5도움을 펼쳐 보이며 커리어하이 시즌을 만들어냈다. 시즌 막판 부상 결장이 아쉬웠지만 마치에게는 분명 한 단계 더 스텝업한 시즌이었다. 측면 모든 포지션 소화가 가능하며 중앙미드필더도 소화할 수 있다. 특히 정교한 드리블과 바깥쪽으로 파고든 뒤 동료에게 내주는 패스도 일품이다. 지난 시즌 후반기의 폼을 올 시즌도 이어가는 것이 중요하다.

2022/23시즌

2	33 GAMES	2,727 MINUTES	7 GOALS	7 ASSISTS	
	2.2 경기당슈팅	49 유효슈팅	추정가치: 22,000,000€	33.4 경기당패스	78.60 패스성공률	0

PLAYERS

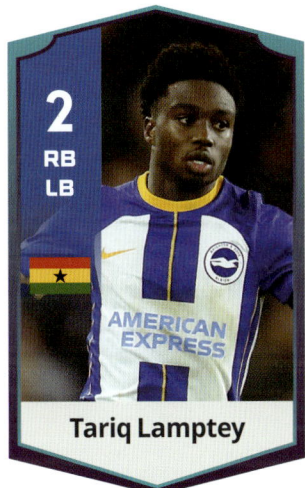

타리크 램프티

국적 가나 | **나이** 22 | **신장** 163 | **체중** 62 | **평점** 6.21

속도만 놓고 봤을 때는 프리미어리그 최고의 스피드스타 중 한명이다. 다만 왜소한 피지컬과 잦은 부상이 램프티의 커리어에 발목을 잡고 있다. 이미 브라이튼에서 과거에도 햄스트링파열로 시즌을 절반 이상 날린 안타까운 경험이 있었고, 지난 시즌 역시 무릎 부상으로 시즌 후반기를 거의 다 날렸다. 잦은 부상은 이 선수의 최고 무기인 신체능력 저하를 일으킬 수도 있다. 무엇보다도 속도 외에는 뚜렷한 장점이 적다는 점도 리스크다. 측면 자원으로서 크로스 정확도가 부족하며 데제르비가 요구하는 세밀한 패스플레이와는 거리가 먼 유형이기 때문에 올 시즌 역시 주전 자리를 확보하는 데에는 어려움이 따를 것으로 예상한다.

2022/23시즌

	GAMES	MINUTES		GOALS	ASSISTS	
	20	443		0	0	
1	0.3 경기당슈팅	2 유효슈팅	추정가치: 12,000,000€	11.6 경기당패스	86.20 패스성공률	0

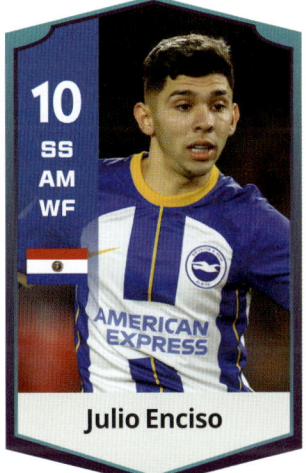

훌리오 엔시소

국적 파라과이 | **나이** 19 | **신장** 173 | **체중** 63 | **평점** 6.77

파라과이산 '찐'재능 이다. 자국 리그에서 18세 나이에 득점 1위를 꾸준히 달리다가 시즌 막판 부상으로 아쉽게 득점왕을 놓쳤다. 이후 브라이튼으로 넘어와 시즌 초 부상으로 고생했던 시기가 있었지만 막판 후반기부터 본격 주전으로 기용되며 4골 2도움을 올렸고, 아스날, 첼시, 맨시티 등 엄청난 팀들을 상대로 득점을 터뜨리기도 했다. 양발 슈팅에 매우 능한데 특히 어느 위치에서든 공간만 열리면 바로 때리는 슈팅력이 어마어마하다. 순간적인 센스와 드리블 능력도 좋고 낮은 위치에서 풀어가는 연계 능력도 괜찮다. 아직 어린 나이인 만큼 피지컬적으로 더 발전하고 볼을 끄는 습관만 개선한다면 한 단계 더 스텝업할 수 있을 것이다.

2022/23시즌

	GAMES	MINUTES		GOALS	ASSISTS	
	20	799		4	2	
1	1.9 경기당슈팅	18 유효슈팅	추정가치: 22,000,000€	12.1 경기당패스	72.70 패스성공률	0

시몬 아딩그라

국적 코트디부아르 | **나이** 21 | **신장** 175 | **체중** 63 | **평점** 6.98

덴마크 리그 노르셸란으로부터 지난 시즌 여름에 야심차게 데려온 코트디부아르 출신의 윙어. 이후 벨기에 위니옹생질루아즈로 임대를 떠났고 무수히 많은 공격 포인트를 생산하고 좋은 경기 영향력을 보여주며 성공적으로 임대를 마치고 돌아왔다. 빠른 스피드와 현란한 발재간, 돌파 성공 이후 간결한 크로스나 슈팅 마무리 동작까지 좋은 툴을 가진 유망주다. 특히 측면 돌파뿐 아니라 슈팅스킬이나 결정력도 좋아서 어느 리그, 어느 팀에서든 많은 공격포인트를 생산하곤 했다. 아딩그라에게 남은 숙제는 프리미어리그 무대에서의 공격 포인트 생산능력에 대한 검증이다.

2022/23시즌

	GAMES	MINUTES		GOALS	ASSISTS	
	30	1,905		11	8	
1	1.3 경기당슈팅	25 유효슈팅	추정가치: 10,000,000€	20.3 경기당패스	79.00 패스성공률	1

BRIGHTON AND HOVE ALBION

주앙 페드루

국적 브라질 | **나이** 21 | **신장** 182 | **체중** 69 | **평점** 7.42

지난 시즌 챔피언십리그 경기당 드리블 시도 1위, 드리블 성공 1위. 거기에 본인의 강점을 스스로 1 대 1 돌파라고 언급할 정도로 돌파력에 있어서는 일가견이 있는 공격수다. 이미 과거부터 맨체스터유나이티드 등 수많은 빅클럽들도 주앙 페드루를 노렸으나, 브라이튼이 클럽레코드를 경신하며 주앙 페드로를 얻게 됐다. 기본적으로 장점이 상당히 많은 유형인데, 단순히 돌파력뿐 아니라 경기를 조립하는 능력, 플레이메이킹 능력도 훌륭하다. 피지컬과 스피드, 슈팅 스킬까지 다재다능한 선수이기 때문에 올 시즌 어떤 활약을 보여줄지 여러모로 기대되는 브라질산 젊은 공격 자원이다.

2022/23시즌

7	35 GAMES	2,787 MINUTES	11 GOAL	4 ASSISTS	0
	2.4 경기당슈팅	51 유효슈팅	추정가치: 32,000,000€	35.1 경기당패스	74.80 패스성공률

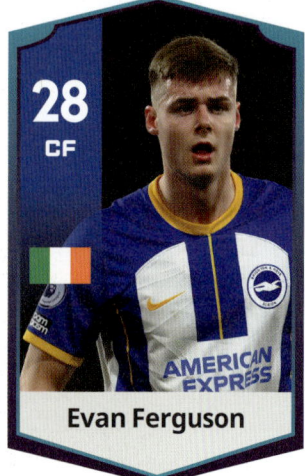

에반 퍼거슨

국적 아일랜드 | **나이** 18 | **신장** 183 | **체중** 78 | **평점** 6.67

지난 시즌 브라이튼의 약점은 확실한 원톱의 부재였다. 그러나 에반 퍼거슨이 후반기 혜성 같이 등장하며 이 부분을 어느 정도 해소시켜주었다. 리그에서 6골을 터뜨렸고 컵대회를 모두 포함하면 시즌 10골을 기록했다. 적극적인 움직임을 통한 위치 선정에 능하고, 어린 나이에 완성된 피지컬을 바탕으로 버티면서 연계를 해주는 플레이도 매우 능하다. 이러한 활약 속에 아일랜드 성인 대표팀에도 승선해 국가대표 데뷔골까지 터뜨리는 등 최고의 데뷔 시즌을 보냈다. 앞으로 에반 퍼거슨이 어느 정도의 공격수로 성장할지 지켜보는 것도 축구팬들에게 큰 재미가 될 것이다.

2022/23시즌

1	19 GAMES	950 MINUTES	6 GOAL	2 ASSISTS	0
	1.9 경기당슈팅	25 유효슈팅	추정가치: 30,000,000€	11.7 경기당패스	81.10 패스성공률

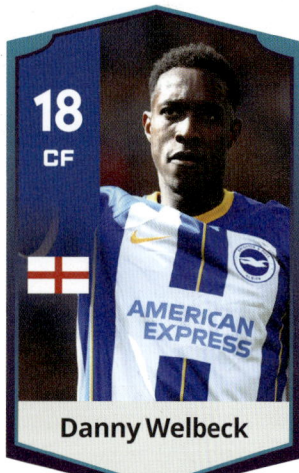

대니 웰백

국적 잉글랜드 | **나이** 32 | **신장** 185 | **체중** 72 | **평점** 6.76

브라이튼 합류 후 리그 3시즌 연속 6골을 터뜨렸다. 공격수로서 득점력 자체는 아쉬운 부분이 있지만 전방에서 힘으로 버티면서 내주는 연계 플레이, 측면으로 빠지는 움직임, 동료를 살려주는 역할은 과거나 지금이나 항상 꾸준하게 잘해주는 선수이다. 실제로 같이 경합해 보면 힘이 너무 세서 상대 선수들을 놀라게 만드는 이가 대니 웰백이라고 한다. 팀 내에서 베테랑으로서의 역할도 충실한 선수이니 득점력만 터지면 더할 나위 없는 선수다. 아직까지 데뷔 후 한 시즌 두 자릿수 득점을 기록한 적이 없는데, 올 시즌 과연 10골 이상 터뜨릴 수 있을지 지켜보는것도 관전 포인트다.

2022/23시즌

0	31 GAMES	1,854 MINUTES	6 GOALS	3 ASSISTS	0
	2 경기당슈팅	38 유효슈팅	추정가치: 7,000,000€	14.2 경기당패스	84.70 패스성공률

전지적 작가 시점

이완우가 주목하는 브라이튼의 원픽!
에반 퍼거슨

에반 퍼거슨은 지난 시즌 리그 18라운드 아스날과의 홈경기 교체 투입 17분 만에 리그 데뷔골을 터뜨리며 혜성같이 등장했다. 리그 데뷔 3경기 만에 터진 그의 프리미어리그 첫 골이었다. 이어진 에버튼 원정경기에서는 리그 첫 선발 기회를 얻더니 첫 선발 경기에서 1골 1도움을 기록하며 팀 승리를 이끌었고 다음 경기 리버풀과의 홈경기에서도 선발로 나와 어시스트를 기록하며 팀 승리에 기여했다. 이후 레스터시티 원정에서도 득점을 터뜨리며 4경기 연속 공격 포인트를 만들어냈는데 이 모든 것이 2004년생, 18세의 선수가 보여준 활약이었다.

지난 세 시즌 동안 10골이상 넣는 공격수가 없었을 정도로 공격 포지션에 고민이 많았던 브라이튼에게 에반 퍼거슨의 등장은 정말 대박 그 자체였다. 어린 나이에 이미 완성된 신체조건과 피지컬을 갖추고 있고 골결정력뿐만 아니라 연계능력도 출중하다. 이제는 브라이튼과 아일랜드의 차세대 공격수로서 더 많은 골을 터뜨려줄 일만 남았고, 올시즌 유럽대항전을 병행하는 만큼 브라이튼의 팬들도 에반 퍼거슨의 활약에 큰 기대를 걸고 있는 상황이다.

지금 브라이튼에 이 선수가 있다면!
엘리스 스키리

브라이튼은 상당히 공격적인 축구를 하는 팀이다. 그렇기 때문에 3선에서 확실하게 수비를 책임질 수 있는 미드필더가 필요한데 그 적임자로 엘리스 스키리를 선택해봤다. 3선에서의 폭발적인 활동량을 바탕으로 한 인터셉트, 태클, 예측, 적극성은 지난 시즌 분데스리가 수비형 미드필더 중 최고 수준이었고 3선에서의 수비력뿐만 아니라 후방 빌드업, 패스로 공격을 전개하는 능력과 직접 박스를 타격하는 능력도 매우 뛰어나다.

공 다루는 기술도 좋아서 압박이 들어와도 안정적으로 소유권을 지키며 전개를 이어갈 수 있는 자원이다. 후방 빌드업을 중시하면서 매우 공격적인 데제르비의 축구 스타일상 후방에서의 공격 전개를 매끄럽게 이끌어내는 동시에 다른 선수들이 공격에 더 집중할 수 있게끔 날개를 달아줄 수 있는 자원이다. 무엇보다도 기존 쾰른에서의 바움가르트 감독의 전술 스타일도 베이스 자체는 상당히 공격적이었고 디테일의 차이를 제외한다면 같은 4-2-3-1 시스템을 공유했다는 점 역시 스키리가 브라이튼과 데제르비의 전술에 적응하는 데 어느 정도 이점으로 작용할 수 있을 것이다.

EMILIANO MARTINEZ
ROBIN OLSEN
MATTY CASH
DIEGO CARLOS
EZRI KONSA
TYRONE MINGS
LUCAS DIGNE
PAU TORRES
ÁLEX MORENO
CALUM CHAMBERS
DOUGLAS LUIZ
JOHN MCGINN
YOURI TIELEMANS
EMILIANO BUENDIA
MOUSSA DIABY
LEANDER DENDONCKER
JACOB RAMSEY
CAMERON ARCHER
LEON BAILEY
BOUBACAR KAMARA
OLLIE WATKINS
JHON DURAN

Aston Villa

ASTON VILLA

아스톤빌라 Aston Villa

- 창단 년도 | 1874년
- 최고 성적 | 우승 (1893/94, 1895/96, 1896/97, 1898/99, 1899/00, 1909/10, 1980/81)
- 경기장 | 빌라 파크 (Villa Park)
- 경기장 수용 인원 | 42,657명
- 경기장 위치 | Trinity Rd, Birmingham B6 6HE
- 지난 시즌 성적 | 7위
- 별칭 | The Lions (사자)
- 상징색 | 스카이블루, 와인
- 레전드 | 빌리 워커, 찰리 앳킨, 브라이언 리틀, 고든 코완스, 스틸리얀 페트로프 등

히스토리

잉글랜드 중부의 버밍엄을 연고지로 한 아스톤빌라는 잉글랜드 축구의 역사 그 자체라고 해도 과언이 아닐 정도로 오랜 전통과 역사를 자랑한다. 아스톤빌라는 잉글랜드에 막 축구팀이 태동하던 1800년도 말기에는 가장 강한 팀이었고, 이 시기에 많은 우승을 차지했다. 웨스트햄이나 번리 같은 클럽이 와인색 바탕에 하늘색이 조합된 유니폼을 입게 된 이유가 바로 당시의 강팀이었던 빌라를 동경했기 때문이었다. 그래서 팬들은 이 역사 깊은 클럽에 대한 자부심이 대단하다. 한국에서는 과거 마틴 오닐 감독 시절 기동력 넘치는 축구로 잉글랜드 축구를 보는 팬들에게 깊은 인상을 남겼고, 최근의 팬들은 지금은 맨시티로 이적한 그릴리쉬의 활약을 잊지 못할 것이다. 딘 스미스와 제라드 감독을 거치는 동안 팀이 위기에 빠지기도 했지만, 에메리 감독이 부임하면서 팀을 빠르게 수습했다.

최근 5시즌 리그 순위 변동

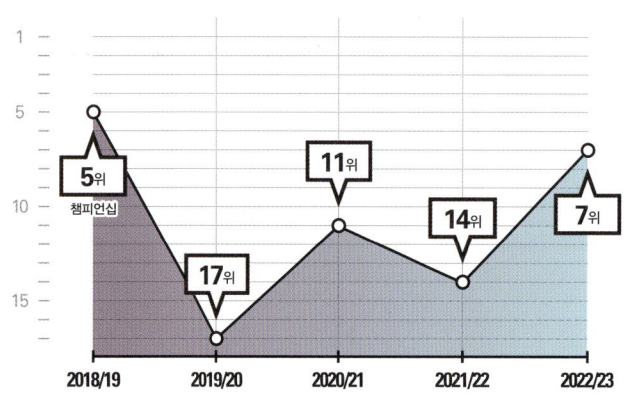

클럽레코드 IN & OUT

최고 이적료 영입 IN

무사 디아비
5,500만 유로
(2023년 7월, from 레버쿠젠)

최고 이적료 판매 OUT

잭 그릴리쉬
1억 1,750만 유로
(2021년 8월, to 맨체스터시티)

CLUB & MANAGER

우나이 에메리 Unai Emery
1971년 11월 3일 | 51세 | 스페인

두 번의 실패는 없다. 성공적인 두 번째 PL 도전!

유로파리그에서 네 차례나 우승을 차지한 유로파리그의 왕. 선수 시절에는 주로 측면에서 뛰는 윙어였지만, 대부분 하부 리그에서 활약하며 크게 주목받지 못했다. 선수 커리어 마지막 팀이었던 로르카 데포르티바에서 지도자 생활을 시작하여, 이후 알메리아와 발렌시아를 거치면서 팀을 성공적으로 이끌어 가장 주목받는 스페인의 젊은 감독으로 떠올랐다. 세비야 시절 유로파리그 3연속 우승을 거두며 많은 찬사를 받았지만, PSG에서는 바르셀로나에게 극적인 역전패를 당하면서 최상위 레벨에서는 성과가 적다는 비판도 따랐다. 벵거의 후임으로 간 아스날에서 실패하면서 에메리의 이런 이미지는 점점 굳어져갔는데, 비야레알을 이끌고 다시 한번 유로파리그를 우승하면서 부활했고, 위기의 빌라에 부임하면서 엄청난 반전을 이끌어냈다.

감독 인터뷰
"우리가 해낸 일, 서포터스, 클럽, 이곳에서 일하는 모두가 자랑스럽다. 많은 경기를 치러야 하고 앞으로도 어려운 순간들이 있겠지만, 나는 경쟁력 있는 팀을 원한다. 정말 더 많은 것을 요구하고 더 많은 도전을 할 것이다."

감독 프로필

통산	선호 포메이션	승률
954 경기 **509** 승 **208** 무 **237** 패	**4-2-3-1**	**53.35%** 

우승 이력
- 프랑스 리그1 (2017/18)
- 프랑스 컵 (2016/17, 2017/18)
- 프랑스 리그컵 (2016/17, 2017/18)
- UEFA 유로파리그 (2013/14, 2014/15, 2015/16, 2020/21)

선수 경력

2004~2006 로르카데포르티바 → 2006~2008 알메리아 → 2008~2012 발렌시아 → 2012 스파르타크모스크바

2013~2016 세비야 → 2016~2018 파리생제르맹 → 2018~2019 아스날 → 2020~2022 비야레알 → 2022~ 아스톤빌라

ASTON VILLA

IN

무사 디아비
(레버쿠젠)

파우 토레스
(비야레알)

유리 틸레만스
(자유계약)

니콜로 자니올로
(갈라타사라이, 임대)

OUT

모르강 상송
(니스)

마블러스 나캄바
(루턴타운)

애슐리 영
(계약종료)

쿠치뉴
(알두하일)

히든풋볼의 이적시장 평가

이번 시즌에도 거액을 투자했지만, 방향성은 달랐다. 지난 시즌은 선수단 개편과 양적 강화를 노렸다면, 이번엔 디아비와 토레스에 집중적으로 돈을 써 질적 강화를 노렸다. 장기적으로 밍스를 대체하고 빌드업을 더 잘할 수 있는 토레스를 데려온 것과, 실패로 끝난 쿠치뉴를 대신해 공격을 강화할 수 있는 디아비의 영입은 모두 좋은 판단이다. 다만, 풀백 포지션은 여전히 취약하고, 전력이 아주 좋아졌다고 보긴 어렵다.

SQUAD & BEST11

베스트 11

- 11 왓킨스
- 7 맥긴
- 41 램지
- 19 디아비
- 6 루이즈
- 44 카마라
- 15 모레노
- 14 토레스
- 3 카를루스
- 2 캐시
- 1 마르티네스

2022/23시즌 스탯 Top 3

득점 Top 3
- 올리 왓킨스 — 15골
- 더글라스 루이즈 — 6골
- 제이콥 램지 — 6골

도움 Top 3
- 제이콥 램지 — 7도움
- 더글라스 루이즈 — 6도움
- 올리 왓킨스 — 6도움

출전시간 Top 3
- 에즈리 콘사 — 3,323분
- 타이론 밍스 — 3,150분
- 에밀리아노 마르티네스 — 3,141분

히든풋볼의 순위 예측

지난 시즌도 에메리가 팀을 잘 이끌었다. 다른 팀들이 더 강할 뿐이지 빌라도 높은 순위에 오를 능력은 충분하다.

화려한 선수단과 다이나믹한 경기력까지 겸비한 빌라. 다만 2년차 에메리 감독의 원정 성적은 불안하다.

챔스권에도 도전할 만한 전력을 갖췄다. 남은 건 꾸준하게 승점을 쌓는 능력이다.

에메리의 시선은 높은 곳을 향하고 여름 영입도 꽤 효율적으로 이뤄졌다. 다만, 빌라의 경쟁자들이 너무 강할 뿐!

좋은 영입이 있었다. 다만 에메리감독의 원정 징크스는 매해 있었다는 게 불안요소

에메리의 첫 풀 시즌. 좋은 시즌을 보낼 것이지만 경쟁팀들이 만만치 않다. 후반기 성적이 중요할 것으로 보인다.

 8위 이주헌

 9위 박종윤

 7위 박찬우

 8위 송영주

 9위 김용남

 9위 이완우

유로파 병행, 과연 버틸까?

아스톤빌라의 감독들에게는 늘 시즌 초반이 위기인 것 같다. 2021/22시즌에는 딘 스미스가 초반에 5연패를 당하면서 물러나게 되었고, 지난 시즌에는 제라드가 초반 많은 패배를 버티지 못하고 경질되고 말았다. 빌라는 개막전에서 본머스에게 패배하더니, 그 뒤 5라운드까지 크리스탈팰리스, 웨스트햄, 아스날에게 3연패를 당했다. 이미 이 시점에서 제라드 감독에 대한 구단의 신뢰는 사라졌다고 봐도 무방했다. 스쿼드를 보강했지만, 성적은 나오지 않았다. 돌이켜보면 2021/22시즌 마지막 11경기에서의 성적도 그리 좋지는 않았다. 이 기간 동안 빌라는 하위권 팀인 노리치와 번리에게만 승리를 거뒀을 뿐, 4연패를 당한 것을 비롯해 6패를 기록하며 후반기 초반의 상승세를 이어가지 못했다. 2022/23시즌이 시작되고 마이클 빌 수석코치가 QPR의 감독을 맡아 팀을 떠나게 되었다. 제라드의 운명은 그때 결정되었는지도 모르겠다. 마이클 빌은 제라드 사단에서 전술적 고안의 상당 부분을 차지했던 것으로 알려졌으며, 제라드는 결국 반등하지 못한 채 실패하고 말았다. 12라운드 풀럼에게 3-0 대패를 당하면서 빌라는 제라드를 경질했고, 에메리를 감독으로 선임했다.

에메리는 빌라의 감독으로 부임한 직후의 경기였던 맨유와의 경기에서 3-1로 완승을 거두면서 성공적인 데뷔전을 치렀다. 에메리는 팀의 주 포메이션을 자신의 장기인 4-2-3-1로 삼았고, 상대방에 따라서 포메이션을 변화하면서 빌라의 장점을 극대화했다. 루이즈에게 강력한 파트너인 카마라를 붙여 마침내 잠재력을 발휘하게 했으며, 후방에서의 빌드업도 안정적으로 전개할 수 있게 만들었다. 이 과정에서 위기가 없던 것은 아니었다. 2선 자원들이 부진한 상황이 나오면서 4-4-2 포메이션을 병행하기도 했는데, 맥긴 등 핵심 미드필더들의 역할이 애매해진 부분이 있었다. 당시 빌라는 3연패를 당하면서 흔들리는 순간이 있었는데, 끝내 맥긴에게는 측면에서 경기를 풀어나가는 역할을 정착시켰고, 램지 역시 많은 공격 포인트를 만들 수 있게 했다. 특히 연기된 7라운드 레스터시티전을 포함해 25라운드부터 33라운드까지 빌라의 상승세는 놀라웠다. 이 시기 10경기 동안 한 번도 패배를 당하지 않고 무려 8승을 거뒀다. 그러면서 거의 챔피언스리그 가시권까지 근접했다.

지난 시즌의 성공방식을 그대로 따를 것으로 보이는 빌라는 이번 여름에 파우 토레스와 무사 디아비를 영입해 공격과 수비에 중요한 역할을 맡을 선수를 영입했다. 토레스는 이미 에메리 감독 아래서 좋은 활약을 펼친 바 있고, 디아비 역시 지난 시즌 분데스리가에서 좋은 활약을 펼친 2선 자원이었다. 다시 유럽 무대에 복귀한 만큼, 이번 시즌의 빌라는 챔스권에 진입하는 것이 목표일 것이다. 지난 시즌보다 약간 개선된 전력만으로 목표를 이루기가 수월해 보이지는 않는다. 그래도 적응을 마친 에메리 감독과 정비된 시스템 하에서 특별한 성과를 이룰 것이라 기대할 만하다.

ASTON VILLA

1 GK
Emiliano Martínez

에밀리아노 마르티네스

국적 아르헨티나 | **나이** 30 | **신장** 195 | **체중** 88 | **평점** 6.87

월드컵 이전까지는 다소 불안한 폼이었지만, 아스톤빌라 팀 전체가 극도의 부진을 겪고 있었기 때문에 어느 정도 이해할 만한 여지가 있었다. 딘 스미스, 제라드 감독으로 이어지면서 수비 전체가 흔들린 것을 마르티네스 개인의 힘으로만 막아내기는 어려웠다. 아르헨티나와 함께 월드컵을 들어올리고 돌아온 마르티네스는 처음 빌라에 와서 보여준 믿음직한 모습 그대로 활약하며 팀의 상승세에 일조했다. 에메리 감독이 팀을 맡은 후 빌라는 점차 수비라인이 높게 형성되어 골키퍼의 부담도 커질 수밖에 없었는데, 마르티네스는 폭넓은 범위를 안정적으로 커버했다. 월드컵 프랑스와의 결승전 연장에서 보여준 결정적인 선방은 두고두고 기억될 만한 장면이었다.

2022/23시즌

	36 GAMES	3,141 MINUTES	38 실점	74.20 선방률	
7	97 세이브	11 클린시트	추정가치: 28,000,000€	34.7 경기당패스	71.60 패스성공률	0

14 CB
Pau Torres

파우 토레스

국적 스페인 | **나이** 26 | **신장** 191 | **체중** 80 | **평점** 6.8

스페인 비야레알에서 태어나 비야레알에 많은 것을 주었던 파우는 이제는 잉글랜드의 빌라에서 새로운 도전을 준비하고 있다. 파우 토레스의 가장 큰 장점은 유려한 후방 빌드업 능력이다. 그것도 흔치 않은 왼발잡이 센터백으로 높은 패스 성공률을 보이고, 공을 주고 난 다음에 좋은 위치를 찾아가는 움직임도 훌륭하다. 다만, 작은 키는 아니지만 체형 때문인지 경합 시에 다소 부족하다는 인상을 주는 경우가 많다. 2018/19시즌 1년간 말라가로 임대간 것을 제외하면 줄곧 비야레알에서 뛰었고, 에메리 감독 시절 주전으로 도약해 스페인 국가대표까지 발탁됐다. 카타르 월드컵에서도 스페인 대표로 참가했으나 일본과의 경기에서만 한 차례 선발로 나섰다.

2022/23시즌

	34 GAMES	3,055 MINUTES	1 GOALS	0 ASSISTS	
10	0.4 경기당슈팅	0 유효슈팅	추정가치: 45,000,000€	63.6 경기당패스	85.30 패스성공률	0

4 CB
Ezri Consa

에즈리 콘사

국적 잉글랜드, 콩고민주공화국 | **나이** 25 | **신장** 183 | **체중** 77 | **평점** 6.57

아스톤빌라의 수석코치였던 존 테리가 팀을 떠난 후 부진에 빠져 있던 콘사는 2022/23시즌에는 그래도 어느 정도 폼을 회복했다. 콘사는 피지컬이나 수비력 자체가 뛰어나서 대인방어를 잘 하는 타입은 아니지만, 상대 공격수와의 수싸움에 능하고, 숏코스를 몸을 던져 막아내는 플레이를 곧잘 선보이는 선수이다. 이런 장점들이 다시 나오면서 2년 전과 같은 부진한 모습은 아니었다. 콘사는 2022/23시즌 팀 내에서 가장 많은 출전시간을 기록했는데, 이는 지에구 카를루스가 상당 기간 부상으로 경기에 나설 수 없기 때문이었다. 여전히 후방 빌드업에서는 큰 발전이 없고, 간혹 불안한 장면들이 나오기 때문에 새로운 시즌에도 주전 경쟁은 피할 수 없을 것 같다.

2022/23시즌

	38 GAMES	3,323 MINUTES	0 GOALS	0 ASSISTS	
6	0.2 경기당슈팅	0 유효슈팅	추정가치: 25,000,000€	49.3 경기당패스	88.90 패스성공률	0

PLAYERS

타이론 밍스

국적 잉글랜드 | **나이** 30 | **신장** 196 | **체중** 77 | **평점** 6.75

주장 자리는 맥긴에게 물려줬지만, 여전히 빌라에서 밍스의 자리는 굳건했다. 흔치 않은 왼발 센터백이라는 강력한 무기는 이번에도 밍스의 주전 자리를 보장했다. 경기장 내에서 분위기 메이커인 만큼 팀의 사이클을 따라 그의 폼 또한 오르내렸다. 팀이 하락세를 겪을 때는 밍스 역시 허둥대며 거친 플레이를 자주 보였고, 감독 교체 이후 팀이 상승세를 타자 점차 안정감을 선보이면서 베테랑 수비수로서의 면모를 과시했다. 다만, 파우 토레스가 영입되면서 밍스의 입지는 과거처럼 안전해 보이지는 않는다. 이제 30대에 접어든 만큼 더 성숙한 플레이를 보이지 않으면 더 이상 주전이 보장되긴 어려울 것이다.

2022/23시즌

	35 GAMES	3,150 MINUTES	1 GOALS	2 ASSISTS	
7	0.2 경기당슈팅	2 유효슈팅	추정가치: 22,000,000€	53.9 경기당패스	85.30 패스성공률	0

지에구 카를루스

국적 브라질 | **나이** 30 | **신장** 185 | **체중** 79 | **평점** 6.1

빌라가 처음 지에구 카를루스를 영입했을 때 그에게 거는 기대는 매우 컸다. 세비야에서 쿤데와 함께 막강한 센터백 듀오를 이루면서 활약했듯, 좋은 신체조건과 단단한 수비력을 갖춘 리그 최정상급 수비수로 인정받기 때문이다. 나이가 적진 않지만, 도쿄 올림픽에 와일드 카드로 출전해 금메달을 따면서 향후 브라질 대표로도 활약할 것이 분명해 보였다. 그러나 카를루스는 시즌 개막 후 단 두 경기 만에 아킬레스건 파열로 인해 남은 시즌을 더 이상 뛰지 못했다. 치명적인 부상을 당한 탓에, 그가 예전의 기량을 회복할 수 있을지 미지수이다. 그래도 지난 시즌 중반부터 벤치에는 이름을 올렸기에, 새 시즌에는 건강하게 뛸 수 있기를 많은 팬들이 바라고 있다.

2022/23시즌

	3 GAMES	205 MINUTES	0 GOALS	0 ASSISTS	
0	1.3 경기당슈팅	0 유효슈팅	추정가치: 20,000,000€	46.3 경기당패스	79.90 패스성공률	0

뤼카 디뉴

국적 프랑스 | **나이** 30 | **신장** 178 | **체중** 74 | **평점** 6.41

'뤼카 디뉴' 하면 몇 가지 떠오르는 단어들이 있다. 정교한 왼발, 공수 밸런스, 월드컵 불운, 그리고 부상. 지난 카타르 월드컵에도 뤼카 디뉴는 끝내 프랑스 대표팀에 합류하지 못했다. 하필이면 월드컵이 얼마 남지 않았던 9월에 다시 한번 고질적인 발목 부상을 당했기 때문이다. 부상으로 인한 전력 이탈 기간은 약 두 달. 이 시기 빌라는 알렉스 모레노를 영입해 팀 내에서도 디뉴의 입지는 좁아지고 말았다. 순탄할 것 같았던 빌라에서의 선수생활이 다시 치열한 경쟁구도로 바뀌었다. 그럼에도 불구하고 디뉴의 기량 자체에 대한 의심은 없다. 자잘한 부상이 있어도 언제나 평균 이상의 활약을 펼치던 선수가 바로 뤼카 디뉴이다.

2022/23시즌

	28 GAMES	1,501 MINUTES	1 GOALS	0 ASSISTS	
5	0.3 경기당슈팅	3 유효슈팅	추정가치: 15,000,000€	25.3 경기당패스	78.60 패스성공률	0

ASTON VILLA

15 LB
Álex Moreno

알렉스 모레노

국적 스페인 | **나이** 30 | **신장** 179 | **체중** 68 | **평점** 6.71

프리미어리그만큼이나 우수한 풀백들이 많은 라리가에서 수년간 좋은 활약을 펼쳤던 좌측 풀백. 알렉스 모레노는 20대가 될 때까지만 해도 그다지 주목받는 선수가 아니었다. 어린 시절 잠시 바르셀로나 유스팀에 몸담던 시절도 있었지만, 1년에 불과했고, 대부분은 하부리그에서 뛰었다. 모레노가 주목받은 것은 라요바예카노 소속 시절 팀과 함께 승격하면서부터였는데, 이때 측면 돌파력과 좋은 크로스를 선보였다. 이후 베티스로 이적하면서는 종종 리그 정상급의 풀백으로 인정받았는데, 이때가 이미 20대 중반이 되고 나서였다. 뤼카 디뉴의 부상 공백을 메우기 위해 빌라가 영입했는데, 현재의 분위기로는 모레노가 주전을 차지해도 전혀 이상할 것이 없다.

2022/23시즌

	GAMES	MINUTES	GOAL	ASSISTS	
	19	1,336	0	3	
3	0.7 경기당슈팅	3 유효슈팅	추정가치: 15,000,000€	30.5 경기당패스	79.40 패스성공률	0

2 RB
Matty Cash

매티 캐시

국적 폴란드 | **나이** 26 | **신장** 185 | **체중** 65 | **평점** 6.56

2020/21시즌 처음으로 프리미어리그에서 뛰기 시작한 이후 차근차근 한 단계씩 성장하던 캐시에게도 정체기가 찾아왔다. 본래 윙어 출신인 캐시는 생각보다 뛰어난 수비력으로 프리미어리그에 안착했고, 이후 많은 활동량과 크로스 능력을 앞세워 리그 정상급 풀백의 모습을 보였다. 그러나 지난 시즌은 공수 전반적으로 폼이 떨어져 아쉬운 모습을 보였고, 그 때문에 30대 후반의 노장인 영에게도 한동안 선발 자리를 내줘야 할 정도였다. 게다가 시즌 막바지 팀이 상승세를 탈 때에는 부상으로 빠져 여러모로 아쉬운 시즌이 되었다. 카타르 월드컵에서는 폴란드 대표로 4경기 모두 선발 출장하며 풀타임을 소화했다.

2022/23시즌

	GAMES	MINUTES	GOAL	ASSISTS	
	26	1,821	0	1	
4	0.3 경기당슈팅	1 유효슈팅	추정가치: 25,000,000€	30 경기당패스	78.60 패스성공률	0

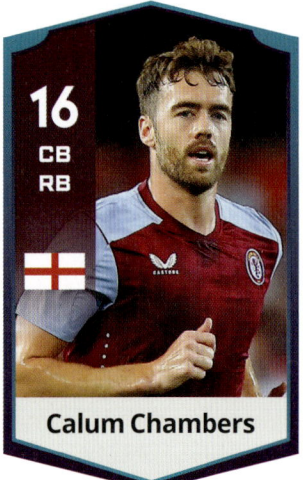

16 CB RB
Calum Chambers

칼럼 체임버스

국적 잉글랜드 | **나이** 28 | **신장** 183 | **체중** 66 | **평점** 6.11

지난 시즌 많은 출전시간을 갖지는 못했지만, 센터백과 우측 풀백 심지어는 수비형 미드필더 자리까지 다양한 포지션을 소화하며 멀티성을 보였다. 팀이 필요로 하는 자리에 어느정도 도움을 준 것은 사실이나, 냉정히 말해 어느 포지션도 만족스러울 만큼 뛰어난 활약을 펼쳤다고 보기는 어려웠다. 20대 초반 아스날에서 활약하며 잉글랜드 수비의 미래가 될 것이라고 각광받던 시절을 생각하면 현재의 체임버스는 어느 한 포지션에도 정착하지 못해 아쉬운 모습이다. 결국 2019년에 당한 십자인대 부상의 여파로 이후 충분한 출전시간을 부여받지 못한 것이 그의 성장을 더디게 만든 원인으로 보인다.

2022/23시즌

	GAMES	MINUTES	GOALS	ASSISTS	
	14	345	0	0	
2	0.1 경기당슈팅	0 유효슈팅	추정가치: 8,000,000€	13.6 경기당패스	79.60 패스성공률	0

PLAYERS

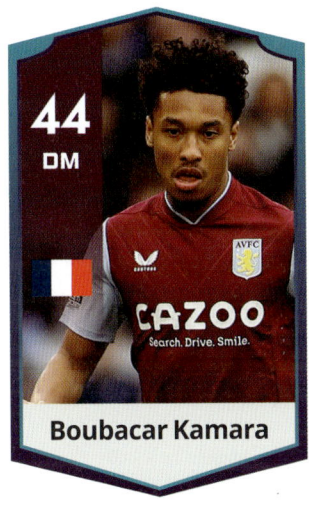

부바카르 카마라

국적 프랑스 | **나이** 23 | **신장** 184 | **체중** 69 | **평점** 6.59

오랫동안 아스톤빌라의 고민거리였던 3선 미드필더 문제를 해결해준 미드필더. 지난 시즌 부바카르 카마라가 보여준 활약은 아틀레티코마드리드와 경쟁할 만한 가치가 있을 정도로 준수했다. 경기 흐름을 읽는 능력이 뛰어나 인터셉트나 볼 리커버리에서 좋은 모습을 보였고, 빌드업 과정에서도 무난하고 안정적으로 잘 처리했다. 이제 20대 중반으로 접어들기에 앞으로의 성장 가능성도 높은 편. 다만 지난 시즌 부상으로 빠진 경기가 적지 않은데, 이런 점에서는 세심한 관리가 필요할 것 같다. 특히 발목은 마르세유 시절부터 자주 문제가 발생한 부위였다.

2022/23시즌

4	24 GAMES	1,779 MINUTES	0 GOALS	1 ASSISTS	0
	0.2 경기당슈팅	1 유효슈팅	추정가치: 30,000,000€	39.2 경기당패스	84.90 패스성공률

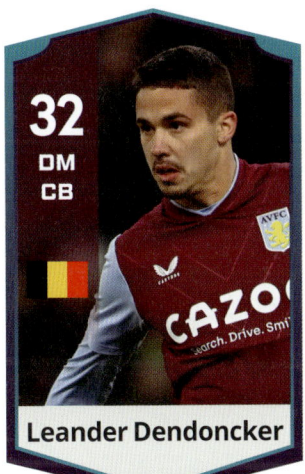

레안더르 덴돈커르

국적 벨기에 | **나이** 28 | **신장** 188 | **체중** 83 | **평점** 6.31

2022/23시즌 겨울이적시장 막판에 울브스에서 빌라로 이적한 미드필더. 훌륭한 신체조건과 공중볼 장악능력을 갖추고 있어서 수비형 미드필더와 센터백을 모두 볼 수 있는 선수이다. 이적 전 울브스에서 보낸 막바지에는 출전시간도 부족하고 폼이 좋지 않았기 때문에 다소 우려가 있었지만, 빌라로 이적하고 나서는 괜찮은 모습으로 기대감을 갖게 했다. 카마라가 부상으로 빠진 기간동안 선발로 나왔으나 빌드업과 수비 모두 다소 불안한 장면이 종종 나오면서 주전이 되기에는 부족한 모습이었다. 그래도 빌라 입장에서는 이 위치에서 뛸 수 있는 소중한 백업 자원이며 그의 가세로 근래 가장 두터운 미드필드 선수층을 보유하게 되었다.

2022/23시즌

0	20 GAMES	690 MINUTES	0 GOALS	0 ASSISTS	0
	0.1 경기당슈팅	0 유효슈팅	추정가치: 15,000,000€	14 경기당패스	88.20 패스성공률

제이콥 램지

국적 잉글랜드 | **나이** 22 | **신장** 180 | **체중** 72 | **평점** 6.86

제라드 감독 시절 3선에서 활약하던 램지는 에메리 감독 부임 이후에는 좀 더 전진 배치되어 장점인 공격능력을 더 많이 보일 수 있게 됐다. 지난 시즌 팀과 함께 부진한 모습을 보이다, 2선으로 올라선 이후에는 다소 기복은 있지만, 빠른 발과 센스있는 침투 능력을 선보이면서 팀의 공격에 많은 도움을 줬다. 아직 20대 초반에 불과하지만 이미 프리미어리그에서 10개를 훌쩍 넘는 공격 포인트를 생산하는 선수로 성장했다. 경기를 읽는 능력이 조금만 더 좋아진다면 기복을 줄이면서 꾸준하게 영향력을 미칠 것으로 기대된다.

2022/23시즌

5	35 GAMES	2,647 MINUTES	6 GOALS	7 ASSISTS	0
	0.9 경기당슈팅	13 유효슈팅	추정가치: 42,000,000€	24.7 경기당패스	83.70 패스성공률

ASTON VILLA

6 CM
Douglas Luiz

더글라스 루이즈

국적 브라질 | **나이** 25 | **신장** 175 | **체중** 66 | **평점** 6.93

드디어 더글라스 루이즈가 각성했다. 처음 맨시티가 영입하면서 기대했던 모습까지는 아니어도, 지난 3년간 보였던 반쪽짜리 선수라는 오명은 확실하게 벗어났다. 3선에서 수비가 안 되는 모습으로 팀 전체의 불안감을 초래하던 그는 카마라와 짝을 이루면서 수비부담을 덜자 특기인 빌드업의 장점을 유감없이 발휘했다. 많은 공격 포인트를 만들어내면서 자신감이 붙은 그는 점차 수비력마저 개선되었고, 이제 아스톤빌라에서는 빠져서는 안 될 핵심 미드필더로 자리매김했다. 여전히 신체조건에 따른 한계는 보이지만, 이제는 장점이 먼저 눈에 들어오는 선수로 발전했다.

2022/23시즌

	GAMES	MINUTES	GOAL	ASSISTS	
6	37	2,933	6	6	1
	0.9 경기당슈팅	12 유효슈팅	추정가치: 40,000,000€	45.9 경기당패스	86.40 패스성공률

7 CM RM LM
John McGinn

존 맥긴

국적 스코틀랜드 | **나이** 28 | **신장** 178 | **체중** 68 | **평점** 6.81

에메리 감독 부임 전까지 대부분의 빌라 선수들은 부진했고, 이는 주장을 물려받은 맥긴도 예외는 아니었다. 장점인 활동량이나 기동력이 경기에 영향을 끼치지 못한 적이 많았고, 에메리 감독 부임 이후 팀의 포메이션이 변경되면서 맥긴의 포지션 자체가 애매해지기도 했다. 그러나 맥긴은 중앙이 아닌 좌우 측면에 기용되면서 다시 살아나기 시작했고, 특유의 전진성을 통해 빌라의 공격을 효율적으로 만들어 나갔다. 이제는 미드필드 어느 위치에서도 뛰더라도 영향력을 발휘할 수 있는 진정한 빌라의 주장으로 거듭나, 새로운 시즌에도 많은 기대를 받고 있다.

2022/23시즌

	GAMES	MINUTES	GOAL	ASSISTS	
7	34	2,698	1	3	0
	1.2 경기당슈팅	11 유효슈팅	추정가치: 27,000,000€	28.5 경기당패스	81.50 패스성공률

8 CM
Youri Tielemans

유리 틸레만스

국적 벨기에 | **나이** 26 | **신장** 176 | **체중** 72 | **평점** 6.8

틸레만스의 가장 큰 장점은 공을 전개시킬 줄 아는 선수라는 점이다. 이는 미드필더의 본질을 생각했을 때 가장 중요한 부분이기도 한데, 틸레만스는 다양한 방식의 패스를 통해서 공을 앞으로 보내고, 본인의 왕성한 활동량을 통해 동료들에게 많은 선택지를 제공한다. 유망주 시절에는 느린 주력과 부족한 수비력 때문에 회의적인 시선도 많았지만, 레스터시티로 이적한 이후 전술적 배려를 통해서 프리미어리그 내 정상급 미드필더로 성장했다. 현재는 미드필더 어느 위치에서건 제몫을 하는 선수가 바로 틸레만스이다. 레스터가 강등당하는 시점과 맞물려 계약기간이 끝나 어느 정도는 홀가분하게 자유계약으로 빌라에 입단하게 되었다.

2022/23시즌

	GAMES	MINUTES	GOALS	ASSISTS	
4	31	2,351	3	2	0
	1 경기당슈팅	0 유효슈팅	추정가치: 25,000,000€	50.2 경기당패스	82.10 패스성공률

PLAYERS

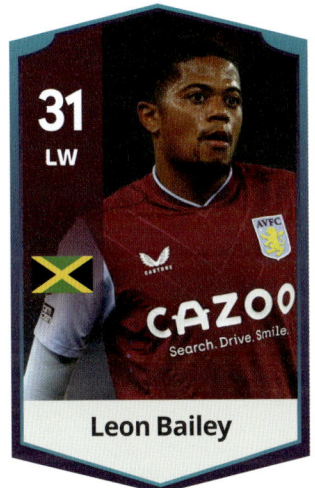

레온 베일리

국적 자메이카 | **나이** 25 | **신장** 178 | **체중** 79 | **평점** 6.61

부상과 부진으로 빌라에서 실망스러운 첫 번째 시즌을 보낸 베일리는 2022/23시즌에는 비교적 건강하게 많은 경기를 소화했다. 그러나 빠른 발과 뛰어난 왼발 킥을 제대로 활용하는 모습을 보이는 것과는 여전히 거리가 있었다. 윙어부터 전방의 공격수까지 그를 활용하기 위해 여러 가지 전술적 배려를 해줬지만, 공을 다루는 기술 자체가 특별히 뛰어나지 않아 일정부문 한계를 보였다. 이에 빌라는 클럽 레코드를 갈아치우며 새로운 왼발 윙어인 무사 디아비를 영입했는데, 베일리에게는 2023/24시즌이 아주 중요한 분기점이 될 것으로 보인다.

2022/23시즌

	33 GAMES	1,984 MINUTES	4 GOALS	4 ASSISTS	
4	1.5 경기당슈팅	14 유효슈팅	추정가치: 28,000,000€	13.4 경기당패스	69.20 패스성공률	0

존 두란

국적 콜롬비아 | **나이** 19 | **신장** 185 | **체중** 73 | **평점** 6.09

콜롬비아와 아스톤빌라의 미래를 책임질 거라고 기대받는 19세의 유망주 스트라이커. 두반 사파타나 작손 마르티네스와 같이 훌륭한 체격조건과 뛰어난 운동능력을 보유한 콜롬비아 출신 스트라이커의 계보를 잇는다고 볼 수 있다. 강력한 왼발 킥능력을 보유하고 있어, 이번 시즌부터는 본격적으로 왓킨스의 백업으로 활용하고 있다. 체격에 비해 발도 빠른 편이고 속도에 자신감이 있어, 상대 수비수를 제칠 때 치고 달리는 식의 돌파를 자주 시도한다. 16세에 자국에서 프로데뷔를 한 이후 MLS에서 8골과 5개의 도움을 기록하며 주목을 받았고, 2022/23시즌 겨울에 빌라에 입단해 서서히 입지를 넓혀가고 있다.

2022/23시즌

	12 GAMES	127 MINUTES	0 GOALS	0 ASSISTS	
1	0.6 경기당슈팅	2 유효슈팅	추정가치: 17,000,000€	2.2 경기당패스	57.70 패스성공률	0

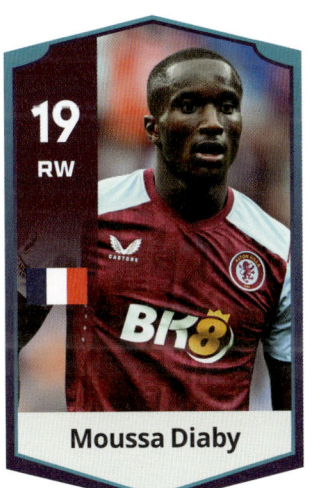

무사 디아비

국적 프랑스 | **나이** 24 | **신장** 170 | **체중** 68 | **평점** 7.06

폭발적인 가속력과 스피드를 갖춘 분데스리가 톱클래스 윙어였다. 작은 키에도 저돌적인 움직임을 가져가고 워낙에 민첩한 선수이기 때문에 경합 상황에서도 유리한 국면을 자주 만들어낸다. 파리에서 태어나 PSG의 유스로 축구를 시작했지만, 성인팀에서 자리를 잡지는 못했다. 그가 레버쿠젠으로 팀을 옮긴 것은 탁월한 선택이었는데, 이적 후 분데스리가는 물론 챔피언스리그와 유로파리그 등 유럽무대까지 경험할 수 있었기 때문이다. 레버쿠젠에서는 첫 시즌부터 리그에서만 10개의 공격 포인트를 기록하며 심상치 않은 활약을 하더니, 2020/21시즌부터는 완전하게 팀 내 에이스로 자리잡았다.

2022/23시즌

	33 GAMES	2,716 MINUTES	9 GOALS	8 ASSISTS	
4	2.4 경기당슈팅	34 유효슈팅	추정가치: 50,000,000€	26.4 경기당패스	79.20 패스성공률	1

ASTON VILLA

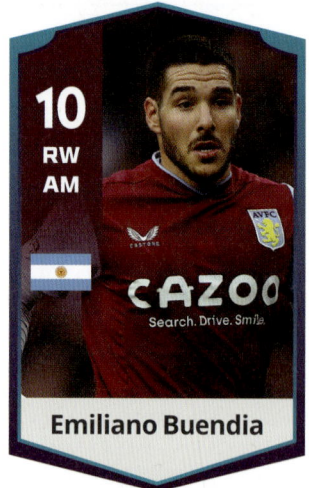

10 RW AM
Emiliano Buendia

에밀리아노 부엔디아

국적 아르헨티나 | 나이 26 | 신장 172 | 체중 72 | 평점 6.7

아스톤빌라에서 두 번째 시즌을 치른 부엔디아 이지만, 여전히 그는 노리치 시절의 압도적인 모습을 보여주는 데는 실패했다. 2021/22시즌 기복이 있는 모습을 자주 보인 탓에, 제라드 감독 시기에는 중용받지 못했고 에메리 감독이 부임하고 나서야 점차 꾸준하게 출전할 수 있었다. 이때 특유의 기술적인 능력과 경기 조율 능력을 선보이면서 기대감이 커지기도 했다. 그러나 시즌 전체적으로는 작은 체구의 한계로 인해 상대의 거친 수비를 이겨내지 못하는 경우가 많아 애매한 활약에 그쳤다. 결국 숙원이었던 아르헨티나 대표에 뽑히지 못해 카타르 월드컵에 참가할 수 없었다.

2022/23시즌

	GAMES	MINUTES	GOAL	ASSISTS	
0	38	2,423	5	2	0
	1.3 경기당슈팅	11 유효슈팅	추정가치: 28,000,000€	26.1 경기당패스	78.60 패스성공률

22 AM RW
Nicolò Zaniolo

니콜로 자니올로

국적 이탈리아 | 나이 24 | 신장 190 | 체중 79 | 평점 6.21

큰 키와 괜찮은 속도를 겸비하고 있어 한때 엄청난 기대를 받았던 선수. 그러나 두 번의 십자인대 부상과 특유의 태도 때문에 생각보다는 크게 성장하지 못했다. 자니올로의 장점은 자신의 피지컬을 활용하여 수비와의 경합을 잘 버텨내는 점에 있다. 측면에 뛰어난 선수가 많지 않은 이탈리아에서는 그만큼 자니올로가 소중한 존재였다. 인테르 시절에는 주로 미드필더로 많이 활약했지만, 로마로 이적한 후에는 한 칸 위에서 공격적인 역할을 더 많이 맡았다. 큰 부상 외에도 자잘한 부상이나 구단과의 마찰 등으로 꾸준하게 출전시간을 갖지 못해 성장이 정체되었고, 특히 공을 소유한 이후의 판단 등이 오히려 로마 초기보다 못하다는 평가가 다수다.

2022/23시즌

	GAMES	MINUTES	GOAL	ASSISTS	
4	13	898	1	1	0
	2.28 경기당슈팅	7 유효슈팅	추정가치: 27,000,000€	13.4 경기당패스	69.50 패스성공률

11 CF
Olie Watkins

올리 왓킨스

국적 잉글랜드 | 나이 27 | 신장 180 | 체중 70 | 평점 6.96

왓킨스는 2020/21시즌 기록한 14골을 넘어 지난 시즌 15골을 넣으면서 프리미어리그 데뷔 이래 가장 많은 골을 기록했다. 한 가지 아쉬운 것은 이 골들이 대부분 에메리 감독 부임 이후인 후반기에 집중되었다는 점이다. 월드컵 이전까지 왓킨스가 기록한 골은 단 3골. 왓킨스는 결국 월드컵에 잉글랜드 대표로 발탁되지 못했다. 그는 잉글랜드에서 케인 다음으로 손꼽힐 정도로 다재다능한 공격수이다. 크지 않은 체구에도 공중볼 경합을 곧잘 해내고, 전방에서의 공 간수, 동료들과의 연계능력, 많은 활동량을 통한 수비가담 등 현대적인 공격수가 갖춰야 할 모든 것을 갖고 있다. 결정력도 많이 개선되어 더 이상 피니시 능력이 부족하다는 지적도 어울리지 않는다.

2022/23시즌

	GAMES	MINUTES	GOALS	ASSISTS	
4	37	3,136	15	6	0
	2.3 경기당슈팅	45 유효슈팅	추정가치: 40,000,000€	14.9 경기당패스	69.90 패스성공률

전지적 작가 시점

박찬우가 주목하는 아스톤빌라의 원픽!
무사 디아비

빠른 발과 왼발을 주무기로 하는 레버쿠젠 출신의 윙어. 이 프로필만 놓고 보면 베일리가 떠오를 수도 있겠지만, 무사 디아비는 그보다 훨씬 더 좋은 활약을 할 것이라고 기대 받는다. 체구가 그리 크지 않지만, 낮은 무게중심으로 경합을 잘 버틸 줄 아는 선수이며, 박스 안으로 침투하는 타이밍 또한 좋은 선수이기 때문이다. 제라드와 에메리 모두 베일리를 톱에 기용했지만 크게 효과를 보지 못했는데, 디아비의 경우는 이런 강점으로 인해서 톱이 아닌 4-2-3-1의 10번 자리에 기용해도 괜찮은 역할을 소화할 가능성이 높다. 또한 베일리는 분데스리가에서 두 자릿수 득점을 기록한 적이 한 번도 없지만, 디아비는 이미 21/22시즌에 13골을 기록한 적이 있다.

그릴리쉬가 맨시티로 떠난 후 빌라는 부엔디아와 베일리, 쿠쿠뉴 등 2선 자원에 많은 투자를 했는데, 다들 단기간 동안 괜찮은 활약을 보인 적이 있어도 꾸준하게 활약을 이어간 선수는 없었다. 그렇기에 디아비의 활약 여부는 빌라의 성적과 직결될 가능성이 높다. 지난 시즌 빌라에게 가장 부족한 것은 득점력이었다. 왓킨스와 디아비가 조화를 이룬다면, 두 선수의 득점뿐만이 아니라 다른 2선들과 미드필더들에게도 기회가 생길 가능성이 높다.

지금 아스톤빌라에 이 선수가 있다면!
잭 그릴리쉬

이제는 맨시티에서도 완전히 자리를 잡은 그릴리쉬이기에 부질없는 가정이지만, 현재 빌라의 선수단에 그릴리쉬같이 파괴력 있는 선수가 가세하면 어떨까. 현재의 빌라는 왓킨스의 득점력이 향상되면서 골키퍼부터 최전방까지 리그 내 경쟁력이 충분한 선수들로 구성되어 있다. 다만, 에메리 감독이 팀의 포메이션을 주로 4-2-3-1로 가져가면서 좌측 윙어만 살짝 애매한 상태이다. 물론 맥긴을 비교적 성공적으로 잘 정착시켰고, 베일리 같은 선수들도 뛸 수 있기는 하다.

그러나, 맥긴은 본질적으로 윙어보다는 박스투박스로 움직이는 미드필더에 더 적합한 자원이고, 베일리의 경우 한계가 뚜렷하다. 그릴리쉬의 대체자로 영입한 부엔디아는 반복되는 부상과 부진으로 인해서 점점 믿기 어려운 선수가 되어가고 있다. 이 자리에 그릴리쉬처럼 공을 가지고 있을 때 영향력이 크고, 자신에게 수비를 당겨서 그 공간을 다른 공격수들이 활용할 수 있게 해주는 미드필더가 있다면, 빌라의 공격력은 크게 상승할 것이다. 이 경우 좌측 풀백들도 수혜를 볼 가능성이 높은데, 디뉴와 알렉스 모레노 모두 활발하게 움직이면서 많은 공격 포인트를 올릴 수 있을 것 같다.

GUGLIELMO VICARIO
FRASER FORSTER
RYAN SESSEGNON
ERIC DIER
MICKY VAN DE VEN
CRISTIAN ROMERO
PEDRO PORRO
BEN DAVIES
EMERSON ROYAL
BRENNAN JOHNSON
DESTINY UDOGIE
IVAN PERISIC
YVES BISSOUMA
OLIVER SKIPP
PIERRE-EMILE HØJBJERG
PAPE MATAR SARR
MANOR SOLOMON
GIOVANI LO CELSO
JAMES MADDISON
DEJAN KULUSEVSKI
RICHARLISON
HEUNG-MIN SON

Tottenham Hotspur

TOTTENHAM HOTSPUR

토트넘홋스퍼
Tottenham Hotspur

- 창단 년도 | 1824년
- 최고 성적 | 우승 (1950/51, 1960/61)
- 경기장 | 토트넘홋스퍼 스타디움 (Tottenham Hotspur Stadium)
- 경기장 수용 인원 | 62,062명
- 경기장 위치 | 782 High Rd, London N17 0BX
- 지난 시즌 성적 | 8위
- 별칭 | Spurs (스퍼스), Lily whites (릴리화이츠)
- 상징색 | 화이트, 네이비
- 레전드 | 빌 니콜슨, 지미 그리브스, 게리 마부트, 팻 제닝스, 아서 로우, 글렌 호들, 바비 스미스, 스티브 페리먼, 로비 킨 등

히스토리

잉글랜드 수도 런던의 북쪽을 연고로 하는 구단이다. 1882년에 창단했으며 리그 우승 2회, FA컵 우승 8회, EFL컵 우승 4회, UEFA컵위너스컵 우승 1회, 유로파리그 우승 2회로 역사와 전통이 깊은 구단이다. 특히 토트넘은 영국 최초로 유럽대항전에서 우승을 차지했던 클럽이며, 20세기 영국 클럽 최초의 더블을 이뤄낸 팀 이기도 하다. 북런던을 연고로 하고 있는 아스날과는 엄청난 라이벌관계를 구축하고 있으며 최근에는 첼시와도 상당한 라이벌리를 보이고 있다. 2010년대부터 프리미어리그 내에서 꾸준하게 상위권 성적을 유지해오고 있으나, 지난 시즌 실망스러운 수비력과 함께 최악의 시즌을 보냈다. 올 시즌 더 높은 순위로의 반등을 노리는 토트넘이다. 또한 성적만큼이나 팬들을 즐겁게 하는 축구를 보여주는 것도 중요하다.

최근 5시즌 리그 순위 변동

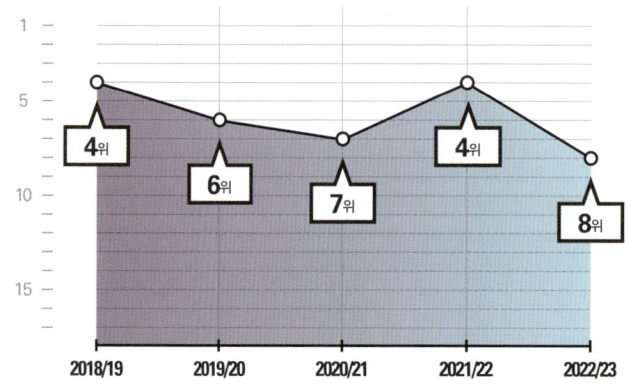

클럽레코드 IN & OUT

최고 이적료 영입 IN

탕기 은돔벨레
6,200만 유로
(2019년 7월, from 올림피크리옹)

최고 이적료 판매 OUT

가레스 베일
1억 100만 유로
(2013년 9월, to 레알마드리드)

CLUB & MANAGER

안제 포스테코글루 Ange Postecoglou | 1965년 8월 27일 | 57세 | 호주

우승 청부사 포스테코글루, PL에서도 가능할까?

지난 시즌 토트넘은 실망스러운 수비력과 답답한 공격 방식으로 최악의 시즌을 보냈다. 그리고 올시즌 그에 대한 대책으로 포스테코글루를 선임했다. 포스테코글루는 호주리그, J리그, 스코틀랜드리그, 국가대표팀. 그동안 그가 맡은 모든 팀에서 대부분 우승을 차지해봤을 정도로 우승 실적이 풍부한 감독이다. 특히 포스테코글루 특유의 공격적인 전술 스타일은 올 시즌 토트넘 팬들을 기대하게 만든다. 전술적으로 변형 3백을 만들며 후방에서 수적으로 우위인 상황에서 공격을 전개한다. 상대지역으로 공이 넘어갔을 때는 재빠르게 2-3-5의 공격대형으로 전환하여 풀백과 미드필더 모두 박스 타격과 공격 작업에 관여시키며 상대 하프스페이스를 적극 공략한다. 지난 시즌 공격적인 축구에 대한 갈증이 심했던 토트넘이었는데, 올시즌 재밌는 축구와 성적, 두 마리 토끼를 노린다.

감독 인터뷰

"팬들은 응원하는 팀이 골을 넣고, 공격적으로 경기하는 것을 보고 싶어한다. 우리는 승리하고, 팬들을 즐겁게 만들 것이다."

감독 프로필

통산	선호 포메이션	승률
465 경기 250 승 87 무 128 패	4-3-3	53.76%

시즌 키워드

#공격축구 | **#유럽대항전재도전** | **#재미와성적**

우승 이력

- 아시안컵 (2015)
- 스코티쉬프리미어리그 (2021/22, 2022/23)
- 스코티쉬컵 (2022/23)
- 스코티쉬리그컵 (2021/22, 2022/23)
- 호주A리그 (1997/98, 1998/99, 2010/11, 2011/12)
- 오세아니아챔피언스리그 (1998/99)

경력

1995~2000	2009~2012	2012~2013	2013~2017	2018~2021	2021~2023	2023~

사우스멜버른	브리즈번로어	멜버른빅토리	호주국가대표팀	요코하마마리노스	셀틱	토트넘홋스퍼

TOTTENHAM HOTSPUR

IN

제임스 매디슨
(레스터시티)

데얀 클루셉스키
(유벤투스)

페드로 포로
(스포르팅)

굴리엘모 비카리오
(엠폴리)

마노르 솔로몬
(샤흐타르)

미키 반더벤
(볼프스부르크)

애쉴리 필립스
(블랙번)

알레호 벨리스
(로사리오센트랄)

브레넌 존슨
(노팅엄)

루카 부스코비치
(하이두크스플리트)

OUT

해리 윙크스
(레스터시티)

루카스 모우라
(상파울루)

해리 케인
(바이에른뮌헨)

조 로든
(리즈, 임대)

제드 스펜스
(리즈, 임대)

자펫 탕강가
(아우크스부르크, 임대)

세르히오 레길론
(맨유, 임대)

탕기 은돔벨레
(갈라타사라이, 임대)

다빈손 산체스
(갈라타사라이)

히든풋볼의 이적시장 평가

전체적으로 부족한 포지션에 대한 보강을 잘 해냈다. 요리스가 떠날 자리에 비카리오를 데려왔고 측면 백업으로 솔로몬의 영입도 훌륭해 보인다. 부족했던 창의적인 2선에 대한 갈증도 매디슨 영입을 통해서 채울 수 있었으며, 우도기의 복귀, 즉시전력감 센터백 보강과 각 포지션 유망주 영입까지 알찬 이적시장을 보냈다. 케인의 이탈이 크지만, 막판에 브레넌 존슨 영입에 성공했고, 잉여자원들도 잘 정리했다.

SQUAD & BEST11

2022/23시즌 스탯 Top 3

포메이션:
- 7 손흥민
- 9 히샬리송
- 21 클루셉스키
- 29 사르
- 10 매디슨
- 8 비수마
- 38 우도기
- 37 반더벤
- 17 로메로
- 23 포로
- 13 비카리오

득점 Top 3
- ⚽ 해리 케인 — 30골
- ⚽ 손흥민 — 10골
- ⚽ 로드리고 벤탄쿠르 — 5골

도움 Top 3
- 이반 페리시치 — 8도움
- 데얀 클루셉스키 — 7도움
- 손흥민 — 6도움

출전시간 Top 3
- 해리 케인 — 3,408분
- 에밀 호이비에르 — 3,133분
- 손흥민 — 2,899분

히든풋볼의 순위 예측

케인이 떠났지만 수비라인의 안정감이 지난 시즌보다 더 나은 순위를 기대하게 만든다.

시즌 초 좋은 경기력을 보여준 포스텍의 토트넘. 이번 시즌엔 경기력 향상, 다음 시즌엔 UCL 티켓을 노릴 것이다.

포스트 케인의 팀은 과도기를 겪을 수밖에 없다. 후반기에도 기세가 이어지길 바라며 나아가야 한다.

케인이 떠나 최전방이 약해졌지만 포스테코글루의 축구는 팬들을 흥분시키다. 결과까지 따라온다면 금상첨화!

초반 출발이 좋다. 공격적인 축구의 매력을 보여주는 만큼 뒷면의 불안정함도 공존한다.

포스테코글루의 합류로 잠재력이 무궁무진한 팀으로 발전할 것. 다만 이번 시즌은 경쟁이 녹록지 않을 것이다.

 3위 · 이주헌
 7위 · 박종윤
 8위 · 박찬우
 6위 · 송영주
 5위 · 김용남
 8위 · 이완우

재미와 성적 두 마리 토끼를 노린다

지난 시즌 토트넘의 리그 성적은 8위. 득점은 70득점으로 리그 5위에 해당하는 좋은 수치를 보여줬다. 수치상으로 보면 공격은 그렇게 나쁘지 않았지만, 지난 시즌 토트넘의 순위는 최근 10년 중 가장 낮았으며, 지난 시즌 보여줬던 축구 역시도 냉정하게 상당히 답답한 경기력이었다. 목적성이 뚜렷하지 않은 공격전개 방식, 무너진 수비 조직력, 선수 개개인의 폼 저하, 집중력 저하 등 많은 문제들이 드러났고, 특히나 지난 시즌 토트넘이 보여줬던 수비력은 21세기 들어 최악이었다. 2002/03시즌 62실점 이후 20년 만에 그것을 뛰어넘는 63실점을 기록했으며, 이는 프리미어리그가 출범했던 1992/93시즌 66실점 이후 최다실점 기록이기도 했다. 특히 1992/93시즌은 42경기 체제였다는 점을 감안하면 지난 시즌 토트넘의 수비는 프리미어리그 출범 후 역대 최악이었다고 봐도 무방하다.

그만큼 올 시즌 토트넘은 수비적으로는 더이상 떨어질 곳도 없는 상황이다. 이러한 상황에서 포스테코글루가 감독으로 새롭게 선임됐는데, 포스테코글루는 그동안 가는 곳마다 우승컵을 따냈고 상당히 트렌디하면서도 공격적인 전술로 과거 맡았던 팀의 팬들에게 깊은 인상을 심어준 인물이다. 포지션을 가리지 않고 선수들의 적극적인 박스 타격을 주문하고, 풀백들의 적극적인 공격관여, 득점력 있는 윙어들의 침투 움직임을 상당히 선호하는 인물인데, 이러한 전술 스타일은 기존 선수들의 공격 포인트 생산능력을 극대화시켜줄 수 있을 것이다. 토트넘은 최근 리그 우승은 거두 절미하고 컵대회 우승조차도 오랜 기간 없는 상황이었기 때문에 우승컵에 상당히 목말라 있다. 이러한 우승컵에 대한 갈증도 포스테코글루가 과연 해결해줄 수 있을지 지켜보는 것도 올 시즌 토트넘을 바라보는 묘미가 될 것이다.

그리고 지난 몇 시즌간 토트넘은 에릭센과 알리가 팀을 떠나면서 미드필더들의 창의성 부족이 꾸준히 단점으로 지적됐고 아쉬움도 많았는데, 임대에서 돌아온 로셀소의 프리시즌 폼이 아주 좋았고 새로운 영입생 매디슨도 공격 전개에 있어 창의성을 더해줄 수 있는 자원이다. 걸출한 센터백에 대한 영입이 성공적으로 마무리되고 기존 자원들과 새로운 영입생들의 적절한 조화, 여기에 더해 포스테코글루의 전술까지 선수들에게 잘 이식된다면 올 시즌 토트넘은 공격적인 축구를 통한 재미있는 축구, 거기에 더해 성적까지 챙길 수 있는 두 마리 토끼를 잡을 수도 있지 않을까 기대를 하지만 그에 앞서, 시즌 개막 직전 팀을 떠난 해리 케인의 빈 자리를 어떻게 메우느냐가 올 시즌 최대 관건이다.

TOTTENHAM HOTSPUR

13 GK
Guglielmo Vicario

굴리엘모 비카리오
국적 이탈리아 | **나이** 26 | **신장** 194 | **체중** 83 | **평점** 6.85

커리어 초반 여러 클럽을 전전하며 벤치 자원으로 지냈던 시기도 있었지만 2021/22시즌 엠폴리에 합류하면서 전성기가 찾아왔다. 지난 두 시즌간 엠폴리에서 좋은 선방 능력과 패스 능력을 입증했고, 가장 큰 강점은 집중력과 위치 선정이다. 상대 공격수의 움직임을 끝까지 파악하면서 가장 적절한 각도로 좁혀서 위치를 선점한다. 또한 슈팅의 궤적을 끝까지 보고 다음 상황을 예측해내는 집중력을 통해 관성의 법칙을 깨는 듯한 놀라운 선방을 보여주기도 한다. 양발을 잘 쓰고 발밑과 빌드업도 준수한 편이기 때문에 포스테코글루의 스타일에 적응하는 데 큰 문제는 없을 것으로 예상된다.

2022/23시즌

	GAMES	MINUTES	실점	선방률	
3	31	2,784	39	73.90	0
	세이브 95	클린시트 7	추정가치 16,000,000€	경기당패스 36.3	패스성공률 68.70

17 CB
Cristian Romero

크리스티안 로메로
국적 아르헨티나 | **나이** 25 | **신장** 185 | **체중** 80 | **평점** 6.8

올 시즌 토트넘 수비진을 이끌어야 하는 핵심 수비자원이다. 2020/21시즌 아탈란타에서 3백의 중앙 스위퍼로서 리그 베스트 수비수에 선정됐고, 콘테 체제의 토트넘에서는 백3의 우측 스토퍼로 제몫을 톡톡히 해냈다. 아르헨티나 대표팀에서는 백4의 두 센터백 중 한 축을 담당했으니 센터백으로는 어느 시스템에서든 든든하게 역할을 해줄수 있는 선수다. 단단한 대인방어 능력이 일품이며, 예측력도 좋고 적재적소에 전진성과 빌드업 능력도 훌륭하다. 포스테코글루 체제에서는 백4 시스템의 센터백 한자리를 굳건히 지키며 핵심적인 역할을 맡을것으로 예상된다.

2022/23시즌

	GAMES	MINUTES	GOALS	ASSISTS	
9	27	2,364	0	1	1
	경기당슈팅 0.4	유효슈팅 7	추정가치 60,000,000€	경기당패스 58.7	패스성공률 87.70

15 CB
Eric Dier

에릭 다이어
국적 잉글랜드 | **나이** 29 | **신장** 188 | **체중** 90 | **평점** 6.66

지난 시즌 토트넘의 63실점은 프리미어리그 출범 첫 해 1992/93시즌 66실점 이후 가장 많은 실점 기록이었다. 특히 38경기 체제에서는 PL 출범후 역대 최다실점 기록을 새로 쓴 시즌이었다. 그만큼 토트넘 수비는 다른 의미로 공포 그 자체였고, 그 중심에 있던 선수가 안타깝게도 바로 에릭 다이어였다. 콘테 부임 초반은 나쁘지 않았으나 지난 시즌 들어서는 최악의 수비를 보여줬다. 포지셔닝의 아쉬움, 집중력 부족, 클리어링 미스, 부정확한 롱볼 전개, 안 좋은 건 다 보여줬기에 여기서 더 떨어질 수는 없다. 올시즌 반등하는 모습을 보여야만 한다.

2022/23시즌

	GAMES	MINUTES	GOALS	ASSISTS	
3	33	2,816	2	1	0
	경기당슈팅 0.5	유효슈팅 12	추정가치 18,000,000€	경기당패스 59.9	패스성공률 85.90

PLAYERS

데스티니 우도기

국적 이탈리아 | **나이** 20 | **신장** 188 | **체중** 73 | **평점** 6.87

이탈리아에서 우도기의 공격 능력은 확실히 검증됐다. 타고난 피지컬과 운동능력, 빠른 스피드와 공격력을 바탕으로 지난 두 시즌간 우디네세에서 엄청난 활약을 보여줬다. 다만 우디네세에서는 3백의 윙백으로서 본인의 장점인 공격성을 더 살릴 수 있었으나, 포스테코글루 체제에서는 백4 시스템이 유력하기 때문에 수비적인 밸런스도 좀 더 요구가 된다. 기본적으로 포스테코글루가 측면 수비수에게 요구하는 측면과 하프스페이스 근처 공간에서의 연계, 직접 타격 능력이 상당히 좋기 때문에 백4 시스템에 적응만 잘 한다면 기대 이상의 활약이 나올 것으로 보인다.

2022/23시즌

	33 GAMES	2,704 MINUTES	3 GOALS	4 ASSISTS	
5	0.8 경기당슈팅	18 유효슈팅	추정가치: 25,000,000€	29.2 경기당패스	83.00 패스성공률	0

벤 데이비스

국적 웨일즈 | **나이** 30 | **신장** 181 | **체중** 76 | **평점** 6.63

스완지시티 유스에서 성장하여 좋은 기량을 보인 후 2014/15시즌 토트넘에 합류했다. 올 시즌을 통해 토트넘에서 무려 10시즌째를 맞이하는데, 지난 시즌 토트넘의 답답한 경기력과 수비 문제에 있어서 벤 데이비스도 책임을 피할 수는 없었다. 좌측에서의 적절한 빌드업 능력과 오버래핑, 언더래핑을 통한 공격 기여, 무난한 공수 밸런스가 가장 큰 강점이었는데, 지난 시즌은 아쉬운 편이었다. 하지만 기본적으로 좌측 풀백과 센터백을 모두 소화할 수 있기 때문에 새로운 감독 체제에서도 어느 정도 역할을 해줄 수 있을 것으로 보인다.

2022/23시즌

	31 GAMES	2,289 MINUTES	2 GOALS	2 ASSISTS	
4	0.5 경기당슈팅	4 유효슈팅	추정가치: 15,000,000€	38.1 경기당패스	83.20 패스성공률	0

페드로 포로

국적 스페인 | **나이** 23 | **신장** 173 | **체중** 71 | **평점** 6.96

지난 시즌 임대 영입 후 올 시즌에 앞서 완전이적 옵션을 발동시켰다. 기본적으로 공격력이 상당히 출중하고 빠른 스피드와 날카로운 킥력을 보유했다. 지난 시즌 후반기에 합류해서 15경기 3골 3도움을 기록했다. 측면 수비수로서 아주 좋은 공격 포인트 생산이었다. 다만 수비적으로는 많은 개선이 필요하다. 위험 지역에서 빠르게 공을 처리하지 못하면서 상대에게 찬스를 허용하는 빈도도 많았고, 빌드업 과정 중 불필요한 실수들도 제법 잦았다. 백4 시스템에서는 더 안정적인 수비력이 요구된다. 발전의 여지가 충분한 선수인 만큼 올 시즌 수비 안정감을 개선하는 것이 숙제다.

2022/23시즌

	15 GAMES	1,138 MINUTES	3 GOALS	3 ASSISTS	
0	1.7 경기당슈팅	13 유효슈팅	추정가치: 40,000,000€	31.9 경기당패스	75.30 패스성공률	0

TOTTENHAM HOTSPUR

에메르송 로얄

국적 브라질 | **나이** 24 | **신장** 183 | **체중** 76 | **평점** 6.77

지난 시즌 중반까지만 하더라도 공수에서 애매한 자원이었다. 수비도 특출나지 않았고 공격력은 더 평범했다. 하지만 후반기로 갈수록 수비력은 빛이 났고 공격 관여도 이전보다 훨씬 나아졌다. 베티스 시절 라리가 최고의 우측면 수비수 중 한 명으로 위상을 떨쳤을 때 그의 포지션은 백4의 풀백이었다. 루비, 펠레그리니 체제에서 모두 잘했다. 이번 시즌 포스테코글루의 시스템에서도 어쩌면 에메르송의 이러한 풀백으로서의 장점이 긍정적으로 작용할 수 있는 시즌이 될 수도 있지 않을까 기대를 해본다.

2022/23시즌

	GAMES	MINUTES	GOAL	ASSISTS	
2	26	1,737	2	1	1
	0.7 경기당슈팅	11 유효슈팅	추정가치: 20,000,000€	33.2 경기당패스	83.10 패스성공률

올리버 스킵

국적 잉글랜드 | **나이** 22 | **신장** 175 | **체중** 70 | **평점** 6.42

토트넘 유스 출신의 터프한 수비형 미드필더. 왕성한 활동량과 타이트한 압박, 중원에서의 태클능력과 볼탈취능력, 수비력은 이 선수의 최대 장점이다. 2021/22시즌 부상 이전까지는 수비뿐 아니라 전진성과 볼배급에 있어서도 상당히 좋은 모습을 보여줬으나, 부상 이후 폼이 많이 떨어지며 기존에 좋았던 수비력이나 태클 능력도 이전 만큼 보여주지 못했고 중원에서의 창의성이나 전개 능력은 더더욱 기대하기 힘들었다. 올 시즌 건강하게 시즌을 잘 치르면서 이전의 좋았던 때의 폼을 되찾는게 최우선 과제이다.

2022/23시즌

	GAMES	MINUTES	GOAL	ASSISTS	
7	23	1,494	1	0	0
	0.3 경기당슈팅	1 유효슈팅	추정가치: 15,000,000€	32.9 경기당패스	87.10 패스성공률

피에르 에밀 호이비에르

국적 덴마크 | **나이** 27 | **신장** 185 | **체중** 84 | **평점** 7.02

지난 몇 년간 토트넘의 중원에서 그나마 가장 살림꾼 역할을 톡톡히 해냈던 선수다. 왕성한 활동량을 바탕으로 공수에 적재적소에 관여하며 헌신적이고 투쟁적인 플레이로 팀에 기여했다. 특히 지난시즌은 공격포인트 생산능력까지 한층 발전하면서 토트넘의 미드필더 중 제몫을 해준 몇 안 되는 선수였다. 그럼에도 불구하고 여전히 호이비에르의 아쉬움은 창의성 부족이다. 투박한 면이 있고 패스에 강점이 없다 보니 토트넘의 빌드업이나 공격 전개 과정에서의 기여도가 부족했다. 결국 올시즌 새 감독 하에서 어떤식으로 활용되느냐가 선수 개인에게도 중요하게 작용될 듯하다.

2022/23시즌

	GAMES	MINUTES	GOALS	ASSISTS	
5	35	3,133	4	5	0
	0.9 경기당슈팅	13 유효슈팅	추정가치: 45,000,000€	64.5 경기당패스	88.60 패스성공률

PLAYERS

로드리고 벤탄쿠르
국적 우루과이 | **나이** 26 | **신장** 187 | **체중** 72 | **평점** 7.22

지난 시즌 부상 이전까지 토트넘 중원에서 가장 좋은 폼을 보여준 선수다. 토트넘의 기존 중원 자원 중에서 가장 창의적인 패싱력과 부드러운 볼줄을 가진 선수 중 한 명이고, 폭넓은 활동량과 압박능력, 적재적소에 발재간을 부리며 직접 볼을 운반하고 공격을 전개하는 능력까지 갖췄다. 거기에 지난 시즌 리그 절반 정도만 뛰고도 무려 5골이나 터트리면서 득점력까지 터지는 모습을 보여줬다. 한참 잘하던 시기에 십자인대 부상을 당하면서 시즌아웃 판정을 받아들여야 했고 다가오는 시즌도 시즌 초중반까지는 복귀가 어려울 것으로 예상된다. 복귀 후 지난 시즌 좋았던 폼을 유지할 수 있느냐가 관건이다.

2022/23시즌

	18 GAMES	1,506 MINUTES	5 GOALS	2 ASSISTS	
8	0.8 경기당슈팅	9 유효슈팅	추정가치: 40,000,000€	47.6 경기당패스	85.20 패스성공률	0

이브 비수마
국적 말리 | **나이** 26 | **신장** 182 | **체중** 74 | **평점** 6.29

브라이튼 시절 중원에서 팔방미인 같은 모습을 보여줬지만 지난 시즌 토트넘으로 넘어온 뒤 생각보다 적응을 잘 못하는 모습이었다. 후반기 부상 문제도 있었고 여러모로 풀리지 않은 시즌이었다. 하지만 포스테코글루는 비수마에 대해 좋은 인상을 받고 있다. 비수마가 한참 좋았을 때는 중원에서 폭발적인 활동량과 공수에 적절하게 기여하는 박스투박스 미드필더로서 위상을 떨쳤고, 볼소유 능력이나 전진 능력, 태클, 볼배급 등 여러 부분에서 상당히 많은 장점을 보여준 선수였기 때문에 올시즌 과연 과거 브라이튼 시절 폼으로의 부활을 알릴 수 있을지 지켜봐야 한다.

2022/23시즌

	23 GAMES	1,010 MINUTES	0 GOALS	0 ASSISTS	
6	0.3 경기당슈팅	0 유효슈팅	추정가치: 18,000,000€	31.6 경기당패스	91.30 패스성공률	0

지오반니 로셀소
국적 아르헨티나 | **나이** 27 | **신장** 177 | **체중** 68 | **평점** 6.82

2선과 3선을 모두 소화할 수 있고 측면 플레이메이커 역할도 가능한 유틸리티 자원이다. 토트넘의 미드필더진에서 창의적이고 센스 있는 전진 패스를 공급할 수 있는 능력을 지닌 몇 안 되는 선수가 바로 로셀소다. 문제는 부상인데, 토트넘에서의 커리어 내내 부상이 잦았고 심지어 비야레알 임대 시절에도 부상으로 장기간 결장한 사례가 있다. 지난 몇 년간 토트넘의 고질적인 문제가 창의성 있는 미드필더의 부재였는데, 로셀소가 올 시즌 건강한 몸상태를 유지할 수만 있다면 토트넘의 그러한 문제점을 해결해줄 수 있는 히든카드가 될 것이다.

2022/23시즌

	22 GAMES	1,130 MINUTES	2 GOALS	3 ASSISTS	
3	1.4 경기당슈팅	16 유효슈팅	추정가치: 14,000,000€	29.6 경기당패스	86.50 패스성공률	0

TOTTENHAM HOTSPUR

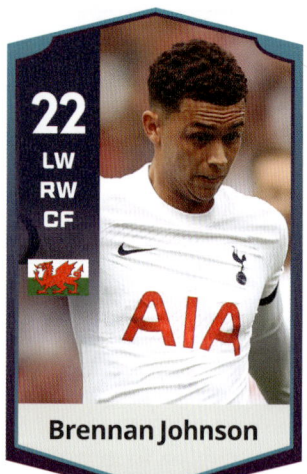

22 LW RW CF
Brennan Johnson

브레넌 존슨
국적 웨일스 | **나이** 22 | **신장** 179 | **체중** 73 | **평점** 6.49

지난 시즌 노팅엄에서 모건 깁스화이트, 타이우 아우오니이와 함께 팀을 강등 위기에서 구해냈다. 특히 지난 시즌 노팅엄의 선수비 후역습 전술에서 매우 파괴력 있는 모습을 보여준 브레넌 존슨인데, PL 내에서도 가장 압도적인 스피드와 높은 볼운반 수치를 보여줬다. 그만큼 존슨의 스피드와 역습수행 능력은 프리미어리그 최정상급으로 평가받는다. 포스테코글루가 주도적인 축구를 펼치는 감독이지만 강팀과의 맞대결 때는 역습 시의 파괴력도 상당히 중요한데 그러한 경기에서 최고의 히든카드가 될 것으로 보인다. 여러모로 토트넘에 새로운 옵션을 가져다줄 수 있는 자원.

2022/23시즌

	GAMES	MINUTES		GOAL	ASSISTS	
6	38	2,941		8	3	0
	1.4 경기당슈팅	24 유효슈팅	추정가치: 38,000,000€	11.6 경기당패스	62.80 패스성공률	

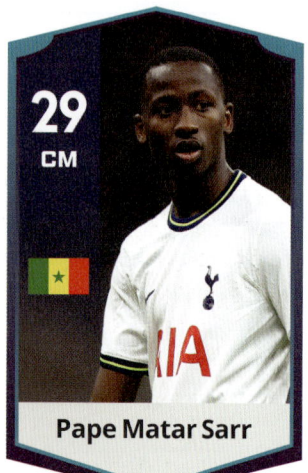

29 CM
Pape Matar Sarr

파페 마타르 사르
국적 세네갈 | **나이** 20 | **신장** 184 | **체중** 70 | **평점** 6.15

프랑스 메츠로부터 야심차게 영입한 유망주. 아직 20세의 나이임에도 세네갈 대표팀에서 10경기 이상을 소화했을 정도로 재능을 인정 받고 있으며, 메츠 시절도 상당히 어린 나이부터 주전으로 활약했다. 중앙미드필더로서 깔끔하게 공을 빼오는 수비나 태클 능력도 괜찮은 편이고, 탈압박이나 볼 운반, 전진성과 킥 능력도 괜찮다. 다만 아직 경험이 적어 긴장을 하거나 종종 실수가 있는 편이며, 수비적인 미드필더 역할에 집중할지, 공격적인 미드필더로 활약할지 포지션에 대한 정체성도 스스로 빠르게 확립할 필요가 있어 보인다. 가진 툴만 놓고 봤을 때는 분명 성장 가능성이 높은 유망주다.

2022/23시즌

	GAMES	MINUTES		GOAL	ASSISTS	
1	11	213		0	1	0
	0.2 경기당슈팅	0 유효슈팅	추정가치: 15,000,000€	14 경기당패스	91.60 패스성공률	

14 LB LM LW
Ivan Perisic

이반 페리시치
국적 크로아티아 | **나이** 34 | **신장** 186 | **체중** 80 | **평점** 6.74

커리어 동안 어느 팀에서든 제몫을 톡톡히 해내며 수많은 우승에 일조했을 정도로 경험 많은 베테랑이다. 측면에서의 1 대 1 돌파 이후 이어지는 크로스는 페리시치의 전매특허 플레이다.. 좌우 측면수비와 윙포워드 역할까지 소화할 수 있는 멀티성도 페리시치의 장점 중 하나이다. 특히 지난 시즌 퍼포먼스적으로 기복이 심했던 모습도 있었지만 이러니 저러니 해도 토트넘에서 팀내 어시스트 1위를 달성했을 정도로 여전히 특유의 양발을 활용한 크로스의 퀄리티는 살아있다. 콘테가 떠나면서 자리를 조금씩 잃어가는 느낌도 있지만 페리시치의 멀티성이 필요한 순간이 분명 올것이다.

2022/23시즌

	GAMES	MINUTES		GOAL	ASSISTS	
6	34	2,112		1	8	0
	0.9 경기당슈팅	22 유효슈팅	추정가치: 7,000,000€	23 경기당패스	72.30 패스성공률	

PLAYERS

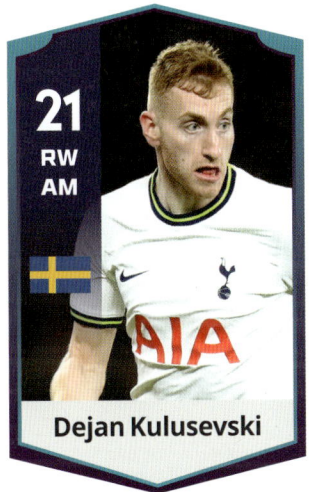

21 RW AM
Dejan Kulusevski

데얀 클루셉스키

국적 스웨덴 | **나이** 23 | **신장** 186 | **체중** 79 | **평점** 6.77

지난 시즌 폼은 2021/22시즌 후반기 임대로 합류했을 때 보여줬던 퍼포먼스와 비교해 다소 아쉬운 모습이 있었다. 풀 시즌을 소화하면서도 공격 포인트는 줄어들었고 전체적인 패턴도 이전보다 읽히는 모습이 있었다. 하지만 여전히 나이가 어리고 발전 가능성이 무궁무진하며, 측면, 하프스페이스 부근에서의 연계 플레이를 중시하는 포스테코글루의 스타일과는 성향이 잘 맞아떨어진다. 드리블과 볼키핑 능력이 좋고 연계능력, 박스 바깥쪽으로 움직임을 가져가면서 풀백의 동선을 활용하는 플레이도 능숙하고 킥력도 좋다. 팀으로 완전이적한 만큼 올시즌 안정적이고 향상된 폼을 기대해본다.

2022/23시즌

2	30 GAMES	2,079 MINUTES	2 GOALS	7 ASSISTS	0
	1.4 경기당슈팅	28 유효슈팅	추정가치: 50,000,000€	22.5 경기당패스	82.50 패스성공률

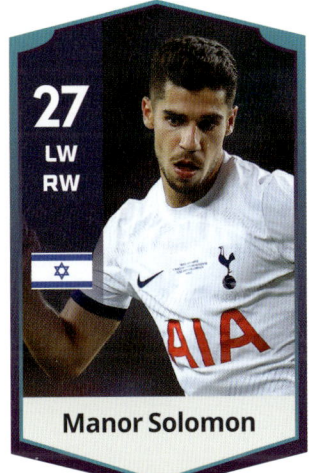

27 LW RW
Manor Solomon

마노르 솔로몬

국적 이스라엘 | **나이** 24 | **신장** 170 | **체중** 66 | **평점** 6.52

지난 시즌 후반기 풀럼에서 공식전 5경기 연속 골을 터뜨리면서 약 한 달간 센세이션을 일으키기도 했다. 과거 샤흐타르도네츠크 시절 챔피언스리그에서는 어린 나이에 레알마드리드를 상대로 홈, 원정 모두 골을 기록하며 거함 레알을 무너뜨린 경험도 있다. 신장이 작은 만큼 무게중심이 낮고 민첩성이 매우 빠르다. 발재간도 좋고 돌파 능력도 우수하며, 과거에 무술과 테니스 등 다양한 스포츠를 배운 경험을 바탕으로 신체 밸런스도 좋아 몸싸움에서도 쉽게 밀리지 않는다. 특유의 골문 구석을 노리는 정교한 슈팅 능력도 우수하며 결정력도 괜찮은 편이기에 체력 문제만 보완한다면 토트넘에 좋은 옵션이 될 것으로 보인다.

2022/23시즌

0	19 GAMES	563 MINUTES	4 GOALS	0 ASSISTS	0
	0.6 경기당슈팅	7 유효슈팅	추정가치: 18,000,000€	10.5 경기당패스	86.40 패스성공률

37 CB LB
Micky van de Ven

미키 반더벤

국적 네덜란드 | **나이** 22 | **신장** 193 | **체중** 81 | **평점** 6.66

네덜란드 볼렌담 유스에서 커리어를 시작해 독일 볼프스부르크로 이적하자마자 두각을 드러냈다. 기본적으로 대인방어가 상당히 뛰어나며 태클 능력이나 상대 패스를 차단한 후 직접 볼을 몰고 나가는 전진성도 좋고, 스피드가 매우 빠른 편이라 좌측 풀백으로도 활용이 가능하다. 특히 특유의 스피드를 활용한 수비 커버 범위가 상당히 넓기 때문에 공격적인 전진 수비를 즐기는 로메로와의 시너지도 충분히 기대를 해볼 만하다. 높이와 신체조건에 비해 공중볼 경합 성공률이 낮은 편이기 때문에 이 부분은 보완이 필요하며 제2의 베르통언으로 성장해주기를 토트넘 팬들은 기대하고 있다.

2022/23시즌

5	33 GAMES	2,970 MINUTES	1 GOAL	1 ASSISTS	0
	0.5 경기당슈팅	11 유효슈팅	추정가치: 30,000,000€	50.5 경기당패스	88.30 패스성공률

TOTTENHAM HOTSPUR

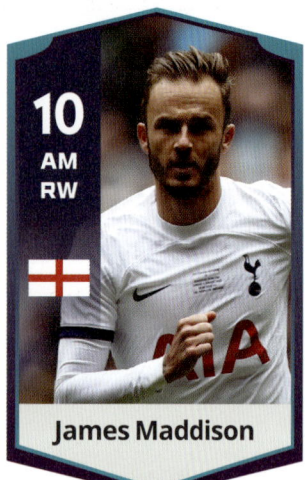

10 AM RW
James Maddison

제임스 매디슨

국적 잉글랜드 | **나이** 26 | **신장** 175 | **체중** 73 | **평점** 7.24

에릭센이 떠난 후 확실한 데드볼 스페셜리스트가 없었던 토트넘의 문제점이 매디슨 영입을 통해 완벽하게 해결됐다. 월드클래스급의 오른발 킥력을 가지고 있는 매디슨은 수많은 프리킥 골을 터뜨린 바 있고, 어느 위치에서든 과감한 중거리슛을 통한 득점도 시도할 수 있다. 특유의 킥력을 바탕으로한 크로스나 패스의 구질도 상당히 좋다. 검증된 킥력뿐 아니라 박스 타격과 침투 능력도 상당히 좋아 매 시즌 많은 득점을 올렸고 2선 위치에서의 발재간과 창의성도 괜찮은 편이다. 매디슨을 보좌할 확실한 3선 미드필더만 찾는다면 매디슨의 능력은 더욱 더 극대화 될 것이다.

2022/23시즌

🟨 10	30 GAMES	2,486 MINUTES	10 GOALS	9 ASSISTS	🟥 0
	2.8 경기당슈팅	38 유효슈팅	추정가치 60,000,000€	33.8 경기당패스	79.50 패스성공률	

7 LW CF
Heung-min Son

손흥민

국적 대한민국 | **나이** 31 | **신장** 184 | **체중** 77 | **평점** 6.95

지난 시즌 안와골절이라는 악재와 시즌 내내 탈장 등 부상을 달면서 뛰었던 것, 이해할 수 없는 콘테의 전술 운영과 주변 미드필더 동료들의 창의성 부족, 여러 악조건 속에서도 7시즌 연속 두 자릿수 득점이라는 대기록을 달성했다. 어느 위치든 걸리면 구석으로 꽂아 넣는 특유의 양발 슛 능력, 역습 시 속도 변화를 주며 재빠르게 공간을 향해 달려 들어가 골 냄새를 맡는 능력, 찬스 시 영리한 판단력은 손흥민의 최대 장점이다. 시즌 후 그 어느 때보다도 가장 많이 배웠던 시즌이라고 언급했던 손흥민이었다. 올 시즌은 8시즌 연속 두 자릿수 득점이라는 대기록에 도전한다. 팀의 주장으로 선임된 만큼 동기 부여도 확실하다.

2022/23시즌

🟨 2	36 GAMES	2,899 MINUTES	10 GOALS	6 ASSISTS	🟥 0
	2.3 경기당슈팅	44 유효슈팅	추정가치 50,000,000€	21.8 경기당패스	82.00 패스성공률	

9 CF
Richarlison

히샬리송

국적 브라질 | **나이** 26 | **신장** 184 | **체중** 75 | **평점** 6.46

지난 시즌 27경기 1골 3도움. 그의 높은 이적료를 생각했을 때 납득할 수 없는 공격포인트다. 다만, 출전시간 대부분이 교체 출전이었고 콘테가 선수 활용을 제대로 하지 못했던 점도 생각해야 한다. 결국 이번 시즌 만큼은 본인의 가치를 제대로 증명해야만 한다. 기본적으로 히샬리송은 윙포워드와 최전방 스트라이커 모두 소화가 가능하며, 전방에서의 폭넓은 활동반경과 압박능력, 힘으로 버티는 능력이나 연계 능력, 아크로바틱한 슈팅 스킬과 득점력 모두 갖춘 좋은 공격 자원이다. 이미 에버튼과 브라질 국가대표팀에서 검증이 완료된 선수였다. 결국 올 시즌은 더 떨어질 곳도 없고 올라갈 일만 남은 히샬리송이다. 물론 자신 스스로 올라가야 한다.

2022/23시즌

🟨 3	27 GAMES	1,010 MINUTES	1 GOALS	3 ASSISTS	🟥 0
	1 경기당슈팅	23 유효슈팅	추정가치 48,000,000€	9.7 경기당패스	72.60 패스성공률	

전지적 작가 시점

이완우가 주목하는 토트넘의 원픽!
손흥민

지난 시즌은 손흥민에게 있어 상당히 많은 악재와 불운이 따랐던 시즌이었다. 전술상의 문제로 콘테 감독이 경질되기 이전까지 공격 지역을 이전만큼 활발히 누릴 수 없는 여건이었고, 시즌 내내 탈장증세를 안고 뛰었다는 점, 시즌 초중반 안와골절 부상을 입어 시즌의 대부분을 정상적인 컨디션으로 소화할 수 없어 아쉬웠다. 이외에도 해리 케인을 제외하면 중원에서 순도 높은 볼배급을 지원해줄 자원이 없다 보니 공격 포인트도 자연스레 이전보다 떨어질 수밖에 없었다.

하지만 올 시즌은 상황이 다르다. 탈장 증세에서 어느 정도 컨디션이 회복됐으며 새 감독 하의 전술도 손흥민에게는 득으로 작용할 가능성이 높다. 또한 로셀소나 매디슨 같은 플레이메이커형 자원들이 합류하며 지난 시즌보다 훨씬 더 창의적이고 정확한 패스를 공급해줄 수 있는 동료도 늘어났다. 다가오는 시즌 포스테코글루의 공격 축구에 있어서 부상 등 예기치 않은 변수만 없다면, 손흥민은 여전히 토트넘의 공격 선봉장으로서 제 역할을 충분히 해줄 수 있을 것이다. 영혼의 투톱을 이루었던 케인의 갑작스런 이적과 주장 선임이 심적 부담으로 이어지지 않기를 바란다.

지금 토트넘에 이 선수가 있다면!
프렝키 더용

올 시즌 토트넘에는 수준급의 임대복귀 선수도 있고 새로 영입한 준적 선수들도 있지만 여전히 토트넘 중원 자원 중에는 수비력, 패스 능력, 탈압박 이 모든 것을 고루 갖추고 있는 선수는 없어 보인다. 수비력이 좋으면 패스가 아쉽고, 패스가 좋으면 수비력이나 탈압박이 아쉽고, 탈압박이 좋으면 활동량, 성실함이 아쉽고 무언가 하나씩 부족함이 있는 미드필드진 구성이다.

만약 프렝키 더용같은 미드필더가 한 명 있으면 토트넘은 천군만마를 얻은 것이나 마찬가지일 것이다. 더용은 활동량이 좋으면서 적재적소에 수비 커버도 매우 성실한 데다 넓은 시야를 통해 키패스도 적극적으로 뿌린다. 거기에 더해 본인의 능력으로 직접 탈압박이나 볼 운반까지도 할 수 있는 자원이기 때문에 프렝키 더용은 어느 팀이나 원할 수밖에 없는 좋은 자원이다. 미드필드진에 더용이라는 플레이어가 추가된다면 토트넘 축구는 보는 재미뿐만 아니라 성적까지 올라갈 것이다. 상상만으로도 토트넘 팬들에게 행복한 영입일 것이다.

MARK FLEKKEN
THOMAS STRAKOSHA
AARON HICKEY
RICO HENRY
CHARLIE GOODE
ETHAN PINNOCK
CHRISTIAN NØRGAARD
MATHIAS JENSEN
KEVIN SCHADE
JOSH DASILVA
YOANE WISSA
MATHIAS JØRGENSEN
FRANK ONYEKA
BEN MEE
IVAN TONEY
BRYAN MBEUMO
KRISTOFFER AJER
NATHAN COLLINS
KEANE LEWIS-POTTER
MIKKEL DAMSGAARD
VITALY JANELT
MADS BECH SØRENSEN

Brentford

BRENTFORD

브렌트포드 Brentford

- 창단 년도 | 1889년
- 최고 성적 | 5위 (1935/36)
- 경기장 | 지테크 커뮤니티 스타디움
  (Gtech Community Stadium)
- 경기장 수용 인원 | 17,250명
- 경기장 위치 | Lionel Rd S, Brentford TW8 0RU
- 지난 시즌 성적 | 9위
- 별칭 | The Bees (비즈),
  The Reds (레즈)
- 상징색 | 레드, 화이트
- 레전드 | 이드리스 홉킨스, 켄 쿠트, 짐 타워스, 조지 브리스토, 게리 케이크브레드, 피터 젤슨, 케빈 오코너 등

히스토리

첼시, 풀럼, 퀸즈파크레인저스와 함께 서런던을 연고로 하고 있는 클럽이다. 1889년 창단되어 1946/47시즌 하부리그로 강등된 이후 무려 70년 넘게 최상위 리그 진입에 실패했다. 하지만 매튜 밴햄 구단주 부임 이후 선수 영입에 구단 고유의 데이터를 접목시키면서 긍정적인 변화를 보였다. 이런 확고한 이적 철학에 전술가 토마스 프랭크 감독이 더해져 팀 성장에 가파른 곡선을 그렸고 결국 2020/21시즌 74년 만의 1부 리그 승격이라는 감동적인 역사를 만들었다. 성공적인 프리미어리그 1년차 이후 맞이했던 지난 시즌, 2년차 징크스라는 우려 속에 출발했지만 기대 이상의 성과를 이뤄냈다. 토마스 프랭크 감독의 전술은 팀에 더욱 진하게 녹아들고 있다. 이제는 더 높은 곳을 바라보는 꿀벌 군단이다.

최근 5시즌 리그 순위 변동

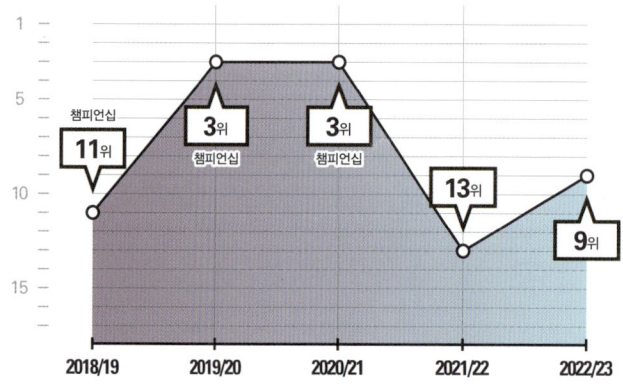

클럽레코드 IN & OUT

최고 이적료 영입 IN

네이선 콜린스
2,685만 유로
(2023년 7월, from 울버햄튼)

최고 이적료 판매 OUT

올리 왓킨스
3,400만 유로
(2020년 9월, to 아스톤빌라)

CLUB & MANAGER

토마스 프랑크 Thomas Frank | 1973년 10월 9일 | 49세 | 덴마크

위기의 순간 더 빛나게 될 전술가 토마스 프랑크

토마스 프랑크 감독의 커리어 시작은 고향팀 프레데릭스베르크BK의 유스팀 감독이었다. 이후 10년 넘게 다양한 여러 유스팀에서 어린 선수들 육성에 초점을 맞췄다. 이후 자국 덴마크의 연령별 대표팀을 이끌기도 했고, 덴마크 명문팀 브뢴뷔IF의 사령탑으로 클럽팀 커리어의 본격적인 시작을 알렸다. 프랑크 부임 전 브뢴비는 리그 9위를 연달아 기록할 정도로 처참한 수준이었으나 프랑크 감독 선임 후 UEL 진출에 성공한다. 그리고 그는 2016년 세계 최고 레벨인 프리미어리그에 입성, 전술적으로 뛰어난 면모를 증명했다. 프랑크 감독은 3-5-2, 4-3-3을 유연하게 사용하며 체계적인 빌드업을 중시한다. 특히 중원에서 선수 간의 연계 플레이를 중점으로 강팀을 상대로는 뒷공간 공략도 날카롭게 구사한다. 지난 시즌 맨체스터시티를 상대로 보여줬던 에티하드 스타디움 원정 승리는 프랑크 감독의 전략가적인 면모를 여실히 보여준다. 이제는 돌풍을 넘어 도약을 준비하는 토마스 프랑크 감독이다.

감독 인터뷰

"세계 최고의 리그에서 9위는 축하 받을 가치가 있다고 생각한다. 올 시즌 프리미어리그 안에서 더 강한 모습으로 돌아올 것이다. 브렌트포드 팬들을 더 즐겁게 만들 것이다."

감독 프로필

통산	선호 포메이션	승률
362 경기 **166** 승 **85** 무 **111** 패	**4-3-3**	**45.85%**

시즌 키워드

#유럽대항전진출 | **#라야공백** | **#토니징계**

경력

2013~2016	2016~2018	2018~
 브뢴비 IF	브렌트포드 수석코치	 브렌트포드 감독

BRENTFORD

IN

케빈 샤데
(프라이부르크)

마크 플레켄
(프라이부르크)

네이선 콜린스
(울버햄튼)

김지수
(성남)

이선 레이드로우
(하이버니언B)

포메이션

FW
- 7 카노스
- 9 샤데
- 11 위사

MF
- 17 토니
- 19 음뵈모
- 23 루이스포터
- 24 담스고르
- 6 뇌르고르
- 8 옌센
- 10 다실바
- 15 오니에카
- 26 밥티스트
- 27 야넬트
- 33 야르몰류크

DF
- 2 히키
- 3 헨리
- 4 구드
- 5 피녹
- 13 장카
- 16 벤미
- 20 아예르
- 22 콜린스
- 29 쇠렌센
- 36 김지수

GK
- 1 플레컨
- 21 스트라코샤

OUT

다비드 라야
(아스날)

다니엘 오예고케
(브래드포드)

핀 스티븐스
(옥스포드)

알렉스 길버트
(미들즈브러)

라이언 트레빗
(엑서터시티)

할릴 데르비솔루
(갈라타사라이)

마즈 비드스트럽
(잘츠부르크)

매튜 콕스
(브리스톨로버스)

에드몽파리 마그호마
(볼튼)

히든풋볼의 이적시장 평가

네이선 콜린스, 김지수의 영입으로 수비 로테이션 준비는 마쳤다. 케빈 샤데를 완전 영입하며 측면 보강에도 성공했다. 또한 분데스리가에서 다년간 경험을 쌓았던 플레컨을 영입하며 골문 공백 또한 대비했다. 하지만 중요한 건 에이스의 공백. 지난 시즌 공격의 핵심이었던 아이반 토니가 징계로 인해 시즌의 절반가량 결장하게 되며, 골키퍼 라야도 개막 직후 팀을 떠났다. 브렌트포드의 상반기는 역경 속에 출발할 가능성이 높다.

SQUAD & BEST11

2022/23시즌 스탯 Top 3

득점 Top 3
- ⚽ 아이반 토니 — 20골
- ⚽ 브라이언 음뵈모 — 9골
- ⚽ 요아네 위사 — 7골

도움 Top 3
- 🩼 브라이언 음뵈모 — 8도움
- 🩼 마티아스 옌센 — 6도움
- 🩼 아이반 토니 — 4도움

출전시간 Top 3
- ⏱ 다비드 라야 — 3,420분
- ⏱ 벤 미 — 3,272분
- ⏱ 리코 헨리 — 3,238분

베스트 11
- 11 위사
- 17 토니
- 19 음뵈모
- 8 옌센
- 6 뇌르고르
- 27 야넬트
- 3 헨리
- 16 벤미
- 22 콜린스
- 2 히키
- 1 플레컨

히든풋볼의 순위 예측

지난 시즌 그 어떤 팀보다 무승부를 많이 기록한 팀이다. 쉽게 지지 않는다. 중위권을 유지할 것이다.

10위 · 이주헌 ·

토니가 뛰지 못하는 기간이 짧았다면 더 높은 순위 예측 가능했을 변화무쌍한 팀.

11위 · 박종윤 ·

나름의 스타일을 갖추고 있는 팀이지만, 중요 선수들의 이적이 아쉬울 따름이다.

12위 · 박찬우 ·

토니의 징계에 따른 결장이 아쉽지만 프랭크는 팀을 효율적으로 운영하는 법을 안다. 다시 10위권 진입을 노릴 듯.

11위 · 송영주 ·

핵심자원의 이탈이 꽤 크게 느껴진다. 그래도 프랭크 감독의 힘은 여전하다.

10위 · 김용남 ·

확실한 색깔이 있지만 토니의 공백이 크고, 브렌트포드 특유의 롱볼에 적절히 특이들이 나올 것이다.

11위 · 이완우 ·

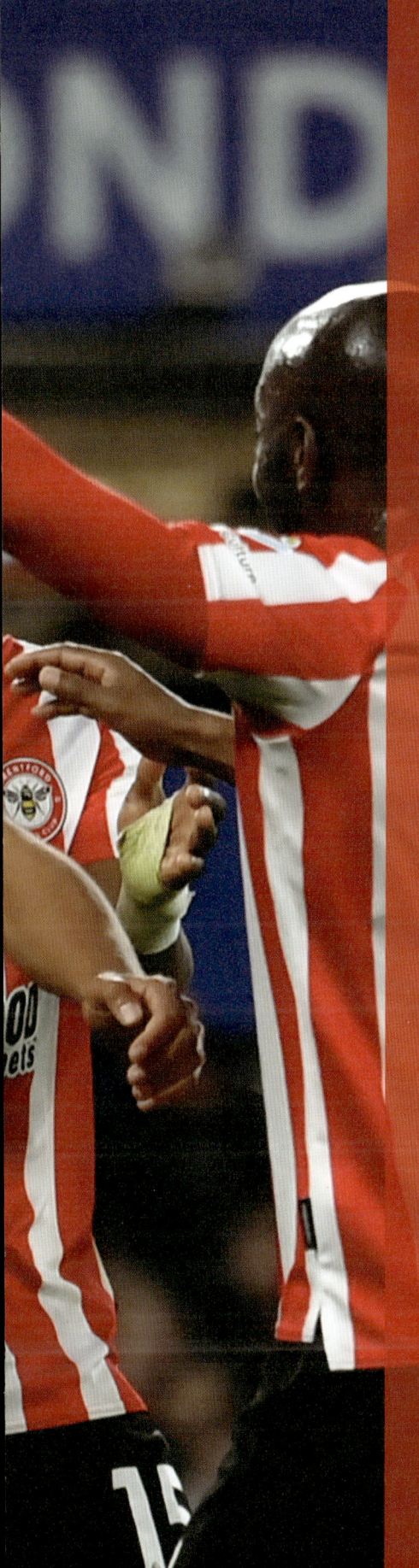

PL 3년차, 팀도 감독도 새 역사를 꿈꾼다

74년 만에 프리미어리그 진출 이후 성공적인 빅리그 첫 시즌을 보냈던 브렌트포드. 지난 시즌 2년차 징크스라는 우려와 함께 출발했지만 괜한 걱정이었다. 토마스 프랑크 감독의 뛰어난 지도력과 날카로운 전략은 한층 더 진화했고 팀의 조직력도 빅리그 레벨로 단단해졌다. 특히 강팀을 상대로 한 맞춤형 전술은 브렌트포드의 아이덴티티가 됐다. 이를 통해 승격 첫 시즌과 마찬가지로 자이언트 킬러의 기질을 다시 한 번 증명됐다. 2라운드 맨체스터유나이티드를 상대로 4대 0의 대승을 기록하며 반전과 함께 시즌 초를 출발했고, 카타르 월드컵 브레이크 이후 치러진 19라운드 리버풀과의 홈경기에서도 승점 3점을 획득하며 리그 6경기 무패행진을 달렸다. 함께 런던을 연고로 하고 있는 토트넘과 첼시를 상대로도 원정에서 모두 승리했다. 나아가 지난 시즌 트레블의 역사를 기록한 맨체스터시티를 상대로는 더블을 달성하며 성공적인 빅리그 두 번째 시즌을 이뤄냈다.

지난 시즌의 만족스러운 결과는 토마스 프랑크 감독의 전술과 선수단의 조직력에서 비롯됐다. 그중 단연코 공격진들의 활약은 인상 깊었다. 특히나 엘링 홀란드, 해리 케인에 이어 리그에서 세 번째로 많은 득점을 기록한 아이반 토니의 활약은 선명했다. 그러나 이번 시즌은 분위기가 사뭇다를 수 있다. 시즌 절반가량을 에이스 없이 치러야 한다. 물론 요아네 위사, 브라이언 음뵈모의 활약과 함께 원진 영입된 케빈 샤데와의 시너지를 기대하지 않는 건 아니다. 하지만 에이스의 공백은 유난히 크게 느껴진다.

매 시즌 어려울 거라는 예상을 무너뜨리며 프리미어리그 3년차에 접어들었다. 여러 역경을 거치며 토마스 프랑크 감독의 역량과 선수들의 조직력은 더 단단해졌다. 그리고 다시 한번 어두운 그림자 안에서 출발하는 브렌트포드다. 시즌 초반 에이스 공백은 분명한 위기다. 하지만 반전을 좋아하는 꿀벌 군단의 빅리그 세 번째 페이지는 어떤 스토리로 채워지게 될지 벌써 기다려진다.

BRENTFORD

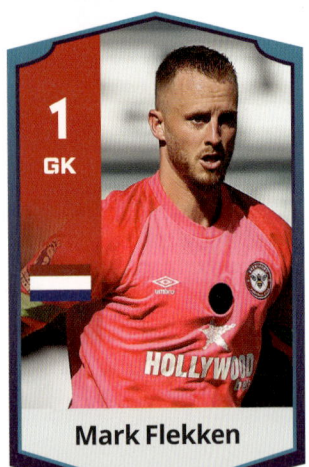

1 GK
Mark Flekken

마크 플레컨
국적 네덜란드 | **나이** 30 | **신장** 194 | **체중** 86 | **평점** 6.8

다비드 라야의 공백을 메꾸기 위해 분데스리가에서 긴급 영입했다. 마크 플레컨은 큰 키를 가지고 있지만 반사신경이 뛰어나 슈퍼세이브를 자주 연출하는 클래식한 스타일의 골키퍼다. 나아가 킥의 비거리가 뛰어나 빠른 공격 전개에 두각을 나타낸다. 리더십을 통해 박스를 장악하고 훌륭한 후방 리딩을 보여주는 멘탈리티도 보유했다. 이런 장점을 통해 프라이부르크에서 꾸준한 활약을 보였고 2022년 3월에는 네덜란드 대표팀에 승선해 덴마크를 상대로 A매치 데뷔전을 치렀다. 브렌트포드에서 다비드 라야의 공백을 메꾸는 건 쉽지 않은 일이다. 하지만 플레컨이 가진 장점들은 브렌트포드와 궁합이 좋다. 얼마나 빠르게 팀과 PL에 적응할지가 관건이다.

2022/23시즌

0	34 GAMES	3,060 MINUTES	44 실점	77.7 선방률	0
	106 세이브	13 클린시트	추정가치: 10,000,000€	39.4 경기당패스	68.50 패스성공률

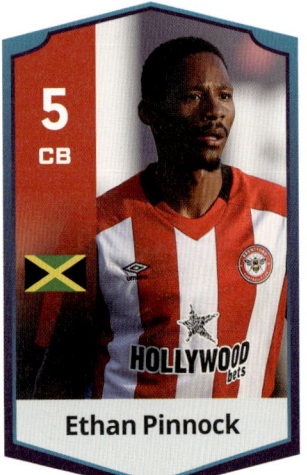

5 CB
Ethan Pinnock

이선 피녹
국적 자메이카 | **나이** 30 | **신장** 187 | **체중** 79 | **평점** 7.11

시즌 초반은 역경과 함께 출발했다. 우선 무릎 부상을 안고 시즌을 시작했다. 나아가 10라운드 뉴캐슬전 머릿속에서 지우고 싶은 두 번의 큰 실수는 불안한 시즌 출발의 대표적 장면이었다. 하지만 시즌 중반 이후 특유의 좋은 하드웨어와 훌륭한 운동능력을 바탕으로 안정감을 되찾았다. 특히 크리스토퍼 아예르가 부상으로 이탈할 때 벤 미, 잔카와 함께 좋은 호흡을 맞추며 든든한 센터백 라인을 구축했다. 부상관리도 잘 됐던 시즌. 특히 강팀을 상대로 보여준 도전적인 수비는 지난 시즌 수비의 한 축을 담당하기에 충분했다. 최근 브렌트포드와 2027년까지 동행을 약속했다.

2022/23시즌

0	30 GAMES	2,700 MINUTES	3 GOALS	0 ASSISTS	0
	0.5 경기당슈팅	8 유효슈팅	추정가치: 14,000,000€	36.4 경기당패스	80.20 패스성공률

3 LB/LM
Rico Henry

리코 헨리
국적 잉글랜드 | **나이** 26 | **신장** 170 | **체중** 67 | **평점** 6.64

챔피언십 PFA 올해의 팀 선정과 함께 프리미어리그 연착륙에 성공했다. 그리고 직전 시즌엔 단점을 보완하는 성장까지 보였다. 프리미어리그 승격 후 첫 시즌의 아쉬움이었던 수비력을 특유의 성실함으로 보완해낸 시즌. 리그 첫 경기 레스터시티전부터 공격 포인트를 쌓으며 공격력에 대한 의심을 완전히 지워냈다. 종종 기복을 보였지만 토마스 프랑크 감독의 왼쪽 수비는 백 쓰리, 백포 가릴 것 없이 리코 헨리의 몫이었다. 피지컬은 크지 않지만 빠른 발, 성실함, 훌륭한 오버래핑 효율성은 이번 시즌에도 브렌트포드의 공수에 날개를 달아줄 전망이다.

2022/23시즌

4	37 GAMES	3,238 MINUTES	0 GOALS	2 ASSISTS	0
	0.6 경기당슈팅	4 유효슈팅	추정가치: 28,000,000€	26.3 경기당패스	75.00 패스성공률

PLAYERS

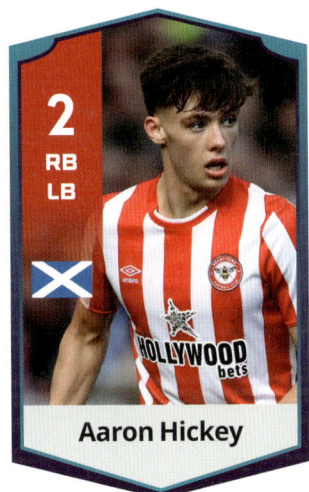

Aaron Hickey — 2 RB LB

애런 히키
국적 스코틀랜드 | **나이** 21 | **신장** 178 | **체중** 72 | **평점** 6.45

양 측면에 모두 설 수 있는 풀백 자원. 여러 구단들의 러브콜을 뿌리치고 볼로냐에서 브렌트포드로 건너왔다. 첫 시즌은 꽤나 성공적이었다. 도미닉 톰슨이 떠나며 남겨둔 등번호 2번을 달고 레스터시티와의 개막전부터 선발 라인업에 이름을 올렸다. 10월 중순 발목 부상으로 이탈했지만 월드컵 브레이크를 지나며 회복했고 복귀 후에도 주전으로 활약하며 시즌 종료까지 팀의 오른쪽을 책임졌다. 37라운드 토트넘전에서는 어시스트를 기록, 프리미어리그 첫 공격포인트를 생산했다. 성공적인 첫 시즌이었지만 세리에 시절부터 이어졌던 카드 관리는 여전히 신경 써야 하는 부분이다.

2022/23시즌

7	26 GAMES	1,931 MINUTES	0 GOALS	1 ASSISTS	0
	0.4 경기당슈팅	2 유효슈팅	추정가치: 25,000,000€	28 경기당패스	84.70 패스성공률

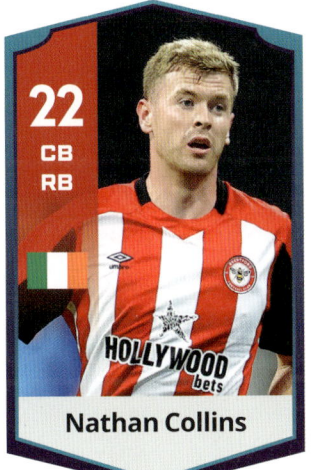

Nathan Collins — 22 CB RB

네이선 콜린스
국적 아일랜드 | **나이** 22 | **신장** 193 | **체중** 81 | **평점** 6.48

이번 시즌부터 브렌트포드와 함께하는 아일랜드의 주전 센터백. 스토크시티 유스 출신으로 번리를 거쳐 울버햄튼 유니폼을 입었다. 하지만 훌렌 로페테기 감독 부임 이후 많은 기회를 받지 못한 한 시즌 만에 브렌트포드로 건너왔다. 193cm의 커다란 피지컬과 승률 높은 헤더 경합, 좋은 위치 선정을 통한 킥 블로킹 능력은 네이선 콜린스의 최고의 장점이다. 하지만 느린 스피드와 기민하지 못한 민첩성은 뚜렷하게 보이는 단점. 하드웨어적으로 성장을 가져가기 어려운 단점들이기에 토마스 프랭크 감독이 적절한 센터백 파트너를 찾는 과정이 필요한 시즌이다.

2022/23시즌

2	26 GAMES	1,813 MINUTES	0 GOALS	0 ASSISTS	1
	0.1 경기당슈팅	0 유효슈팅	추정가치: 22,000,000€	43.4 경기당패스	88.10 패스성공률

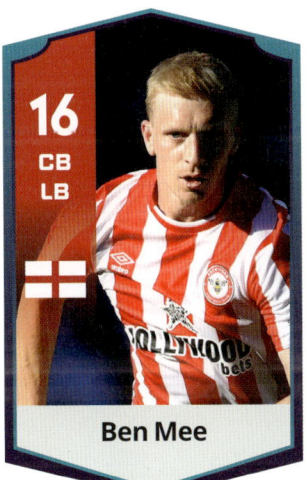

Ben Mee — 16 CB LB

벤 미
국적 잉글랜드 | **나이** 33 | **신장** 180 | **체중** 72 | **평점** 7.01

지난 시즌 리그 베스트급의 활약을 보여줬다. 브렌트포드에서의 첫 시즌이었지만 다년간 프리미어리그에서 쌓아온 경험들로 적응 기간이 필요하지 않았다. 센터백 파트너로 어떤 선수를 붙여도 1인분 이상의 활약을 보여주며 브렌트포드의 후반기 연승의 주역이었다. 큰 신장은 아니지만 공중볼 경합에 강점이 있고 대인방어도 탁월하나. 잉글랜드 연령별 대표팀을 두루 거쳤고 왼발 센터백이라는 이점이 분명하다. 풀백 출신으로 나름의 기동력과 가끔씩 보여주는 공격 본능도 꽤나 위력적이다. 문제점으로 지적됐던 한 박자 늦은 수비도 보완해 카드 관리 또한 성공적이었다.

2022/23시즌

2	37 GAMES	3,272 MINUTES	3 GOALS	2 ASSISTS	0
	0.8 경기당슈팅	7 유효슈팅	추정가치: 2,000,000€	44.8 경기당패스	77.10 패스성공률

BRENTFORD

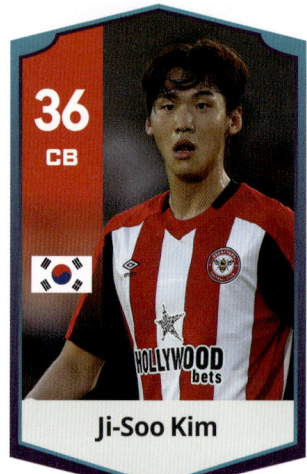

36 CB
Ji-Soo Kim

김지수

| 국적 | 대한민국 | 나이 | 18 | 신장 | 192 | 체중 | 84 | 평점 | 6.38 |

한국인 최연소 프리미어리그 진출 선수. 성남FC의 유스팀을 모두 거치며 2022시즌 K리그 최연소 선수가 되었다. 시즌 내내 꾸준한 활약으로 토트넘홋스퍼와 친선경기를 가진 팀 K리그 올스타에 선발됐다. 2023 U-20 우즈베키스탄 아시안컵과 2023 U-20 아르헨티나 월드컵 최종 명단에도 이름을 올렸고, 특히 U-20 월드컵에서 수비라인의 핵심으로 활약하며 팀의 4강 진출을 이끌었다. 좋은 하드웨어와 양발을 통한 빌드업 능력 등 뚜렷한 장점이 많은 만큼 빅리그에서의 가파른 성장을 기대해본다. 일단 시즌 초는 B팀에서 시작하게 되지만, 4년 계약을 맺은 만큼 기회는 주어질 것이다.

2022/23시즌

0	1 GAMES	63 MINUTES	0 GOAL	0 ASSISTS	
	0 경기당슈팅	0 유효슈팅	추정가치: 500,000€	18 경기당패스	82.00 패스성공률	0

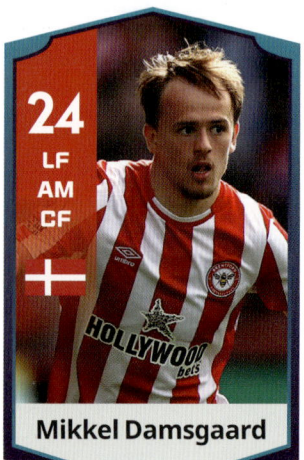

24 LF AM CF
Mikkel Damsgaard

미켈 담스고르

| 국적 | 덴마크 | 나이 | 23 | 신장 | 180 | 체중 | 66 | 평점 | 6.35 |

2020/21시즌 세리에 무대에서 혜성처럼 등장했다. 그리고 유로 2020 최고의 원더 키드로 급부상하면서 지난 시즌 프리미어리그에 입성했다. 이렇게 여러 무대를 통해 재능을 검증했지만 지난 시즌 기대만큼의 성장을 보이지는 못했다. 이번 시즌은 달라야 한다. 공격의 핵심인 아이반 토니가 장기간 출전하지 못하는 상황 속에서 더 많은 출전 기회를 잡아야 한다. 본인의 강점인 온더볼 상황과 탈압박 능력을 통해 보다 나은 성장세를 보여야 한다. 올 시즌은 담스고르 스스로가 증명해야 하는 시즌이다.

2022/23시즌

4	26 GAMES	988 MINUTES	0 GOAL	0 ASSISTS	
	0.5 경기당슈팅	5 유효슈팅	추정가치: 13,000,000€	14.3 경기당패스	72.80 패스성공률	0

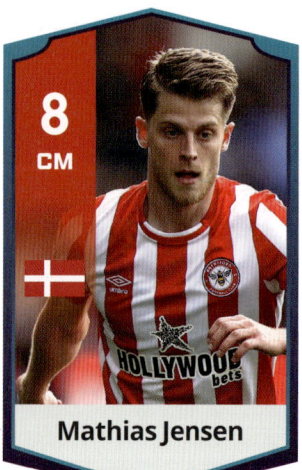

8 CM
Mathias Jensen

마티아스 옌센

| 국적 | 덴마크 | 나이 | 27 | 신장 | 180 | 체중 | 68 | 평점 | 6.81 |

스쿼드 자원에서 중원의 핵심으로 성장한 시즌. 많은 활동량과 수준급의 축구 지능을 바탕으로 하는 패싱 플레이는 크리스티안 에릭센의 공백을 완벽하게 메꿨다. 또 다른 무기인 옌센의 롱 스로인은 브렌트포드의 확고한 공격 옵션이 됐다. 월드컵과 함께한 빡빡한 시즌이었음에도 예년과 다르게 건강한 시즌을 보낸 것 또한 성공적. 공격 포인트 개수도 이전 시즌보다 10배 이상 늘었다. 올시즌 팀의 중원 구성에 큰 변화는 없었기 때문에 조직력적으로도 더 나은 모습이 예상된다. 마티아스 옌센이 보여줄 완성도 높은 플레이를 기대한다.

2022/23시즌

5	37 GAMES	2,830 MINUTES	6 GOALS	7 ASSISTS	
	0.6 경기당슈팅	7 유효슈팅	추정가치: 22,000,000€	32.9 경기당패스	75.70 패스성공률	0

PLAYERS

크리스티안 뇌르고르

국적 덴마크 | **나이** 29 | **신장** 187 | **체중** 77 | **평점** 6.9

프리미어리그 승격 시즌 최고의 활약을 보였던 캡틴. 팀을 떠난 폰투스 얀손의 뒤를 이어 브렌트포드의 새로운 주장이 됐다. 팀 역사상 첫 덴마크인 주장. 하지만 정규 시즌 동안 지속적으로 아킬레스건 부상에 시달렸다. 나아가 카타르 월드컵 출전으로 완벽한 회복도 기대할 수 없었다. 총 3개월가량을 부상으로 이탈해 출전 시간과 공격 포인트 면에서 이전 시즌에 비해 많이 저조했던 지난 시즌이었다. 건강한 몸 상태를 유지한다면 많은 활동량과 넓은 커버 범위 그리고 훌륭한 패싱 능력을 통해 옌센과의 시너지 효과를 기대해볼 수 있다.

2022/23시즌

	GAMES	MINUTES	GOALS	ASSISTS	
	22	1,771	1	3	
6	0.9 경기당슈팅	8 유효슈팅	추정가치: 16,000,000€	36 경기당패스	76.30 패스성공률	0

조시 다실바

국적 잉글랜드 | **나이** 24 | **신장** 184 | **체중** 75 | **평점** 6.44

브렌트포드의 승격을 이끌었던 주역. 하지만 프리미어리그에서는 잦은 부상으로 많은 시간을 소화하지 못했다. 다행히 지난 시즌은 건강한 모습으로 돌아와 2019/20시즌 이후 가장 많은 경기를 소화했지만 대부분은 교체 출전이었고 출전시간도 짧았다. 시즌에 기록한 득점은 총 4골. 1라운드 레스터시티전 득점은 토마스 프랑크 감독이 '모멘트 오브 더 시즌'으로 꼽을 만큼 멋진 득점이었다. 불과 3년 전만 하더라도 이런 모습들을 자주 볼 수 있었다. 하지만 현주소는 많이 달라졌다. 다시 도전자의 위치에서 도약을 준비해야 한다.

2022/23시즌

	GAMES	MINUTES	GOALS	ASSISTS	
	36	1,384	4	2	
1	0.5 경기당슈팅	6 유효슈팅	추정가치: 16,000,000€	15.9 경기당패스	82.70 패스성공률	0

케빈 샤데

국적 독일 | **나이** 21 | **신장** 183 | **체중** 74 | **평점** 6.45

시즌 종료 후 브렌트포드로 완전이적했으며, 2028년까지의 장기 계약을 맺었다. 이적료는 2,500만 유로로 계약 당시 브렌트포드의 IN, 프라이부르크의 OUT 모두 클럽 레코드였다. 나이지리아 출신 아버지와 독일인 어머니 사이에서 태어나 독일 청소년 대표팀을 거쳤다. 2023년 3월에는 독일 A대표팀에 선발되며 페루와의 친선경기에서 데뷔전을 치렀다. 가벼운 몸놀림과 탁월한 스피드를 통한 1 대 1 능력은 케빈 샤데의 가장 큰 특기다. 특히 최고 시속 35km/h를 돌파하는 빠른 스피드는 단연코 최고의 장점. 잘만 다듬으면 빅리그에서도 충분히 통할 재능을 갖춘 유망주다.

2022/23시즌

	GAMES	MINUTES	GOALS	ASSISTS	
	18	728	0	1	
2	0.7 경기당슈팅	4 유효슈팅	추정가치: 25,000,000€	8.7 경기당패스	62.80 패스성공률	0

BRENTFORD

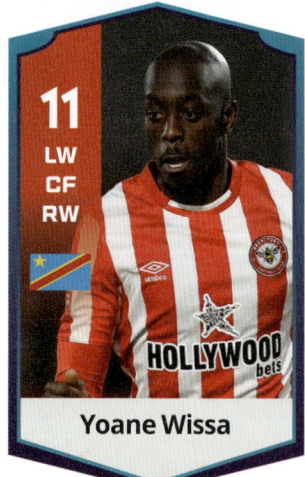

11 LW CF RW
Yoane Wissa

요아네 위사

국적 콩고민주공화국 | **나이** 26 | **신장** 176 | **체중** 74 | **평점** 6.51

다양한 공격 옵션을 지닌 콩고민주공화국 출신의 선수. 프랑스 리그1, 리그2를 오가며 프로 생활을 시작했다. 이후 2021/22시즌 브렌트포드로 이적하며 팀에 빠르게 녹아들었다. 두 시즌 연속 7골을 기록했고 어시스트는 지난 시즌 2개가 더 늘었다. 빠른 스피드와 유연하고 탄력적인 운동 능력을 바탕으로 위력적인 드리블을 보여준다. 수비에도 적극적으로 가담하고 측면과 중앙 모두를 소화할 수 있다. 한동안 볼 수 없는 아이반 토니의 빈자리를 채울 가능성이 가장 높은 공격 자원이다. 브렌트포드의 올 시즌 초중반의 분위기는 요아네 위사의 활약에 달려있다.

2022/23시즌

	GAMES	MINUTES	GOAL	ASSISTS	
3	38	1,601	7	3	
	0.8 경기당슈팅	15 유효슈팅	추정가치: 18,000,000€	8.6 경기당패스	72.20 패스성공률	0

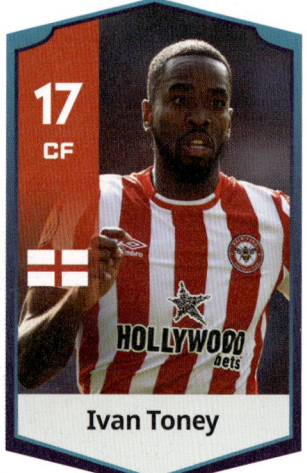

17 CF
Ivan Toney

아이반 토니

국적 잉글랜드 | **나이** 27 | **신장** 179 | **체중** 70 | **평점** 7.25

토니의 낭만적인 성공 스토리가 한순간에 멈췄다. 스포츠 베팅 관련 규정을 어기면서 2024년 1월 17일까지 무려 8개월 동안 출전할 수 없게 됐다. 시즌 전반기를 통째로 날리게 된 격이다. 지난 시즌 내내 수많은 러브콜을 받을 만큼 에이스다운 활약을 보였기에 브렌트포드의 고민은 클 수밖에 없다. 신장이 크지는 않지만, 준수한 피지컬과 엄청난 탄력으로 리그 최고의 공중볼 경합 능력을 가졌다. 결정력도 매우 준수해 빅찬스 미스가 거의 없고 자메이카 출신 공격수답게 발도 빠르다. 지난 시즌 브렌트포드 공격의 전부라고 해도 과언이 아니었을 만큼 뛰어난 활약을 펼쳤기에, 브렌트포드의 새 시즌 전반기는 아이반 토니의 부재를 어떻게 메우느냐에 달려 있다.

2022/23시즌

	GAMES	MINUTES	GOAL	ASSISTS	
9	33	2,955	20	4	
	2.8 경기당슈팅	33 유효슈팅	추정가치: 35,000,000€	22.3 경기당패스	62.00 패스성공률	0

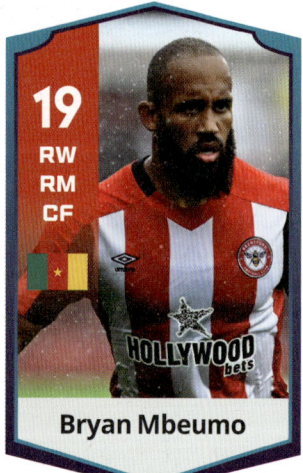

19 RW RM CF
Bryan Mbeumo

브라이언 음뵈모

국적 카메룬 | **나이** 23 | **신장** 173 | **체중** 72 | **평점** 7.01

챔피언십 무대에서 펄펄 날던 만큼의 퍼포먼스는 아직 나오지 않고 있다. 물론 2021/22시즌보다는 조금 더 PL에 잘 적응한 모습. 하지만 아직 보여줘야 할게 많이 남아 있다. 주 포지션은 우측 윙어. 반대발 윙어로서 중앙으로 접고 들어가 강력한 왼발 슈팅을 자주 시도한다. 날카로운 왼발을 통한 키 패스 능력도 출중해 2020/21시즌 챔피언십에서는 팀 내 최다 도움을 기록하기도 했다. 요아네 위사와 마찬가지로 아이반 토니의 부재 속에 많은 역할을 보여줘야 하는 올 시즌 공격의 열쇠다. 시즌이 거듭될수록 빅리그에 적응을 하고 있기에 음뵈모의 이번 시즌을 눈여겨 볼 필요가 있다.

2022/23시즌

	GAMES	MINUTES	GOALS	ASSISTS	
5	38	2,931	9	8	
	1.9 경기당슈팅	32 유효슈팅	추정가치: 35,000,000€	21.3 경기당패스	73.70 패스성공률	0

전지적 작가 시점

김용남이 주목하는
브렌트포드의 원픽!

마티아스 옌센

지금 **브렌트포드**에
이 선수가 있다면!

조규성

아이반 토니가 없는 상황에서 브라이언 음뵈모와 요아네 위사의 역할은 중요하다. 이렇듯 공격 라인이 살아나기 위해서는 중원에서의 지원이 필수적이다. 그리고 그 역할의 주인공은 창의적인 플레이어 마티아스 옌센이 되어야 한다.

마티아스 옌센은 전형적인 10번 스타일 플레이메이커는 아니다. 하지만 꿀벌 군단의 패싱 게임과 전환 플레이에서 매우 중요한 역할을 보여줬다. 지난 시즌에도 프리미어리그 37경기에 출전하여 5골 6도움을 생산해내며 11회 공격 포인트를 기록했다.

명실공히 토마스 프랑크 감독 전술의 핵심으로 올라섰다. 브렌트포드의 모든 플레이는 마티아스 옌센부터 시작한다고 해도 과언이 아니다. 시즌 초반 팀의 위기는 오히려 다양한 선수들의 기회가 된다. 특히나 마티아스 옌센에게는 더욱 빛날 수 있는 기회가 될 것이다.

전북현대를 떠나 덴마크 무대에 새롭게 둥지를 튼 조규성의 존재감은 엄청났다. 입단 직후 리그 3경기에서 모두 득점을 기록하며 미트윌란의 최근 15년 역사상 유일한 기록까지 썼다. 카타르 월드컵 당시에는 피지컬 좋은 빅리거들 사이에서도 맞설 수 있는 능력을 보여줬다. 이렇게 국제무대 경쟁력을 보여주며 입단 직후 새 역사까지 만들고 있는 조규성은 아이반 토니의 공백을 메꿔줄 수 있는 자원이다.

나아가 미트윌란과 브렌트포드는 공동 구단주 매튜 밴햄이 팀을 이끌고 있기 때문에 조규성이 꾸준히 활약상을 이어간다면 전혀 불가능한 이야기도 아니다. 매튜 밴햄 구단주는 데이터를 활용한 '통계 축구'를 실현하고 있다. 그 중에서도 세트피스를 유난히 강조해 전문 연구소까지 만들어 특성화에 힘을 기울였다. 헤더에 강점이 있는 조규성에게는 더할 나위 없이 좋은 배경이 될 수 있다. 2021/22시즌 프랑크 오네카는 미트윌란에서 브렌트포드로 이적해 좋은 활약을 보여줬다. 이런 긍정적인 선례처럼 조규성이 빅리그 무대를 누빌 수 있는 밝은 미래를 꿈꿔본다.

MAREK RODÁK
BERND LENO
KENNY TETE
CALVIN BASSEY
TOSIN ADARABIOYO
TIM REAM
TIMOTHY CASTAGNE
ISSA DIOP
HARRISON REED
TOM CAIRNEY
ANDREAS PEREIRA
JOÃO PALHINHA
SAŠA LUKIĆ
TYRESE FRANCOIS
LUKE HARRIS
RAÚL JIMÉNEZ
HARRY WILSON
ADAMA TRAORÉ
BOBBY DE CORDOVA-REID
RODRIGO MUNIZ
WILLIAN BORGES DA SILVA
CARLOS VINICIUS

Fulham

FULHAM

풀럼 Fulham FC

창단 년도	1879년
최고 성적	7위 (2008/09)
경기장	크레이븐 코티지 (Craven Cottage)
경기장 수용 인원	22,384명
경기장 위치	Stevenage Rd, London SW6 6HH
지난 시즌 성적	10위
별칭	The Cottagers (카티저스)
상징색	블랙, 화이트
레전드	바비 롭슨, 조니 헤인즈, 조지 코헨, 고든 데이비스, 폴 콘체스키 등

히스토리

풀럼은 150년에 가까운 긴 역사를 자랑하지만 아직까지 1부 리그나 유럽 무대에서 뚜렷한 성적을 남기지 못하고 있다. 3부 리그와 2부 리그에서 우승은 있지만, FA컵이나 리그컵 등의 우승도 없다. 잉글랜드 런던의 풀럼 지역의 교회 축구단으로 시작한 풀럼은 대부분을 하부 리그에서 보냈기 때문에 우승과는 거리가 먼 전력을 지닌 클럽이었다. 그래도 2000년대 들어와 프리미어리그에 복귀한 후에는 점차 경쟁력을 갖추기 시작했고, 2009/10시즌에는 유로파리그 결승까지 진출하는 놀라운 성적을 냈다. 지난 몇 년간 챔피언십과 프리미어리그에서 승격과 강등을 반복했지만, 마르코 실바 감독이 지휘봉을 잡은 이후에는 잔류 이상의 성적을 거두고 다시 한 번 중위권 도약을 꿈꾸고 있다.

최근 5시즌 리그 순위 변동

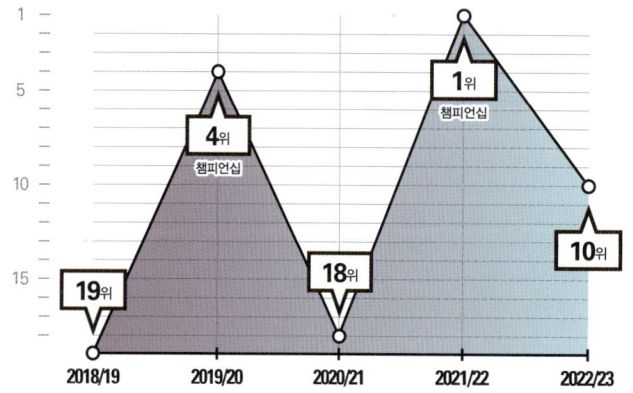

클럽레코드 IN & OUT

최고 이적료 영입 IN

장 미카엘 세리
3,000만 유로
(2018년 7월, from 니스)

최고 이적료 판매 OUT

알렉산다르 미트로비치
5,260만 유로
(2023년 8월, to 알힐랄)

CLUB & MANAGER

마르코 실바 Marco Silva

1977년 7월 12일 | 46세 | 포르투갈

감독의 능력으로 성공적인 프리미어리그 안착

선수 시절에는 주로 하부 리그에서 뛰면서 크게 주목받지 못했으나, 은퇴 당시 소속팀이던 이스트릴의 감독을 맡자마자 승격을 시키면서 감독으로서의 재능을 인정받았다. 헐시티, 왓포드, 에버튼 등 앞선 세 번의 프리미어리그 도전은 실패에 가까웠으나 풀럼에서는 챔피언십에서 압도적인 성적에 이어 프리미어리그에서도 10위를 차지했다. 풀럼이 강등 후보로 꼽혔던 것을 생각하면 기대 이상의 성적을 거둔 셈. 포르투갈 출신 지도자답게 높은 점유율을 바탕으로 주도적인 축구를 추구해 상대적으로 전력이 열세이거나 소극적인 축구를 구사하는 팀에게는 대부분 유리한 상황을 이끌어냈다. 한편으로 강팀들에게는 별다른 이변을 만들지 못하고 그저 약한 모습을 보였는데, 새로운 시즌에는 이러한 부분도 보완할 수 있을지 기대된다.

감독 인터뷰

"시즌이 끝난 뒤 몇몇 제안을 받았지만, 내 결정은 풀럼에 남는 것이었다. 나는 프리미어리그에 있는 것이 행복하다. 세계에서 가장 어려운 리그에서 최고의 레벨에 계속 도전하고 싶다."

감독 프로필

통산	선호 포메이션	승률
419경기 211승 83무 125패	4-2-3-1	50.36%

시즌 키워드

#HappyPL | #잔류그이상 | #유럽무대도전

우승 이력

- 포르투갈 컵 (2014/15)
- 그리스 리그 (2015/16)
- 잉글랜드 챔피언십 (2021/22)

경력

2011~2014	2014~2015	2015~2016	2017	2017~2018	2018~2019	2021~
이스트릴프라이아	스포르팅포르투갈	올림피아코스	헐시티	왓포드	에버튼	풀럼

FULHAM

IN

- 라울 히메네스 (울버햄튼)
- 아다마 트라오레 (자유계약)
- 캘빈 배시 (아약스)
- 호드리구 무니스 (임대복귀)
- 알렉스 이워비 (에버튼)
- 알렉스 카스타뉴 (레스터시티)

OUT

- 파울로 가차니가 (지로나)
- 조 브라이언 (밀월)
- 네스켄스 케바노 (알자지라)
- 셰인 더피 (노리치)
- 스티븐 세세뇽 (계약종료)
- 알렉산다르 미트로비치 (알힐랄)
- 케빈 음바부 (아우크스부르크, 임대)

히든풋볼의 이적시장 평가

충분한 스쿼드를 구축하지 못했다. 실바 감독으로서는 불만스러울 수밖에 없는 상황인데, 역설적으로 지난 시즌 기대 이상의 성적을 거뒀기에 구단의 대응이 미온적이라는 시선도 있다. 공격과 수비에서 일부 영입을 하긴 했지만 크게 전력이 상승했다고 보기는 어렵다. 라울 히메네스는 능력 자체가 하락한 선수로 보이고, 배시가 수비의 모든 문제를 해결하긴 어려울 것이다. 미트로비치의 이탈도 큰 마이너스 요소이다.

히든풋볼 이적시장 평가단

SQUAD & BEST11

포메이션:
- 7 히메네스
- 20 윌리안
- 18 페레이라
- 8 윌슨
- 26 팔리냐
- 6 리드
- 33 로빈슨
- 13 림
- 31 디오프
- 2 테테
- 17 레노

2022/23시즌 스탯 Top 3

득점 Top 3
- 알렉산다르 미트로비치 **14**골
- 윌리안 **5**골
- 카를로스 비니시우스 **5**골

도움 Top 3
- 안드레아스 페레이라 **6**도움
- 윌리안 **5**도움
- 케니 테테 **5**도움

출전시간 Top 3
- 베른트 레노 **3,240**분
- 주앙 팔리냐 **3,108**분
- 안토니 로빈슨 **3,088**분

히든풋볼의 순위 예측

공격력보다는 미드필더와 수비라인에 안정감이 느껴진다. 쉽지 않겠지만 어느 정도는 버텨낼 것으로 보인다.

마르코 실바의 풀럼은 빠르고 상대를 강하게 압박한다. 비록 미트로비치가 빠졌지만 중위권은 충분히 가능.

마르코 실바 감독은 팀을 잘 이끌지만, 선수층의 한계가 느껴진다.

미트로비치의 이적은 타격이지만 히메네스 영입으로 손실을 최소화했다. 지난 시즌 순위 정도는 가능하다.

확실히 마무리를 지을 수 있는 공격수가 빈약하다. 측면 수비의 불안감도 공존한다.

미트로비치의 이탈과 여전히 얇은 스쿼드 뎁스가 이번 시즌은 큰 문제로 작용될 것으로 보인다.

- **11위** 이주헌
- **12위** 박종윤
- **11위** 박찬우
- **12위** 송영주
- **12위** 김용남
- **15위** 이완우

풀럼의 돌풍 어디까지 이어질까

네 번째 프리미어리그 도전에서 마침내 마르코 실바는 유의미한 결과를 만들었다. 2018/19시즌 프리미어리그로 복귀한 이래 4년간 승격과 강등을 반복하던 풀럼을 이끌고 10위라는 기대 이상의 성적을 거뒀다. 시즌이 시작되기 전 풀럼은 강등 후보 중 하나였다. 아무리 챔피언십에서 우승을 차지한 팀이라도, 기대는 크지 않았다. 그러나 풀럼은 개막전 리버풀과의 경기에서 2-2로 무승부를 거두더니, 이후 차곡차곡 승점을 쌓아 강등권과는 일찌감치 거리를 두었다. 미트로비치는 프리미어리그에서도 통하는 공격수로 거듭났고, 돌아온 윌리안도 여전히 경쟁력이 있었다.

풀럼의 성공에는 실바 감독을 빼놓을 수 없다. 과거 그가 맡았던 헐시티, 왓포드, 에버튼 등 세 차례의 프리미어리그 도전에서는 불운과 부진이 겹쳐 불행한 결과를 맞았지만, 풀럼만은 달랐다. 챔피언십에서는 압도적인 성적으로 승격을 빠르게 확정 지었고, 프리미어리그에서는 상대하기 까다로운 팀을 만들었다. 실바가 만든 풀럼은 어떤 팀을 만나더라도 능동적인 축구를 구사하려고 하는 점이 가장 큰 특징이었다. 선수단의 부족함이 있더라도 확고한 축구철학을 경기장 내에서 구현하려고 했고, 이를 시즌 초부터 끝까지 밀어붙였다.

그 결과 풀럼은 자신보다 전력이 강한 팀에게는 많이 고전했다. 소위 말하는 빅6 팀들에게는 단 1승밖에 거두지 못했다. 대신에 풀럼은 자신과 비슷한 전력이거나 약한 팀을 상대로는 확실하게 승점을 챙겼다. 지난 시즌 풀럼의 평균 점유율은 50%에 조금 못 미치는 정도였는데, 이는 프리미어리그에서 딱 중간 정도에 해당하는 수치였다. 점유율뿐만 아니라 득점수, 패스성공률 등 대부분의 지표가 리그 중간 정도였는데, 강팀들을 상대로 할 때 떨어진 수치를 약팀들과 상대할 때 다 만회했기 때문에 가능한 결과였다. 그래서 풀럼의 성적은 무승부가 적고 승리와 패배수가 비슷했다.

다만, 이번 시즌의 전망이 마냥 좋다고 보기는 어렵다. 지난 시즌에도 실바 감독은 충분하지 못한 지원에 불만을 나타냈지만, 이번 시즌 역시 선수단의 수준이 높아졌다고 보기는 어렵다. 상대도 지난 시즌 풀럼의 강점을 확인한 만큼 더욱 철저히 분석할 것이므로, 지난 시즌만큼 승수를 쌓지 못할 가능성도 높아졌다. 게다가 풀럼만큼이나 압도적인 성적을 내면서 새로 승격한 번리의 가세도 풀럼에게는 달갑지 않다. 그러나 실바 감독이 사우디의 유혹에도 팀에 남으면서 선수단에게 강한 동기를 심어줬고, 팔리냐 같은 선수들이 팀의 주축이 된 만큼 풀럼은 이제 프리미어리그 내에서도 무시하기 힘든 팀으로 남을 것이다.

FULHAM

17 GK
Bernd Leno

베른트 레노
국적 독일 | **나이** 31 | **신장** 189 | **체중** 82 | **평점** 6.94

아스널을 떠난 레노는 다시 한 번 자신이 얼마나 우수한 골키퍼인지 증명했다. 풀럼에서의 레노는 분데스리가 시절부터 지적된 단점들이 거의 드러나지 않았다. 공중볼 처리에 대한 불안함이나 집중력을 잃는 모습은 드물었고, 시즌 내내 안정감 있게 골문을 지켰다. 풀럼으로 이적한 뒤 모든 리그 경기에 선발 출전했고, 전부 풀타임을 소화했다. 원래부터 선방 능력은 정평이 나 있는 선수였고, 발밑도 준수해 풀럼의 승강 반복을 끝내는 데 많은 공헌을 했다. 카타르 월드컵에서 독일 대표팀으로 참가하지 못한 것만이 유일하게 아쉬웠던 시즌이었다.

2022/23시즌

	36 GAMES	3,240 MINUTES	51 실점	77.10 선방률	
3	142 세이브	8 클린시트	추정가치: 12,000,000€	33.5 경기당패스	76.30 패스성공률	0

3 CB
Calvin Bassey

캘빈 배시
국적 나이지리아 | **나이** 23 | **신장** 185 | **체중** 76 | **평점** 6.83

배시는 체격 조건이 좋고, 기동력도 갖추고 있어서 센터백부터 풀백까지 수비의 모든 포지션을 소화할 수 있는 다재다능한 선수이다. 빠른 발로 상대를 따라잡거나, 높은 점프력으로 제공권을 확보하는 등 기본적인 수비력은 괜찮은 편이지만, 상대가 속임 동작을 통해 돌아서거나 예측이 필요한 수비 상황에서는 아쉬운 점이 있다. 또 발밑도 좋은 편은 아니어서 빌드업에 어려움을 겪는다. 이런 점 때문에 과거 레인저스에서는 핵심 수비수로 활약했지만, 아약스에서는 생각보다는 중용받지 못했다. 어린 시절 레스터시티의 유스팀에서 활동했던 그는 정말 오랜만에 잉글랜드 무대로 돌아오게 되었는데, 풀럼에서도 주전보다는 벤치에서 시작할 가능성이 높다.

2022/23시즌

	25 GAMES	1,801 MINUTES	1 GOALS	3 ASSISTS	
0	0.3 경기당슈팅	- 유효슈팅	추정가치: 15,000,000€	58.9 경기당패스	89.00 패스성공률	0

13 CB
Tim Ream

팀 림
국적 미국 | **나이** 35 | **신장** 185 | **체중** 72 | **평점** 6.68

나이가 들수록 더 완숙한 기량을 선보이고 있는 풀럼의 후방 빌드업 리더. 왼발 패스 능력이 뛰어난 선수로 풀럼의 공격 전개는 주로 림으로부터 시작된다. 같은 미국 국적의 왼쪽 수비수 로빈슨과의 호흡이 좋아 풀럼의 좌측 전개는 시원시원하다는 느낌을 자주 받는다. 무난한 수비력도 함께 갖춘 선수로 여전히 풀럼에서 림의 영향력은 대단히 크다. 시즌 말미에 팔 골절로 인해서 출장하지 못한 것을 제외하면 언제나 꾸준한 활약을 펼치는 선수. 카타르 월드컵에서도 미국 대표팀으로 참가해 16강까지 4경기를 모두 풀타임 출장했다.

2022/23시즌

	33 GAMES	2,899 MINUTES	1 GOALS	0 ASSISTS	
2	0.1 경기당슈팅	2 유효슈팅	추정가치: 1,000,000€	57.6 경기당패스	87.00 패스성공률	0

PLAYERS

이사 디오프

국적 프랑스, 세네갈 | **나이** 26 | **신장** 194 | **체중** 92 | **평점** 6.65

웨스트햄 시절에는 첫 시즌을 제외하면 부상과 부진으로 실패에 가까웠지만, 풀럼에 와서 부활에 성공했다. 큰 체격에 빠른 발을 갖춰 수비수로서는 이상적인 신체조건을 갖고 있으며, 이를 바탕으로 과감하고 적극적인 수비를 시도한다. 다소 불안해 보여도 종종 직접 공을 몰고 전방으로 전진하기도 한다. 풀럼으로 이적했을 때 반신반의하는 눈초리가 많았지만, 시즌 중반에 애더러바이오요가 부진하고, 팀 림이 부상으로 빠졌을 때 그 공백을 잘 메워주면서 신뢰를 얻었다. 새로운 시즌에서는 주전 수비수로 더 많은 출전 시간을 부여받을 가능성이 높다.

2022/23시즌

	GAMES	MINUTES	GOALS	ASSISTS	
2	25	2,009	1	0	0
	0.1 경기당슈팅	2 유효슈팅	추정가치: 18,000,000€	55.8 경기당패스	87.10 패스성공률

안토니 로빈슨

국적 미국 | **나이** 25 | **신장** 183 | **체중** 72 | **평점** 6.74

챔피언십 최고의 레프트백은 프리미어리그에서도 나름의 존재감을 보였다. 빠른 발과 좋은 왼발 킥으로 림의 패스를 받아 측면을 파고드는 로빈슨의 모습은 꽤 위력적이었다. 공격 포인트는 적지만, 스탯 이상의 영향력을 보였다. 미국 대표팀에서도 이 둘의 훌륭한 조합은 카타르 월드컵까지 잘 이어졌다. 공격적인 면에서는 프리미어리그에서도 통할 만큼 괜찮았지만, 수비력은 좀 더 개선할 필요가 있다. 윙어들의 수준이 올라간 만큼 더 적극적인 수비와, 예측을 통한 선제적인 수비가 필요한데, 이 점에서 로빈슨은 다소 부족한 모습을 보였다. 풀백으로는 작지 않은 키인데도 제공권은 아쉬운 편이다.

2022/23시즌

	GAMES	MINUTES	GOALS	ASSISTS	
8	35	3,089	0	1	1
	0.1 경기당슈팅	0 유효슈팅	추정가치: 15,000,000€	41.9 경기당패스	76.90 패스성공률

케니 테테

국적 네덜란드 | **나이** 27 | **신장** 180 | **체중** 71 | **평점** 6.98

음바부의 영입으로 험난한 주전 경쟁이 예상되었지만, 오히려 승리자는 테테였다. 빠른 발에 날카롭고 정확한 크로스 능력을 갖춘 우측 수비수로 리옹에서는 2019/20시즌 챔피언스리그 4강 진출에도 공헌했다. 풀럼으로 이적한 뒤에는 챔피언십에서도 니코 윌리엄스의 활약에 밀려 주전이 되지 못했지만, 두 번째 프리미어리그 도전인 2022/23시즌에는 꾸준하게 준수한 활약을 펼치면서 풀럼이 기대 이상의 성적을 거두는 데 도움을 줬다. 공격력도 좋지만, 끈질긴 수비력을 함께 갖춰서 상대 윙어들을 고전하게 만들 수 있는 선수이다.

2022/23시즌

	GAMES	MINUTES	GOALS	ASSISTS	
8	31	2,575	1	5	0
	0.4 경기당슈팅	5 유효슈팅	추정가치: 15,000,000€	35.9 경기당패스	76.00 패스성공률

FULHAM

26 DM
João Palhinha

주앙 팔리냐

국적 포르투갈 | **나이** 28 | **신장** 190 | **체중** 77 | **평점** 6.93

프리미어리그에 오자마자 리그 최고 수준의 활약을 펼친 미드필더. 장점으로 평가받던 신체조건을 무기로 한 강력한 수비력은 시즌 초반 풀럼의 상승세에 아주 큰 기여를 했다. 미드필드에서 폭 넓은 커버, 몸싸움을 통한 경합, 과감한 태클 등 팔리냐의 영향력은 대단했다. 이를 통해 풀럼은 어느 팀을 만나더라도 미드필드에서 마냥 밀리지는 않았으며, 상대적으로 전력이 열세인 팀과 겨룰 때는 많은 점유율을 가져가며 주도적인 경기를 할 수 있었다. 포르투갈 대표로 카타르 월드컵에 참가했으나, 후벵 네베스에게 밀려 선발로 출전하지는 못했고, 한국과의 경기에서도 교체로 출전했다.

2022/23시즌

14	35 GAMES	3,113 MINUTES	3 GOAL	0 ASSISTS	0
	1.1 경기당슈팅	9 유효슈팅	추정가치: 40,000,000€	36.2 경기당패스	83.00 패스성공률

6 CM
Harrison Reed

해리슨 리드

국적 잉글랜드 | **나이** 28 | **신장** 180 | **체중** 72 | **평점** 6.5

기대했던 대로 리드는 팔리냐와 함께 풀럼의 중요한 미드필더로 활약했다. 장점인 부지런한 활동량을 바탕으로 팀이 안정적인 점유율을 확보하는 데 일조했으며, 우측에서 침투를 자주 시도하면서 공격적인 부분에서도 한 단계 발전한 모습을 보였다. 리드는 팔리냐만큼 수비력이 두드러지지는 않지만, 폭넓게 움직이면서 팀 전체가 유기적으로 움직일 수 있는 기반을 만들어주고, 한번씩 나오는 롱패스 능력을 통해서 의외의 장면을 만들어내기도 한다. 이제 프리미어리그에서는 세 번째 시즌을 맞이하는 리드가 얼마나 더 안정적인 플레이를 선보일지 기대된다.

2022/23시즌

5	37 GAMES	2,882 MINUTES	3 GOAL	4 ASSISTS	0
	0.5 경기당슈팅	7 유효슈팅	추정가치: 18,000,000€	32.9 경기당패스	79.80 패스성공률

28 CM
Saša Lukić

사샤 루키치

국적 세르비아 | **나이** 27 | **신장** 183 | **체중** 76 | **평점** 6.17

지난 시즌 도중, 겨울이적시장에서 풀럼으로 이적한 미드필더. 루키치는 준수한 패스 능력을 보유한 선수로, 토리노에서는 핵심 미드필더로 활약하면서 안정적인 전개 능력을 선보였다. 토리노의 유리치 감독은 강한 압박과 많은 활동량을 미드필더에게 요구하는데, 이러한 점을 모두 충족시켰던 선수가 루키치였다. 그러나 풀럼에서는 아직까지 장점이 크게 드러나지는 않고 있는데, 세리에와 비교하여 경기 템포가 빠른 면도 있고, 주로 후반에 교체로 출전했기 때문에 루키치 위주로 패스 네트워크가 구축되지 않았기 때문이다. 세르비아 대표로 2022 카타르 월드컵에 참여했고, 3경기 모두 선발로 나와 활약했다.

2022/23시즌

1	12 GAMES	409 MINUTES	0 GOALS	0 ASSISTS	0
	0.4 경기당슈팅	- 유효슈팅	추정가치: 12,000,000€	18 경기당패스	88.40 패스성공률

PLAYERS

안드레아스 페레이라

국적 브라질 | **나이** 27 | **신장** 178 | **체중** 71 | **평점** 6.73

다시 프리미어리그로 돌아온 페레이라는 분명히 맨체스터유나이티드 시절보다는 나아졌다. 조국인 브라질로 돌아가 임대 생활을 이어가며 기량 정체를 벗어나기 위한 노력을 했고, 빅클럽보다 심리적으로 부담감이 덜한 상황에 놓이자 괜찮은 활약을 보이기도 했다. 풀럼에서의 그는 맨유 때보다 의식적으로 간결한 플레이를 선보였고, 부상 전까지 꾸준하게 기용됐다. 좋은 킥 능력으로 팀 내 가장 많은 어시스트를 기록하며 세트피스에서 날카로운 모습을 보이기도 했지만, 초특급 유망주로 각광받으며 정상급 선수로의 성장을 바라던 기대치에는 아직도 못미친다.

2022/23시즌

8	33 GAMES	2,718 MINUTES	4 GOALS	6 ASSISTS	0
	1.9 경기당슈팅	22 유효슈팅	추정가치: 18,000,000€	25.9 경기당패스	73.70 패스성공률

바비 데코르도바리드

국적 자메이카 | **나이** 30 | **신장** 170 | **체중** 66 | **평점** 6.46

팀이 필요로 하는 위치라면 어디에서나 뛰었던 만능 유틸리티 자원. 한 시즌 동안 좌우 측면과 중앙을 가리지 않고 센터백과 골키퍼만 제외하면 전 포지션을 다 뛰었다. 단순히 강조의 표현이 아니라, 정말로 최전방, 좌우 측면 윙어, 공격형 미드필더, 그리고 우측 풀백까지 다양한 포지션을 소화했다. 데코르도바리드는 기본적으로 빠른 발과 드리블 능력을 갖추고 있어 그동안은 주로 공격적인 포지션에 많이 기용됐지만, 풀백에서도 무난한 활약을 보여 팀에 많은 도움을 주었다. 우측 윙어로서 리드가 높은 경쟁력을 갖추고 있다고 보기는 어렵지만, 멀티 포지션이라는 장점은 크다.

2022/23시즌

8	36 GAMES	2,487 MINUTES	4 GOALS	1 ASSISTS	0
	0.9 경기당슈팅	10 유효슈팅	추정가치: 7,000,000€	21.7 경기당패스	72.40 패스성공률

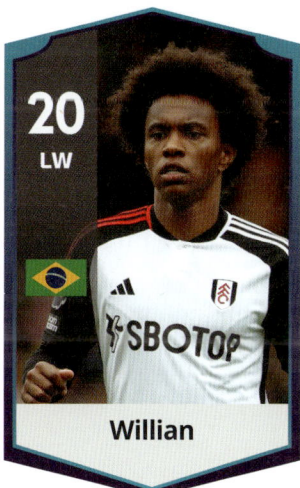

윌리안

국적 브라질 | **나이** 34 | **신장** 175 | **체중** 77 | **평점** 6.99

2021년 오랜 유럽생활을 마치고 고국인 브라질로 돌아갔던 윌리안이 돌아왔다. 코린치안스에서 윌리안의 활약은 기대이하였는데, 이 때문에 서포터들에게 많은 비난을 받았고 가족에 대한 협박까지 받았다. 결국 윌리안은 브라질을 떠나기로 결정하고 풀럼에 입단하며 프리미어리그로 돌아왔다. 전성기가 지난 선수이기에 많은 우려가 있는 영입이었지만, 윌리안은 시즌 내내 꾸준하게 활약하면서 그러한 우려는 기우에 불과하다는 것을 스스로 입증했다. 과거와 같은 스피드는 더 이상 보여주지 못해도, 노련미를 통해 수비를 흔드는 모습만은 여전해 꽤 많은 공격 포인트를 올렸다.

2022/23시즌

2	27 GAMES	2,144 MINUTES	5 GOALS	5 ASSISTS	0
	1.5 경기당슈팅	17 유효슈팅	추정가치: 3,000,000€	31.3 경기당패스	82.30 패스성공률

FULHAM

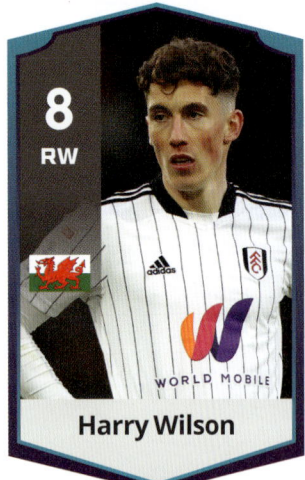

8 RW
Harry Wilson

해리 윌슨

국적 웨일스 | **나이** 26 | **신장** 173 | **체중** 70 | **평점** 6.43

지난해는 시즌이 시작되기 직전 무릎 부상을 당해 개막 이후 두 달 넘게 경기에 출전하지 못했다. 마르코 실바 감독 아래서 한층 성장한 모습을 보였기에 기대가 많이 되는 시즌이었지만, 부상으로 불운하게 한동안 폼을 찾지 못해 부진한 모습을 보였다. 그동안 윌슨은 좋은 왼발 킥과 연계능력으로 챔피언십에서 준수한 모습을 보였지만, 프리미어리그에서는 신체능력의 한계로 아쉬운 모습이 많았는데, 이번에도 이런 점이 반복되는 것 같았다. 그러나 시즌 후반기로 갈수록 자신감을 찾으면서 팀의 공격을 주도했고, 만족스럽지는 않아도 미래가 더 기대되는 활약을 보였다.

2022/23시즌

1	29 GAMES	1,099 MINUTES	2 GOAL	3 ASSISTS	0
	0.6 경기당슈팅	4 유효슈팅	추정가치: 16,000,000€	13 경기당패스	80.30 패스성공률

11 RW
Adama Traore

아다마 트라오레

국적 스페인 | **나이** 27 | **신장** 178 | **체중** 86 | **평점** 6.48

보디빌더를 연상시키는 엄청난 근육에, 폭발적인 스피드를 자랑하는 윙어. 아다마의 가장 큰 장점은 뛰어난 신체조건과 운동능력을 발휘하여 말 그대로 측면을 지배하는 점이다. 하지만, 부정확한 킥과 판단력 때문에 실속은 적은 편이다. 아다마는 드리블이나 돌파만 놓고 본다면 전 세계 누구보다도 뛰어난 선수라고 해도 과언이 아니지만, 이후의 크로스, 슈팅, 패스 등 마지막 선택지에서는 아쉬운 장면이 많다. 또 뛰어난 운동능력을 갖고 있음에도 잔부상이 많아 꾸준하게 출장을 하지 못하는 것도 판단력을 기르는 데 방해가 된 부분도 있다. 세계 최고의 선수가 될 만한 신체를 가졌지만, 그에 걸맞은 두뇌가 따라오지 못해 안타까운 케이스.

2022/23시즌

2	34 GAMES	1,492 MINUTES	2 GOAL	1 ASSISTS	0
	0.6 경기당슈팅	- 유효슈팅	추정가치: 10,000,000€	12.1 경기당패스	74.10 패스성공률

7 CF
Raúl Jiménez

라울 히메네스

국적 멕시코 | **나이** 32 | **신장** 190 | **체중** 76 | **평점** -

히메네스가 풀럼에서 다시 살아날 수 있을까. 너무나 극명하게 기량이 하락했기에 울브스 팬들에게 아쉬움을 남긴 그는 이제 풀럼에서 새로운 출발을 하게 됐다. 큰 키에 빠른 발, 거기에 준수한 연계 능력과 높은 결정력까지 갖췄 한 때는 케인과 비교될 정도였던 이 공격수는 두개골 부상 이후로 단 한 번도 최전성기의 모습을 보여주지 못했다. 2019/20시즌 리그에서만 17골을 넣었던 히메네스는 지난 3년간 모든 대회에서 넣은 골을 다 합쳐도 13골에 불과하다. 두개골 부상 이후로도 이런 저런 부상에 시달려, 무엇보다 시즌을 건강하게 보내는 것이 중요하다. 카타르 월드컵에도 참가했지만, 3경기 모두 교체로만 출전했다.

2022/23시즌

0	15 GAMES	843 MINUTES	0 GOALS	1 ASSISTS	0
	1.3 경기당슈팅	9 유효슈팅	추정가치: 6,000,000€	12.6 경기당패스	70.90 패스성공률

전지적 작가 시점

박찬우가 주목하는 풀럼의 원픽!
주앙 팔리냐

지난 시즌 풀럼의 성적에 가장 큰 기여도를 가진 선수를 꼽으라면, 대부분은 주앙 팔리냐를 고를 것 같다. 이적하자마자 기대 이상으로 빠르게 팀에 자리잡았고, 이제 팔리냐가 없는 풀럼은 상상할 수 없을 정도다. 팔리냐의 영입으로 풀럼은 팔리냐-리드라는 안정적인 중원 조합을 꾸릴 수 있게 됐고, 이는 풀럼이 주도적인 축구를 시도하는 데 가장 큰 바탕이 됐다. 팔리냐의 중원 장악력과 리드의 공격지원은 팀의 전체적인 완성도를 높였다.

팔리냐는 다재다능한 미드필더이다. 뛰어난 피지컬을 이용해서 상대와의 경합에 능하고 제공권도 탁월하다. 거기에 넓은 커버 범위를 갖고 있어 수비에 많은 기여를 할 뿐만 아니라, 빌드업도 안정적으로 할 수 있는 선수이다. 이런 장점이 있기에 풀럼은 약팀과의 경기에서 공을 잘 지켜내며, 원하는 대로 경기를 운영할 수 있었다. 이번 시즌에도 팔리냐가 지난 시즌만큼 좋은 활약을 펼칠 수 있느냐는 풀럼의 성적과 직결될 것이다. 프리미어리그 첫 시즌에 좋은 활약을 펼치고도, 다음 시즌 곧바로 소포모어 징크스를 겪으면서 부진한 예는 수없이 많다. 지난 시즌보다 더 많은 견제와 도전이 따라올 이번 시즌의 팔리냐는 어디까지 발전할 수 있을까?

지금 풀럼에 이 선수가 있다면!
무사 뎀벨레

우리에겐 토트넘의 미드필더로 깊이 각인되어 있지만, 무사 뎀벨레는 토트넘으로 이적하기 전 2년간 풀럼에서 활약했다. 재미있는 건 이 벨기에의 무사 뎀벨레와 동명이인인(사실 알파벳 표기는 Mousa와 Moussa로 다르기에 엄밀히는 동명이인이 아니다.) 프랑스 출신의 공격수인 무사 뎀벨레도 풀럼에서 뛴 적이 있다. 풀럼이 전반적으로 각 포지션에 골고루 좋은 선수를 갖추었다고 보기는 어렵다. 그래도 미드필더는 팔리냐가 가세하면서 꽤 경쟁력이 높은 부분인데, 강점을 더 강하게 만들 수 있다면 풀럼이 더 괜찮은 성적을 거둘 수 있지 않을까?

그래서 생각난 선수가 바로 무사 뎀벨레이다. 원래 무사 뎀벨레는 공격수 출신으로 본격적으로 미드필더로 뛰기 시작한 것이 바로 풀럼 시절이었다. 뎀벨레는 중원에서 상대 압박을 잘 벗어나, 공을 가지고 전진하는 능력이 대단히 뛰어난 선수였다. 게다가 수비적인 능력도 좋은 선수여서, 현재 풀럼의 중원 구성이라면 이런 스타일의 선수가 더해질 경우 당장 리그에서도 매우 높은 상위권 수준의 미드필드진을 갖추게 될 것이다.

SAM JOHNSTONE
DEAN HENDERSON
ROB HOLDING
JOEL WARD
TYRICK MITCHELL
JAMES TOMKINS
MARC GUEHI
JOACHIM ANDERSEN
NATHANIEL CLYNE
CHRIS RICHARDS
MICHAEL OLISE
JEFFERSON LERMA
EBERECHI EZE
JEFFREY SCHLUPP
WILL HUGHES
MALCOLM EBIOWEI
CHEICK DOUCOUR
NAOUIROU AHAMADA
JORDAN AYEW
MATHEUS FRANCA DE OLIVEIRA
JEAN-PHILIPPE MATETA
ODSONNE ÉDOUARD

Crystal Palace

CRYSTAL PALACE

크리스탈팰리스 Crystal Palace

- 창단 년도 | 1905년
- 최고 성적 | 3위 (1990/91)
- 경기장 | 셀허스트 파크 (Selhurst Park)
- 경기장 수용 인원 | 25,486명
- 경기장 위치 | Holmesdale Rd, London SE25 6PU
- 지난 시즌 성적 | 11위
- 별칭 | The Eagles (이글스), The Glaziers (글레이저스)
- 상징색 | 블루, 레드
- 레전드 | 이안 라이트, 피터 심슨, 폴 하인셀우드, 짐 캐넌, 제프 토마스, 앤디 존슨, 나이젤 마틴, 윌프리드 자하 등

히스토리

크리스탈팰리스는 영국 런던 크로이던 자치구 셀허스트를 연고로 하는 축구 클럽이다. 1951년 1회 만국박람회를 위해 벽돌이 아닌 유리와 철로 건물을 지었는데 이 건물을 '크리스탈팰리스'라 불렀고, 당시 건설 노동자들을 중심으로 1905년 창단한 클럽이 크리스탈팰리스다. 크리스탈팰리스는 하부 리그 우승을 제외하면 우승과 연을 맺지 못했다. 잉글랜드 1부리그 최고 성적은 1990/91시즌 기록한 3위이고, FA컵 최고 성적은 준우승(2회)이다.

크리스탈팰리스는 1969/70시즌 처음으로 잉글랜드 1부 리그에 얼굴을 알린 후 승격과 강등을 반복했다. 2012/13시즌 챔피언십 5위로 승격 플레이오프를 거쳐 승격한 후, 프리미어리그 10위 안으로 진입한 적은 없지만 11시즌 연속으로 잔류하는 데 성공하며 저력을 입증하고 있다. 한국팬들에겐 과거 이청용이 활약했던 클럽으로 유명하고 '수정궁'이라는 정겨운 애칭으로 불린다.

최근 5시즌 리그 순위 변동

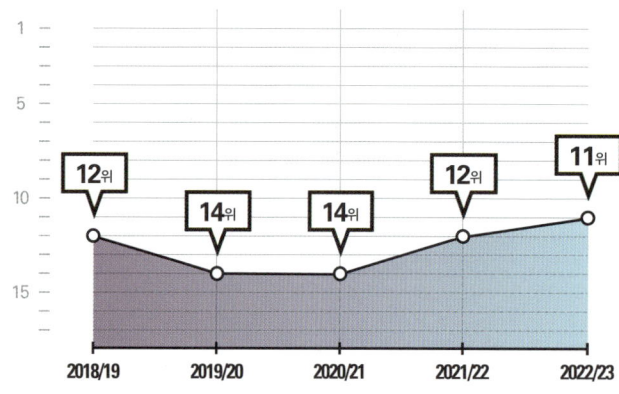

클럽레코드 IN & OUT

최고 이적료 영입 IN

크리스티안 벤테케
3,120만 유로
(2016년 8월, from 리버풀)

최고 이적료 판매 OUT

아론 완비사카
5,500만 유로
(2019년 7월, to 맨유)

CLUB & MANAGER

로이 호지슨 Roy Hodgson | 1947년 8월 9일 | 76세 | 잉글랜드

PL 최고령 감독 로이 호지슨, 그의 마지막 임무는?

프리미어리그 최고령 감독. 1976년 1월 스웨덴의 할름스타드 지휘봉을 잡으며 감독 생활을 시작한 지도 벌써 47년, 거의 반세기가 흘렀다. 하지만 그의 리더십과 선수 장악력, 전술 능력은 여전히 유효하다. 2021년 여름 크리스탈팰리스를 떠날 때만 해도 축구계에서 은퇴할 것이라고 알려졌지만 2022년 1월 왓포드 지휘봉을 잡더니 2023년 3월 파트리크 비에이라 감독이 경질되면서 크리스탈팰리스의 감독으로 다시 돌아왔다. 그리고 지난 시즌 10경기를 지휘하면서 승률 50%를 기록하며 건재함을 과시했다. 76세의 고령임을 고려할 때, 이번 시즌의 그의 마지막 시즌이 되지 않을까? 크리스탈팰리스와 로이 호지슨의 2023/24시즌은 여러 의미로 특별한 1년이 될 것이다.

감독 인터뷰

"크리스탈팰리스를 계속 지휘할 수 있어서 매우 기쁘고 자랑스럽다. 비록 윌프리드 자하와 같은 클럽의 상징적인 선수들을 잃었지만 우리가 얼마나 환상적인 스쿼드를 가지고 있는지 알고 있다. 경험 많은 선수들과 젊고 잠재력이 뛰어난 선수들의 조화를 통해 최대한의 경기력을 끌어내야 한다. 우린 야망을 가져야 하고 팬들을 즐겁게 해야 한다."

감독 프로필

통산
1,241 경기 533 승 340 무 368 패

선호 포메이션
4-4-2

승률
42.94%

우승 이력

- 알스벤스칸 (1976, 1979, 1985, 1986, 1987, 1988, 1989)
- 덴마크 수페르리가 (2000/01)
- 스웨덴 디비시온 2 (1984)
- 스벤스카 쿠펜 (1985/86, 1988/89)
- 스위스 슈퍼컵 (1990)
- 덴마크 슈퍼컵 (2001)

경력

할름스타드(1976~1980) | 브리스톨 시티(1982) | 오데볼드(1982) | 오레브루(1983~1984) | 말뫼(1985~1989) | 뇌샤텔 그자막스(1990~1992) | 스위스 대표팀(1992~1995) | 인테르(1995~1997) | 블랙번(1997~1998) | 인테르(1999) | 그라스호퍼(1999~2000) | 코펜하겐(2000~2001) | 우디네세(2001) | UAE 대표팀(2002~2004) | 바이킹(2004~2005) | 핀란드 대표팀(2006~2007) | 풀럼(2007~2010) | 리버풀(2010~2011) | 웨스트 브롬위치(2011~2012) | 잉글랜드 대표팀(2012~2016) | 잉글랜드 U-21 대표팀(2013) | 크리스탈팰리스(2017~2021) | 왓포드(2022) | 크리스탈팰리스(2023~)

CRYSTAL PALACE

IN

제퍼슨 레르마
(본머스)

마테우스 프랑카
(플라멩구)

롭 홀딩
(아스날)

딘 헨더슨
(맨유)

OUT

윌프리드 자하
(갈라타사라이)

잭 버틀런드
(레인저스)

루카 밀리보예비치
(계약종료)

제임스 매카서
(계약종료)

비센테 과이타
(셀타비고)

루크 플랑주
(칼라일)

FW
- 9 아이유
- 10 에제
- 14 마테타
- 22 에두아르

MF
- 7 올리스
- 8 레르마
- 11 프랑카
- 15 슐럽
- 19 휴즈
- 23 에비오이
- 28 두쿠레
- 29 아마다
- 44 리더발트
- 49 락사키

DF
- 2 워드
- 3 미첼
- 4 홀딩
- 5 톰킨스
- 6 게히
- 16 안데르센
- 17 클라인
- 26 리차즈
- 32 오브라이언
- 36 퍼거슨

GK
- 1 존스톤
- 30 헨더슨
- 31 매튜스

히든풋볼의 이적시장 평가

크리스탈팰리스의 여름은 득보다 실이 더 많았다. 레르마를 영입하며 미드필드를 강화했지만 전력 누수를 피할 수 없었다. 무엇보다 9시즌 동안 에이스 역할을 수행했던 자하가 갈라타사라이로 이적했음에도 그의 빈 자리를 메우지 못했다는 것이 크다. 베테랑 미드필더 밀리보예비치와 매카서가 떠났기에 레르마와 프랑카가 영입됐음에도 허리의 힘이 월등히 상승했다고 장담할 수 없다. 역시 이번 여름은 아쉬움이 남는다.

히든풋볼 이적시장 평가단

SQUAD & BEST11

포메이션

- 22 에두아르
- 9 아이유
- 10 에제
- 7 올리스
- 28 두쿠레
- 8 레르마
- 3 미첼
- 6 게히
- 16 안데르센
- 2 워드
- 1 존스톤

2022/23시즌 스탯 Top 3

득점 Top 3
- 에베레치 에제 — 10골
- 윌프리드 자하 — 7골
- 오드손 에두아르 — 5골

도움 Top 3
- 마이클 올리스 — 11도움
- 에베레치 에제 — 4도움
- 조던 아이유 — 3도움

출전시간 Top 3
- 마크 게히 — 3,330분
- 타이릭 미첼 — 2,896분
- 셰이크 두쿠레 — 2,786분

히든풋볼의 순위 예측

12위 이주헌

자하가 빠진 자리가 허전하다. 지난 시즌보다 더 나은 순위를 기대하기 힘들다.

13위 박종윤

자하가 빠졌지만 올리세를 지켰고 에제도 여전하다. 팀을 부드럽게 이끄는 백전노장 호지슨의 힘도 건재.

13위 박찬우

자하가 없다고 강등권까지 갈 팀은 아니지만, 그 이상도 바라기는 어렵다.

13위 송영주

자하의 빈 자리를 채울 영입이 미비했다. 호지슨 감독은 수비를 바탕으로 효율적인 승점 관리를 보여줘야 한다.

13위 김용남

자하가 없다. 영입도 거의 없다. 호지슨 감독의 전술 또한 강하지 않다.

12위 이완우

자하가 없어도 빠르고 창의적인 어린 선수들이 꽤 풍부하다. 안정적으로 중위권에 안착할 것으로 보인다.

호지슨의
마법이
필요하다

크리스탈팰리스는 2022/23시즌 프리미어리그에서 11위를 차지하며 나름대로 만족스러운 결과를 얻었다. 하지만 자세히 돌아보면 체감온도는 완전히 다르다. FA컵과 카라바오컵 3라운드에서 일찌감치 탈락한 사실과 별개로 프리미어리그에서도 고전을 면치 못했기 때문이다. 19라운드 토트넘전부터 28라운드 아스날전까지 무려 리그 10경기에서 무승(4무 6패)을 기록했을 정도로 암흑기가 길었다. 결국 팰리스는 2023년 3월 비에이라 감독을 경질하고 로이 호지슨을 감독을 임명했다. 그 결과, 드라마틱한 반전을 꾀하는 데 성공했다.

호지슨은 감독 경력이 45년이 넘는 백전노장으로 위기 대처에 대한 경험이 풍부하고 선수단 장악과 동기부여에도 능한 모습을 보여줬다. 하물며 2017년부터 5시즌 동안 크리스탈 팰리스를 이끈 경험이 있어 누구보다 구단과 선수들을 잘 알고 있었다. 이에 따라 팰리스는 호지슨 감독 밑에서 막판 리그 10경기 5승 3무 2패를 기록하며 프리미어리그 11위를 기록할 수 있었다. 크리스탈팰리스가 지난 시즌 거둔 리그 11승 중 5승을 호지슨 감독 밑에서 거뒀다는 사실이 놀라울 따름이다. 지극히 당연하게도 스티브 패리시 회장은 지난 7월 2023/24시즌에도 호지슨 감독이 팀을 이끌게 됐다고 공식적으로 발표했다. 많은 언론들은 호지슨 감독의 나이(76세)를 고려할 때, 팰리스와 호지슨 감독이 1년 계약을 맺었을 것이라고 보도했다. 다시 말해 이번 시즌이 호지슨이 감독으로 활약하는 마지막 시즌이 될 가능성이 농후하다는 것이다.

그러나 호지슨 감독이 유종의 미를 거둘 가능성은 희박해지고 있다. 팰리스는 마크 게히 중심의 포백이 자리를 잡았고, 레르마와 프랑키를 영입해 중원의 에너지를 높였지만, 공격력은 여전히 미지수다. 에베레치 에제가 지난 시즌을 통해 새로운 에이스로 부상했으나 해결사 부재 문제는 해결하지 못하고 있다. 또한, 갈라타사라이로 떠난 윌프리드 자하의 빈 자리도 근심거리. 팰리스에서 458경기에 출전해 90골을 넣었던 상징적인 공격수이자 지난 시즌 7골 2도움을 기록하며 역습과 측면 공격을 선도했던 돌격대장이 떠난 것이다. 설상가상, 지난 시즌 공격을 주도했던 마이클 올리스마저 시즌 초반 부상으로 출전이 불투명하다. 크리스탈팰리스가 올 시즌 원하는 성적을 거두기 위해서는 호지슨 감독의 마지막 마법이 필요할지 모른다.

CRYSTAL PALACE

샘 존스톤

| 국적 | 잉글랜드 | 나이 | 30 | 신장 | 191 | 체중 | 84 | 평점 | 6.73 |

크리스탈팰리스의 No.1 골키퍼. 2022년 7월 웨스트브로미치에서 팰리스로 이적했지만 비센테 과이타의 벽을 넘지 못해 출전 기회를 많이 잡지 못했다. 하지만 로이 호지슨 감독이 부임한 후 30라운드 리즈전에서 팀의 5-1 대승에 기여한 뒤로는 모든 경기에서 선발로 출전하면서 크리스탈팰리스의 새로운 넘버원 키퍼로 부상했다. 191cm의 장신을 이용한 공중볼 처리와 슈팅 코스 예측, 빠른 판단력에 의한 선방 능력, 롱 스로잉 능력 등 장점이 많지만 종종 집중력에서 문제를 노출하며 큰 실수를 범하기도 한다. 2021년 웨스트브로미치 시절의 활약을 바탕으로 잉글랜드 대표팀에 선발되어 A매치를 소화한 경험이 있다.

2022/23시즌

	GAMES	MINUTES	실점	선방률	
1	9	810	10	76.50	0
	세이브 25	클린시트 3	추정가치: 6,000,000€	경기당패스 26.4	패스성공률 69.70

조엘 워드

| 국적 | 잉글랜드 | 나이 | 33 | 신장 | 188 | 체중 | 82 | 평점 | 6.65 |

크리스탈팰리스의 베테랑 라이트백. 2012년 여름 포츠머스에서 40만 파운드의 다소 저렴한 이적료에 팰리스로 이적한 이후, 데뷔 시즌에 크리스탈팰리스의 승격에 지대한 영향을 미쳤다. 라이트백, 센터백, 레프트백, 미드필더 등을 소화하는 멀티 플레이어로 안정된 수비력과 영리한 플레이를 보여준다. 프로 초기에는 주로 센터백으로 활약했고, 포츠머스 시절에 오른쪽 미드필더와 공격형 미드필더를 소화한 바 있다. 하지만 팰리스의 프리미어리그 승격 후에는 라이트백으로 기용되고 있다. 여전히 주전으로 활약하고 있지만, 30대 중반을 향하는 나이에 따른 기동력 저하로 지난 시즌부터 나다니엘 클라인에게 출전 기회를 내주고 있다.

2022/23시즌

	GAMES	MINUTES	GOALS	ASSISTS	
6	28	2,256	1	0	0
	경기당슈팅 0.32	유효슈팅 2	추정가치: 1,200,000€	경기당패스 35.8	패스성공률 75.40

타이릭 미첼

| 국적 | 잉글랜드 | 나이 | 23 | 신장 | 175 | 체중 | 66 | 평점 | 6.53 |

크리스탈팰리스 유스 출신의 젊은 레프트백. 풍부한 활동량과 뛰어난 스피드, 적절한 타이밍에 올리는 날카로운 크로스를 통해 왼쪽 측면에 활기를 불어넣는다. 약점으로 지적되던 수비력도 점차 향상되고 있다. 특히, 태클을 통해 상대 공격을 저지하는 데 탁월한 능력을 발휘한다. 다만, 수비 집중력에 문제를 드러내면서 패배의 직접적인 원인이 되는 실수를 저질러 지적과 비판을 받곤 한다. 2016년 5월 팰리스에 입단했고, 19/20시즌 A팀으로 승격하면서 두각을 나타내기 시작했다. 비록 2020/21시즌 부상으로 고전했지만 이후 매 시즌 발전하면서 어느새 주전 레프트백으로 자리매김했다. 2022년 3월 스위스와의 평가전을 통해 잉글랜드 대표팀에 데뷔했다.

2022/23시즌

	GAMES	MINUTES	GOALS	ASSISTS	
5	36	2,896	0	2	1
	경기당슈팅 0.19	유효슈팅 1	추정가치: 22,000,000€	경기당패스 33.3	패스성공률 72.40

PLAYERS

마크 게히

국적 잉글랜드 | **나이** 23 | **신장** 182 | **체중** 82 | **평점** 6.68

크리스탈팰리스 수비에 핵심이 되는 센터백. 첼시 유스 출신으로 어린 시절부터 두각을 나타내며 '첼시 수비의 미래'라는 평을 들었다. 하지만 빅클럽 첼시에서 주전 경쟁에 어려움을 겪었고 2020/21시즌 스완지시티로 임대를 떠났다. 스완지에서 놀라운 활약을 펼친 결과 2021년 7월 팰리스로 이적하게 됐다. 이적하자마자 주전으로 도약해 빠른 주력과 뛰어난 테크닉, 위력적인 대인 마크 능력을 과시하며 크리스탈 팰리스의 중앙 수비를 책임지고 있다. 코트디부아르 출신이지만 영국으로 이민을 와서 성장했고, 자신의 대표팀 커리어도 잉글랜드를 선택해 2022년 3월부터 잉글랜드 국가대표로 활약하고 있다.

2022/23시즌

8	37 GAMES	3,330 MINUTES	1 GOALS	0 ASSISTS	0
	0.38 경기당슈팅	6 유효슈팅	추정가치: 35,000,000€	59.5 경기당패스	85.50 패스성공률

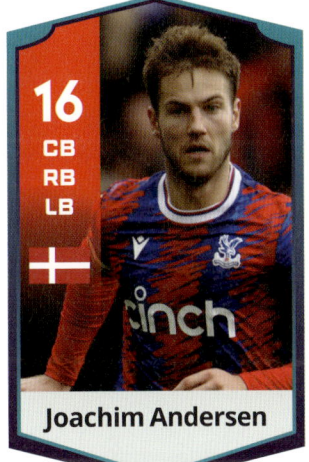

요아킴 안데르센

국적 덴마크 | **나이** 27 | **신장** 192 | **체중** 90 | **평점** 6.82

크리스탈팰리스의 수비를 책임지는 192cm의 장신 센터백. 네덜란드 트벤테와 이탈리아 샘프도리아, 프랑스 리옹을 거쳐 2020/21시즌 풀럼으로 임대되어 인상적인 활약을 펼쳤고, 이에 따라 2021년 여름 1,750만 파운드의 이적료에 팰리스로 이적했다. 팰리스에 합류하자마자 주전으로 활약하면서 안정된 수비를 과시하고 있다. 공중볼 장악 능력과 정확한 패스를 통한 빌드업 능력, 피지컬을 앞세운 강한 대인마크 능력 등 센터백에 필요한 거의 모든 역량을 이미 입증했다. 다만 스피드가 느려 상대의 역습에 문제를 노출해 파트너인 마크 게히가 스피드를 통해 그의 약점을 보완하는 플레이가 나오곤 했다. 현재 덴마크 대표팀의 주축으로 활약 중이다.

2022/23시즌

8	32 GAMES	2,784 MINUTES	1 GOALS	0 ASSISTS	0
	0.71 경기당슈팅	9 유효슈팅	추정가치: 30,000,000€	60.6 경기당패스	79.70 패스성공률

마테우스 프랑카

국적 브라질 | **나이** 19 | **신장** 178 | **체중** 71 | **평점** 6.66

브라질 U20 대표팀에서 활약하는 공격형 미드필더이자 스트라이커. 플라멩구 유스 출신으로 2021년에 프로에 데뷔해 2시즌 반 동안 리그 28경기에서 5골 1도움을 기록했다. 크리스탈팰리스는 그의 잠재력을 높게 평가해 2023년 8월 이적료 2,000만 유로에 영입했다. 2004년생의 어린 선수답지 않은 원숙한 테크닉과 드리블, 패스, 슈팅 능력을 보유하고 있다. 하지만 피지컬적으로 프리미어리그에서 경쟁력을 보여줄 수 있을지는 미지수인 상황. 바로 선발로 뛰는 것보단 일단 프리미어리그에 대한 적응력을 높이면서 교체로 활약할 가능성이 농후하다.

2022/23시즌

0	9 GAMES	369 MINUTES	1 GOALS	1 ASSISTS	0
	4.15 경기당슈팅	1 유효슈팅	추정가치: 9,000,000€	15.9 경기당패스	76.90 패스성공률

CRYSTAL PALACE

7
AM
CM
RW

Michael Olise

마이클 올리세
| 국적 프랑스 | 나이 21 | 신장 178 | 체중 68 | 평점 6.99 |

크리스탈팰리스의 2선에 창의성과 역동성을 부여하는 공격형 미드필더이자 윙어. 왼발을 이용한 정확한 전진 패스, 뛰어난 테크닉, 넓은 시야, 효과적인 연계 플레이 등을 통해 상대 수비를 파괴하는 데 탁월한 능력을 발휘한다. 중앙과 측면을 가리지 않고 활약하며 공격을 물꼬를 트곤 한다. 다만 피지컬이 다소 약하고, 뛰어난 플레이메이킹 능력에 비해 직접 마무리짓는 능력은 아쉽다는 평을 듣고 있다. 레딩 유스 출신으로 2020/21시즌 챔피언십에서 7골 12도움을 기록하면서 2021년 7월 800만 파운드의 이적료에 팰리스로 이적했다. 지난 시즌 프리미어리그에서 2골 11도움을 기록해 특급 도우미 역할을 톡톡히 했다.

2022/23시즌

	37 GAMES	2,757 MINUTES	2 GOAL	11 ASSISTS	
2	1.67 경기당슈팅	14 유효슈팅	추정가치: 38,000,000€	31.3 경기당패스	78.40 패스성공률	0

8
DM

Jefferson Lerma

제퍼슨 레르마
| 국적 콜롬비아 | 나이 28 | 신장 179 | 체중 69 | 평점 6.67 |

2023년 여름 본머스에서 FA로 영입한 수비형 미드필더. 탄탄한 피지컬, 강력한 스태미너와 뛰어난 운동 능력을 바탕으로 왕성한 활동량과 강한 압박, 효과적인 공중볼 경합, 누구에게도 밀리지 않는 몸싸움 능력 등을 보여준다. 그러나 의도적으로 상대 선수를 가격하거나 거칠게 다루는 과격한 플레이를 자주 드러낸다. 그로 인해 매너와 동업자 의식이 부족한 플레이어라는 오명을 들으며, 카드 관리에도 미흡한 모습을 노출한다. 국내 축구팬들에겐 2019년 5월 토트넘과 본머스 경기에서 몸통 박치기 등 더티한 플레이로 손흥민을 자극해 퇴장을 유발했던 선수로도 유명하다. 콜롬비아 대표팀 멤버로 2017년 11월 한국과의 경기로 A매치 데뷔했다.

2022/23시즌

	37 GAMES	3,256 MINUTES	5 GOAL	0 ASSISTS	
7	0.97 경기당슈팅	10 유효슈팅	추정가치: 20,000,000€	42.9 경기당패스	82.20 패스성공률	0

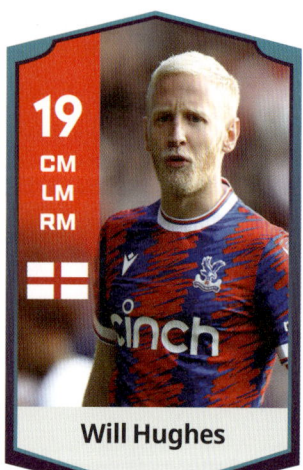

19
CM
LM
RM

Will Hughes

윌 휴즈
| 국적 잉글랜드 | 나이 28 | 신장 185 | 체중 73 | 평점 6.27 |

왼발이 주발인 중앙 미드필더로 상황에 따라 좌우 측면에서도 큰 문제 없이 활약할 수 있다. 더비카운티와 왓포드를 거쳐 2021년 8월, 이적료 600만 파운드에 크리스탈팰리스로 이적했다. 2021/22시즌 리그 16경기밖에 출전하지 못했지만 지난 시즌 리그 27경기에 출전하며 출전 경기 수를 늘려가고 있다. 하지만 플레잉타임은 직전 시즌보다 줄어들었다. 잉글랜드 출신이지만 마치 스페인 선수 같은 플레이를 보여주는 것으로 유명하다. 뛰어난 테크닉과 정확한 전진 패스, 상황에 맞는 드리블을 통한 탈압박 능력, 효과적인 오프더볼 움직임 등을 과시한다. 그러나 터프한 수비로 말미암아 카드를 많이 받는 편이고 공격 포인트가 부족한 모습을 노출하고 있다.

2022/23시즌

	27 GAMES	830 MINUTES	1 GOALS	1 ASSISTS	
4	0.64 경기당슈팅	4 유효슈팅	추정가치: 5,000,000€	13.2 경기당패스	81.80 패스성공률	0

PLAYERS

셰이크 두쿠레

국적 말리 | **나이** 23 | **신장** 180 | **체중** 73 | **평점** 6.72

말리 국가대표팀의 수비형 미드필더이자 센터백. 2018년 프랑스 리그1 랑스에서 A팀에 승격하더니 빠르게 주전으로 도약했고, 팀의 승격에 지대한 공헌을 했다. 2020/21시즌 리그1 37경기에 출전해 1골 4도움을 기록하는 등 좋은 활약을 펼쳤고, 이에 따라 2022년 7월, 2,130만 유로의 이적료에 크리스탈팰리스로 이적했다. 그리고 바로 주전으로 도약해 프리미어리그 데뷔 시즌임에도 리그 34경기에 출전해 3도움을 기록했다. 왕성한 활동량과 강한 압박, 뛰어난 위치 선정, 정확한 패스 등 수비에 장점이 두드러진 모습을 보여주고 있으나 공격적인 기여와 역량은 다소 부족한 편이다.

2022/23시즌

🟨 9	34 GAMES	2,786 MINUTES	0 GOALS	3 ASSISTS	🟥 1
	1.17 경기당슈팅	7 유효슈팅	추정가치: 35,000,000€	36.4 경기당패스	83.60 패스성공률	

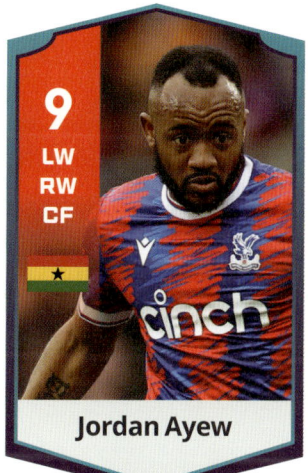

조던 아이유

국적 가나 | **나이** 31 | **신장** 182 | **체중** 81 | **평점** 6.8

뛰어난 스피드와 준수한 피지컬, 놀라운 테크닉, 현란한 드리블 능력을 보유한 공격수. 최전방뿐 아니라 2선의 모든 포지션을 소화할 수 있다. 다만, 볼을 길게 끌고 다니는 경향이 있으며 공격의 흐름을 끊는 경우가 잦다. 공격에 관여하는 것에 비해 결정력과 마지막 패스의 정확도는 부족한 편이라 공격 포인트가 많지는 않다. 지난 시즌에도 리그 38경기 모두 출전했지만 4골 3도움을 기록하는 데 그쳤다. 유명한 축구 가족 출신으로 가나 대표팀의 전설적인 선수 아베디 펠레의 아들이자 한때 스완지에서 같이 뛰었던 안드레 아이유의 동생이다. 2010년부터 가나 대표팀의 공격을 책임지고 있다.

2022/23시즌

🟨 5	38 GAMES	2,721 MINUTES	4 GOALS	3 ASSISTS	🟥 0
	1.06 경기당슈팅	10 유효슈팅	추정가치: 5,000,000€	21.6 경기당패스	80.50 패스성공률	

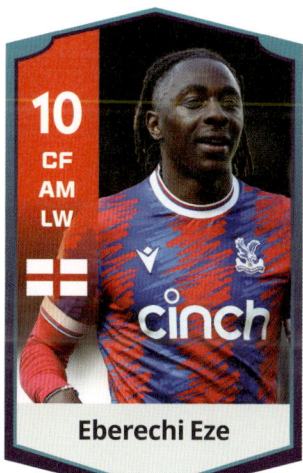

에베리치 에제

국적 잉글랜드 | **나이** 25 | **신장** 173 | **체중** 69 | **평점** 7.02

크리스탈팰리스의 새로운 에이스. 공격형 미드필더, 중앙 미드필더, 윙어 등을 소화하면서 스피드와 테크닉, 패싱력 등을 통해 공격에 활로를 개척하고, 강력한 슈팅과 연계 플레이를 통해 공격 포인트를 만들어낸다. 2022/23시즌 리그 38경기에 출전해 10골 5도움을 기록, 에이스라고 할 정도로 뛰어난 활약을 펼쳤다. 다만 수비 가담과 순간 판단력이 좋지 않아 여전히 발전해야 할 부분이 존재한다. 잉글랜드 런던 태생으로 잉글랜드 U21 대표팀에서 활약했지만 나이지리아 부모 밑에서 태어났기 때문에 성인 대표팀에서는 나이지리아 유니폼을 입을 것이라는 전망도 있었다. 하지만 잉글랜드 대표팀을 선택했고 2023년 6월 몰타전을 통해 A매치에 데뷔했다.

2022/23시즌

🟨 3	38 GAMES	2,644 MINUTES	10 GOALS	4 ASSISTS	🟥 2
	2.39 경기당슈팅	25 유효슈팅	추정가치: 40,000,000€	28.5 경기당패스	82.40 패스성공률	

CRYSTAL PALACE

CRYSTAL PALACE

14 CF
Jean-Philippe Mateta

장 필리페 마테타
국적 프랑스 | **나이** 26 | **신장** 192 | **체중** 82 | **평점** 6.17

192cm의 피지컬을 앞세워 강한 몸싸움과 위력적인 헤더를 보여주고, 빠른 스피드와 특유의 침투 능력으로 상대 뒷공간을 파고들며 골을 넣는 스트라이커. 양발로 슈팅이 가능하다는 것도 그의 장점 중 하나. 하지만 상대의 오프사이드 트랩을 효과적으로 공략하지 못하고 종종 쉬운 기회를 무산시키며 비판을 듣곤 한다. 또한, 아직까지 프리미어리그에서 만족할 만한 득점력을 보여주지 못하고 있다. 독일 마인츠에서 2018/19시즌 리그 14골을 넣으며 파괴력을 발휘해, 크리스탈팰리스로 임대 온 후 완전 이적을 했지만 2022/23시즌 리그 29경기에 출전했음에도 2골에 그쳐 아쉬움을 남겼다. 물론 대부분 교체로 들어가 시간이 부족하기는 했다.

2022/23시즌

	29 GAMES	754 MINUTES	2 GOAL	0 ASSISTS	
3	3.16 경기당슈팅	7 유효슈팅	추정가치: 7,000,000€	15.5 경기당패스	70.50 패스성공률	0

15 LW LB LM
Jeffrey Schlupp

제프리 슐럽
국적 가나 | **나이** 30 | **신장** 178 | **체중** 72 | **평점** 6.66

왼쪽 측면의 강자로 놀라운 스피드와 뛰어난 운동 능력을 보유했고, 정확한 왼발 킥을 활용한 크로스로 공격 포인트를 기록하곤 한다. 다만 공격 포인트가 기대만큼 많지 않다. 또한, 왼쪽 윙어 또는 레프트백으로 활약하며 뛰어난 공격력을 과시하지만 공격력에 비해 수비력이 부족하다는 평을 듣는다. 지난 시즌에도 리그 34경기에 출전해 3골 1도움을 기록하며 나름대로 공격적인 능력을 입증했으나, 수비는 아쉬움이 있었다. 독일 함부르크에서 태어났지만 부모의 나라인 가나 대표팀을 선택해 활약하고 있다. 참고로 적극적인 부동산 투자 활동을 하면서 은퇴 후에는 본격적으로 부동산업에 뛰어들 것이라고 미래 커리어를 밝힌 상태다.

2022/23시즌

	34 GAMES	2,546 MINUTES	3 GOAL	1 ASSISTS	
7	1 경기당슈팅	9 유효슈팅	추정가치: 7,000,000€	25.1 경기당패스	75.50 패스성공률	0

22 CF
Odsonne Édouard

오드손 에두아르
국적 프랑스 | **나이** 25 | **신장** 187 | **체중** 83 | **평점** 6.43

크리스탈팰리스의 최전방 스트라이커. 187cm의 피지컬에도 빠른 스피드를 통해 공간을 침투하고, 문전에서 뛰어난 결정력을 과시한다. 드리블 돌파와 간결한 슈팅, 왕성한 활동량, 날카로운 측면 플레이 등 장점이 많다. 하지만 뛰어난 피지컬에도 불구하고 포스트 플레이는 미숙한 편이고, 득점 기복을 보여준다. 프랑스령 기아나의 쿠루에서 태어났지만 파리에서 성장해 파리생제르맹 유소년 클럽을 거쳐 프로에 데뷔했다. 2017년 셀틱으로 임대 후 이적하면서 5시즌 동안 116경기에서 66골을 넣으며 두각을 나타냈고, 2021년 8월 크리스탈팰리스로 이적했다. 2022/23시즌 리그 5골에 그쳐 다가오는 시즌은 더 분발해야 한다.

2022/23시즌

	35 GAMES	1,806 MINUTES	5 GOALS	2 ASSISTS	
3	1.95 경기당슈팅	15 유효슈팅	추정가치: 15,000,000€	11.6 경기당패스	72.70 패스성공률	0

전지적 작가 시점

송영주가 주목하는 크리스탈팰리스의 원픽!
에베레치 에제

지금 크리스탈팰리스에 이 선수가 있다면!
이냐키 윌리엄스

에베레치 에제는 지난 시즌 프리미어리그 38경기를 모두 소화하며 10골 4도움을 기록, 크리스탈팰리스의 새로운 에이스로 부상했다. 특히, 호지슨 감독이 부임한 이후, 중앙 또는 공격형 미드필더로 활약하면서 6골 1도움을 기록, 시즌 막판 크리스탈팰리스의 상승세를 주도했다. 여전히 수비가담과 판단력에서 아쉬움을 남겼지만 스피드와 드리블, 탈압박 능력 등 기존의 장점이 유효한 가운데 침투 능력과 마무리 능력이 크게 향상됐다. 2020년 8월 퀸즈파크레인저스에서 크리스탈팰리스로 이적한 후 득점력 부족을 노출했지만 이제 이것은 완전히 과거의 이야기가 되었다.

이번 시즌은 어느 때보다 에제의 어깨가 무겁다. 윌프리드 자하가 이적함에 따라 에제가 진정한 에이스로 팀을 주도적으로 이끌어야 하기 때문이다. 호지슨 감독은 지난 시즌 막판 3경기에서 보여준 것처럼 에제를 공격형 미드필더로 활용해 자하가 떠난 자리를 최소화할 것으로 보인다. 따라서 에제의 활약에 따라 크리스탈팰리스의 득점력이 달라진다고 해도 과언이 아닐 것이다.

크리스탈팰리스는 지난 시즌 리그 38경기에서 40골만을 넣으며 팀 최소 득점 6위를 기록했다. 비록 49골밖에 실점하지 않으며 나름대로 스코어 관리를 잘 한 편이지만 득점력 부족이 발목을 잡았다는 사실은 부인할 수 없다. 에제가 10골을, 자하가 7골을 넣었으나 에두아르와 아이유, 마테타 등은 기대 이하의 득점력을 보여줬다. 설상가상으로 자하마저 떠나버려 크리스탈팰리스에게 있어 공격수 영입은 선택이 아니라 필수가 되었다.

크리스탈팰리스의 상황과 전술을 고려할 때, 스피드와 드리블, 득점력을 보유한 공격수를 영입해 상황에 따라 최전방과 측면에서 다양하게 활용해야 한다. 이런 측면에서 빌바오의 이냐키 윌리엄스를 주목할 필요가 있다. 이냐키 윌리엄스는 비록 기회에 비해서는 결정력이 부족하고, 프리미어리그 경험이 없지만 탁월한 드리블 능력과 스피드를 보유했고, 지난 시즌 라리가에서 10골을 넣으며 나름대로 득점력을 보여줬다. 어쩌면 크리스탈팰리스에게 있어 이냐키 윌리엄스만큼 잘 어울리는 선수는 없을지도 모른다.

ROBERT SANCHEZ
MARCUS BETTINELLI
AXEL DISASI
MARC CUCURELLA
BENOIT BADIASHILE
THIAGO SILVA
TREVOH CHALOBAH
BEN CHILWELL
REECE JAMES
MALO GUSTO
IAN MAATSEN
WESLEY FOFANA
ENZO FERNANDEZ
ROMÉO LAVIA
CARNEY CHUKWUEMEKA
CONOR GALLAGHER
MOISES CAICEDO
RAHEEM STERLING
MYKHAILO MUDRYK
CHRISTOPHER NKUNKU
NICOLAS JACKSON
ARMANDO BROJA

Chelsea

CHELSEA

첼시 Chelsea FC

- **창단 년도** | 1905년
- **최고 성적** | 우승 (1954/55, 2004/05, 2005/06, 2009/10, 2014/15, 2016/17)
- **경기장** | 스탬포드 브릿지 (Stamford Bridge)
- **경기장 수용 인원** | 40,343명
- **경기장 위치** | Stamford Bridge Fulham Road, London SW6 1HS
- **지난 시즌 성적** | 12위
- **별칭** | The Blues (더 블루스)
- **상징색** | 블루
- **레전드** | 론 해리스, 케리 딕슨, 루드 굴리트, 데니스 와이즈, 잔프란코 촐라, 존 테리, 프랭크 램파드, 디디에 드로그바, 에당 아자르 등

히스토리

잉글랜드에는 런던을 연고지로 한 수많은 클럽들이 있지만, 21세기 들어 가장 좋은 전력과 성과를 가진 팀은 첼시이다. 잉글랜드 클럽 중에는 유일하게 챔피언스리그, 유로파리그(UEFA컵), 컵위너스컵 등 유로파컨퍼런스리그가 생기기 전까지 UEFA가 주관한 모든 메이저 대회를 우승했다. 첼시는 1950년대에도 리그 우승을 차지한 적이 있을 정도로 전통이 있는 팀이지만, 프리미어리그 출범 직후에는 강팀과는 거리가 있었다. 그러던 2003년 러시아의 로만 아브라모비치가 팀을 인수한 이후 공격적인 투자를 통해서 2000년대 이후 세계 최고의 클럽 중 하나로 거듭났으며, 이때 한국 기업 삼성이 메인 스폰서를 맡아 서로 큰 시너지를 냈다. 급변하는 세계 정세 속에서 로만이 팀을 매각할 수밖에 없었고, 새로운 첼시의 첫 번째 시즌은 실패로 끝나고 말았다. 그러나 다시 한 번 공격적인 투자를 통해 반등을 꿈꾸고 있다.

최근 5시즌 리그 순위 변동

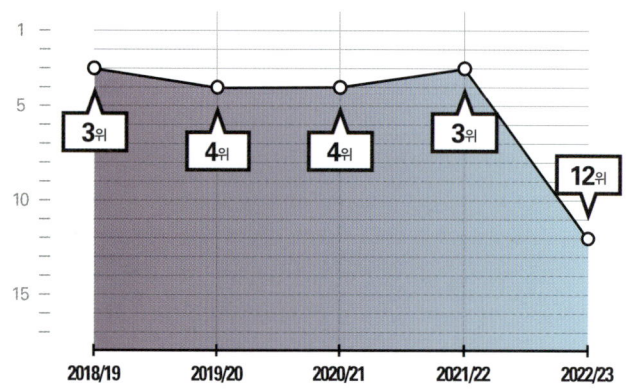

클럽레코드 IN & OUT

최고 이적료 영입 IN

엔초 페르난데스
1억 2,100만 유로
(2023년 1월, from 벤피카)

최고 이적료 판매 OUT

에당 아자르
1억 1,500만 유로
(2019년 7월, to 레알마드리드)

CLUB & MANAGER

마우리시오 포체티노
Mauricio Pochettino

1972년 3월 2일 | 51세 | 아르헨티나

포체티노는 다시 첼시를 우승으로 이끌 수 있을까

2009년 선수 시절 본인의 마지막 소속팀이었던 에스파뇰에 파격적으로 감독에 선임되면서 시작된 포체티노의 감독 커리어는 그 뒤 사우샘프턴을 거쳐 토트넘에 이르기까지 늘 좋은 평가만을 받아왔다. 특히 2018/19시즌 토트넘을 이끌고 기적 같은 경기를 펼치면서 챔피언스리그 결승에 진출했던 것은 그의 커리어에서 절정이었다. 하지만 토트넘은 그 이후 추락하며 팀을 떠나게 됐고, PSG에서도 우승은 했지만, 정작 중요한 챔피언스리그에서의 성적은 좋지 못했다. 지금까지의 과정을 보면 포체티노는 젊은 선수들을 성장시키면서 팀도 같이 성장하는 데 최적의 지도자였다. 그런 면에서 현재의 첼시는 어쩌면 포체티노에게 가장 알맞은 자리임과 동시에 포체티노 역시 잉글랜드에서 무관의 한을 풀 수 있는 절호의 기회를 맞은 것으로 보인다.

📋 감독 인터뷰

"지난 10년, 12년, 15년 동안 첼시는 영국에서 가장 훌륭한 팀이었다. 나는 프리미어리그와 첼시의 문화가 무엇을 의미하는지 잘 알고 있다. 팬들이 다시 우승을 향해 가는 팀의 행보에 흥분하는 것은 당연하다."

감독 프로필

통산				선호 포메이션	승률
598 경기	**292** 승	**129** 무	**177** 패	**4-2-3-1**	**48.82%**

시즌 키워드

| #PL컴백 | #첼시부활 | #영첼시 |

우승 이력

- 프랑스 리그1 (2021/22)
- 프랑스 컵 (2020/21)
- 프랑스 슈퍼컵 (2020)

경력

2009~2012	2013~2014	2014~2019	2021~2022	2023~
 에스파뇰	 사우샘프턴	토트넘	 파리생제르맹	 첼시

CHELSEA

IN
- 크리스토퍼 은쿤쿠 (라이프치히)
- 악셀 디사시 (모나코)
- 니콜라 잭슨 (비야레알)
- 로베르트 산체스 (브라이튼)
- 모이세스 카이세도 (브라이튼)
- 로메오 라비아 (사우샘프턴)

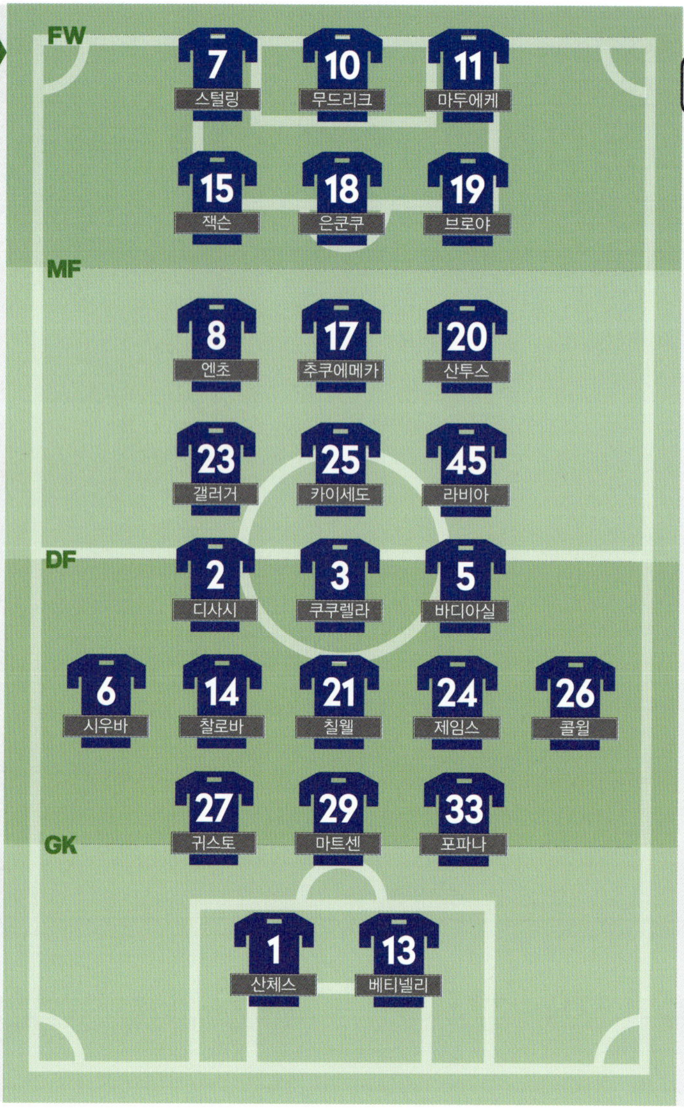

OUT
- 카이 하베르츠 (아스날)
- 메이슨 마운트 (맨유)
- 마테오 코바치치 (맨시티)
- 칼리두 쿨리발리 (알힐랄)
- 크리스천 풀리식 (밀란)
- 에두아르 멘디 (알아흘리)
- 로프터스치크 (밀란)
- 이선 암파두 (리즈)
- 은골로 캉테 (계약종료)
- 아즈필리쿠에타 (계약종료)
- 오바메양 (계약종료)
- 케파 (레알마드리드, 임대)

FW
- 7 스털링
- 10 무드리크
- 11 마두에케
- 15 잭슨
- 18 은쿤쿠
- 19 브로야

MF
- 8 엔초
- 17 추쿠에메카
- 20 산투스
- 23 갤러거
- 25 카이세도
- 45 라비아

DF
- 2 디사시
- 3 쿠쿠렐라
- 5 바디아실
- 6 시우바
- 14 찰로바
- 21 칠웰
- 24 제임스
- 26 콜윌
- 27 귀스토
- 29 마트센
- 33 포파나

GK
- 1 산체스
- 13 베티넬리

히든풋볼의 이적시장 평가

지난 시즌 엄청나게 많은 선수를 영입했고, 이번 여름에는 많은 선수들을 정리했다. 이 과정에서 첼시는 젊은 선수들 위주의 팀으로 거듭났고, 어린 선수들을 다루는 데 익숙한 포체티노를 감독으로 선임했다. 혼란을 수습하고 새로운 프로젝트를 시작한 것이다. 문제는 은쿤쿠 등 영입한 주요 선수들이 시즌 시작 전부터 부상을 당한 것. 그래도 지난 시즌보다 더 나은 팀의 운영방침이 자리를 잡고 있는 것처럼 보여 고무적이다.

SQUAD & BEST11

2022/23시즌 스탯 Top 3

포메이션:
- 15 잭슨
- 10 무드리크 / 18 은쿤쿠 / 7 스털링
- 8 엔초 / 25 카이세도
- 21 칠웰 / 5 바디아실 / 33 포파나 / 24 제임스
- 1 산체스

득점 Top 3
- 카이 하베르츠 — 7골
- 라힘 스털링 — 6골
- 코너 갤러거 — 3골

도움 Top 3
- 하킴 지예시 — 3도움
- 라힘 스털링 — 3도움
- 벤 칠웰 — 2도움

출전시간 Top 3
- 카이 하베르츠 — 2,580분
- 케파 — 2,566분
- 치아구 시우바 — 2,352분

히든풋볼의 순위 예측

포체티노의 능력을 믿는다. 어리고 젊은 선수들의 포텐이 터져준다면 막강한 전력을 보유할 수 있을 것이다.	젊고 유망한 선수들을 모아 리그만 치르는 포체티노는 팀을 정상화 시킬 것. 하지만 UCL까지 진 쉽지 않아 보인다.	하나부터 열까지 완전히 달라진 팀이고, 리그만 집중하면 된다. 챔스권 그 이상도 가능할지도.	누구보다 바쁜 여름을 보냈다. 가능성과 위험 요소가 양존하는 상황. 포체티노의 전술과 용병술이 중요하다.	과감한 투자는 계속되었다. 다만 적응의 시간은 무조건 필요하다. 이 점이 가장 큰 변수다.	구단주의 확실한 지원과 이전의 부진을 만회하기 위한 동기부여로 뭉친 선수들과 새 감독이 좋은 결과를 낼 것.

 2위 이주헌
 6위 박종윤
 5위 박찬우
 5위 송영주
 6위 김용남
 4위 이완우

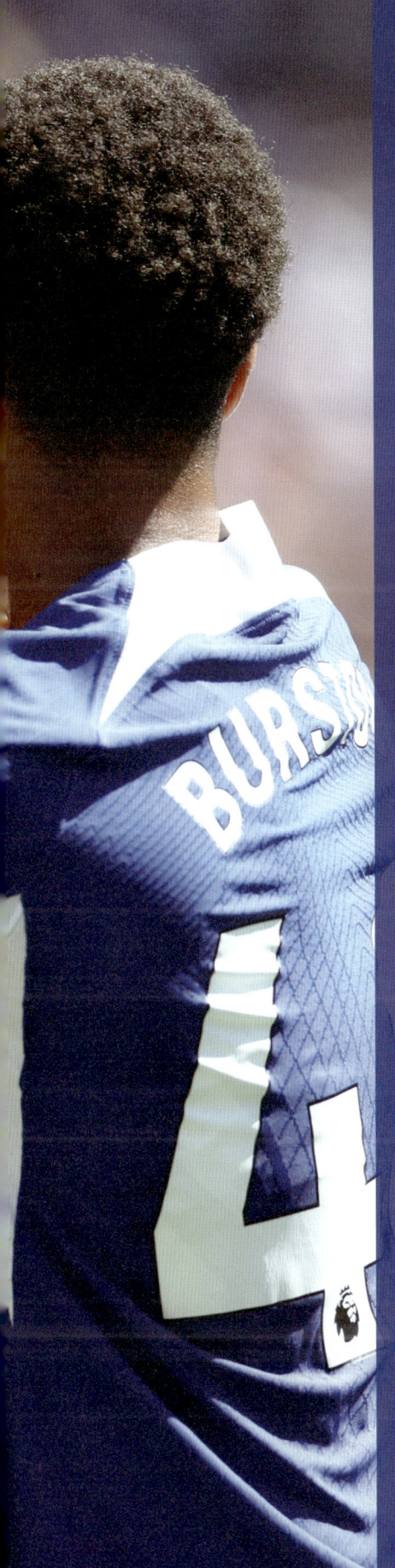

USA 프로젝트 본격 시작

21세기 들어 가장 성공적인 클럽의 첼시는 2022년 중대한 변화를 맞았다. 러시아-우크라이나 전쟁으로 인해서 구단주 로만 아브라모비치는 팀을 매각할 수밖에 없었고, 첼시는 미국계 자본이 인수해 새로운 시대를 맞이하게 됐다. 하지만, 새로운 오너들은 축구 문화에 그다지 익숙하지 않았고, 팀은 새로운 운영 시스템을 구축하지 못하고 시즌이 시작됐다. 2022/23시즌 첼시의 부진은 이런 어수선한 구단의 상황이 만들어낸 비극이다.

한 시즌 동안 감독이 두 번이나 바뀌었다. 챔피언스리그를 우승하고 팀에 큰 애정을 드러내던 투헬에 대한 구단의 인내는 부족했고, 그 뒤 새로운 시대를 준비한다며 데려온 그레이엄 포터는 첼시 같은 큰 클럽을 맡기에 부족했다. 전 첼시의 감독이자, 임시 감독으로 시즌을 마무리 지은 램파드는 감독으로서의 능력이 부족했다. 많은 선수들이 부상에 시달렸다. 칠웰과 제임스는 다시 부상에 시달리며 풀백 문제를 야기했고, 포파나, 캉테도 부상으로 빠지는 경기가 많았다. 루카쿠가 나간 공격수 자리는 특별한 보강을 하지 못해 여러 타입의 공격수를 실험할 수밖에 없었다. 첼시같이 거대한 클럽도 뭔가 한번 어긋나니 이렇게 잘못될 수도 있구나 싶을 정도로 끔찍한 시즌이었다.

그렇게 한 시즌을 좌충우돌하는 동안 서서히 클럽에 새로운 시스템과 새로운 정책기조가 생기기 시작했다. 엄청난 이적료를 들였지만, 엔초 페르난데스의 영입은 여전히 첼시가 높은 야망을 갖고 있다는 신호였고 팀은 젊은 선수들 위주로 개편되기 시작했다. 이번 여름 이적 시장에 지금까지 첼시에 중요한 선수였던 캉테, 코바치치, 조르지뉴, 하베르츠 등이 팀을 떠난 것은 우연이 아니다. 대신에 추쿠에메카, 우고추쿠, 산드루 같은 젊고 활동적인 미드필더들과 은쿠쿠같이 전도유망한 공격수들이 영입됐다. 젊은 선수들과 함께라면 늘 좋은 성과를 냈던 포체티노를 감독으로 선임한 것도 이러한 프로젝트의 일환이다.

당장 이번 시즌 포체티노가 과거 콘테의 사례처럼 우승까지 만들지는 못할 수 있다. 그러나 팀의 목표는 장기적인 관점에서 향후 5년 정도는 새로운 선수들과 함께 성장해 다시 한번 유럽 최고 수준의 전력을 갖추는 것이다. 그런 기준에서라면 지금의 방향은 합리적이며 이해할 만하다. 첼시팬들이 약간의 인내심을 가질 수 있다면, 머지않아 팀은 다시 우승 트로피를 들어올릴 것이다.

CHELSEA

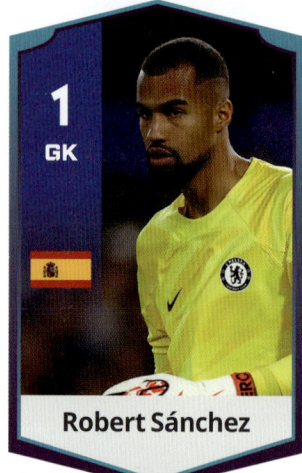

1 GK
Robert Sánchez

로베르트 산체스
국적 스페인 | **나이** 25 | **신장** 197 | **체중** 90 | **평점** 6.42

후방 빌드업 능력이 뛰어난 스페인 출신의 골키퍼. 큰 키에 짧은 패스와 긴 패스 모두 능해 현대적인 골키퍼에게 필요한 이상적인 조건을 갖추고 있다. 반면 공중볼 처리는 다소 불안하다. 10대부터 브라이튼 유스에서 성장해 홈 그로운이 적용되는 것도 첼시가 영입한 이유 중에 하나. 그러나 로베르트 산체스의 2022/23시즌은 그다지 좋지 못했는데, 도전적인 판단을 즐겨하는 성향이 안좋은 부분으로 작용하여 브라이튼에서는 주전 골키퍼 자리를 내주고 말았다. 골키퍼로는 아직 성장 가능성이 충분히 남아있고, 첼시에서는 과거 브라이튼에서 자신을 지도한 벤 로버츠 골키퍼 코치를 다시 만나 부활을 꿈꾸고 있다.

2022/23시즌

2	23 GAMES	2,070 MINUTES	30 실점	64.80 선방률	0
	47 세이브	6 클린시트	추정가치: 22,000,000€	29.3 경기당패스	74.70 패스성공률	

33 CB
Wesley Fofana

웨슬리 포파나
국적 프랑스 | **나이** 22 | **신장** 186 | **체중** 81 | **평점** 6.65

지난 시즌 웨슬리 포파나에게 문제가 된 부분은 단 한가지 뿐이었다. 바로 부상. 쿤데를 놓친 첼시가 레스터와 치열한 협상 끝에 8,000만 유로가 넘는 거액에 이적한 포파나는 나올 때마다 자신이 왜 몸값이 비싼 수비수인지를 증명했다. 빠른 발을 활용해 넓은 활동반경을 보이고, 뛰어난 위치 선정과 함께 제공권을 겸비해 언제나 일정 수준 이상의 활약을 펼쳤다. 그러나 생테티엔 시절부터 고질적인 무릎 부상에 시달리던 그는 지난 시즌도 절반 가까이 뛸 수 없었고, 설상가상으로 이번에는 시즌을 시작하기도 전에 십자인대 부상을 당했다. 부상의 특성상 그가 돌아오더라도 기량을 회복하기까지는 상당한 시간이 걸릴 전망이다.

2022/23시즌

3	15 GAMES	1,187 MINUTES	1 GOALS	0 ASSISTS	0
	0.4 경기당슈팅	3 유효슛	추정가치: 55,000,000€	57.5 경기당패스	89.80 패스성공률	

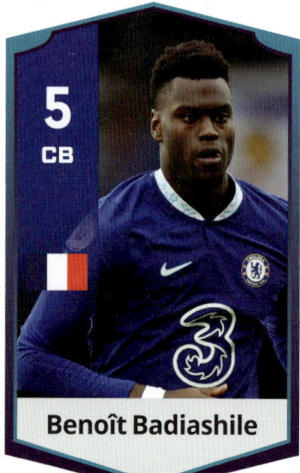

5 CB
Benoît Badiashile

브누아 바디아실
국적 프랑스 | **나이** 22 | **신장** 194 | **체중** 85 | **평점** 6.91

'넥스트 바란'이라는 별명답게 어린 나이에도 상당히 안정감 있는 수비를 구사하는 선수이다. 190cm가 넘는 장신에 탄탄한 체구를 가지고 있어 몸싸움 및 공중볼 경합에 능하며, 왼발잡이 수비수라는 것도 장점이다. 침착하게 수비를 하는 편이긴 하지만, 위치 선정이나 빌드업에서는 아직 다듬어지지 않은 면모가 있어 향후 이런 점들에 대해서는 노력과 발전이 필요하다. 모나코 유스에서 시작해 2018/19시즌부터 성인팀으로 올라왔으며, 지난 시즌 겨울 이적시장에서 포파나의 부상을 대체하기 위해 첼시가 영입했다. 모나코 시절 동료였던 디사시가 합류해서 둘의 호흡도 다시 한번 기대된다.

2022/23시즌

2	11 GAMES	904 MINUTES	1 GOALS	0 ASSISTS	0
	0.5 경기당슈팅	2 유효슛	추정가치: 40,000,000€	77.7 경기당패스	89.70 패스성공률	

PLAYERS

리바이 콜윌

국적 잉글랜드 | **나이** 20 | **신장** 187 | **체중** 80 | **평점** 6.54

레전드 존 테리의 등번호를 물려 받을 정도로 첼시가 큰 기대를 걸고 있는 미래의 주전 센터백. 2011년 첼시의 유스팀에 입단하여 첼시의 연령별 팀을 두루 거쳤고, 특히 23세 이하 팀에서는 놀라운 성장세를 보이며 더 이상 유스팀에만 머물 재능이 아님을 일찍이 증명했다. 허더스필드 임대를 거친 뒤 2021/22시즌 쿠쿠렐라 영입과 맞물려 브라이튼으로 이적할 뻔했으나, 그의 재능을 높이 산 첼시가 결국 바이백이 아닌 임대를 고집해 이번 시즌 첼시로 복귀했다. 브라이튼에서 프리미어리그에 데뷔한 콜윌은 감각적인 왼발을 활용한 뛰어난 패스 능력을 선보였고, 안정적인 수비력을 뽐냈다. 바디아실의 부상으로 시즌 초반 그에게 많은 기회가 갈 것으로 보인다.

2022/23시즌

		GAMES	MINUTES	GOALS	ASSISTS	
1	17	1,221	0	2	0
	0.5 경기당슛팅	0 유효슛팅	추정가치: 35,000,000€	67.5 경기당패스	88.60 패스성공률	

악셀 디사시

국적 프랑스 | **나이** 25 | **신장** 190 | **체중** 86 | **평점** 6.83

190cm, 86kg이라는 뛰어난 피지컬과 훌륭한 빌드업 능력을 보유한 수비수. 디사시의 가장 큰 장점은 뛰어난 패스 전개능력을 갖춤과 동시에 수비진도 이끌 줄 아는 리더 타입의 선수라는 점이다. 모나코에서는 이런 장점으로 인해 바디아실과 궁합이 잘 맞았으며, 서로가 서로를 잘 보완해 큰 시너지를 냈다. 그래서 첼시에서의 재회도 기대를 많이 받고 있다. 부상이 거의 없는 선수라는 점도 큰 메리트, 첼시로 이적하기 전에도 파리생제르맹, 맨체스터유나이티드 등 여러 톱클럽들과 연결되었지만, 웨슬리 포파나의 부상으로 수비수가 필요했던 첼시가 전격적으로 영입했다.

2022/23시즌

	GAMES	MINUTES	GOALS	ASSISTS	
3	38	3,330	3	3	0
	0.8 경기당슛팅	9 유효슛팅	추정가치: 30,000,000€	50.5 경기당패스	83.80 패스성공률

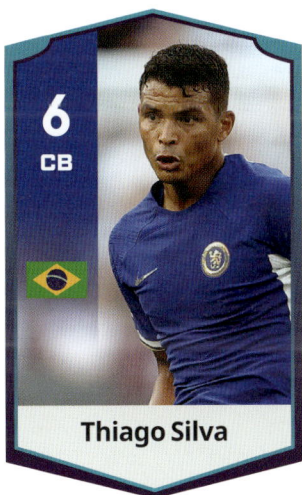

치아구 시우바

국적 브라질 | **나이** 38 | **신장** 183 | **체중** 79 | **평점** 6.98

다시 한 번 1년 더. 치아구 시우바의 시간은 아직 끝나지 않았다. 모든 게 엉망이었던 첼시의 2022/23시즌이었지만 처음부터 끝까지 꾸준하게 제 몫을 해준 거의 유일한 선수가 시우바였다. 전성기에는 뛰어난 수비 위치 선정, 타고난 탄력, 민첩성, 스피드, 몸싸움, 태클, 패스, 판단력 등 수비수에게 필요한 모든 것을 갖춘 완전체 수비수였다. 불혹을 바라보는 나이에 당연하게도 기량이 이전과 같을 수는 없겠지만, 워낙에 고점이 높은 선수이기에 조금 떨어졌다 해도 여전히 그는 리그 정상급 수비수이다. 카타르 월드컵에서도 브라질 대표로 선발되어 주장 완장을 차고 4경기 모두 풀타임을 소화하는 저력을 과시했지만, 끝내 월드컵 우승의 꿈은 이루지 못했다.

2022/23시즌

	GAMES	MINUTES	GOAL	ASSISTS	
2	27	2,352	0	2	0
	0.6 경기당슛팅	5 유효슛팅	추정가치: 2,000,000€	75.2 경기당패스	91.30 패스성공률

CHELSEA

3 LB CB
Marc Cucurella

마르크 쿠쿠렐라

국적 스페인 | 나이 25 | 신장 172 | 체중 66 | 평점 6.65

스페인 헤타페에서 브라이튼을 거칠 때까지, 분명 쿠쿠렐라는 밝은 미래가 기대되는 뛰어난 수비수였다. 좌측 풀백뿐만 아니라 윙어부터 센터백까지 다양한 포지션을 소화할 수 있고, 좋은 빌드업 능력과 많은 활동량으로 수비를 커버하는 선수였다. 이런 장점은 첼시 이적 초반 칠웰의 부재를 잊을 정도로 괜찮았지만, 어찌된 일인지 포터 감독과 다시 만나면서부터 폼이 급격하게 떨어지기 시작했다. 윙백으로 출전할 때보다는 백3의 좌측 수비수로 뛸 때 더 좋은 모습을 보이긴 했지만, 포체티노 감독의 부임과 함께 포메이션이 바뀔 가능성이 높아 여러모로 쿠쿠렐라의 입지는 아주 좁아져 있는 상황이다.

2022/23시즌

4	24 GAMES	1,679 MINUTES	0 GOAL	2 ASSISTS	0
	0.3 경기당슈팅	1 유효슈팅	추정가치: 35,000,000€	45.4 경기당패스	86.40 패스성공률

21 LB
Ben Chilwell

벤 칠웰

국적 잉글랜드 | 나이 26 | 신장 178 | 체중 77 | 평점 6.62

건강하기만 하다면 리그 최고 수준의 좌측 풀백인 벤 칠웰은 지난 시즌에도 부상으로 많은 경기에 나서지 못했다. 2021/22시즌에는 십자인대 부상으로 거의 나오지 못했고, 지난 시즌에는 햄스트링 부상에 시달렸다. 부상 시기가 월드컵 직전이었기 때문에 월드컵에도 참가하지 못했다. 그래도 경기에 나오는 날은 훌륭한 스태미너와 왕성한 활동량으로 뛰어난 활약을 펼쳤다. 칠웰의 이러한 활약은 첼시 좌측라인의 공격력에 많은 영향력을 미치기 때문에, 그의 부재는 첼시의 성적 하락에 큰 원인 중 하나였다. 첼시로서는 놓칠 수 없는 자원이기에 부상 이슈에도 시즌 도중 재계약을 체결했고, 새로운 시즌에는 부상없이 건강하게 뛰기를 기대하는 마음뿐이다.

2022/23시즌

3	23 GAMES	1,408 MINUTES	2 GOALS	2 ASSISTS	0
	0.7 경기당슈팅	4 유효슈팅	추정가치: 35,000,000€	33 경기당패스	83.30 패스성공률

24 RB
Reece James

리스 제임스

국적 잉글랜드 | 나이 23 | 신장 182 | 체중 82 | 평점 7.07

탄탄한 체격과 뛰어난 킥 능력, 그리고 센터백도 볼 수 있을 정도로 적극적인 수비력까지 겸비한 프리미어리그 최고의 풀백 중 하나. 그러나 좌측의 칠웰과 마찬가지로 리스 제임스 역시 이번에도 여러 가지 크고 작은 부상에 시달렸다. 2021/22시즌 엄청난 활약을 펼치며 한창 상승세를 타던 시기 당했던 햄스트링 부상은 재발하는 횟수가 잦았고, 그 밖에 무릎에도 자주 문제가 발생했다. 그래서 제임스 역시 칠웰과 마찬가지로 부상으로 인해 카타르 월드컵에 출전할 수 없었다. 이렇게 잦은 부상때문인지는 몰라도, 지난 시즌의 제임스는 다소 소극적인 플레이를 보이기도 했다. 이번 시즌부터 첼시의 새로운 주장으로 선임됐다.

2022/23시즌

4	16 GAMES	1,244 MINUTES	1 GOALS	1 ASSISTS	0
	1 경기당슈팅	7 유효슈팅	추정가치: 65,000,000€	53.3 경기당패스	90.70 패스성공률

PLAYERS

말로 귀스토
국적 프랑스, 포르투갈 | **나이** 20 | **신장** 179 | **체중** 67 | **평점** 6.86

폭발적인 스피드와 공수 능력을 겸비한 전도유망한 풀백. 리옹의 유스팀에서 성장해 17세에 성인팀에 합류했고, 이듬해에는 리그앙에 데뷔하자마자 당시 핵심선수였던 뒤부아를 밀어내고 주전자리를 차지했다. 워낙에 빠르고 운동능력이 좋은데다, 특히 음바페를 상대로 강한 모습을 보여 리그앙에서는 '음바페 킬러'로 통했다. 첼시에는 2022/23시즌에 이적했지만, 재임대 형식을 통해 리옹에서 시즌을 마무리지었다. 다만, 귀스토 역시 부상에서 자유롭지는 못한데, 지난 시즌에는 부상으로 리그의 절반 가까이 나오지 못했다. 대부분은 운동능력이 뛰어난 선수들에게 자주 발생하는 근육이나 햄스트링 부상이었다.

2022/23시즌

1	21 GAMES	1,602 MINUTES	0 GOALS	1 ASSISTS		0
	0.3 경기당슈팅	3 유효슈팅	추정가치: 25,000,000€	54 경기당패스	85.10 패스성공률	

엔초 페르난데스
국적 아르헨티나 | **나이** 22 | **신장** 178 | **체중** 76 | **평점** 6.8

2023년 1월, 1억 2,100만 유로라는 엄청난 금액으로 첼시에 이적한 아르헨티나 월드컵 우승의 영웅. 메시의 대표팀 은퇴에 눈물로 호소하던 소년은 메시의 가장 큰 조력자로 월드컵 위너가 되었다. 엔초는 리버플레이트에서 벤피카로 이적하며 유럽에 처음 진출할 때도 4,500만 유로에 달하는 거액으로 이적해 어렸을 때부터 잠재력은 매우 높게 평가 받는 선수였다. 그의 가장 큰 장점은 높은 공간 이해를 바탕으로 한 빌드업 능력이다. 다양한 스타일의 패스를 막힘없이 잘 구사해 공격전개 시에 공을 적재적소에 잘 투입한다. 첼시로 이적해오자마자 뛰어난 적응력을 선보이며 단숨에 팀의 핵심선수로 떠올랐다.

2022/23시즌

3	18 GAMES	1,551 MINUTES	0 GOALS	2 ASSISTS		0
	1.1 경기당슈팅	6 유효슈팅	추정가치: 80,000,000€	78.9 경기당패스	89.10 패스성공률	

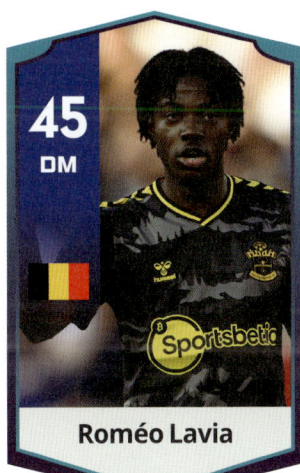

로메오 라비아
국적 벨기에 | **나이** 19 | **신장** 181 | **체중** 75 | **평점** 6.56

2022/23시즌 단 1년의 활약만으로 단숨에 수많은 명문팀들의 구애를 받았던 미드필더. 벨기에 안더레흐트와 맨시티의 유스를 거쳐, 22년 사우샘프턴으로 이적했다. 라비아는 수비형 미드필더가 갖춰야 할 피지컬과 넓은 활동반경을 갖추고 있음과 동시에, 공을 잘 다룰 줄 안다는 것이 강점이다. 보통 이 포지션의 선수들이 체격이나 수비력은 좋지만, 공을 다루는 기술이 떨어져서 아쉬운 점이 있는데, 라비아는 공을 잘 다루기 때문에 압박을 벗어나거나, 드리블을 통해 전개를 도와주는 역할도 잘 해낸다. 다만, 아직 어린 선수이기 때문에 포지셔닝에는 다소 아쉬운 부분이 있어 이 부분만 발전된다면 프리미어리그 최고 수준의 미드필더가 될 가능성이 다분하다.

2022/23시즌

9	29 GAMES	2,230 MINUTES	1 GOAL	0 ASSISTS		0
	0.4 경기당슈팅	3 유효슈팅	추정가치: 32,000,000€	34.2 경기당패스	86.40 패스성공률	

CHELSEA

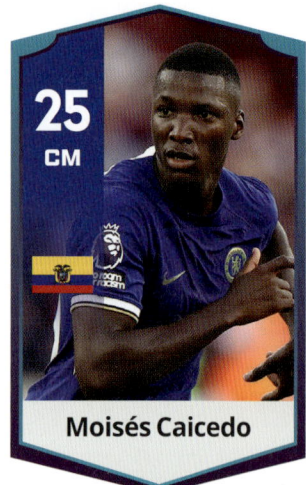

25 CM
Moisés Caicedo

모이세스 카이세도

국적 에콰도르 | **나이** 21 | **신장** 178 | **체중** 73 | **평점** 6.92

프리미어리그 역사상 가장 비싼 이적료의 사나이. 이로써 첼시는 엔초와 카이세도라는 전 세계에서 가장 비싼 미드필더 듀오를 갖게 됐다. 카이세도는 단점이 거의 없는 미드필더이다. 체력이 좋아 엄청난 활동량을 보이며, 기동력 또한 갖추고 있다. 적절한 타이밍에 태클과 인터셉트를 시도하며, 패스 능력도 좋아 브라이튼에서는 맥알리스터와 함께 단단한 중원을 구축했다. 맥알리스터가 가지고 있는 장점은 엔초와 일정 부분 공유하며, 전반적으로 엔초가 더 나은 평가를 받고 있다는 점을 고려하면 카이세도는 첼시에서도 실패할 확률이 거의 없어 보인다. 더 젊고 건강한 전성기의 캉테에 근접한 선수가 바로 모이세스 카이세도이다.

2022/23시즌

	37 GAMES	3,141 MINUTES	1 GOAL	1 ASSISTS	
10	0.8 경기당슈팅	- 유효슈팅	추정가치: 75,000,000€	59.7 경기당패스	88.80 패스성공률	0

23 CM
Conor Gallagher

코너 갤러거

국적 잉글랜드 | **나이** 23 | **신장** 182 | **체중** 74 | **평점** 6.54

크리스탈팰리스에서 뛰어난 활약을 보여 기대를 모았지만, 돌아온 첼시에서는 특별히 빛나지 못했다. 갤러거는 엄청난 활동량과 압박 능력을 갖춘 선수지만, 기술적으로 뛰어난 선수라고 보기는 어렵다. 크리스탈팰리스에서는 그 활동량이 공수 양면에서 많은 도움이 됐지만, 첼시에서는 기술적 투박함이 더 두드러졌다. 지금까지 보여준 것만으로 첼시의 주전이 되기에는 다소 부족하지만, 스쿼드 플레이어로서는 충분히 활용 가치가 있다. 크리스탈팰리스를 비롯해서 찰턴, 스완지, 웨스트브롬 등 수많은 팀으로 임대를 다녔지만, 늘 첼시에 대한 애정을 드러낼 정도로 충성심이 강하다.

2022/23시즌

	35 GAMES	1,616 MINUTES	3 GOAL	1 ASSISTS	
9	0.8 경기당슈팅	14 유효슈팅	추정가치: 32,000,000€	23.1 경기당패스	84.50 패스성공률	1

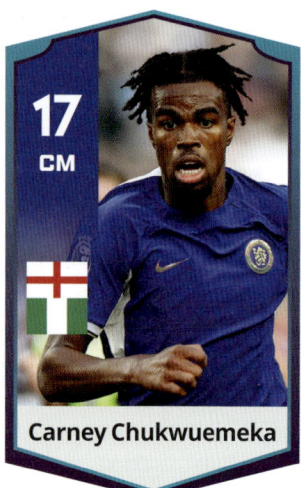

17 CM
Carney Chukwuemeka

카니 추쿠에메카

국적 잉글랜드, 나이지리아 | **나이** 19 | **신장** 187 | **체중** 77 | **평점** 6.26

아스톤빌라에서 많은 기대를 모았던 유망주였지만, 출전시간에 대한 불만을 이유로 첼시를 선택하는 파격적인 행보를 선보였다. 2016년부터 빌라의 유스팀에 몸 담았고, 21년 5월 토트넘과의 경기에서 프리미어리그에 데뷔했다. 실제로 빌라에서는 이후에도 23세 이하 팀과 성인팀을 오가며 많은 출전시간을 갖지 못했다. 물론, 더 스쿼드 경쟁이 치열한 첼시에서도 역시 특별히 많은 출전 기회를 받지는 못했다. 큰 키에 좋은 신체조건을 갖추고 있고, 기술적 능력도 나쁘지 않아 성장 가능성은 높게 평가 받는 편이다. 다만, 플레이를 선택할 때 과감하지 못하고 다소 느린 결정을 내리는 등 유망주들에게 흔히 보이는 단점도 갖고 있다.

2022/23시즌

	14 GAMES	346 MINUTES	0 GOALS	0 ASSISTS	
0	0.4 경기당슈팅	1 유효슈팅	추정가치: 15,000,000€	14.3 경기당패스	88.50 패스성공률	0

PLAYERS

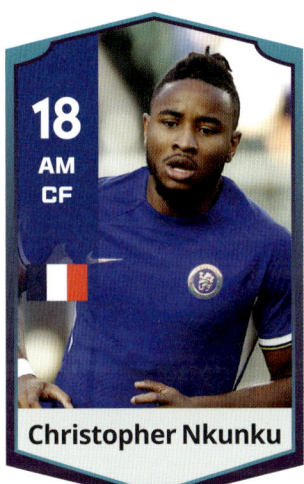

크리스토퍼 은쿤쿠

국적 프랑스 | **나이** 25 | **신장** 178 | **체중** 68 | **평점** 7.35

공격 포지션이라면 어디에나 뛸 수 있는 은쿤쿠는 많은 공격 포인트를 올릴 수 있는 선수이다. 스무살이 되기도 전인 2016년 PSG의 성인팀에 데뷔했고, 본격적으로 재능이 폭발한 것은 라이프치히로 이적한 이후부터다. 시야가 좋고 기회 포착에 능해 이적하자마자 많은 어시스트를 기록했고, 공격수로 기용되자 높은 결정력을 선보여 지난 시즌에는 분데스리가 득점왕에 올랐다. 레반도프스키나 홀란드 같은 경쟁자들이 타 리그로 떠났기 때문이기도 하지만, 부상으로 많은 경기에 빠졌음에도 은쿤쿠의 경기당 공격 포인트 생산능력은 대단했다. 프리시즌에 반월판 손상을 당해 시즌 말미에 가서야 모습을 드러낼 수 있을 전망이다.

2022/23시즌

	GAMES	MINUTES	GOALS	ASSISTS	
4	25	1,899	16	4	
	3 경기당슈팅	25 유효슈팅	추정가치: 80,000,000€	23.8 경기당패스	81.80 패스성공률	0

라힘 스털링

국적 잉글랜드 | **나이** 28 | **신장** 170 | **체중** 69 | **평점** 6.74

첼시에서의 스털링은 결국 맨시티 시절의 단점만 두드러진 모양새가 되어버렸다. 스털링의 장점은 빠른 발을 활용한 저돌적인 돌파와 센스있는 침투와 위치 선정으로 많은 공격기회를 창출해 내는 데 있다. 다만, 결정력이 높은 선수는 아니어서 기회에서 허무한 슛으로 실패하는 경우가 많은데 그럼에도 불구하고 스털링은 22-23시즌 팀 내 최다 공격 포인트 기록자였다. 분명한 것은 조연으로서 스털링은 리그 최정상급의 선수지만, 주연으로는 늘 한끗이 아쉬운 선수라는 점이다. 이러한 특성은 팀 전체가 부진에 빠졌던 첼시에서 좋은 평가를 받기 어려운 것이 사실이다. 그의 부진이 일시적 폼 하락일지 정점에서 내려온 것일지 올 시즌 기로에 서 있다.

2022/23시즌

	GAMES	MINUTES	GOALS	ASSISTS	
4	28	1,905	6	3	
	1.5 경기당슈팅	21 유효슈팅	추정가치: 55,000,000€	53.3 경기당패스	78.90 패스성공률	0

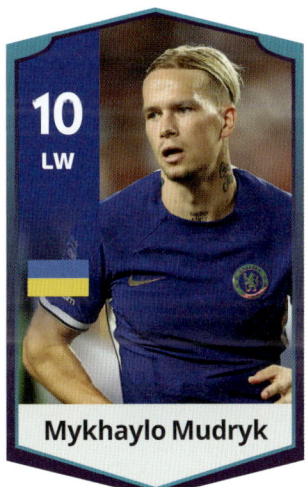

미하일로 무드리크

국적 우크라이나 | **나이** 22 | **신장** 175 | **체중** 71 | **평점** 6.31

엄청나게 빠른 속도로 '치고 달리는' 모습이 인상적인 윙어. 주로 사용하는 발은 오른발이지만, 왼발도 그에 못지 않게 잘 사용하는 선수이며 킥력도 뛰어나다. 그러나 고질적인 퍼스트 터치의 문제를 갖고 있어 템포가 빠르고 순식간에 압박이 들어오는 프리미어리그에서는 꽤나 고전할 수밖에 없었다. 수비에 대한 태도도 개선이 필요한데, 우크라이나에 있었을 때는 수비 가담이 크게 필요치 않았겠지만 보다 높은 수준의 무대에서 전술 상 윙어의 수비 가담은 필수적이다. 2022/23시즌 겨울이적시장을 통해 첼시로 이적했으며, 아직까지 데뷔골을 기록하지는 못했다. 이런 유형의 선수를 잘 다루는 포체티노 감독 아래서 얼마나 성장할지 귀추가 주목된다.

2022/23시즌

	GAMES	MINUTES	GOALS	ASSISTS	
1	15	656	0	2	
	0.9 경기당슈팅	6 유효슈팅	추정가치: 50,000,000€	12.3 경기당패스	81.50 패스성공률	0

CHELSEA

11 RW
Noni Madueke

노니 마두에케
국적 잉글랜드, 나이지리아 | **나이** 21 | **신장** 182 | **체중** 75 | **평점** 6.8

지난 시즌 많은 출전시간은 아니었지만, 나올 때 다 임팩트 있는 플레이로 첼시팬들의 많은 기대를 얻었다. 훌륭한 운동 능력을 통해 수비를 돌파하며, 많은 활동량을 보이며 수비가담도 활발하게 한다. 강력한 왼발 킥도 갖추고 있어, 이대로만 성장한다면 첼시의 새로운 아자르가 될 수 있는 재목이다. 우려스러운 점은 에인트호번에서도 좋은 활약을 보이긴 했지만, 부상으로 인해 결장한 경기가 상당하다는 것, 빠르고 운동 능력이 좋은 선수들이 자주 당하는 근육 부상과 함께 2022/23시즌에는 발목 부상으로 전반기에 거의 나오지 못했다. 첼시로 이적한 이후에는 다행히 부상없이 시즌을 마쳤는데, 그의 성장을 위해서라도 더 이상 다치지 않고 뛰는 것이 중요하다.

2022/23시즌

	GAMES	MINUTES	GOAL	ASSISTS	
0	12	646	1	0	
	경기당슈팅 1	유효슈팅 6	추정가치: 30,000,000€	경기당패스 21.7	패스성공률 82.30	0

15 CF
Nicolas Jackson

니콜라 잭슨
국적 세네갈, 감비아 | **나이** 22 | **신장** 188 | **체중** 78 | **평점** 6.87

흔히 아프리카 출신 공격수에게 연상되는 하드웨어보다는 소프트웨어가 더 뛰어나 보이는 선수. 세네갈 출신으로 2019년 스페인 비야레알에 입단하면서 유럽에 진출했다. 비야레알 19세팀부터 비야레알 B팀까지 차근차근 단계를 밟아가며 성장하던 그는 2022/23시즌부터 본격적으로 1군에 합류했는데 이 때 12골을 터트리면서 많은 팀들의 관심을 받았다. 잭슨의 장점은 경기장 내에서 동료들의 위치를 잘 파악하고 이를 활용한 연계 플레이를 잘하는 데 있다. 이를 통해서 적절한 타이밍에 침투해 골을 만들어내는데, 첼시에서 조금만 더 성장한다면 그가 존경한다는 전설 드로그바의 후예가 될 가능성이 있다.

2022/23시즌

	GAMES	MINUTES	GOAL	ASSISTS	
4	26	1,603	12	4	
	경기당슈팅 1.6	유효슈팅 23	추정가치: 30,000,000€	경기당패스 12.2	패스성공률 76.40	1

19 CF
Armando Broja

아르만도 브로야
국적 알바니아 | **나이** 21 | **신장** 191 | **체중** 80 | **평점** 6.29

브로야는 190cm가 넘는 거구에 빠른 발을 갖춰 리그 정상급의 공격수가 될 자질을 갖추고 있다. 체구를 이용한 경합보다는 침투하거나 드리블을 통해 돌파를 시도할 때 더 돋보이며, 전방에서의 압박도 성실하게 수행하는 선수이다. 다만, 빠른 결정을 내려야 할 때 타이밍을 놓치는 경우가 많은 점은 아쉽다. 첼시의 많은 유망주들이 그렇듯이 브로야도 10대에는 임대를 많이 다녔는데, 비테세와 사우샘프턴에서 모두 일정 수준 이상의 공격 능력을 선보이면서 지난 시즌 첼시로 돌아왔다. 그러나 첼시에서는 십자인대 부상으로 인해 시즌 대부분의 경기에 뛸 수 없었고, 한 단계 더 성장할 수 있는 기회가 사라지고 말았다.

2022/23시즌

	GAMES	MINUTES	GOALS	ASSISTS	
0	12	290	1	0	
	경기당슈팅 0.5	유효슈팅 5	추정가치: 28,000,000€	경기당패스 4.4	패스성공률 62.30	0

전지적 작가 시점

박찬우가 주목하는 첼시의 원픽!
모이세스 카이세도

첼시가 다시 한 번 엄청난 돈을 쏟아 부으면서 막강한 중원 구축에 성공했다. 엔초 페르난데스의 프리미어리그 이적료 기록을 갈아치우면서 카이세도는 리버풀이 아닌 첼시를 선택했다. 지난 월드컵 이후 아스날과의 링크가 짙어지면서 한바탕 소동이 있었지만, 당시에 첼시와도 접점이 없는 것은 아니었다. 이번에는 리버풀과의 소동 끝에 첼시를 택했고, 첼시는 이제 엔초와 카이세도라는 프리미어리그에서 가장 비싼 미드필드진을 구축하게 되었다.

카이세도에게는 지난 월드컵이 큰 분기점이었다. 성장세가 급격하게 빨라지면서 만능 미드필더에 가까운 모습을 보이기 시작했다. 카이세도는 수비를 할 줄 아는 미드필더이면서도, 안정적으로 공을 돌릴 줄 아는 선수이다. 이런 특성은 엔초와 함께 섰을 때 큰 효과를 발휘할 수 있을 것으로 예상된다. 카이세도의 영입으로 엔초는 수비 부담은 덜면서 공격 전개를 맡을 수 있고, 집중 견제가 들어온다면, 가벼운 빌드업은 카이세도가 맡을 수도 있다. 브라이튼에서 이미 맥알리스터와 함께 우수한 중원 듀오로 활약했으며, 캉테의 장점은 대부분 가지고 있다는 점에서 그는 분명히 첼시의 새로운 엔진이 될 것이다.

지금 첼시에 이 선수가 있다면!
디디에 드로그바

제2의 드로그바가 될 거라고 기대했던 루카쿠의 두 번째 첼시 생활도 결국 실패로 끝나고 말았다. 지난 시즌 첼시의 팀 득점이 38골에 불과했다는 점에서 루카쿠의 실패는 첼시에게 있어서 너무나 뼈아픈 타격이었다. 루카쿠가 지난 시즌 첼시에서 뛴 것은 아니었지만, 엄청난 금액을 들여 투자한 공격수 포지션에 또다시 거액을 들이기는 어려웠기에 루카쿠의 실패는 단순한 공격수 부족이 아니라 팀의 전반적인 체질 개선에 심각한 악영향을 끼쳤다. 그래서 생각나는 선수가 바로 첼시의 레전드인 드로그바이다.

단순히 공격적인 재능만을 놓고 봤을 때 드로그바가 당대의 다른 공격수보다 월등히 뛰어나지는 않았다. 그러나 드로그바는 첼시에 무한한 애정을 드러냈고, 늘 중요한 순간에, 중요한 득점을 해내던 선수였다. 로만의 첼시는 체흐-테리-램파드-드로그바로 이어지는 팀의 중심 라인이 막강했다. 로만의 유산이 거의 다 정리되고 새로운 팀으로 거듭나는 시점에서 아직도 골키퍼와 공격수는 아쉬운 느낌이 든다. 첼시가 다시 우승할 수 있는 팀이 되기 위해서는 공격수가 가장 절실하다. 지금 첼시에 드로그바가 있다면 주저없이 우승후보로 꼽을 것이다.

JOSE SA
DAN BENTLEY
TOM KING
MATT DOHERTY
RAYAN AIT-NOURI
CRAIG DAWSON
HUGO BUENO
JONNY CASTRO
NELSON SEMEDO
MAXIMILIAN KILMAN
TOTI GOMES
MARIO LEMINA
BOUBACAR TRAORE
JOÃO GOMES
JEAN-RICNER BELLEGARDE
PEDRO NETO
SANTIAGO BUENO
HEE-CHAN HWANG
MATHEUS CUNHA
SAŠA KALAJDŽIĆ
PABLO SARABIA
FABIO SILVA

Wolverhampton Wanderers

WOLVERHAMPTON WANDERERS

울버햄튼 원더러스
Wolverhampton Wanderers

창단 년도	1877년
최고 성적	우승 (1953/54, 1957/58, 1958/59)
경기장	몰리뉴 스타디움 (Molineux Stadium)
경기장 수용 인원	32,050명
경기장 위치	Waterloo Rd, Wolverhampton WV1 4QR
지난 시즌 성적	13위
별칭	Wolves (늑대), The Wanderers (원더러스)
상징색	골드, 블랙
레전드	빌리 라이트, 스티브 불, 존 리처즈, 피터 브로드벤트, 조니 핸콕스, 후뱅 네베스 등

히스토리

울버햄튼은 영국 울버햄튼을 연고로 하는 클럽으로 1877년 창단되었다. 풋볼 리그의 원년부터 참여했을 정도로 역사와 전통이 있는 구단으로 1부 리그 우승 3회, FA컵 우승 4회, 리그컵 우승 2회 등 찬란한 우승 기록을 자랑한다. 특히, 1950년대 스탠 컬리스 감독이 지휘하고 빌리 라이트가 이끌던 시절에 최고의 전성기를 구가하며 1부 리그 우승만 세 차례나 차지했다. 하지만 1964/65시즌 2부 리그로 강등당한 이후로는 1부와 2부 리그를 오가며 이렇다 할 성적을 거두지 못했다. 2017/18시즌 챔피언십 1위로 승격한 후, 최근 프리미어리그에서 6시즌을 보내고 있다. 2018/19, 2019/20시즌 연속으로 7위를 기록하며 가능성을 입증했지만 최근 3시즌 연속으로 10위권 진입에 실패했다. 설기현(2004~2006)에 이어 황희찬이 활약함에 따라 국내팬들에게 사랑을 받고 있는 클럽이기도 하다.

최근 5시즌 리그 순위 변동

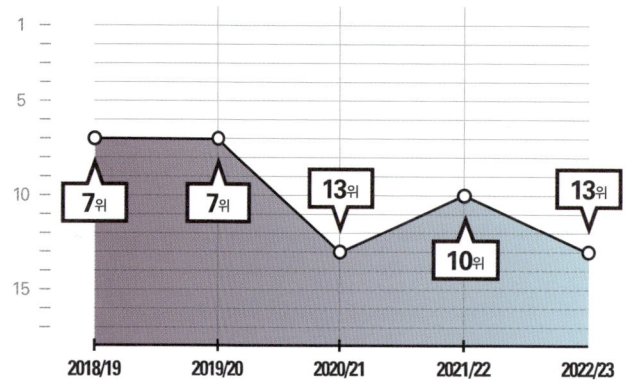

클럽레코드 IN & OUT

최고 이적료 영입 IN
마테우스 쿠냐
5,000만 유로
(2023년 7월, from 아틀레티코마드리드)

최고 이적료 판매 OUT
후뱅 네베스
2,700만 유로
(2023년 7월, to 알힐랄)

CLUB & MANAGER

개리 오닐 Gary O'Neil | 1983년 5월 18일 | 40세 | 잉글랜드

개리 오닐 감독에겐 시간이 필요하다

개리 오닐 감독은 2023년 8월 9일 울버햄튼 감독으로 임명했다. 훌렌 로페테기 전 감독이 선수 영입과 관련해 구단과 마찰을 일으켜 사임한 지 하루 만에 오닐 감독이 임명된 것이다. 개리 오닐은 2022/23시즌 스콧 파커 감독에 이어 본머스의 지휘봉을 잡았음에도 측면 공격과 압박을 강화해 본머스를 리그 15위로 이끌며 지도력을 인정받은 경험이 있다. 물론, 시즌 종료 후 본머스로부터 갑자기 경질 통보를 받아 충격을 받았지만 울버햄튼에서 다시 기회를 잡게 되었다. 하지만 리그 개막 1주일도 남지 않은 상황에서 감독으로 부임했으므로 시간이 부족하다는 사실은 부인할 수 없다. 개리 오닐 감독이 효율적인 전술을 구사해 하위권 클럽을 생존시키는데 일가견이 있지만 시즌 초반 과도기를 거치며 고생할 가능성이 농후하다.

📋 감독 인터뷰

"프리미어리그 개막 3~4일 전에 감독으로 임명되는 것은 이상적이지 않다. 팀이 내가 원하는 곳에 도달할 시간이 필요하다. 나 역시 시간이 필요하다. 먼저 우리가 가진 것을 분석해야 한다. 그런 후 상황에 맞게 팀을 변모시키면서 모두가 노력해야 한다. 그럼에도 나는 이번 시즌 우리가 목표한 위치에 도달할 것이라고 확신한다."

감독 프로필

통산
37 경기 11 승 6 무 20 패

선호 포메이션
4-2-3-1

승률
29.73%

시즌 키워드

#감독교체 | #FFP로선수단정리 | #황희찬

경력

	2022~2023	2023~
	본머스	울버햄튼

WOLVERHAMPTON WANDERERS

IN

- 마테우스 쿠냐
(아틀레티코마드리드)
- 맷 도허티
(아틀레티코마드리드)
- 부바카르 트라오레
(메츠)
- 톰 킹
(노스햄튼)
- 장리크네르 벨레가르드
(스트라스부르)
- 산티아고 부에노
(지로나)
- 엔소 곤살레스
(리베르타드)
- 토미 도일
(맨시티)

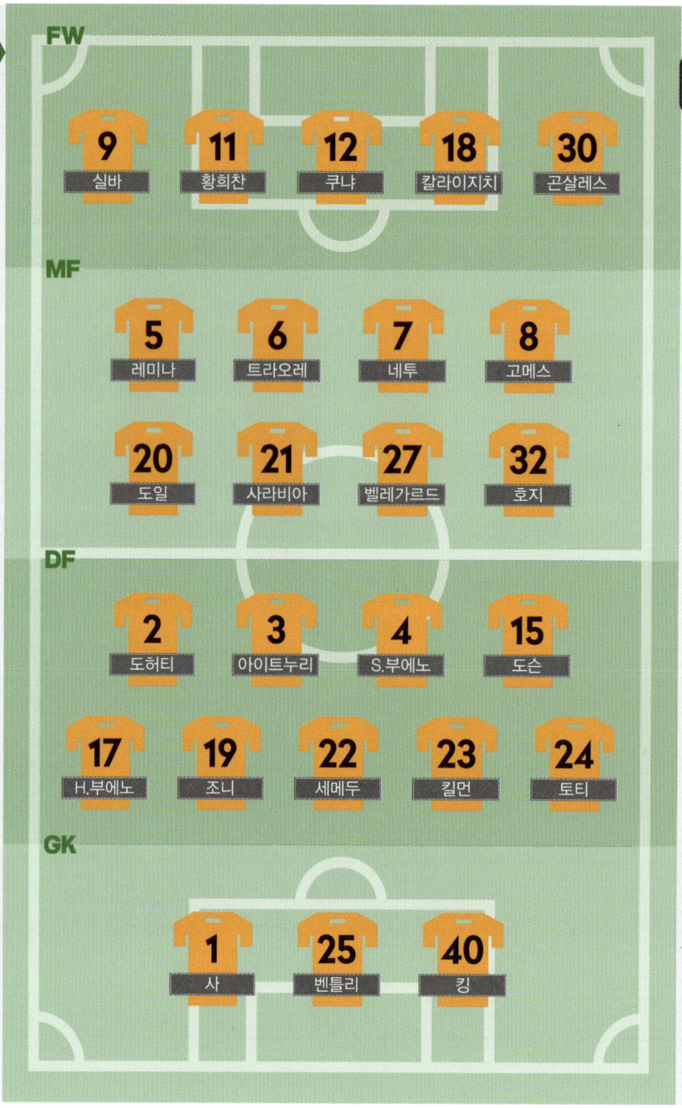

OUT

- 후뱅 네베스
(알힐랄)
- 네이션 콜린스
(브렌트포드)
- 코너 코디
(레스터시티)
- 라울 히메네스
(풀럼)
- 아다마 트라오레
(풀럼)
- 라이언 자일스
(루턴타운)
- 디에고 코스타
(보타포구)
- 주앙 무티뉴
(계약종료)
- 키야나 회버
(스토크시티, 임대)
- 치키뉴
(스토크시티, 임대)
- 루크 컨들
(플리머스, 임대)
- 루이 몰든
(로치데일, 임대)
- 마테우스 누네스
(맨시티)
- 다니엘 포덴스
(올림피아코스)

FW: 9 실바 · 11 황희찬 · 12 쿠냐 · 18 칼라이지치 · 30 곤살레스
MF: 5 레미나 · 6 트라오레 · 7 네투 · 8 고메스 · 20 도일 · 21 사라비아 · 27 벨레가르드 · 32 호지
DF: 2 도허티 · 3 아이트누리 · 4 S.부에노 · 15 도슨 · 17 H.부에노 · 19 조니 · 22 세메두 · 23 킬먼 · 24 토티
GK: 1 사 · 25 벤틀리 · 40 킹

히든풋볼의 이적시장 평가

2023년 여름이적시장에서 소극적인 자세로 일관했다. 하물며 로페테기 감독이 선수 영입과 관련해 구단과 마찰을 일으키며 개막이 1주일도 남지 않은 상태에서 사임했을 정도로 문제가 심각했다. 팀의 중심이었던 라울 히메네스와 후뱅 네베스, 주앙 무티뉴 등의 이적을 단행한 대신 임대로 활약했던 쿠냐와 트라오레를 비롯해 도허티, 킹 등을 영입했다. 하지만 전력은 지난 시즌에 비해 약화되었다고 보는 것이 옳지 않을까?

SQUAD & BEST11

2022/23시즌 스탯 Top 3

베스트11 포메이션

- 12 쿠냐
- 11 황희찬
- 7 네투
- 3 아이트누리
- 5 레미나
- 8 고메스
- 22 세메두
- 24 토티
- 15 도슨
- 23 킬먼
- 1 사

득점 Top 3
- ⚽ 후뱅 네베스 — 6골
- ⚽ 다니엘 포덴스 — 6골
- ⚽ 황희찬 — 3골

도움 Top 3
- 🥅 아다마 트라오레 — 2도움
- 🥅 주앙 무티뉴 — 1도움
- 🥅 후뱅 네베스 — 1도움

출전시간 Top 3
- ⚽ 막시밀리안 킬먼 — 3,308분
- ⚽ 주제 사 — 3,240분
- ⚽ 후뱅 네베스 — 3,021분

히든풋볼의 순위 예측

14위 · 이주헌

여전히 득점력은 믿을 수 없는 팀이다. 부상 없이 황희찬이 버텨준다면 지난 시즌만큼 어렵지는 않을 것이다.

14위 · 박종윤

황희찬의 잦은 부상이 뼈아프다. 또 다른 에이스 마티아스 누녜즈의 거취와 멘탈에 따라 성적이 결정될 것이다.

14위 · 박찬우

리그 개막 직전에 어수선한 상황이 너무 많이 발생했다. 매우 어려운 시즌이 될 듯하다.

15위 · 송영주

갑작스런 감독교체, 주축 선수들의 이적, 미흡한 영입 등 파행이 이어졌다. 새 감독인 오닐을 믿을 수밖에!

14위 · 김용남

주전 선수들이 많이 떠났다. 영입도 지지부진 믿을 만한 해결사도 보이지 않는다.

16위 · 이완우

갑작스런 감독 교체와 아쉬운 선수 보강 등이 큰 문제로 작용할 가능성이 높다. 하지만 강등은 면할 수 있을 것.

울버햄튼, 비상과 나락 갈림길에 서다

울버햄튼은 2022/23시즌 감독교체를 단행하는 내홍 속에서도 13위를 기록하며 체면치레에 성공했다. 하지만 지난 시즌 브루노 라지 감독과 단행했던 체질개선은 실패로 막을 내렸다. 울버햄튼은 2017/18시즌 챔피언십 1위로 승격하면서 누누 에스피리투 산투 감독 밑에서 스리백을 바탕으로 역습을 추구하는 전술로 만족할 만한 성적을 거뒀다. 또한, 울버햄튼을 소유하고 있는 포순 인터내셔널은 중국 자본을 통해 투자를 아끼지 않았고, 울버햄튼은 포르투갈 커넥션을 구성하면서 경쟁력 있는 선수단을 보유하게 됐다.

하지만 계속해서 6위권 진입에 실패함에 따라 울버햄튼은 지난 시즌 스리백이 아닌 포백으로, 역습이 아닌 점유율로 전술과 시스템 변화를 꾀했다. 그러나 16라운드까지 2승 4무 10패를 기록하며 리그 최하위로 추락하고 말았다. 울버햄튼이 브루노 라지 감독을 경질하고 훌렌 로페테기 감독을 선임한 것은 당연지사. 로페테기 감독은 최악의 상황에서 지휘봉을 잡았음에도. 리그에서 9승을 챙기면서 울버햄튼을 리그 13위까지 올리는 데 성공했다.

그러나 로페테기 감독은 2023년 여름 구단의 선수 영입에 불만을 토로하며 구단과 마찰을 일으켰다. 결국 울버햄튼은 리그 개막이 1주일도 남지 않은 상황에서 로페테기 감독과 작별을 고하고 개리 오닐 감독을 임명했다. 사실 울버햄튼은 이번 이적시장에서 소극적인 태도를 유지할 수밖에 없었다. 울버햄튼은 지난 시즌 마테우스 누네스와 곤살로 게드스 등 여러 선수들을 영입하는 데 약 2억 파운드를 소비했고, 2022년에 약 4,610만 파운드의 손실을 기록했다. 이에 따라 FFP에서 자유롭지 못한 상황이다. 이를 타파하고자 포순 인터내셔널은 새로운 투자를 모색하고 있으며, 울버햄튼은 이번 여름 팀 내 고액 연봉자인 라울 히메네스, 후벵 네베스, 주앙 무티뉴 등 주축 선수들을 떠나보냈다.

결과론적으로 개리 오닐 감독은 최악의 상황에서 울버햄튼을 지휘하게 됐다. 개리 오닐 감독은 2022/23시즌 초반 본머스의 지휘봉을 잡았음에도 리그 15위를 기록한 경험이 있다는 사실은 그나마 위안이 되고 있다. 따라서 오닐 감독이 빠르게 전술과 선수 기용의 청사진을 제시하며 팀을 안정화시킨다면 반전을 꾀할 수도 있을 것이다. 하지만 시간과 지원이 부족한 상황에서 오닐 감독이 얼마나 뛰어난 지도력을 보여줄 수 있을까? 이번 시즌은 울버햄튼에게 여러모로 쉽지 않을 것이 분명하다.

WOLVERHAMPTON WANDERERS

1 GK
José Sá

주제 사
국적 포르투갈 | **나이** 30 | **신장** 192 | **체중** 86 | **평점** 6.53

울버햄튼의 No.1 골키퍼. 2021년 여름 그리스 올림피아코스에서 800만 유로의 이적료에 울버햄튼으로 이적하자마자 후이 파트리시우가 떠난 자리를 메우며 골문을 단단하게 만들었다. 탁월한 위치 선정과 뛰어난 판단력, 놀라운 반사신경을 통해 선방 능력을 과시한다. 특히, 1 대 1 상황이나 PK 상황에서 강한 모습을 보여준다. 그러나 캐칭 미스가 적지 않아 실수를 범하곤 한다. 포르투갈의 마르티모와 포르투를 거치며 성장했지만 주전으로 도약하진 못했다. 그러나 2018년 여름 올림피아코스로 이적한 후, 3시즌 동안 83경기에 출전했고 울버햄튼 이적 후에도 2시즌 동안 리그 73경기에 선발로 출전하며 주전으로 활약하고 있다.

2022/23시즌

	36 GAMES	3,240 MINUTES	55 실점	67.10 선방률	
2	105 세이브	11 클린시트	추정가치: 18,000,000€	28.1 경기당패스	65.40 패스성공률	0

3 LB
Rayan Aït-Nouri

라얀 아이트누리
국적 프랑스 | **나이** 22 | **신장** 179 | **체중** 69 | **평점** 6.51

프랑스 출신의 공격적인 왼쪽 풀백. 오프더볼에서의 날카로운 움직임과 빠른 드리블, 비교적 정확한 크로스, 과감한 침투 등을 보여주며 공격에 기여한다. 하지만 공격에서 수비로 전환할 때 위치 선정에서 문제를 노출하고, 대인마크에서도 스피드가 뛰어난 선수에게 약점을 노출해 전체적으로 수비력이 부족하다는 평을 듣는다. 앙제 유스 출신으로 2020년 여름 1시즌 울버햄튼에 임대되었다가 2021년 여름 완전 이적했다. 울버햄튼에서 지난 3시즌 동안 매 시즌 21경기 이상을 소화하며 나름대로 제 역할을 했다. 흥미로운 사실은 지난 3시즌 동안 매 시즌 리그 1골씩을 넣었다는 점이다.

2022/23시즌

	21 GAMES	1,070 MINUTES	1 GOALS	0 ASSISTS	
4	0.84 경기당슈팅	5 유효슈팅	추정가치: 22,000,000€	22.6 경기당패스	81.90 패스성공률	0

15 CB
Craig Dawson

크레이그 도슨
국적 잉글랜드 | **나이** 33 | **신장** 188 | **체중** 82 | **평점** 6.62

2023년 1월 웨스트햄에서 영입한 베테랑 센터백으로 지난 시즌 후반기 울버햄튼의 수비를 책임졌다. 후반기만 소화했음에도 울버햄튼에서 17경기나 출전했을 정도로 능력을 인정받았다. 래드클리프, 로치데일, WBA, 왓포드, 웨스트햄 등 다양한 클럽에서 풍부한 경험을 쌓아 울버햄튼에서도 노련한 플레이를 보여준다. 큰 신장을 이용해 대인 마크에 강하고, 공중볼 장악에도 탁월하다. 특히, 헤더가 워낙 뛰어나 세트피스 상황에서 골을 넣거나 골로 연결되는 상황을 연출한다. 하지만 테크닉과 패싱력이 뛰어난 수비수가 아니라 빌드업에 한계가 있고, 종종 집중력이 결여되면서 실수를 범하곤 한다.

2022/23시즌

	17 GAMES	1,417 MINUTES	1 GOALS	0 ASSISTS	
4	0.7 경기당슈팅	2 유효슈팅	추정가치: 2,000,000€	54.1 경기당패스	84.30 패스성공률	0

PLAYERS

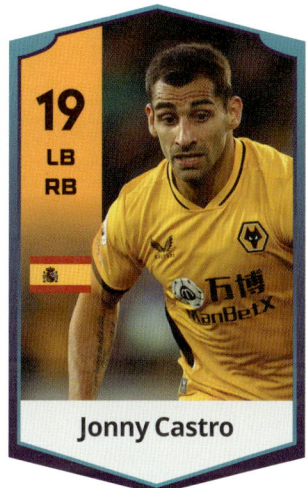

조니 카스트로

국적 스페인 | **나이** 29 | **신장** 175 | **체중** 69 | **평점** 6.46

다재다능한 측면 수비수로 양발을 자유자재로 활용할 수 있어 좌, 우 풀백으로 모두 활약한다. 준수한 스피드와 뛰어난 테크닉, 동료와의 연계 플레이, 왕성한 활동량을 바탕으로 공수에서 뛰어난 활약을 펼친다. 다만, 신장이 작은 편이라 공중볼에 약하고, 크로스의 정확도가 떨어지는 편이다. 2020년 8월 십자인대 부상을 당하면서 약 2시즌 동안 제대로 경기에 출전하지 못했다. 2021/22시즌 24라운드 아스날전을 통해 복귀했고, 지난 시즌 리그 18경기를 소화했다. 스페인 연령별 대표팀을 두루 거치며 훌륭하게 성장했고, 2018년 스페인 성인 대표팀에서 A매치 데뷔전을 치렀다.

2022/23시즌

	18 GAMES	1,263 MINUTES	1 GOALS	0 ASSISTS	
3	0.14 경기당슈팅	2 유효슈팅	추정가치: 13,000,000€	38.4 경기당패스	84.10 패스성공률	1

넬손 세메두

국적 포르투갈 | **나이** 29 | **신장** 177 | **체중** 64 | **평점** 6.5

공격력이 뛰어난 라이트백으로 엄청난 스피드와 활동량, 준수한 테크닉을 통해 위협적인 오버래핑을 보여주며 상대의 왼쪽 수비를 파괴한다. 그러나 크로스의 정확도가 높지 않아 공격의 영양가가 떨어지고, 수비 위치 선정이 좋지 않아 수비불안을 노출하곤 한다. 신트렌스, 벤피카, 바르셀로나를 거쳐 2020년 여름 3000만 유로의 이적료에 울버햄튼으로 이적했다. 울버햄튼으로 이적 후, 3시즌 동안 리그 104경기에 출전하면서 주전 라이트백으로 활약하고 있다. 2023년 5월 재계약을 발표해 2025년까지 울버햄튼에서 활약하게 되었다. 2015년부터 포르투갈 대표팀에서도 주축으로 활약 중이다.

2022/23시즌

	36 GAMES	2,641 MINUTES	0 GOALS	1 ASSISTS	
11	0.31 경기당슈팅	0 유효슈팅	추정가치: 15,000,000€	33.6 경기당패스	81.70 패스성공률	1

막시밀리안 킬먼

국적 잉글랜드 | **나이** 26 | **신장** 194 | **체중** 88 | **평점** 6.63

울버햄튼 수비의 핵심이자 상징. 투지가 넘치는 왼발 센터백으로 뛰어난 위치 선정과 깔끔한 태클, 강력한 대인 마크 등으로 수비력도 과시하고 있다. 어린 시절 풋살 국가대표로 뛰었을 정도로 기술이 뛰어나고, 드리블과 패스를 통해 빌드업에 적극적으로 관여한다. 다만, 상황 판단에 문제를 노출하고 스피드가 뛰어난 공격수들에게 약한 면모를 드러내곤 한다. 2018년 8월 메이든헤드유나이티드에서 영입된 후, 출전 기회를 제대로 잡지 못했지만 2020/21시즌 리그 18경기에 출전해 가능성을 입증하더니 2021/22시즌부터 매 시즌 30경기 이상 활약하며 팀의 중심 역할을 톡톡히 하고 있다.

2022/23시즌

	37 GAMES	3,308 MINUTES	0 GOAL	0 ASSISTS	
3	0 경기당슈팅	0 유효슈팅	추정가치: 30,000,000€	56.5 경기당패스	83.40 패스성공률	0

WOLVERHAMPTON WANDERERS

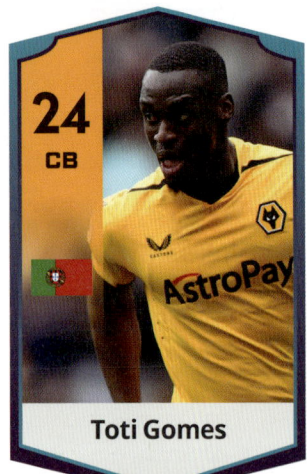

토티 고메스

국적 포르투갈 | **나이** 24 | **신장** 188 | **체중** 78 | **평점** 6.22

포르투갈 출신의 센터백으로 운동신경이 뛰어나 민첩성과 스피드, 점프력 등을 바탕으로 스피드 경쟁과 높이 경쟁에서 위력을 발휘한다. 상대 공격수를 만나면 직접적으로 충돌하는 파이터형 수비수로 몸싸움이나 대인마크에서도 뛰어난 모습을 보여준다. 그러나 상황 판단력이 부족해 지능적인 플레이를 보여주지 못하고 패스 능력이 떨어져 빌드업 시 유의미한 관여도 미흡하다. 특히, 투박한 패스로 실수를 범하곤 한다. 2020년 9월 에스토릴에서 울버햄튼으로 이적한 후 2시즌 동안 스위스 그라스호퍼에 임대되어 경험을 쌓았다. 지난 시즌 17경기에 출전하면서 서서히 출전시간을 늘리고 있다.

2022/23시즌

	17 GAMES		984 MINUTES	1 GOAL	0 ASSISTS	
6	0.18 경기당슈팅	2 유효슈팅	추정가치: 6,000,000€	26.4 경기당패스	75.60 패스성공률	0

마리오 레미나

국적 가봉 | **나이** 29 | **신장** 183 | **체중** 83 | **평점** 6.45

2023년 1월, 1,000만 유로의 이적료에 니스에서 울버햄튼으로 이적한 가봉 대표팀 출신의 미드필더로 박스 투 박스 미드필더. 영입되자마자 주전으로 활약하며 지난 시즌 후반기 리그 19경기에 출전했다. 뛰어난 운동신경과 왕성한 활동량을 바탕으로 넓은 지역을 커버하며 강한 압박과 터프한 몸싸움을 보여준다. 수준급의 드리블과 패싱력으로 빌드업에 관여한다. 팀 상황에 따라 종종 라이트백, 센터백, 수비형 미드필더 등 다양한 임무를 소화한다. 그러나 거친 수비가 많아 카드 관리를 효율적으로 하지 못하고 작지 않은 신장임에도 공중볼에 약하다. 또한, 집중력이 부족해 경기마다 기복을 보여주곤 한다.

2022/23시즌

	19 GAMES		1,306 MINUTES	0 GOALS	1 ASSISTS	
2	0.62 경기당슈팅	2 유효슈팅	추정가치: 10,000,000€	34.1 경기당패스	87.30 패스성공률	1

부바카르 트라오레

국적 말리 | **나이** 21 | **신장** 175 | **체중** 67 | **평점** 6.25

말리 대표팀 출신의 수비형 미드필더. 메츠 유스 출신으로 2022년 9월 울버햄튼으로 1시즌 임대 후 2003년 여름 1,100만 유로의 이적료에 완전 이적했다. 지난 시즌 리그 10경기에 출전해 1도움을 기록해 기대만큼의 활약을 했다고 평하기 어렵다. 그 이유는 부상으로 전력에서 이탈한 기간이 상당하고, 테크닉과 페스에서 문제를 노출해 공격 전개할 때 기여도 낮은 편이기 때문. 그럼에도 풍부한 활동량과 강한 압박, 볼 탈취 능력을 통해 미드필드에서 전투적인 모습을 보여줬다. 2022/23시즌 프리미어리그 적응과 부상으로 많은 시간을 출전하지 못했지만 2023/24시즌은 주전으로 도약할 가능성이 크다.

2022/23시즌

	10 GAMES		406 MINUTES	0 GOALS	1 ASSISTS	
2	0.66 경기당슈팅	0 유효슈팅	추정가치: 5,000,000€	14.5 경기당패스	81.40 패스성공률	0

PLAYERS

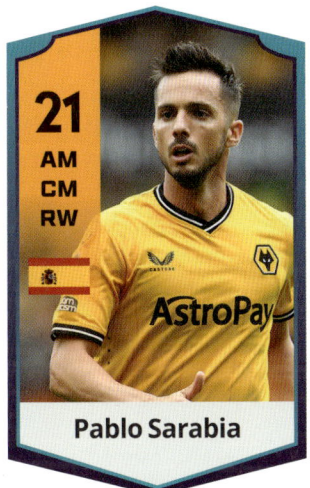

파블로 사라비아

국적 스페인 | **나이** 31 | **신장** 176 | **체중** 69 | **평점** 6.38

정교한 왼발을 자랑하는 플레이메이커. 테크닉이 뛰어나고 전술 이해력이 탁월해 공격형 미드필더, 중앙 미드필더, 오른쪽 윙어, 가짜 9번 등 다양한 포지션을 소화한다. 다양한 위치에서 예측하기 어려운 공격 패턴을 보여주고 왼발을 활용한 창의적인 패스와 강력한 슈팅을 과시한다. 다만, 오프더볼 상황에서의 위치 선정과 수비가 담에서 문제를 노출하곤 한다. 레알마드리드 유스 출신으로 헤타페, 세비야, 파리생제르망을 거쳐 2023년 1월 울버햄튼으로 이적했다. 2019년 9월 루마니아전을 통해 A매치에 데뷔한 후, A매치 26경기에서 9골을 득점할 정도로 스페인 대표팀에서 중용되고 있다.

2022/23시즌

	13 GAMES	772 MINUTES	1 GOALS	0 ASSISTS	
3	2.35 경기당슈팅	5 유효슈팅	추정가치: 14,000,000€	24.2 경기당패스	76.80 패스성공률	0

주앙 고메스

국적 브라질 | **나이** 22 | **신장** 176 | **체중** 73 | **평점** 6.56

울버햄튼이 2023년 1월 이적료 1,700만 유로에 브라질 플라멩구에서 야심차게 영입한 수비형 미드필더. 테크닉을 바탕으로 볼을 소유하고, 넓은 시야와 정확한 패스를 통해 경기 템포를 조율한다. 또한, 태클이 정확하고 위치선정이 뛰어나 안정적인 수비를 펼친다. 다만, 경험이 부족하고 수비가 거친 면이 있어 카드 관리에 어려움을 겪고, 공격적인 전진 패스가 부족하다는 비판을 듣고 있다. 지난 시즌 후반기 많은 기대를 받았지만 공격 포인트 생산에 어려움이 있어 실망감을 안겨줬다. 그러나 이번 시즌 후벵 네베스의 등번호 No.8을 이어받을 만큼 큰 기대를 모으며 부활을 꿈꾸고 있다.

2022/23시즌

	11 GAMES	651 MINUTES	1 GOALS	0 ASSISTS	
5	0.55 경기당슈팅	2 유효슈팅	추정가치: 18,000,000€	28.4 경기당패스	79.50 패스성공률	0

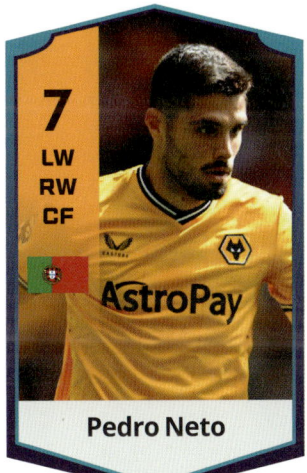

페드루 네투

국적 포르투갈 | **나이** 23 | **신장** 173 | **체중** 62 | **평점** 6.38

주발이 왼발로 주로 왼쪽 측면에서 뛰지만 오른쪽 측면에서도 활약하는 수 있는 공격수. 빠른 스피드와 위력적인 드리블, 정확한 크로스, 키패스를 통한 찬스메이킹 등을 바탕으로 울버햄튼의 공격을 주도한다. 브라가 유스 출신으로 2019년 여름 울버햄튼으로 이적했지만 데뷔 시즌에 많은 출전 기회에도 불구하고 기복 있는 플레이를 펼쳤다. 하지만 2020/21시즌 울버햄튼의 에이스로 부상하며 공격을 이끌었다. 다만 2021년 4월 무릎 부상을 당한 이후, 과거만큼의 파괴력을 보여주지 못하고 있다. 포르투갈 각 연령별 대표팀을 거쳐 2020년부터 포르투갈 대표팀에서 활약 중이다.

2022/23시즌

	19 GAMES	972 MINUTES	0 GOAL	0 ASSISTS	
2	1.59 경기당슈팅	3 유효슈팅	추정가치: 28,000,000€	16.4 경기당패스	84.90 패스성공률	0

WOLVERHAMPTON WANDERERS

18 CF
Saša Kalajdžić

사샤 칼라이지치
| 국적 오스트리아 | 나이 26 | 신장 200 | 체중 79 | 평점 6.22 |

오스트리아 국가대표 장신 스트라이커. 2022년 8월, 1,800만 유로의 이적료로 독일 슈투트가르트에서 울버햄튼으로 이적하면서 큰 기대를 모았다. 하지만 데뷔전이었던 6라운드 사우샘프턴전에서 십자인대 부상을 당함에 따라 첫 시즌을 부상 회복에 전념할 수밖에 없었다. 부상에서 회복함에 따라 올 시즌 진가를 드러낼 수 있을지가 관건이다. 200cm의 장신으로 제공권 장악이 매우 뛰어나고, 헤더를 통해 골을 넣을 뿐 아니라 동료에게 득점 기회를 제공한다. 또한, 준수한 개인기를 바탕으로 동료와의 연계 플레이도 뛰어난 모습을 보여준다. 다만, 스피드가 느리고 부상이 적지 않다.

2022/23시즌

🟨 0	1 GAMES	46 MINUTES	0 GOAL	0 ASSISTS	🟥 0
	0 경기당슈팅	0 유효슈팅	추정가치: 15,000,000€	4 경기당패스	50.00 패스성공률

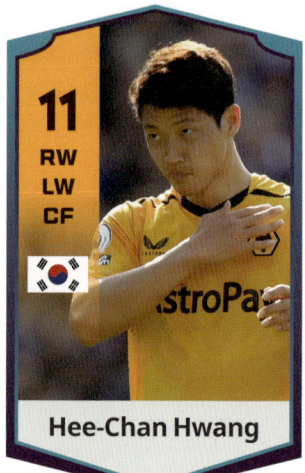

11 RW LW CF
Hee-Chan Hwang

황희찬
| 국적 대한민국 | 나이 27 | 신장 177 | 체중 69 | 평점 6.32 |

한국 국가대표 공격수로 최전방 스트라이커, 세컨드 스트라이커, 좌우 윙어 등 다양한 포지션을 소화한다. '성난 황소'를 연상시키는 폭발적인 드리블과 빠른 스피드, 끊임없이 뛰는 체력, 누구에게도 쉽게 밀리지 않는 피지컬, 동료와의 연계 플레이 등을 앞세워 상대 수비를 파괴한다. 2021년 8월 독일 라이프치히에서 울버햄튼으로 한 시즌 임대되어 리그 5골 1도움을 기록하면서 2022년 여름 1,670만 유로의 이적료에 완전 이적했다. 다만 지난 시즌도 리그 3골에 멈추면서 득점력에서 아쉬움을 남겼다. 황희찬이 꾸준히 선발로 뛰기 위해서는 흔들어주는 역할 외에도 자신이 직접 피니시하는 득점력을 높여야 한다.

2022/23시즌

🟨 1	27 GAMES	1,131 MINUTES	3 GOAL	1 ASSISTS	🟥 0
	1.43 경기당슈팅	7 유효슈팅	추정가치: 12,000,000€	9.8 경기당패스	78.40 패스성공률

12 CF AM LW
Matheus Cunha

마테우스 쿠냐
| 국적 브라질 | 나이 24 | 신장 183 | 체중 76 | 평점 6.63 |

브라질 대표팀 출신의 스트라이커. 2022년 12월 아틀레티코마드리드에서 반 시즌 임대된 후 2003년 여름 5,000만 유로의 이적료에 완전 이적했다. 울버햄튼의 클럽 레코드 영입 기록이다. 사실 지난 시즌 리그 17경기에서 2골밖에 넣지 못해 기대만큼의 득점력을 보여주지는 못했다. 하지만 풍부한 활동량과 뛰어난 테크닉을 바탕으로 최전방에서 폭 넓게 움직이면서 공격의 윤활유 역할을 한다. 또한 적절한 타이밍의 수비 가담과 강한 압박을 보여주며 최전방부터 수비하는 모습을 보여준다. 그럼에도 2022/23시즌에는 경기마다 기복이 심하고 득점력이 떨어지는 모습에서 탈피해야 한다.

2022/23시즌

🟨 1	17 GAMES	972 MINUTES	2 GOALS	0 ASSISTS	🟥 0
	2.42 경기당슈팅	7 유효슈팅	추정가치: 25,000,000€	13.1 경기당패스	75.70 패스성공률

전지적 작가 시점

송영주가 주목하는
울버햄튼의 원픽!

황희찬

울버햄튼의 빈곤한 득점력은 이젠 고질병이란 표현을 써도 이상하지 않을 정도, 설상가상, 그동안 해결사 역할을 했던 라울 히메네스가 풀럼으로 이적함에 따라 공격진의 무게감은 더 떨어진 것이 사실이다. 물론, 부상에서 복귀한 사샤 칼라이지치와 가능성을 보여준 마테우스 쿠냐, 임대복귀한 파비오 실바 등 최전방 자원이 부족한 것은 아니다. 다만 이들 중 누구도 만족할 만한 득점력을 보여주지 못했다는 사실이 근심거리일 뿐이다.

이에 따라 황희찬의 올 시즌 활약은 매우 중요하다. 황희찬은 울버햄튼에서 지난 2시즌 동안 저돌적인 돌파와 날카로운 크로스를 보여주며 돌격대장 역할을 수행했다. 다만, 흐름을 탈 만하면 찾아오는 부상 때문에 주전경쟁에 어려움을 겪으며 파괴력을 보여주지 못했다. 2021/22시즌 리그 5골, 2022/23시즌 리그 3골을 기록하며 아쉬움을 남겼다. 하지만 황희찬은 부상만 피한다면 두 자릿수 골을 넣을 힘이 충분하다. 적어도 시즌초반 울버햄튼의 공격을 이끄는 선수는 황희찬이란 사실을 부인할 순 없다. 만약 황희찬이 팀 내 최고, 아니 제2의 득점원 역할만 하더라도 울버햄튼의 공격은 과거와 달리 힘을 발휘할 것이다.

지금 **울버햄튼**에
이 선수가 있다면!

위고 쿠이퍼스

울버햄튼이 빈곤한 득점력으로 고생한 것은 어제오늘의 일이 아니다. 2020/21시즌부터 지난 3시즌 동안 리그 득점 기록을 보면 36골-38골-31골 등으로 매 시즌 40골을 넘지 못했다. 이는 해결사 부재와 직결된 문제. 간판 스트라이커 라울 히메네스가 2021년 11월 두개골 골절 부상을 당한 후 울버햄튼에서 해결사라고 부를 수 있는 선수는 완전히 사라졌다. 라울 히메네스가 부상에서 복귀했지만 이전의 파괴력을 보여주지 못했고, 파비우 실바, 황희찬, 사샤 칼라이지치, 디에고 코스타, 마테우스 쿠냐 등 다양한 선수들이 최전방을 책임졌지만 그 누구도 확실한 결정력을 보여주진 못했다. 하물며 라울 히메네스마저 2023년 여름 풀럼으로 이적했다.

이런 측면에서 울버햄튼은 벨기에 출신의 스트라이커 위고 쿠이퍼스를 주목할 필요가 있다. 쿠이퍼스는 지난 시즌 헨트의 최전방을 책임지면서 리그 27골로 벨기에 리그 득점왕을 차지했다. 최전방에서 부지런히 움직이며 압박과 패스로 상대를 당황하게 만들면서 득점 기회를 포착하고, 뛰어난 결정력으로 시즌 내내 꾸준히 득점포를 가동했다. 울버햄튼이 쿠이퍼스를 영입한다면 상황은 반전될지도 모른다.

ŁUKASZ FABIAŃSKI
ALPHONSE AREOLA
BEN JOHNSON
AARON CRESSWELL
KURT ZOUMA
VLADIMIR COUFAL
ANGELO OGBONNA
THILO KEHRER
NAYEF AGUERD
EMERSON
JAMES WARD-PROWSE
PABLO FORNALS
PAQUETA
FLYNN DOWNES
MAXWEL CORNET
EDSON ÁLVAREZ
TOMAŠ SOUČEK
CONOR COVENTRY
MICHAIL ANTONIO
DANNY INGS
JARROD BOWEN
SAID BENRAHMA

West Ham United

WEST HAM UNITED

웨스트햄 West Ham United

창단 년도	1895년
최고 성적	3위 (1985/86)
경기장	런던 스타디움 (London Stadium)
경기장 수용 인원	62,500명
경기장 위치	Queen Elizabeth Olympic Park, Stratford London, E20
지난 시즌 성적	14위
별칭	The Irons (아이언스), The Hammers (해머스)
상징색	와인, 스카이블루
레전드	바비 무어, 제프 허스트, 로니 보이스, 빌리 본즈, 레이 스튜어트, 파올로 디 카니오, 마크 노블 등

히스토리

'해머스'라는 별명을 갖고 있는 웨스트햄은 19세기 말 노동자들에 의해 설립된 축구 클럽이다. 당시 런던의 건설 노동자들이 하루 종일 고된 일을 하다가 주말이 되면 축구를 보면서 여가를 즐겼기 때문에 웨스트햄은 팀의 상징으로 망치를 사용하고 있다. 런던 내에서는 상당한 인기 클럽으로 경기장 내에서는 또다른 상징인 비눗방울을 불면서 응원을 하는 모습을 볼 수 있는데, 상당한 장관이다. 1966년 자국에서 열린 잉글랜드 월드컵의 주역인 바비 무어와 제프 허스트를 배출한 클럽이지만, 긴 역사에도 불구하고 우승 기록은 많지 않다. 최근에 모이스 감독이 부임한 이후에 연속으로 유럽클럽대항전에 출전하면서 무시할 수 없는 강팀으로 떠오르고 있고, 마침내 2022/23시즌 유로파컨퍼런스리그에서 우승을 차지했다.

최근 5시즌 리그 순위 변동

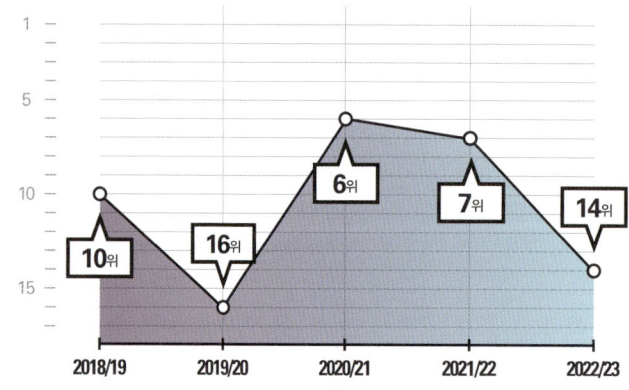

클럽레코드 IN & OUT

최고 이적료 영입 IN

세바스티앙 알레
5,000만 유로
(2019년 7월, from 프랑크푸르트)

최고 이적료 판매 OUT

데클란 라이스
1억 1,660만 유로
(2023년 7월, to 아스날)

CLUB & MANAGER

데이비드 모이스 David Moyes | 1963년 4월 25일 | 59세 | 스코틀랜드

우승컵은 들었지만, 지도력에는 다소 의문부호가…

유로파컨퍼런스리그 우승으로 경질 위기는 면했지만, 모이스 감독에게는 사실상 실패에 가까운 2022/23시즌이었다. 구단은 예전보다 훨씬 공격적인 투자를 통해서 이름값이 높은 선수를 여럿 데려왔다. 하지만, 모이스 감독은 이를 활용하는 데 지나치게 오랜 시간이 걸렸고 그 결과 팀은 강등 위기까지 겪었다. 후반기에 파케타의 맹활약에 힘입어 결국 강등을 면하고, 유로파컨퍼런스리그도 우승했지만, 전반기에 수비진의 혼란과 공격진의 부진은 감독의 전술적 한계가 드러난 것이 아닌가 하는 우려가 들 수밖에 없었다. 팀 전력의 절반 이상이었던 라이스의 이탈을 어떤 전술적 아이디어로 극복할 수 있을지 지켜봐야 한다.

📋 감독 인터뷰
"아쉬운 점도 있었지만, 몇몇 영입은 중요했다. 우리는 프리미어리그와 유럽 무대에서 아주 바쁜 시즌을 보낼 것이기 때문에, 이 정도로 보강이 이뤄진 것에 매우 기쁘고 흥분된다."

감독 프로필

통산	선호 포메이션	승률
1053 경기 **453** 승 **219** 무 **350** 패	**4-2-3-1**	**43.01%**

시즌 키워드

#다시유로파도전 | #포스트라이스

우승 이력

- 풋볼 리그 2부 (2000)
- FA 커뮤니티 실드 (2013)
- UEFA 유로파컨퍼런스리그 (2022/23)

경력

1998~2002	2002~2013	2013~2014	2014~2015	2016~2017	2017~2018, 2019~
프레스턴노스엔드	에버튼	맨체스터유나이티드	레알소시에다드	선덜랜드	웨스트햄유나이티드

WEST HAM UNITED

WEST HAM UNITED

IN

에드손 알바레스
(아약스)

제임스 워드프라우스
(사우샘프턴)

콘스탄티노스 마브로파노스
(슈투트가르트)

모하메드 쿠두스
(아약스)

OUT

데클란 라이스
(아스날)

잔루카 스카마카
(아탈란타)

니콜라 블라시치
(토리노)

아르튀르 마쉬아퀴
(베식타시)

마누엘 란시니
(계약종료)

히든풋볼의 이적시장 평가

웨스트햄은 지난 시즌 많은 영입을 했음에도 성과가 적었기에 이번에는 신중한 행보를 보였다. 라이스를 비롯해 많은 선수들이 팀을 떠났지만 초기에는 영입이 거의 없어 팬들을 불안하게 했다. 하지만 알바레스 영입을 시작으로 이후 마브로파노스, 워드프라우스, 쿠두스 등 알짜배기 선수들을 영입하는 수완을 발휘했다. 이제 남은 건 실패를 반복하지 않기 위해 팀에 적절한 시스템을 만들어야 하는 감독의 몫이다.

SQUAD & BEST 11

2022/23시즌 스탯 Top 3

Best 11 포메이션:
- 9 안토니오
- 10 파케타 / 7 워드프라우스 / 28 소우체크 / 20 보언
- 19 알바레스
- 33 에메르송 / 27 아게르드 / 4 주마 / 5 초우팔
- 23 아레올라

득점 Top 3
- ⚽ 재러드 보언 — 6골
- ⚽ 사이드 벤라흐마 — 6골
- ⚽ 미카일 안토니오 — 5골

도움 Top 3
- 🔑 재러드 보언 — 5도움
- 🔑 토마시 소우체크 — 3도움
- 🔑 루카스 파케타 — 3도움

출전시간 Top 3
- ⏱ 데클란 라이스 — 3,273분
- ⏱ 재러드 보언 — 3,233분
- ⏱ 우카시 파비안스키 — 3,111분

히든풋볼의 순위 예측

웨스트햄을 강등권으로 분류하긴 어렵다. 어느 정도 승점을 따내면서 중위권 순위를 지켜내지 않을까?

유럽 트로피를 거머쥔 웨스트햄은 버프를 받을 수 있을 것. JWP는 다른 의미로 라이스 공백을 채울 수 있다.

라이스 이적 이후 결국 필요한 선수들을 잘 영입했다. 남은 건 감독의 능력이다.

유로파리그 우승과 라이스의 이적에 따른 재정 확보로 전력 상승에 힘썼다. 올바른 투자는 결과로 이어진다.

적절한 보강 속, 여전히 공격수는 잉스와 안토니오다.

JWP의 합류로 질 경기를 비기고 비길 경기를 이길 수 있는 팀이 됐다. 지난 시즌보다 더 좋은 성적을 낼 것이다.

 13위 이주헌

 10위 박종윤

 10위 박찬우

 10위 송영주

 11위 김용남

 10위 이완우

웨스트햄과 모이스에게 라이스가 없다

2022/23시즌의 웨스트햄을 어떻게 정리할 수 있을까? 누군가는 강등권에 허덕이다 겨우 살아남은 끔찍한 시즌으로 기억할 수 있을 것이고, 누군가는 그럼에도 불구하고 유로파컨퍼런스리그 우승으로 다시 한번 유로파리그에 진출하는 성과를 냈다고 볼 수 있을 것이다. 그만큼 웨스트햄의 지난 시즌은 명과 암이 공존했다.

시작은 거창했다. 웨스트햄은 2022년 여름 무려 1억 8천만 유로에 달하는 거액을 쓰면서 파케타, 아게르드, 스카마카, 코르네 등등 이름값 높은 선수들을 여럿 영입했다. 지난 2년간 아쉽게 챔피언스리그에 진출하지 못했기에 이번만큼은 많은 보강을 통해서 챔피언스리그 진출을 해보겠다는 의지의 표명이었다. 하지만, 이 거창한 계획은 잘 동작하지 않았는데, 아게르드와 스카마카는 부상과 부진에 시달렸고, 파케타의 경우는 모이스 감독이 해법을 찾는 데 시간이 너무 오래 걸렸다. 파케타, 라이스, 소우체크의 중원 3인방은 프리미어리그 전체를 놓고 봐도 경쟁력이 뛰어난 선수들이었지만, 모이스 감독은 이 조합을 가지고도 제대로 된 전술적 대안을 내놓지 못했다. 그 결과 팀은 강등권을 맴돌게 되었고, 후반기에 가서 겨우 파케타가 적절히 활용되면서 살아나기 시작했다.

결국 강등은 당하지 않았고, 클럽 역사상 두 번째로 UEFA 클럽대항전 트로피를 땄으니 다행이라 볼 수 있을 지도 모르겠지만, 더 큰 문제는 새로운 시즌이다. 모이스의 지도력에 회의감을 느낀 클럽은 새로운 프로젝트와 모이스 감독의 의중 사이에서 많은 고민을 해야 했다. 클럽은 3년 연속 유럽대항전에 진출할 수 있었지만, 그 기간 동안의 핵심 선수들은 라이스처럼 팀을 떠나거나, 아니면 점차 부진에 빠졌다. 지금까지 라이스라는 슈퍼스타의 존재는 클럽만큼이나 거대했다. 웨스트햄은 라이스를 중심으로 뭉쳐서 지금의 위상을 만들었기 때문이다. 그리고 현 시점에서 아무리 많은 돈을 들인다 하더라도 라이스 정도의 위상과 능력을 갖춘 선수를 구할 수는 없을 것이다.

결국 라이스 이후의 새로운 시대를 준비하는 것이 웨스트햄의 당면 과제이고, 이 과정에서 팀이 어떤 방향으로 나아갈 것인지를 결정해야 한다. 모이스 감독 아래서의 성과는 분명 훌륭했지만, 한계도 뚜렷했다. 지난 시즌처럼 지나치게 돈을 많이 쓰고, 이번 시즌처럼 우유부단한 결정으로 이적시장을 보내는 것은 팀에 도움이 되지 않는다.

WEST HAM UNITED

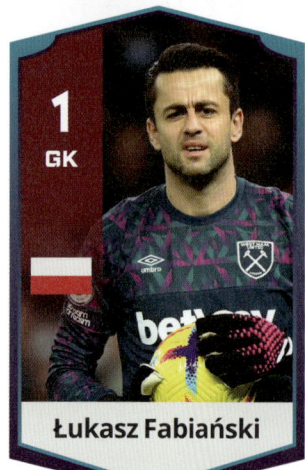

1 GK
Łukasz Fabiański

우카시 파비안스키

국적 폴란드 | **나이** 38 | **신장** 190 | **체중** 83 | **평점** 6.68

2021/22시즌에 이어 지난 시즌도 리그에서는 주전 골키퍼의 자리를 지켜냈다. 많은 나이에 따른 신체능력의 하락을 우려하는 목소리가 많았지만, 2021/22시즌과 큰 차이없는 활약으로 괜찮은 모습을 보였다. 아레올라과 비교할 때, 파비안스키의 장점은 풍부한 경험을 바탕으로 수비진과의 소통이 원활하다는 점과 리그 선수들에 대한 정보를 많이 알고 있어 위기의 순간을 대처하는 능력이 좋다는 점이다. 지난 시즌에도 총 4개의 PK중에 2개를 허용하고 2개를 막아내면서, 페널티킥을 잘 막는 골키퍼로서의 명성을 이어갔다. 다만, 경기 도중에 몸상태 이상으로 교체되는 횟수가 늘어나면서 이제는 정말 주전 골키퍼의 자리에서 내려올 가능성도 배제할 수 없다.

2022/23시즌

1	36 GAMES	3,114 MINUTES	48 실점	70.10 선방률	0
	106 세이브	8 클린시트	추정가치: 900,000€	21.5 경기당패스	58.10 패스성공률	

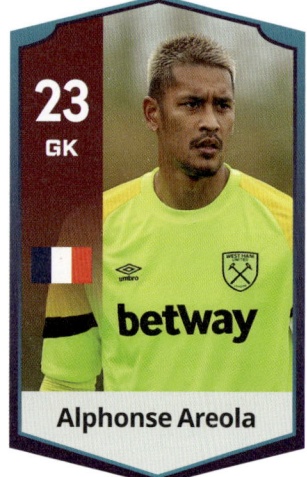

23 GK
Alphonse Areola

알퐁스 아레올라

국적 프랑스 | **나이** 30 | **신장** 195 | **체중** 94 | **평점** 6.31

2021/22시즌과 마찬가지로 여전히 리그에서는 파비안스키에게 주전 골키퍼 자리를 내주었지만, 다른 컵대회에서는 선발로 활약했다. FA컵과 유로파컨퍼런스리그 모두 리그보다 뛰어난 선방능력을 보였고, 특히 유로파컨퍼런스리그에서의 활약은 웨스트햄이 구단 역사상 두번째 UEFA 트로피를 들어올리는 데 결정적인 역할을 했다. 이제 골키퍼로서의 기량 자체는 파비안스키보다 뛰어나다고 볼 수 있는데, 수비진을 이끄는 능력까지 파비안스키에 견줄 수 있을 지 기대가 된다. 큰 대회에서 우승을 경험한 만큼 수비진과의 소통 능력도 발전할 가능성이 크다. 카타르 월드컵에 프랑스 대표로 참가했으나, 경기에 나서지는 못했다.

2022/23시즌

0	5 GAMES	307 MINUTES	7 실점	68.80 선방률	0
	9 세이브	1 클린시트	추정가치: 8,000,000€	15.4 경기당패스	68.80% 패스성공률	

4 CB
Kurt Zouma

쿠르트 주마

국적 프랑스 | **나이** 28 | **신장** 190 | **체중** 96 | **평점** 6.68

부상으로 결장한 기간이 제법 되긴 하지만, 그 외의 기간 동안 주마는 자신의 장점을 잘 발휘하며 팀의 수비를 책임졌다. 신체능력이 뛰어난 센터백 특유의 플레이로 상대 공격수를 막아내는 데 능했으며, 수비에서의 치명적인 실수는 생각보다 많지 않았다. 후방 빌드업에서의 단점은 이제 고치기는 어렵겠지만, 수비력 자체만으로도 팀에 끼치는 영향력은 생각보다 컸다. 2021/22시즌에는 오그본나, 2022/23시즌에는 아게르드와 좋은 콤비를 이루면서 첼시에 이어 웨스트햄에서도 UEFA 클럽대항전 트로피를 땄냈다. 다만 지속적으로 햄스트링이나 무릎 등의 부상이 이어지는 것이 고민인데, 이에 대한 세심한 관리가 필요해 보인다.

2022/23시즌

0	25 GAMES	1,991 MINUTES	2 GOALS	0 ASSISTS	0
	0.8 경기당슈팅	5 유효슈팅	추정가치: 22,000,000€	33 경기당패스	84.50 패스성공률	

PLAYERS

27 CB
Nayef Aguerd

나예프 아게르드

국적 모로코 | **나이** 27 | **신장** 190 | **체중** 76 | **평점** 6.67

프리시즌 도중에 당한 부상으로 거의 4개월간 경기에 나설 수 없었지만, 월드컵 이후 복귀한 아게르드는 매 경기 좋은 활약을 펼치면서 팀 내 가장 뛰어난 수비수로 인정받았다. 왼발을 활용한 빌드업, 큰 키를 바탕으로 한 제공권이나 세트피스 등 장점이라고 평가받던 부분을 프리미어리그에서도 유감없이 발휘하면서 오그본나의 자리를 완벽하게 대체했다. 꽤 거액의 이적료를 투입한 웨스트햄의 판단은 틀리지 않았다. 서로 다른 장점을 갖추고 있기에 주마와의 파트너십도 좋은 편이며, 부상 없이 한 시즌을 건강하게 치른다면 웨스트햄의 수비는 당분간 걱정이 없을 것이다. 카타르 월드컵에서는 모로코의 주전 수비수로 활약했다.

2022/23시즌

	18 GAMES	1,596 MINUTES	2 GOALS	0 ASSISTS	
4	0.7 경기당슈팅	2 유효슈팅	추정가치: 35,000,000€	42.2 경기당패스	78.90 패스성공률	0

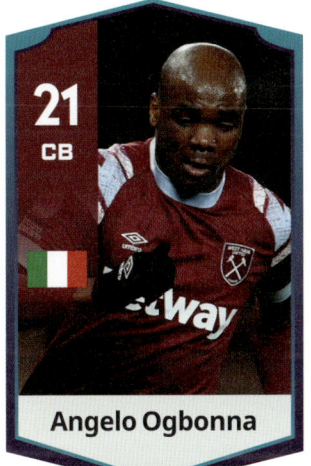

21 CB
Angelo Ogbonna

안젤로 오그본나

국적 이탈리아 | **나이** 35 | **신장** 191 | **체중** 86 | **평점** 6.53

2021/22시즌 십자인대 파열로 인해 많은 우려가 있었지만, 오그본나는 생각보다 준수하게 자신의 역할을 잘 수행했다. 특히 주마가 부상으로 빠진 기간 선발로 나서면서 수비의 공백을 최소화했고, 팀이 강등 위기에 있을 때에도 베테랑 수비수로 선수들을 잘 다독였다. 두 번의 큰 무릎 부상과 나이로 인한 노쇠화로 예전만큼의 안정감을 보이지는 못했지만, 백업 수비수로서는 그만한 선수를 찾기가 어려운 것도 사실이다. 왼발 센터백에 괜찮은 패스능력을 갖춘 수비수는 흔하지 않다. 오그본나가 얼마나 더 오래 선수생활을 할지 알 수 없지만, 지금처럼 꾸준하게 가치를 증명하는 선수로 남기를 팬들은 바라고 있을 것이다.

2022/23시즌

	16 GAMES	1,236 MINUTES	0 GOALS	0 ASSISTS	
0	0.2 경기당슈팅	0 유효슈팅	추정가치: 900,000€	25.9 경기당패스	80.00 패스성공률	0

24 CB RB
Thilo Kehrer

틸로 케러

국적 독일 | **나이** 26 | **신장** 186 | **체중** 76 | **평점** 6.5

양 발을 모두 잘 쓰고, 센터백은 물론, 풀백과 미드필더까지 다양한 포지션을 볼 수 있다는 장점은 그래도 케러가 많은 출전시간을 가지는 데 도움이 됐다. 그러나, 실수가 잦아 수비수로서의 기본적인 수비 능력에 큰 물음표가 붙는 부족한 활약상은 결국 어느 포지션에서도 그를 자리잡지 못하게 만들었다. 센터백보다는 풀백에서 좀 더 나은 모습이었지만, 본래 주 포지션의 선수들보다 확실하게 낫다고 평가할 만한 요소는 별로 없었다. 독일 대표팀에 선발되어 카타르 월드컵에서는 우측 풀백으로 스페인전에 출전했다.

2022/23시즌

	27 GAMES	2,231 MINUTES	0 GOALS	2 ASSISTS	
4	0.3 경기당슈팅	1 유효슈팅	추정가치: 18,000,000€	36.8 경기당패스	85.40 패스성공률	0

WEST HAM UNITED

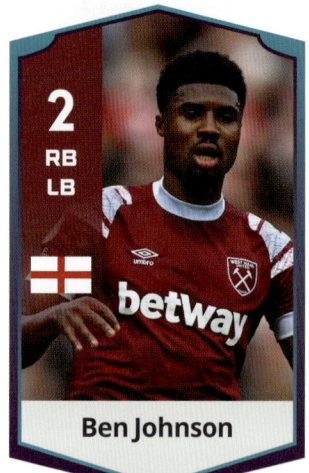

2 RB LB
Ben Johnson

벤 존슨
국적 잉글랜드 | **나이** 23 | **신장** 175 | **체중** 67 | **평점** 6.39

기대는 컸지만, 존슨은 갑자기 슬럼프에 빠져버렸다. 2021/22시즌 풀백들이 부상당했을 때 좌우를 번갈아가며 뛰면서 팀의 공백을 채우던 그는 기존에는 별 문제가 없었던 수비적인 안정감이 떨어지면서 팀이 추락할 때 자신도 함께 추락했다. 본래 크로스나 패스 등에서 강점이 있었던 선수는 아니었기에 이 부분의 개선을 기대했지만, 특별히 공격적인 부분이 나아지는 것도 없이 오히려 수비적인 능력만 더 떨어지면서 존슨은 점차 기용 우선순위에서 벗어나게 됐다. 아직은 발전을 기대할 만한 젊은 나이기에 다가올 시즌에서는 존슨이 도약할 수 있을 지 지켜보자.

2022/23시즌

	17 GAMES	863 MINUTES	0 GOAL	0 ASSISTS	
0	0.1 경기당슈팅	1 유효슈팅	추정가치: 10,000,000€	26.8 경기당패스	73.00 패스성공률	0

3 LB
Aaron Cresswell

애런 크레스웰
국적 잉글랜드 | **나이** 33 | **신장** 170 | **체중** 66 | **평점** 6.61

나이에 따라 떨어진 기동력 때문에 더 이상 풀백으로서의 높은 수준을 기대하기는 어렵지만, 그래도 크레스웰이 갖고 있는 왼발 킥의 장점은 남아 있었다. 웨스트햄을 대표하는 풀백 중 하나로 왼발 킥의 장점은 여전히 종종 볼 수 있고, 경험 많은 노장으로서의 수비 센스도 팀에 도움이 되는 부분도 있었다. 전체적으로 웨스트햄의 모든 측면 수비수들이 흔들린 가운데, 크레스웰은 그래도 베테랑으로서의 노련미는 보여줬다. 팀에 도움이 될 부분은 분명히 있는 선수이나, 좀 더 전술적인 배려가 있어야 할 것 같은데 모이스 감독이 어떤 대책을 보여줄 수 있을지 모르겠다.

2022/23시즌

	28 GAMES	2,237 MINUTES	0 GOAL	1 ASSISTS	
3	0.3 경기당슈팅	1 유효슈팅	추정가치: 1,200,000€	40 경기당패스	81.40 패스성공률	0

5 RB
Vladimir Coufal

블라디미르 초우팔
국적 체코 | **나이** 30 | **신장** 179 | **체중** 76 | **평점** 6.64

지난 시즌, 웨스트햄 팬들은 2020/21시즌의 초우팔을 기대했지만, 그는 스포츠 탈장의 여파로 인해 여전히 2021/22시즌의 부진한 모습이었다. 이전보다 눈에 띄게 줄어든 공격 본능과 흔들리는 수비로 인해 전반기에는 결국 케레에게 주전 우측 풀백 자리를 내주기까지 할 정도였다. 그러나 월드컵 휴식기 이후에는 어느 정도 폼을 회복해 다시 선발로 나서는 일이 많아지고, 점차 자신감 넘치는 플레이를 선보이기 시작했다. 웨스트햄의 전술 특성상 초우팔을 비롯한 풀백들의 활약은 매우 중요한데, 후반기의 모습에서 조금만 더 나아진다면 지난 시즌 같은 팀의 위기는 없을 것이다.

2022/23시즌

	27 GAMES	2,139 MINUTES	0 GOALS	1 ASSISTS	
5	0.2 경기당슈팅	0 유효슈팅	추정가치: 9,000,000€	30 경기당패스	65.80 패스성공률	0

PLAYERS

에메르송 팔미에리
국적 이탈리아 | **나이** 28 | **신장** 176 | **체중** 71 | **평점** 6.42

이적시장이 거의 끝나갈 무렵 풀백진을 보강하기 위해서 영입되었지만, 시즌 초반에는 경기에 나서지 못하는 일이 많았다. 원래도 수비력에 강점이 있는 선수가 아니었던 만큼 크레스웰과의 경쟁구도에서 뚜렷하게 우위를 점하지 못해, 모이스 감독도 보수적으로 기용할 수밖에 없었던 것 같다. 그러나 점차 시즌이 진행될수록 에메르송의 출전기회는 늘어갔고, 유로피컨퍼런스리그 결승전에도 선발은 에메르송이었다. 공격력과 기동력에 강점이 있는 선수이기에 새로운 시즌에서는 에메르송의 출전 기회가 크게 늘어날 전망이다.

2022/23시즌

🟨 2	22 GAMES	1,323 MINUTES	1 GOALS	0 ASSISTS	🟥 0
	0.5 경기당슈팅	5 유효슈팅	추정가치: 12,000,000€	26.5 경기당패스	81.60 패스성공률

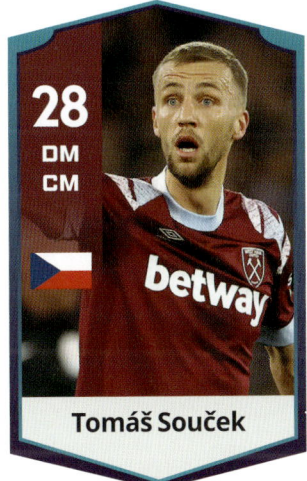

토마시 소우체크
국적 체코 | **나이** 28 | **신장** 192 | **체중** 86 | **평점** 6.8

2년에 걸친 역할의 변화가 영향이 컸던 것일까? 2022/23시즌의 소우체크는 자신의 장점을 온전히 발휘하지 못했다. 소우체크는 폭넓은 활동량으로 공수 모두에 존재감을 발휘하던 선수였는데, 라이스가 공격적으로 기용되던 시즌에는 득점력이 줄어들더니, 파케타가 자리잡자 더 줄어든 득점력과 영향력으로 기대 이하의 모습을 보였다. 좋은 신체조건을 활용해 세트피스에서는 나름의 위력을 보였지만, 그 외에 미드필더로서 보여야 할 중원 장악력에서는 이전 시즌보다 부족한 활약이었다. 그래도 꾸준하게 기용되면서 유로파 컨퍼런스 우승팀의 일원으로 공헌했지만, 라이스가 떠난 이후 팀의 중심 미드필더로 부상하는 것에는 물음표가 붙을 수 밖에 없다.

2022/23시즌

🟨 3	36 GAMES	2,820 MINUTES	2 GOALS	3 ASSISTS	🟥 0
	0.9 경기당슈팅	13 유효슈팅	추정가치: 35,000,000€	27.1 경기당패스	72.10 패스성공률

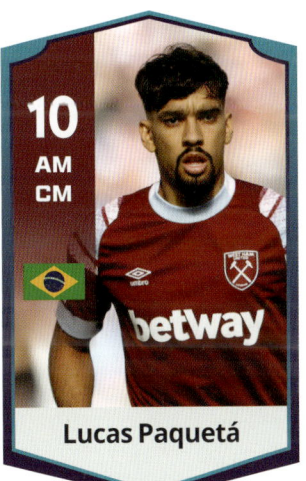

루카스 파케타
국적 브라질 | **나이** 25 | **신장** 180 | **체중** 72 | **평점** 6.97

처음 유럽으로 넘어온 밀란 시절부터 주목받는 유망주였지만, 생각보다 유럽축구에 적응하는 데 오래 걸리면서 결국 리옹으로 떠나게 되었다. 그러나 리옹에서는 공격적인 재능이 발휘되기 시작하면서 많은 공격 포인트를 올렸고, 결과적으로 웨스트햄도 성공적인 영입이 되었다. 시즌 초반에는 출전시간도 적고, 동료들과의 호흡에서도 문제를 보였지만, 후반기에는 팀의 에이스로 주도적인 역할을 했다. 웨스트햄이 후반기 끝내 강등을 피하고, 유로파컨퍼런스리그에서 우승을 차지할 수 있었던 것은 파케타의 역할이 컸다. 카타르 월드컵에서 브라질 대표팀의 주전으로 활약했으며, 특히 한국과의 16강전에서도 선제하며 팀의 4번째 골을 성공시켰다.

2022/23시즌

🟨 5	28 GAMES	2,171 MINUTES	4 GOALS	3 ASSISTS	🟥 0
	1.9 경기당슈팅	14 유효슈팅	추정가치: 45,000,000€	40.2 경기당패스	80.20 패스성공률

WEST HAM UNITED

22 LW
Saïd Benrahma

사이드 벤라흐마
국적 알제리 | **나이** 27 | **신장** 172 | **체중** 67 | **평점** 6.7

6골이라는 득점 기록만 놓고 본다면 측면 공격수로서 그럭저럭 무난한 활약을 했다고 볼 수 있으나, 사실 팀의 전담 PK 키커여서 페널티킥으로 넣은 골이 4골이나 된다. 드리블을 즐겨하는 선수로 2021/22시즌에는 조금 더 간결하게 플레이를 하면서 기대감을 모았으나, 2022/23시즌에도 더 레벨업하지는 못하고 딱 그 수준에 머물렀다. 물론 웨스트햄의 공격이 부진했던 이유를 벤라흐마에게만 찾을 수는 없고, 그 안에서도 고군분투한 선수 중 하나였지만 어렵게 돌파를 하고서 실망스런 플레이가 이어지는 장면도 많았다. 팀 내에서 기술적으로 가장 뛰어난 선수이기에 빠른 판단력만 갖춘다면 더 좋아질 수 있겠지만, 아직까지는 한계를 깨트리지 못하고 있다.

2022/23시즌

	35 GAMES	2,073 MINUTES	6 GOAL	3 ASSISTS	
0	2.1 경기당슈팅	23 유효슈팅	추정가치: 25,000,000€	20 경기당패스	82.00 패스성공률	0

20 RW
Jarrod Bowen

재러드 보언
국적 잉글랜드 | **나이** 26 | **신장** 175 | **체중** 70 | **평점** 6.81

2021/22시즌을 통해 웨스트햄의 에이스로 자리 잡은 재러드 보언은 지난 시즌에도 역시 팀을 든든히 지탱했다. 시즌 초반에 팀과 함께 부진한 모습을 보였지만, 중반기 이후로는 특유의 침투 능력이 살아나기 시작했고 결국 6골로 벤라흐마와 함께 팀 내 최다득점자에 올랐다. 이는 2021/22시즌 본인의 득점 기록의 절반밖에 되지 않지만, 그래도 도움도 5개나 기록해 팀 내 최다 공격포인트 생산자가 됐다. 특히 보언은 유로파 컨퍼런스리그에서는 5골과 2개의 도움을 기록하며 우승에 결정적인 공헌했다. 2022/23시즌에는 리그 전 경기에 출장했고, 보언이 없는 웨스트햄은 이제 상상하기 힘들다.

2022/23시즌

	38 GAMES	3,237 MINUTES	6 GOALS	5 ASSISTS	
2	2 경기당슈팅	21 유효슈팅	추정가치: 38,000,000€	18.8 경기당패스	72.70 패스성공률	0

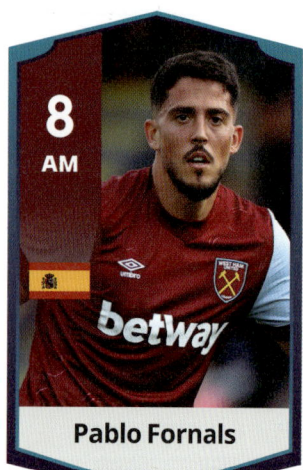

8 AM
Pablo Fornals

파블로 포르날스
국적 스페인 | **나이** 27 | **신장** 178 | **체중** 67 | **평점** 6.4

앞선 2년간 웨스트햄의 중요한 선수로 활약하던 포르날스였지만, 2022/23시즌은 입지가 크게 축소되었다. 팀 전체의 시스템이 무너져가는 가운데, 동료들과의 유기적인 호흡이 장점이던 포르날스 역시 그 장점을 살릴 만한 상황이 잘 만들어지지 않았기 때문이었다. 그동안 포르날스는 많은 활동량으로 중앙과 측면을 오가면서 연결고리 역할을 맡았는데, 후반기에는 파케타가 중용되면서 그 중심으로 시스템이 짜여지며 포르날스가 활약할 토대가 많이 줄어들었다. 현 시점에서는 팀에 애매한 자원이 되었는데, 이적 초반에 어려움을 극복한 경험이 있는 만큼 다시 부활할 가능성도 있다.

2022/23시즌

	32 GAMES	1,506 MINUTES	3 GOALS	1 ASSISTS	
0	0.8 경기당슈팅	7 유효슈팅	추정가치: 22,000,000€	21.9 경기당패스	77.70 패스성공률	0

PLAYERS

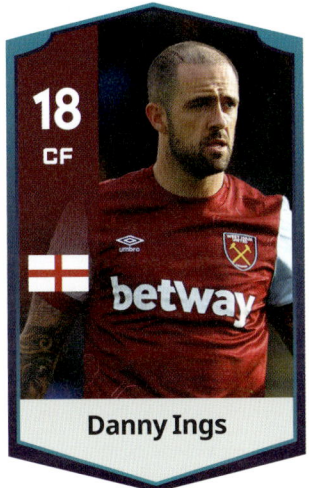

대니 잉스
국적 잉글랜드 | **나이** 31 | **신장** 178 | **체중** 73 | **평점** 6.35

에머리 감독이 부임한 이후 아스톤빌라에서 출전시간이 줄어든 잉스는 과감하게 웨스트햄을 선택했다. 웨스트햄이 잉스에게 기대했던 것은 다년간 잉글랜드 무대에서 검증된 공격수로서의 활약이었다. 하지만, 그 기대에 부응하지 못했고, 웨스트햄은 시즌 끝까지 공격수 문제에 골머리를 잃어야 했다. 빌라에서는 PK 2골을 포함해 6골을 넣었기에 비교적 괜찮은 성적이었지만, 웨스트햄에서는 2골에 그쳤다. 수비 시에 성실하게 압박을 하는 건 여전했으나, 웨스트햄에게 더 중요하고 필요했던 건 득점력이었다. 물론 이적 후 반 시즌만을 소화했을 뿐이고, 빌라에서도 첫 시즌은 만족스럽지 못했다는 점을 감안하면 잉스가 다시 부활할 가능성도 없진 않다.

2022/23시즌

	17 GAMES	771 MINUTES	2 GOALS	2 ASSISTS	
1	0.9 경기당슈팅	4 유효슈팅	추정가치: 12,000,000€	8.7 경기당패스	62.20 패스성공률	0

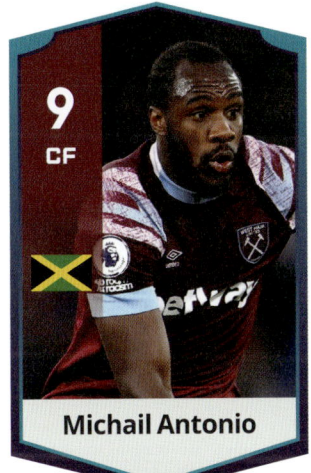

미카일 안토니오
국적 자메이카 | **나이** 33 | **신장** 180 | **체중** 82 | **평점** 6.49

저돌적인 플레이스타일 때문에 부상이 많았던 안토니오는 그래도 지난 2년간은 큰 부상 없이 시즌을 잘 치렀다. 다만, 이제는 나이에 따른 노쇠화로 인해 과거 보여준 파괴력 있는 플레이가 줄어들었다. 만약 다른 최전방 공격수들이 부상과 부진에 시달리지 않았다면, 안토니오에게 이 정도의 기회가 돌아가지 않았을지 모른다. 하지만 그렇게 찾아온 기회에서 안토니오는 자신의 가치를 증명했고, 특히 유로파컨퍼런스리그에서는 6골과 2개의 도움을 기록하면서 보얀과 함께 최고의 활약을 펼쳤다. 감독과 구단이 출전시간 관리만 제대로 해준다면 여전히 좋은 활약을 펼칠 수 있다는 점을 보여줘 다가올 새 시즌에도 팬들이 기대를 하고 있다.

2022/23시즌

	33 GAMES	1,837 MINUTES	5 GOALS	3 ASSISTS	
2	1.2 경기당슈팅	13 유효슈팅	추정가치: 7,000,000€	9.2 경기당패스	57.60 패스성공률	0

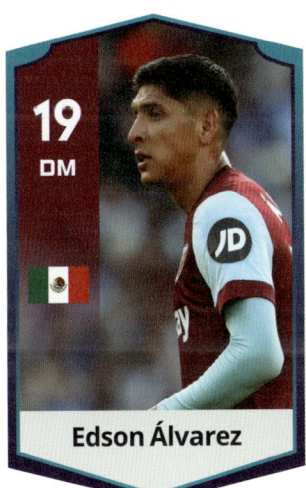

에드손 알바레스
국적 멕시코 | **나이** 25 | **신장** 187 | **체중** 73 | **평점** 7.34

주로 3선에서 활약하는 미드필더지만, 센터백까지 소화할 수 있는 멀티자원. 멕시코 대표팀에서는 우측 풀백을 본 적도 있다. 장신에 수비력을 갖춘 선수로 멕시코 리그 시절부터 센터백과 수비형 미드필더를 번갈아 봤으며, 빌드업 시에 멕시코 특유의 라볼피아나 움직임을 자주 가져간다. 기복이 좀 있다는 것이 단점인데, 아약스 시절에도 좋았던 시즌과 폼이 떨어졌던 시즌이 번갈아 가며 있었다. 2022년 1월에 첼시 이적에 근접했지만, 아약스 측에서 대체자를 구하지 못해 무산됐다. 이 때 반발하며 프리미어리그 진출을 꿈꿨는데, 이제 웨스트햄 유니폼을 입고 PL에서 뛰게 되었다. 라이스의 대체자라는 무게감을 얼마나 견뎌낼 수 있을지가 관건이다.

2022/23시즌

	31 GAMES	2,589 MINUTES	3 GOAL	3 ASSISTS	
10	2 경기당슈팅	18 유효슈팅	추정가치: 35,000,000€	77.3 경기당패스	88.90 패스성공률	0

WEST HAM UNITED

15 CB
Konstantinos Mavropanos

콘스탄티노스 마브로파노스
국적 그리스 | 나이 25 | 신장 194 | 체중 88 | 평점 7

3년 만에 다시 프리미어리그로 돌아온 마브로파노스는 큰 키에 준족을 자랑하는 중앙수비수이다. 그래서 덩치가 큰 공격수와의 경합에서도 밀리지 않으며, 빠른 발로 침투하는 공격수도 곧잘 따라간다. 2018년 벵거의 눈에 띄어 아스날에 영입되었지만, 잦은 부상으로 인해 결국 아스날에서 자리잡지 못했다. 이후 독일 뉘른베르크와 슈투트가르트로 임대를 다녔는데, 여기서도 부상이 없진 않았지만 이 시기 꾸준하게 출장하면서 빌드업에서도 많은 발전을 보여 그리스를 대표하는 수비수로 성장했다. 이제부터 수비수로 전성기를 누릴 시점이기에 마브로파노스가 웨스트햄에서 어떤 활약을 펼치게 될지 흥미로운 대목이다.

2022/23시즌

7	28 GAMES	2,288 MINUTES	2 GOAL	1 ASSISTS	1
	1.7 경기당슈팅	12 유효슈팅	추정가치: 15,000,000€	49.7 경기당패스	83.50 패스성공률

7 CM
James Ward-Prowse

제임스 워드프라우스
국적 잉글랜드 | 나이 28 | 신장 173 | 체중 66 | 평점 6.95

워드프라우스는 포지션은 다르지만, 여러모로 데이비드 베컴을 연상시키는 플레이 스타일을 보인다. 일단 오른발 킥이 워낙 뛰어나서 세계 최고 수준의 프리킥 능력을 보유하고 있고, 활동 폭과 양도 놀라울 정도로 많다. 대신에 발이 빠른 선수는 아닌데, 이 점마저 베컴과 닮아 있다. 워드프라우스의 장점은 자신의 강점과 단점을 명확하게 인지하고 간결하고 빠른 플레이를 펼치는 데 있다. 사우샘프턴에서는 워드프라우스가 공을 잡으면 곧바로 정확한 패스를 통해 공격 기회를 만들었다. 모이스의 웨스트햄 역시 이러한 스타일을 추구하기에 팀에 꼭 맞는 영입으로 보인다.

2022/23시즌

6	38 GAMES	3,373 MINUTES	9 GOAL	4 ASSISTS	0
	1.2 경기당슈팅	16 유효슈팅	추정가치: 38,000,000€	50.5 경기당패스	85.30 패스성공률

17 LW CF LB
Maxwell Cornet

막스웰 코르네
국적 코트디부아르 | 나이 26 | 신장 179 | 체중 70 | 평점 6.09

리옹과 번리를 거치면서 프리미어리그에서도 충분히 통할 윙어라고 생각했지만, 웨스트햄에서는 그저 발만 빠른 선수로 보였다. 뭔가를 보여줄 만한 출전시간도 짧았고, 몇 번의 기회에서 보여준 결정력도 좋지 못했다. 코르네가 번리에서 많은 골을 넣으면서 나아졌다고는 하지만, 애초에 결정력이 엄청나게 뛰어난 선수라고 보기에는 무리가 있다. 코르네의 빠른 발을 활용하기 위해서는 여러 가지 전술적 고려가 필요한데, 지난 시즌 리그에서의 웨스트햄은 그를 배려할 만큼 여유가 있는 상황이 아니었다. 이번 시즌에도 주로 교체자원으로 활용될 것 같다.

2022/23시즌

0	14 GAMES	235 MINUTES	0 GOALS	0 ASSISTS	0
	0.6 경기당슈팅	2 유효슈팅	추정가치: 12,000,000€	6.3 경기당패스	79.50 패스성공률

전지적 작가 시점

박찬우가 주목하는
웨스트햄의 원픽!
재러드 보언

지금 **웨스트햄**에
이 선수가 있다면!
제프 허스트

웨스트햄이 지난 시즌 리그에서 기록한 득점은 모두 42골. 공교롭게도 팀 득점 순위도 리그 순위와 똑같은 14위였다. 미카일 안토니오가 노쇠함에 따라서 팀은 새로운 공격수인 스카마카를 영입했지만, 기용방식의 문제점과 부상으로 인해서 결국 실패한 영입으로 끝나고 말았다. 이런 상황에서 지난 몇 년간 쏠쏠한 득점을 올려주던 보언의 존재는 중요했다. 그러나 보언 역시 팀의 부진과 함께 침묵했고, 경기력 또한 매우 좋지 못했다. 공격수가 침묵할 때 대신 해결하던 해결사가 없으니 팀의 성적이 좋을 리가 없었다.

하지만 보언의 진가는 유로파컨퍼런스리그에서 나타났는데, 출전한 대부분의 경기에서 공격 포인트를 만들면서 팀을 우승으로 이끌었다. 컨퍼런스리그에서 끌어올린 컨디션은 프리미어리그에서도 이어져, 월드컵 이후 보언은 팀의 공격을 주도하면서 파케타와 함께 웨스트햄의 상승세를 이끌었다. 스카마카의 실패 사례에서 볼 수 있듯이 새로운 공격수가 웨스트햄에서 무조건 성공한다는 보장이 없는 이상, 보언의 활약 여부는 매우 중요하다. 챔피언십에서는 매 시즌 두 자릿수 득점을 올릴 정도였고, 2년 전에도 그는 12골을 넣은 적이 있다. 보언의 골 수는 올 시즌 웨스트햄의 성적과 직결될 것이다.

1966년 잉글랜드가 월드컵에서 우승할 때 월드컵 결승 역사상 최초로 해트트릭에 성공한 선수인 제프 허스트는 웨스트햄 사상 가장 뛰어난 공격수로 손꼽힌다. 물론, 그 서독과의 결승전에서는 논란의 골도 있긴 했지만. 현재의 웨스트햄에서 가장 아쉬운 포지션은 단연 최전방 공격수이다. 지난 몇 년간 미카일 안토니오가 이 위치에서 꾸준하게 활약했지만, 이제는 나이에 따른 노쇠화로 인해 더 이상 최고 수준의 활약을 기대하기 어려운 상황이다. 만약 이 팀에 전성기 시절의 허스트가 함께 뛴다면? 허스트는 잉글랜드 1부 리그에서 득점왕을 차지한 적이 없지만, 주전으로 도약한 1962/63시즌부터 매 시즌 10골 이상은 기록할 정도로 꾸준한 득점력을 자랑하는 선수였다. 특히 기량이 절정에 다다른 64년부터 69년까지는 대부분 20골 이상을 넣었을 정도였고, 이 때 잉글랜드를 월드컵 우승으로 이끌었다. 허스트는 단지, 득점력만 뛰어난 선수가 아니라 동료들과의 연계도 좋은 선수였는데, 파케타와 보언이 있는 현재의 웨스트햄에 허스트가 뛴다면 전체적인 공격력은 급격하게 상승할 것이다. 최전방 공격수 기근인 시대에 웨스트햄은 새로운 허스트가 나타나길 절실히 바라고 있을 것이다.

NETO
DARREN RANDOLPH
ANDREI RADU
RYAN FREDERICKS
MILOS KERKEZ
LLOYD KELLY
CHRIS MEPHAM
ADAM SMITH
JAMES HILL
MARCOS SENESI
MAX AARONS
LEWIS COOK
DAVID BROOKS
JOE ROTHWELL
RYAN CHRISTIE
ALEX SCOTT
MARCUS TAVERNIER
HAMED TRAORÈ
PHILIP BILLING
DANGO OUATTARA
DOMINIC SOLANKE
JUSTIN KLUIVERT

AFC Bournemouth

AFC BOURNEMOUTH

본머스 AFC Bournemouth

창단 년도	1899년
최고 성적	9위 (2016/17)
경기장	바이탈리티 스타디움 (Vitality Stadium)
경기장 수용 인원	11,364명
경기장 위치	Kings Park, Bournemouth Dorset BH7 7AF
지난 시즌 성적	15위
별칭	The Cherries (체리스), Boscombe (보스콤)
상징색	레드, 블랙
레전드	론 에어, 테드 맥더갈, 에디 하우, 션 오드리스콜, 닐 영 등

히스토리

1899년 창단한 팀으로 영국 남부 휴양지로 유명한 도시 본머스를 연고로 한다. 홈구장인 바이탈리티 스타디움은 1만명을 조금 넘는 수용 인원으로, 역대 프리미어리그에서 가장 작은 경기장이었으나, 올 시즌 루턴타운이 승격하면서 본머스는 가장 작은 경기장을 쓰는 팀이라는 오명에서 벗어났다. 에디 하우 체제에서 2015/16시즌부터 2019/20시즌까지 5시즌 연속 PL에 머무르다 강등 당했고 지난 시즌 다시 PL에 합류했지만 시즌 초반 매우 어려운 시기를 보냈다. 하지만 미국인 구단주 빌 폴리가 새로 오면서 재능 있는 선수들을 대거 영입하며 후반기 반등에 성공했다. 지난 시즌 후반기에 이어 이번 여름이적시장에서도 수준급 선수들을 지속적으로 영입했다. 심상치 않은 영입 기조를 보여주는 본머스의 행보를 앞으로도 지켜볼 필요가 있다.

최근 5시즌 리그 순위 변동

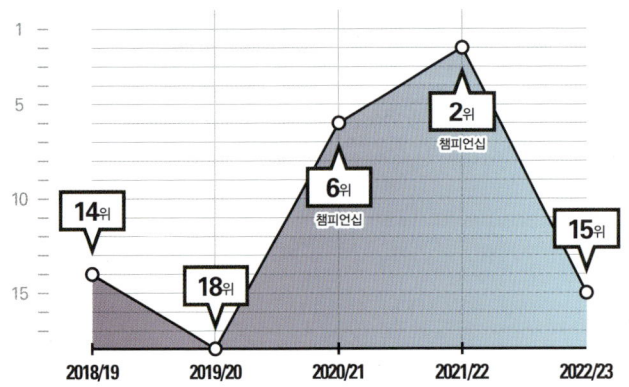

클럽레코드 IN & OUT

최고 이적료 영입 IN

제퍼슨 레르마
3,050만 유로
(2018년 8월, from 레반테)

최고 이적료 판매 OUT

네이선 아케
4,530만 유로
(2020년 8월, to 맨체스터시티)

CLUB & MANAGER

안도니 이라올라 Andoni Iraola | 1982년 6월 22일 | 41세 | 스페인

특명 본머스의 돌풍을 이끌어라!

선수 시절 스페인 국가대표팀에서도 활약했으며 빌바오의 프렌차이즈스타로 오랜 기간 활약했다. 미란데스 시절 라리가의 강팀들을 연달아 꺾으면서 코파델레이 4강 진출이라는 돌풍을 일으킨 바 있고 바예카노 부임 후에는 부임 첫 해 팀을 승격시킨 뒤 1부 리그에서도 좋은 성적을 이끌어내며 두 시즌 연속 팀을 중위권에 안착시켰다. 젊은 감독인 만큼 지도자 경력이 그렇게 오래 되진 않았지만 지도력은 어느 정도 증명을 해냈다. 전술 스타일도 매우 공격적인데 전방에서의 강한 압박과 빠른 공수전환, 짜임새 있는 역습. 공격 상황에서의 수적 우위를 만드는 작업을 중시한다. 그만큼 이라올라의 전술을 온전히 수행하기 위해서는 선수들의 많은 활동량이 요구된다. 최근 미국 자본이 들어오며 신바람을 내고 있는 본머스인데, 이라올라가 그 성공가도를 이끌수 있을지 주목된다.

📋 감독 인터뷰

"높은 위치에서 플레이를 하려면 선수들의 높은 강도가 필요하다. 다른 방법은 없다. 특히 포워드 포지션에서 높은 강도 수준을 유지하기 위해 교체 선수를 적극 활용할 것이다."

감독 프로필

통산	선호 포메이션	승률
214 경기 **87** 승 **55** 무 **72** 패	**4-2-3-1**	**40.65%**

시즌 키워드

#인재수집소 | #돌풍 | #다크호스

우승 이력

- 키프로스슈퍼컵 (2018/19)

2018~2019	2019~2020	2020~2023	2023~
AEK라르나카	CD미란데스	라요바예카노	본머스

AFC BOURNEMOUTH

IN

- 아메드 트라오레 (사수올로)
- 밀로스 케르케즈 (AZ알크마르)
- 저스틴 클루이베르트 (AS로마)
- 이오누트 라두 (인터밀란)
- 알렉스 스콧 (브리스톨시티)
- 막스 아론스 (노리치시티)
- 타일러 아담스 (리즈유나이티드)
- 루이스 시니스테라 (리즈유나이티드, 임대)

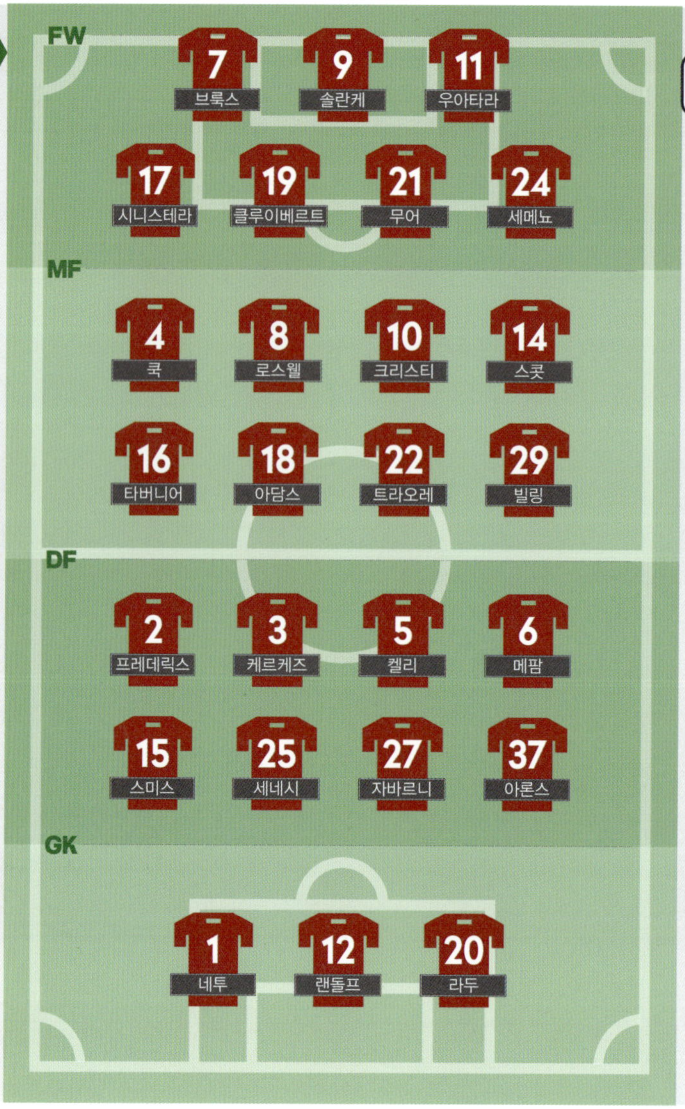

FW
- 7 브룩스
- 9 솔란케
- 11 우아타라

MF
- 17 시니스테라
- 19 클루이베르트
- 21 무어
- 24 세메뇨
- 4 쿡
- 8 로스웰
- 10 크리스티
- 14 스콧
- 16 타버니어
- 18 아담스
- 22 트라오레
- 29 빌링

DF
- 2 프레데릭스
- 3 케르케즈
- 5 켈리
- 6 메팜
- 15 스미스
- 25 세네시
- 27 자바르니
- 37 아론스

GK
- 1 네투
- 12 랜돌프
- 20 라두

OUT

- 제퍼슨 레르마 (크리스탈팰리스)
- 조던 제무라 (우디네세)
- 잭 스테이시 (노리치)
- 로망 파브르 (로리앙)
- 벤 피어슨 (스토크시티)
- 마크 트레버스 (스토크시티)
- 시리키 뎀벨레 (버밍엄시티)
- 크리스티안 사이디 (포츠머스)
- 윌 데니스 (킬마녹)
- 제이든 앤서니 (리즈유나이티드)

히든풋볼의 이적시장 평가

본머스는 엄청난 머니파워를 선보이며 어리고 재능 있는 즉시전력감 선수들을 데려왔다. 저스틴 클루이베르트, 아메드 트라오레, 알렉스 스콧을 영입하며 2선과 측면의 창의성을 한층 높이는 데 성공했고, 유럽에서 가장 주목받는 좌측 풀백 유망주인 밀로스 케르케즈, 우측 풀백 아론스까지 영입하며 부족한 포지션에 대한 보강도 마쳤다. 본머스의 최근 영입 행보나 선수들의 면면을 팀의 규모나 위상을 넘어서는 파격 그 자체다.

히든풋볼 이적시장 평가단

SQUAD & BEST11

BEST 11

- 9 솔란케
- 16 타버니어
- 29 빌링
- 11 우아타라
- 22 트라오레
- 4 쿡
- 3 케르케즈
- 5 켈리
- 27 자바르니
- 37 아론스
- 1 네투

2022/23시즌 스탯 Top 3

득점 Top 3
- 필립 빌링 — 7골
- 도미니크 솔란케 — 6골
- 마커스 타버니어 — 5골

도움 Top 3
- 도미니크 솔란케 — 7도움
- 마커스 타버니어 — 4도움
- 당고 우아타라 — 3도움

출전시간 Top 3
- 제퍼슨 레르마 — 3,255분
- 아담 스미스 — 2,948분
- 도미니크 솔란케 — 2,872분

히든풋볼의 순위 예측

16위 · 이주헌
어려워 보인다. 그러나 강등까지는 당하지 않을 것으로 예상한다. 홈에서 치르는 경기가 중요하다.

15위 · 박종윤
주로 어린 선수들을 영입했지만 이라올라 감독이 바예카노에서 보여준 능력은 PL 생존 가능성의 증표다.

16위 · 박찬우
새로운 감독에게 기대를 걸 수 밖에 없는 상황이나, 시간이 필요할 것이다.

16위 · 송영주
이라올라를 선택한 것은 신의 한 수. 하지만 시간이 필요하다. 결국 시즌 초반이 고비가 될 가능성이 농후하다.

15위 · 김용남
돌풍의 이라올라 감독. 다만 리그가 바뀌었다. 프리미어리그와 경쟁 팀들의 특성을 파악해야 하는 시즌이다.

13위 · 이완우
강팀들에게 고춧가루를 뿌릴 수 있는 잠재력 있는 팀. 시즌 초반만 잘 버티면 후반기 좋은 모습을 보여줄 것이다.

무엇을 기대하든, 기대 그 이상!

지난 시즌 대다수의 전문가들은 본머스가 프리미어리그에 승격하자마자 다시 강등 당할 것이라고 예상했다. 실제로 본머스의 시즌 초중반 행보는 굉장히 좋지 못했고 강등이 유력해 보였다. 하지만 미국 자본이 팀에 들어오면서 겨울이적시장에서 여러 재능 있는 선수들을 영입했고, 기존의 자원들도 살아나며 후반기 반등을 통해 리그 15위로 잔류에 성공했다. 잔류의 기쁨도 기쁨이지만, 올 시즌은 겨울이적시장 때부터 본머스의 행보가 심상치 않다. 리그앙 최고의 돌격대장이었던 당고 우아타라, 빅리그의 빅클럽들이 주목하는 센터백이었던 일리아 자바르니, 사수올로의 또 다른 핵심자원 아메드 트라오레를 임대로 데려온 이후 완전이적 영입에 성공했다. 여기에 더해 클루이베르트, 로맹 파브르, 현재 온 유럽에서 가장 각광받고 있는 왼쪽 풀백 유망주인 밀로스 케르케즈에 더해 알렉스 스콧과 막스 아론스까지 영입하며 심상치 않은 기조를 보여주고 있다.

특히나 본머스가 영입한 선수들의 특징은 모두 젊거나 매우 어리다는 점이고 그와 동시에 즉시전력으로 활용이 가능하다는 점이다. 미국인 구단주 빌 폴리가 오면서 프랑스 리그1 로리앙의 일부 지분을 인수하며 로리앙과의 파트너십도 맺었다. 이와 관련하여 우아타라를 영입할 수 있었고 파브르는 이번 한 시즌 동안 로리앙으로 임대를 보낸다. 기존 자원들도 좋은 자원들이 많은 본머스인 만큼 올 시즌 이라올라 체제에서 선수단과 얼마나 조화가 잘 되느냐가 관건이다. 일단 이라올라는 감독 데뷔 이후 아직까지는 탄탄대로의 커리어를 걷고 있다. 라르나카에서 팀을 유로파 본선무대로 진출시켰고, 키프로스 슈퍼컵 우승컵도 들었다. 미란데스에서는 2부리그의 팀을 코파델레이 4강에 진출시켰고, 바예카노에서는 시즌 막판까지 유럽대항전 티켓에 도전하다 비록 실패했지만 팀을 안정적으로 중위권에 안착시켰다.

이러한 이라올라의 전술적 역량과 본머스의 미국 자본이 뒷받침되며 시너지를 노리는 이번 시즌의 본머스다. 이적시장에서 계속해서 예상치 못한 빅사이닝을 차곡차곡 성공해내고 있다는 점과 이라올라의 전술이 선수단에 잘 이식이 된다면 올 시즌 가장 순위 예측이 어려운 팀이 본머스가 될수도 있다는 생각이 든다. 여전히 강등권이 유력하다 예상하는 사람도 있을 것이고, 최대 중위권 정도를 예상하는 사람도 있을 것이다. 하지만 본머스의 올시즌 전력과 팀 구성, 감독의 역량을 봤을 때 본머스는 무엇을 기대하든 그 이상의 성과까지도 기대해볼 수 있는 시즌이 되지 않을까싶다.

AFC BOURNEMOUTH

1 GK
Neto Murara

네투 무라라

국적 브라질 | **나이** 34 | **신장** 190 | **체중** 83 | **평점** 6.76

지난 시즌 스콧 파커 감독이 경질되고 개리 오닐 감독대행이 지휘봉을 잡은 뒤로 주전 자리를 바로 꿰찼다. 2022/23시즌 본머스의 클린시트 7번 중 6번이 네투가 출전했을 때의 기록이다. 네투가 출전하지 않은 10경기에서는 무려 31실점, 3.1의 실점률을 보여준 본머스였다. 네투가 출전한 경기는 1.48의 실점률이니 절반 이상 실점률이 줄어들 정도로 좋은 선방 능력을 보여주며 팀 잔류에 힘을 보탰다. 하지만 부족한 발밑과 킥 능력은 고질적인 단점이다. 새 감독 이라올라는 골키퍼의 정확한 롱킥도 요구하기 때문에 주전 자리를 지키기 위해서 킥 능력 보완은 필수다.

2022/23시즌

	27 GAMES	2,385 MINUTES	39 실점	74.60 선방률	
4	100 세이브	6 클린시트	추정가치: 2,500,000€	25.8 경기당패스	56.00 패스성공률	0

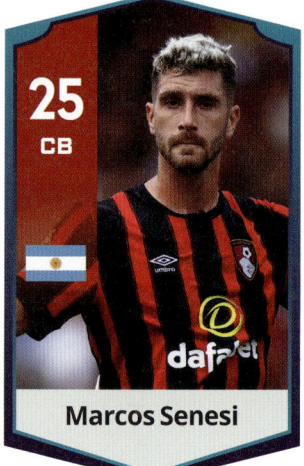

25 CB
Marcos Senesi

마르코스 세네시

국적 아르헨티나 | **나이** 26 | **신장** 185 | **체중** 78 | **평점** 6.52

페예노르트에서 지난 시즌 본머스에 합류해 주전 수비수로서 팀내 센터백 중 가장 많은 출전수를 기록했다. 세네시 하면 역시 뛰어난 빌드업 능력과 우수한 발밑이다. 수비수임에도 전진성과 패싱력이 매우 뛰어나고 미리 예측해서 앞에서 차단해내는 선제적인 수비도 훌륭하다. 다만 종합적인 수비력이 꾸준히 단점으로 지적받고 있다. 대인방어 능력도 평범한 편이고 공격성이 강하다 보니 뒷공간도 많이 허용하고 커버 플레이도 능숙하지 못하다. 새로운 감독 이라올라는 빠른 공수전환을 중시하는 감독이기 때문에 이러한 단점을 보완하지 못하면 생각보다 주전 경쟁이 쉽지만은 않을 수도 있다.

2022/23시즌

	31 GAMES	2,495 MINUTES	2 GOALS	0 ASSISTS	
7	0.3 경기당슈팅	3 유효슈팅	추정가치: 22,000,000€	41.6 경기당패스	81.40 패스성공률	0

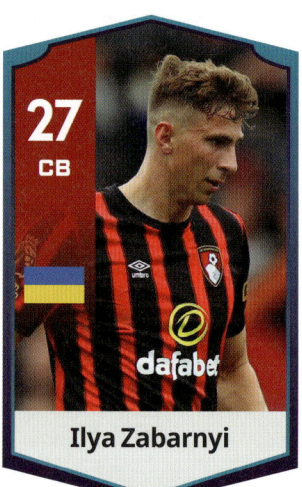

27 CB
Ilya Zabarnyi

일리야 자바르니

국적 우크라이나 | **나이** 20 | **신장** 189 | **체중** 81 | **평점** 6.23

지난 시즌 겨울 본머스에 합류했지만, 사실 자바르니는 몇 년 전부터 수많은 빅클럽의 구애를 받았던 초대형 수비 유망주 였다. 결국 자바르니를 품은 주인공은 본머스가 됐고, 팀 합류후 발목 부상으로 인해 초반 많은 경기에 결장했지만, 시즌 막판 들어서 그래도 계속해서 선발로 경기를 소화했다. 자바르니의 강점은 타고난 신장을 통한 제공권, 그리고 어린 나이에도 경기 흐름을 읽는 시야가 좋고, 롱패스 빌드업에 아주 능하다. 지난 시즌 리그 단 5경기밖에 소화하지 못했기 때문에 올 시즌이 자바르니의 진가를 제대로 관찰해볼수 있는 시즌이 되겠다.

2022/23시즌

	5 GAMES	297 MINUTES	0 GOALS	0 ASSISTS	
0	0 경기당슈팅	0 유효슈팅	추정가치: 20,000,000€	39.8 경기당패스	92.50 패스성공률	0

PLAYERS

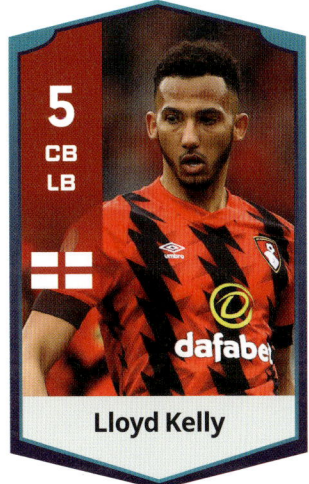

로이드 켈리

국적 잉글랜드 | **나이** 24 | **신장** 178 | **체중** 78 | **평점** 6.59

챔피언십 시절 본머스를 프리미어리그로 승격시키며 2021/22시즌 챔피언십 베스트11에 선정되기도 했다. 그만큼 본머스 수비의 핵심이다. 지난 시즌 역시 주장단이자 팀내 핵심자원으로 분류되었으나 부상으로 인해 많은 경기에 결장했다. 그럼에도 부상에서 빠져 있을 때를 제외하고는 매 경기 선발로 뛰었으며, 190cm의 탄탄한 신체조건, 대인방어 능력과 운동능력, 빠른 발, 공 다루는 기술까지 갖췄다. 현재 본머스 센터백 중에는 상대 역습 시 뒷공간 커버를 가장 재빠르게 해줄 수 있는 자원이기에, 빠른 공수 전환을 요구하는 이라올라 체제에서도 주전 한 자리를 차지할 가능성이 높다.

2022/23시즌

	GAMES	MINUTES	GOALS	ASSISTS	
3	23	2,041	0	2	0
	0.1 경기당슈팅	3 유효슈팅	추정가치: 18,000,000€	45.1 경기당패스	81.40 패스성공률

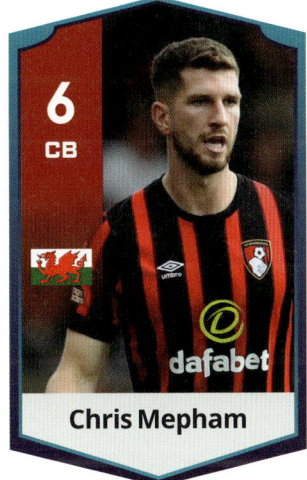

크리스 메팜

국적 웨일스 | **나이** 25 | **신장** 191 | **체중** 88 | **평점** 6.58

지난 시즌 마르코스 세네시와 더불어 가장 꾸준하게 수비진을 지켜준 센터백이다. 웨일스 대표팀에서도 핵심 센터백으로 활약중이며, 본머스에서도 꾸준한 모습을 보여주고 있다. 191cm의 큰 신장으로 신체 조건이 매우 좋고, 그만큼 제공권에 특히 매우 탁월한 모습을 보여준다. 어려운 상황에서도 어떻게든 몸의 모든 부위를 활용하며 막아내는 수비차단 능력이 상당히 좋으며, 태클 능력도 뛰어나다. 다만 발이 느리고 빌드업 능력도 다른 동료 센터백들과 비교했을 때는 평범한 편이다.

2022/23시즌

	GAMES	MINUTES	GOALS	ASSISTS	
7	26	2,198	0	0	0
	0.3 경기당슈팅	5 유효슈팅	추정가치: 8,000,000€	39.3 경기당패스	83.70 패스성공률

밀로스 케르케즈

국적 헝가리 | **나이** 19 | **신장** 180 | **체중** 71 | **평점** 6.92

19세의 어린 나이에 이미 헝가리 대표팀에서도 주전급 입지를 굳혀가고 있을 정도로 뛰어난 재능을 갖췄다. 좌측에서 공수에 걸쳐 굉장히 저돌적이고 터프한 플레이를 펼치며, 특히 공격력이 매우 뛰어난데, 적재적소에 언더래핑, 오버래핑을 상황에 맞게 가져가며 상대의 측면과 하프스페이스를 공략하는 공격적인 움직임이 돋보인다. 이미 AZ알크마르에서도 왼쪽 공격의 핵심자원이었고 무수히 많은 공격포인트까지 기록해냈다. 본머스에서도 이전과 같은 활약을 이어갈 수 있다면 케르케즈의 가치는 훨씬 더 높아질 것이다.

2022/23시즌

	GAMES	MINUTES	GOAL	ASSISTS	
4	33	2,687	3	1	0
	0.8 경기당슈팅	12 유효슈팅	추정가치: 15,000,000€	37.3 경기당패스	83.30 패스성공률

AFC BOURNEMOUTH

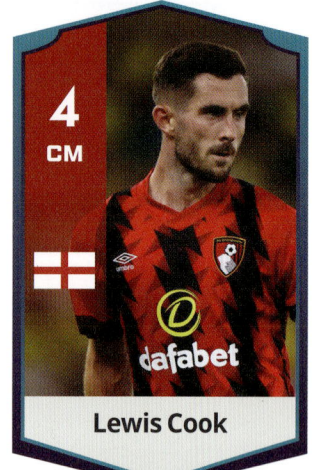

4 CM
Lewis Cook

루이스 쿡
국적 잉글랜드 | **나이** 26 | **신장** 175 | **체중** 69 | **평점** 6.41

타고난 축구 센스, 지능 자체가 상당히 좋은 유형이다. 넓은 활동량과 발재간, 패싱력과 탈압박 능력을 고루 갖췄다. 본인이 직접 공을 몰면서 전개하고 배달하는 리딩 능력도 우수한 자원이다. 2017년 대한민국에서 개최됐던 U20월드컵 당시 잉글랜드 대표팀 주장으로 팀의 첫 우승에 기여하기도 했다. 그러나 아직 한창 젊은나이임에도 불구하고 발목, 무릎, 십자인대 등 다수의 부상 이력이 있다. 크고 작은 부상이 번번이 그의 발목을 잡는다. 다만 그런 잦은 부상에도 지난 시즌 폼이 나쁘지 않았기 때문에 부상 없이 건강하기만 하다면 언제든지 팀의 한 축을 책임질 수 있는 중원 자원이다.

2022/23시즌

4	28 GAMES	1,714 MINUTES	0 GOAL	2 ASSISTS	
	0.2 경기당슈팅	0 유효슈팅	추정가치: 10,000,000€	25.1 경기당패스	81.80 패스성공률	0

29 CM
Philip Billing

필립 빌링
국적 덴마크 | **나이** 27 | **신장** 193 | **체중** 79 | **평점** 6.82

본머스 최고의 슈퍼스타가 누구인가 묻는다면 단연코 필립 빌링이다. 챔피언십 리그에서 팀이 승격할 때도 최고의 활약을 펼쳤고 지난 시즌 팀내 최다득점자(7골)였다. 193cm의 압도적인 신장과 피지컬을 갖췄음에도 투박하지 않고 상당히 부드러운 발 기술과 순간적인 센스를 지녔다. 활동량도 뛰어나 중원에서의 성실한 압박이나 제공권 싸움에도 상당히 영향력 있는 모습을 보여주며, 무엇보다 직접적인 박스 타격을 통한 득점력이 있으며 플레이스타일 자체가 군더더기 없이 간결하게 쉽게 풀어가는 유형이라는 점은 최대 강점이다. 올 시즌도 팀의 기둥으로 큰 활약이 기대된다.

2022/23시즌

5	36 GAMES	2,786 MINUTES	7 GOALS	1 ASSISTS	
	1.1 경기당슈팅	20 유효슈팅	추정가치: 20,000,000€	28 경기당패스	79.40 패스성공률	0

16 RW AM
Marcus Tavernier

마커스 타버니어
국적 잉글랜드 | **나이** 24 | **신장** 178 | **체중** 68 | **평점** 6.95

지난 시즌 본머스에 합류하여 첫시즌 많은 경기에 출전하지 못했음에도 5골 4도움을 기록하며 팀의 핵심 자원이 될 자질을 충분히 보여줬다. 형제가 축구선수인데, 레인저스에서 활약하고 있는 형 제임스 타버니어는 환상적인 오른발 킥력이 주무기인 반면, 동생 마커스 타버니어는 왼발 킥력이 주무기이다. 왼발 킥력이 상당히 좋아서 원더골도 곧잘 터트리는 선수이고, 측면 돌파 후 내주는 크로스나 패스도 괜찮다. 2선 모든 위치를 소화할 수 있고 중앙 미드필더까지도 가능한 멀티성도 갖추고 있기때문에 올 시즌도 중요한 역할을 맡을 것으로 보인다.

2022/23시즌

1	23 GAMES	1,748 MINUTES	5 GOALS	4 ASSISTS	
	1.6 경기당슈팅	24 유효슈팅	추정가치: 17,000,000€	25.9 경기당패스	77.30 패스성공률	0

PLAYERS

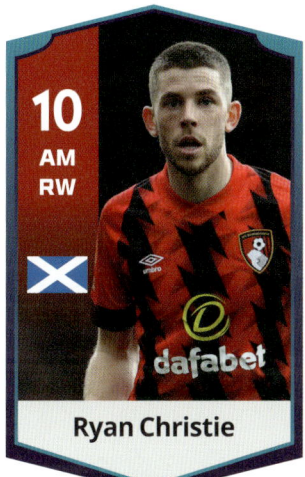

10 AM RW
Ryan Christie

라이언 크리스티

국적 스코틀랜드 | **나이** 28 | **신장** 178 | **체중** 72 | **평점** 6.57

셀틱에서 상당히 우수한 활약을 펼치고 2021년 본머스에 입단했다. 왼발잡이 테크니션으로 2선에서의 창의성이 좋은 자원이다. 2선 모든 위치를 소화할 수 있는 다양성이 있고, 사이드에서는 측면에서 박스 외곽으로 치고 가면서 올려주는 크로스나 연계에 강점이 있다. 경기가 풀리지 않을때는 낮은 위치까지 내려오며 팀 빌드업에 관여하는 능력도 괜찮은 편이고, 무엇보다 수비가담도 상당히 적극적인 팀플레이어라는 점에서 소속팀이나 대표팀에서 모두 요긴하게 쓰인다. 빅리그에서의 공격 포인트 생산 능력은 조금 더 개선해야 할 숙제다.

2022/23시즌

2	32 GAMES	1,840 MINUTES	1 GOALS	1 ASSISTS	0
	1 경기당슈팅	28 유효슈팅	추정가치: 10,000,000€	19.2 경기당패스	82.70 패스성공률

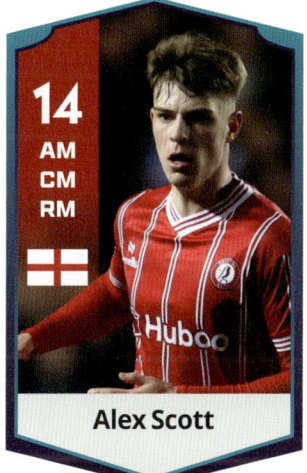

14 AM CM RM
Alex Scott

알렉스 스콧

국적 잉글랜드 | **나이** 19 | **신장** 178 | **체중** 71 | **평점** 6.79

영국 왕실령 건지섬에서 출생했고, 건지FC 유스에서 자란 흔치 않은 특이한 이력을 갖추고 있다. 어릴 때부터 특출난 재능을 선보이며 브리스톨시티에서 그를 데려갔고, 챔피언십 리그에서도 뛰어난 활약을 꾸준히 선보이며 수많은 빅클럽들이 그를 노리기도 했다. 기본적으로 킥이 매우 날카롭고 정교하며 넓은 시야를 바탕으로 키 패스에도 매우 능하다. 여기에 드리블뿐아니라 직접 플레이메이킹을 주도할 수 있는 공격 전개 능력까지도 갖춘 선수다. 직접 득점에 관여하는 빈도가 조금 부족하지만 재능은 확실한 선수인 만큼 이제 프리미어리그 무대에서 본인의 천재성을 증명하는 일만 남았다.

2022/23시즌

10	42 GAMES	3,394 MINUTES	1 GOALS	4 ASSISTS	0
	0.8 경기당슈팅	8 유효슈팅	추정가치: 20,000,000€	33.5 경기당패스	79.30 패스성공률

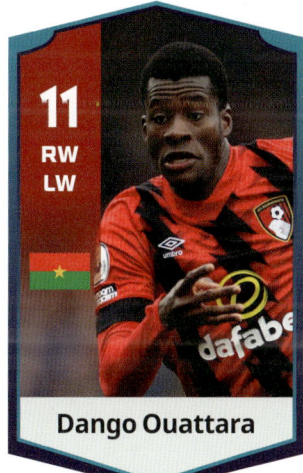

11 RW LW
Dango Ouattara

당고 우아타라

국적 부르키나파소 | **나이** 21 | **신장** 177 | **체중** 71 | **평점** 6.74

지난 시즌 겨울 프랑스 로리앙에서 본머스로 합류했다. 로리앙에서 전반기 활약은 리그 최고의 윙어중 한 명이었다고 봐도 과언이 아닐 정도로 굉장했다. 이후 본머스로 넘어온 뒤로 빠르게 팀에 적응하며 리그 19경기 1골 3도움을 생산했다. 그가 기록한 공격 포인트는 모두 팀 승점과 직결되었고 경기 영향력적인 부분에서도 상당히 좋은 퍼포먼스를 보여줬다. 타고난 신체능력을 바탕으로 폭발적인 스피드와 드리블 능력, 양 발도 곧잘 활용하며 동료를 이용하는 연계나 키 패스 능력까지 전반적인 공격 능력이 제법 출중한 자원이다. 올 시즌도 본머스의 비상을 위해서는 우아타라의 파괴력이 필요할 것이다.

2022/23시즌

1	19 GAMES	1,244 MINUTES	1 GOAL	3 ASSISTS	0
	1.4 경기당슈팅	17 유효슈팅	추정가치: 25,000,000€	15.5 경기당패스	65.80 패스성공률

AFC BOURNEMOUTH

22 AM CM LW
Hamed Junior Traorè

아메드 트라오레

국적 코트디부아르 | **나이** 23 | **신장** 177 | **체중** 68 | **평점** 6.79

본머스 합류 전 이탈리아 사수올로에서 핵심 자원으로 활약했다. 사수올로에서 가장 눈에 띄는 선수였다고 해도 과언이 아니다. 2선 모든 위치와 중앙 미드필더까지 소화할 수 있는 전천후 자원이며, 좁은 지역에서의 정교한 드리블 솜씨가 상당히 탁월하고 볼 운반 능력과 동료를 활용하는 능력과 감각도 상당히 돋보인다. 다양한 연계 플레이에 능한데다가 필요에 따라 팀 공격의 연결고리 역할, 크랙 역할까지도 할 수 있는 다재다능한 자원이다. 미드필더로서 창의적이고 정확한 패스 한 반보다는 본인의 드리블 역량을 통한 찬스 메이킹에 능한 공격 자원이라 볼 수 있다.

2022/23시즌

	7 GAMES	429 MINUTES	0 GOAL	0 ASSISTS	
0	0.9 경기당슈팅	4 유효슈팅	추정가치: 22,000,000€	19.3 경기당패스	71.10 패스성공률	0

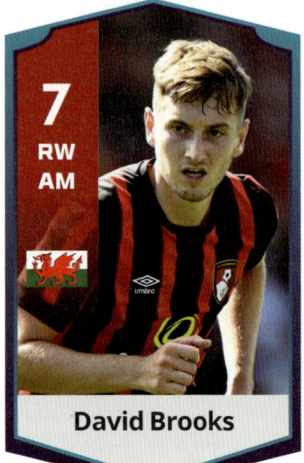

7 RW AM
David Brooks

데이비드 브룩스

국적 웨일스 | **나이** 26 | **신장** 173 | **체중** 69 | **평점** 6.07

지난 시즌 리그 6경기 출전. 막판 2경기는 연속으로 선발 출전하며 확실한 복귀를 알렸다. 2021년 혈액암의 일종인 호지킨 림프종 2기 판정을 받은 후 약 7개월간의 싸움 끝에 2022년 5월 완치 판정을 받아 팀에 복귀했고, 이후에는 다른 종류의 부상으로 그라운드 복귀까지 생각보다 많은 시간이 걸렸다. 부상 이전에는 정교한 드리블과 특유의 키 패스 능력, 연계를 통한 동료 활용능력이 상당히 뛰어났다. 프리미어리그 첫 시즌 때부터 득점력이나 공격포인트 생산 능력도 뛰어난 모습을 이미 증명했던 자원이기에 올 시즌 얼마나 부상 이전 폼으로 끌어올릴 수 있을지가 관건이다.

2022/23시즌

	6 GAMES	171 MINUTES	0 GOAL	0 ASSISTS	
1	0.8 경기당슈팅	3 유효슈팅	추정가치: 12,000,000€	9.5 경기당패스	80.70 패스성공률	0

9 CF
Dominic Solanke

도미니크 솔란케

국적 잉글랜드 | **나이** 25 | **신장** 187 | **체중** 80 | **평점** 6.79

첼시 유스출신으로 자국 내에서 상당히 촉망받는 자원이었다. 2017 U20월드컵에서도 팀 우승을 이끌며 골든볼을 수상했을 정도로 일찌감치 재능을 입증했다. 하지만 이후 리버풀에서 잘 풀리지않아 본머스로 넘어왔고, 본머스에서 자리를 잡기 시작하면서 기량을 만개하고 있다. 전방에서의 연계 능력, 측면으로 빠지는 움직임, 낮은 위치까지 내려와 공을 지켜주면서 다른 동료들의 움직임을 살리는 플레이까지 상당히 다재다능한 유형의 공격수라고 볼 수 있다. 그러다 보니 도움 기록도 상당히 좋다. 솔란케의 남은 숙제는 프리미어리그 무대에서도 두 자릿수 득점을 해주는 것이다.

2022/23시즌

	33 GAMES	2,872 MINUTES	6 GOALS	7 ASSISTS	
2	2.3 경기당슈팅	56 유효슈팅	추정가치: 20,000,000€	15.6 경기당패스	69.80 패스성공률	0

전지적 작가 시점

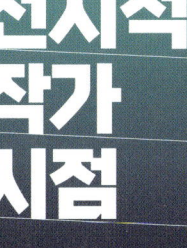

이완우가 주목하는 본머스의 원픽!
도미니크 솔란케

지금 본머스에 이 선수가 있다면!
마르틴 수비멘디

본머스가 프리미어리그로 승격할 당시 솔란케는 챔피언십 리그에서 무려 29골을 터뜨리는 엄청난 활약을 통해 팀의 승격에 기여했다. 그는 과거 U20 월드컵에서 잉글랜드를 우승으로 이끌며 골든볼을 수상하기도 했다. 어린 나이부터 주목받는 공격수였던 만큼 재능은 확실한 자원이나, 프리미어리그에서의 득점력은 여전히 아쉬움이 있다. 2017/18시즌 리버풀에서 21경기 1골, 2018/19시즌과 2019/20시즌 본머스에서 42경기 3골에 그쳤다.

그럼에도 불구하고 솔란케를 주목하는 이유는 본머스가 강등 당한 이후 팀의 주포로 활약하면서 자신감이나 폼이 많이 올라왔고 선수 개인도 성장했다는 점이다. 챔피언십에서 두 시즌 동안 44골을 터뜨렸고 PL 승격후에도 6골과 7개의 도움을 올리면서 팀 내 최다 공격 포인트를 기록했다. 여전히 공격수로서의 득점력은 아쉽지만 가진 툴이 워낙 좋은 선수이고, 시즌을 거듭할수록 PL 에서의 득점도 조금씩 오르고 있다는 점을 봤을 때 올 시즌은 어쩌면 10골 이상을 뽑아내는 놀라운 활약도 보여줄 수 있지 않을까 하는 기대를 걸어본다.

본머스의 영입 행보를 보자. 유럽의 빅클럽으로 이적해도 이상할 것이 전혀 없는 선수들인 자바르니, 케르케즈, 우아타라, 트라오레, 파브르, 알렉스 스콧, 아론스 같은 자원들을 모두 데리고 왔다. 이러한 상황에서 또 한 번 주목받는 젊은 재능을 영입 못할 이유가 어디 있겠는가? 그런 의미에서 과감하게 마르틴 수비멘디를 추천해본다. 현재 본머스의 스쿼드 구성을 봤을 때 다른 부족한 곳들은 이미 보강이 잘 됐고, 남아 있는 자리 중에서 가장 빈약해 보이거나 아쉬운 느낌이 드는 곳은 확실한 수비형 미드필더 하나다.

마르틴 수비멘디는 지난 시즌뿐 아니라 최근 몇 시즌간 라리가에서 최고의 활약을 보여줬다. 부지런한 활동량과 다부진 태클 능력, 안정적인 빌드업 능력과 패싱력은 본머스 3선에 확실한 안정감을 더해줄 것이다. 이라올라 감독 역시도 수비멘디와 같은 국적에 바스크 지역 출신이기 때문에 전술적으로 소통하는 데 있어서도 이점이 있을 것이며, 크고 작은 도움이 될 것이다. 수비멘디가 합류한다면 본머스는 모든 포지션에서 극강의 밸런스를 자랑할 수 있을 것이다.

MATT TURNER
WAYNE HENNESSEY
GIULIAN BIANCONE
JOE WORRALL
NECO WILLIAMS
HARRY TOFFOLO
MOUSSA NIAKHAT
SERGE AURIER
SCOTT MCKENNA
OMAR RICHARDS
WILLY BOLY
OREL MANGALA
JONJO SHELVEY
MORGAN GIBBS-WHITE
CHEIKHOU KOUYAT
RYAN YATES
REMO FREULER
CALLUM HUDSON-ODOI
ANTHONY ELANGA
TAIWO AWONIYI
CHRIS WOOD
DIVOCK ORIGI

Nottingham Forest

NOTTINGHAM FOREST

노팅엄포레스트
Nottingham Forest FC

- 창단 년도 | 1865년
- 최고 성적 | 우승 (1877/78)
- 경기장 | 시티 그라운드 (The City Ground)
- 경기장 수용 인원 | 30,602명
- 경기장 위치 | The City Ground, West Bridgford, Nottingham NG2 5FJ
- 지난 시즌 성적 | 16위
- 별칭 | Forest (포레스트), The Tricky Trees (트리키 트리즈)
- 상징색 | 레드, 화이트
- 레전드 | 이안 스토리무어, 존 로버트슨, 밥 맥킨리, 마틴 오닐, 비브 앤더슨, 피터 실튼, 스튜어트 피어스 등

히스토리

노팅엄포레스트는 잉글랜드 노팅엄의 웨스트 브리지 포드를 연고로 하고 있다. 전성기는 1970년대 후반과 1980년대 초반으로, 당시 리그 우승과 더불어 UEFA 챔피언스리그의 전신인 유러피언컵을 2년 연속 우승하며 빅이어를 품에 안았다. 하지만 1990년대 들어 부진이 이어졌고 결국 명가의 몰락은 시작됐다. 이후 수많은 감독들을 거쳤고 마침내 스티브 쿠퍼 감독과 함께 23년 만에 프리미어리그 승격에 성공한다. 잉글랜드에서 가장 뜨거운 더비중 하나인 '이스트 미들랜즈 더비'는 노팅엄포레스트와 더비카운티의 더비 매치이다. 이 밖에도 셰필드유나이티드, 노츠 카운티, 레스터시티 등과 라이벌 관계를 형성하고 있다. 지난 시즌은 23년 만의 1부 리그 진출로 많은 투자를 시도했지만 강등을 겨우 면한 채 PL 잔류에 의미를 두고 시즌을 마무리했다.

최근 5시즌 리그 순위 변동

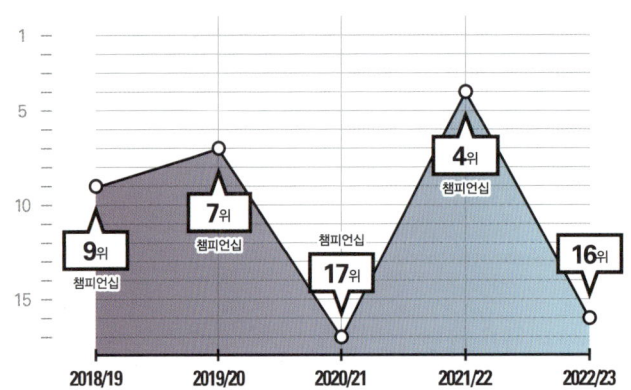

클럽레코드 IN & OUT

최고 이적료 영입 IN

모건 깁스화이트
2,950만 유로
(2022년 8월, from 울버햄튼)

최고 이적료 판매 OUT

브릿 아솜발롱가
1,710만 유로
(2017년 7월, to 미들즈브러)

CLUB & MANAGER

스티브 쿠퍼 Steve Cooper

1979년 12월 10일 | 43세 | 웨일스

역경은 우릴 더 단단하게 만든다!

명가 노팅엄포레스트를 23년 만의 프리미어리그 복귀로 이끈 감독은 젊은 지도자 스티브 쿠퍼였다. 선수 생활을 마치기 전부터 렉섬아카데미에서 지도자 생활을 시작했고, 27세라는 젊은 나이에 UEFA 프로 라이센스를 획득하며 이름을 알렸다. 2012/13시즌에는 리버풀 아카데미 U18팀을 맡아 FA 유스컵 준결승에 진출했다. 유소년 지도에 탁월한 능력을 보였던 스티브 쿠퍼는 2017년 잉글랜드 17세 이하 대표팀을 이끌고 FIFA U17 월드컵에서 우승 트로피도 끌어 안았다. 이후에는 본격적으로 클럽팀 커리어를 이어나갔다. 2020/21시즌 스완지시티 시절에는 팀을 승격 플레이오프까지 이끌며 가능성을 보여줬고 2021/22시즌 노팅엄포레스트의 지휘봉을 잡고 23년 만의 프리미어리그 승격이라는 엄청난 역사를 새로 썼다.

감독 인터뷰

"우리는 시즌 개막을 준비하면서 계속해서 강해질 것이다. 프리미어리그에서 더 좋은 성적을 거두기 위해서는 더 좋은 선수들이 필요하다. 남은 시간 계속해서 더 노력할 것이다."

감독 프로필

통산	선호 포메이션	승률
269 경기 **135** 승 **63** 무 **71** 패	**3-4-1-2**	**50.2%**

시즌 키워드

#자존심회복 | #조직력보완 | #부상이탈관리

우승 이력

- FIFA U-17 월드컵 (2017)

경력

2005~2008	2008~2013	2014~2015	2015~2019	2019~2021	2021~

렉섬AFC 아카데미	리버풀FC 아카데미	잉글랜드 U-16대표팀	잉글랜드 U-17대표팀	스완지시티	노팅엄포레스트

NOTTINGHAM FOREST

IN

맷 터너
(아스날)

안토니 엘랑가
(맨체스터유나이티드)

올라 아이나
(토리노)

칼럼 허드슨오도이
(첼시)

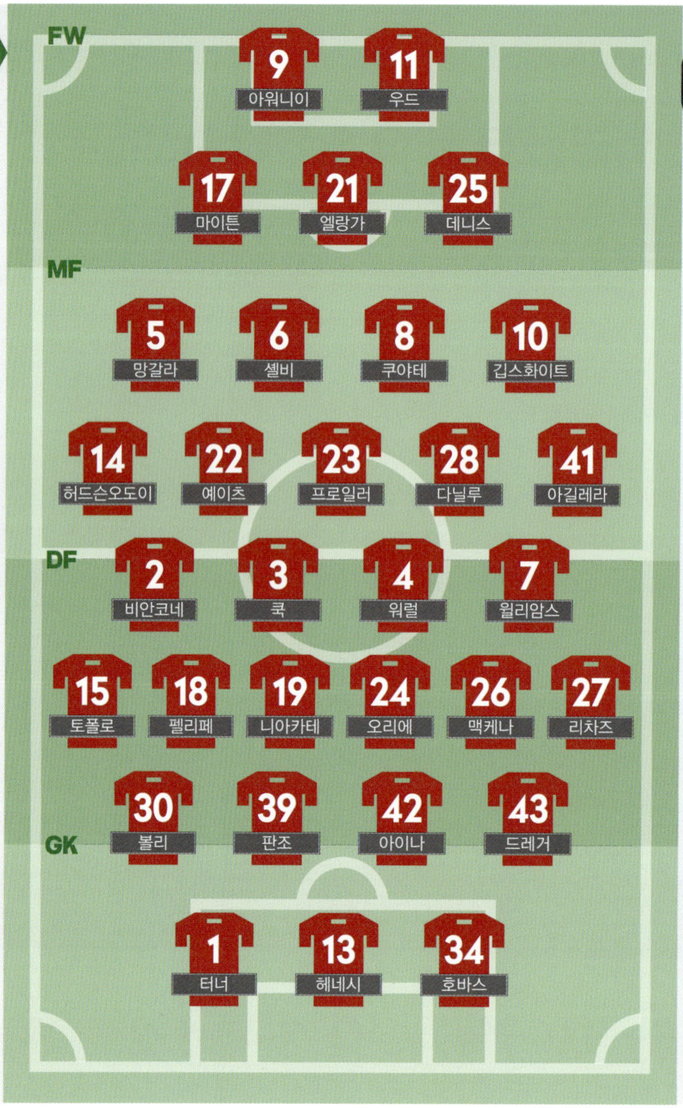

FW
- 9 아워니이
- 11 우드

MF
- 17 마이튼
- 21 엘랑가
- 25 데니스
- 5 망갈라
- 6 셀비
- 8 쿠야테
- 10 깁스화이트
- 14 허드슨오도이
- 22 예이츠
- 23 프로일러
- 28 다닐루
- 41 아길레라

DF
- 2 비안코네
- 3 쿡
- 4 워럴
- 7 윌리암스
- 15 토폴로
- 18 펠리페
- 19 니아카테
- 24 오리에
- 26 맥케나
- 27 리차즈

GK
- 30 볼리
- 39 판조
- 42 아이나
- 43 드레거
- 1 터너
- 13 헤네시
- 34 호바스

OUT

안드레 아이유
(계약종료)

잭 콜백
(계약종료)

리치 라리에아
(벤쿠버화이트캡스)

조시 보울러
(카디프시티)

샘 서리지
(내슈빌SC)

애런 도넬리
(던디FC)

핀 백
(칼라일유나이티드)

라일리 하보틀
(하이버니언)

윌 스완
(맨스필드타운)

브레넌 존슨
(토트넘)

황의조
(노리치시티, 임대)

히든풋볼의 이적시장 평가

지난 시즌 과함한 영입을 했던 노팅엄포레스트였기에 이번 시즌 이적시장에서의 모습은 다소 허전한 느낌. 그래도 맷 터너를 통해 골문 공백을 메꿨고 올라 아이나를 FA로 영입하며 측면 수비 보강도 마쳤다. 엘랑가의 영입은 공격의 다양한 옵션 선택을 가능하게 하나, 브레넌 존슨의 이탈은 아쉬운 부분이다. 분명한 건 올 시즌은 더하기 자체보다는 단단하게 만들기가 관건이라는 것이다.

SQUAD & BEST11

Formation:
- 9 아워니이
- 10 깁스화이트
- 21 엘랑가
- 42 아이나
- 22 예이츠
- 5 망갈라
- 24 오리에
- 19 니아카테
- 18 펠리페
- 4 워럴
- 1 터너

2022/23시즌 스탯 Top 3

득점 Top 3
- 타이워 아워니이 — 10골
- 브레넌 존슨 — 8골
- 모건 깁스화이트 — 5골

도움 Top 3
- 모건 깁스화이트 — 8도움
- 브레넌 존슨 — 3도움
- 다닐루 — 2도움

출전시간 Top 3
- 모건 깁스화이트 — 2,978분
- 브레넌 존슨 — 2,941분
- 조 워럴 — 2,217분

히든풋볼의 순위 예측

지난 시즌 수비와 공격에서 모두 부진했다. 주포인 아워니이가 15골 이상을 넣어준다면 살아남을 수 있다.

18위 이주헌

아워니이와 엘랑가 같은 빠른 포워드들이 변수를 만들고, 깁스화이트 같은 재능들이 승점을 따낼 수 있다.

17위 박종윤

치열한 경쟁 끝에 살아남았고, 그 경험은 긍정적으로 작용할 것 같다.

15위 박찬우

지난 시즌 벼랑 끝에서 생존한 경험을 바탕으로 여름 내 전력 보강에 집중했다. 지난 시즌보다 한 단계 상승할 듯.

14위 송영주

아낌없이 투자했다. 다시 한 번 PL 잔류가 목표다. 하지만 집중력과 위닝 멘탈리티가 부족하다.

18위 김용남

스티브 쿠퍼 감독의 축구는 한계를 맞을 것으로 보이며 선수단 교통정리도 필요하다.

18위 이완우

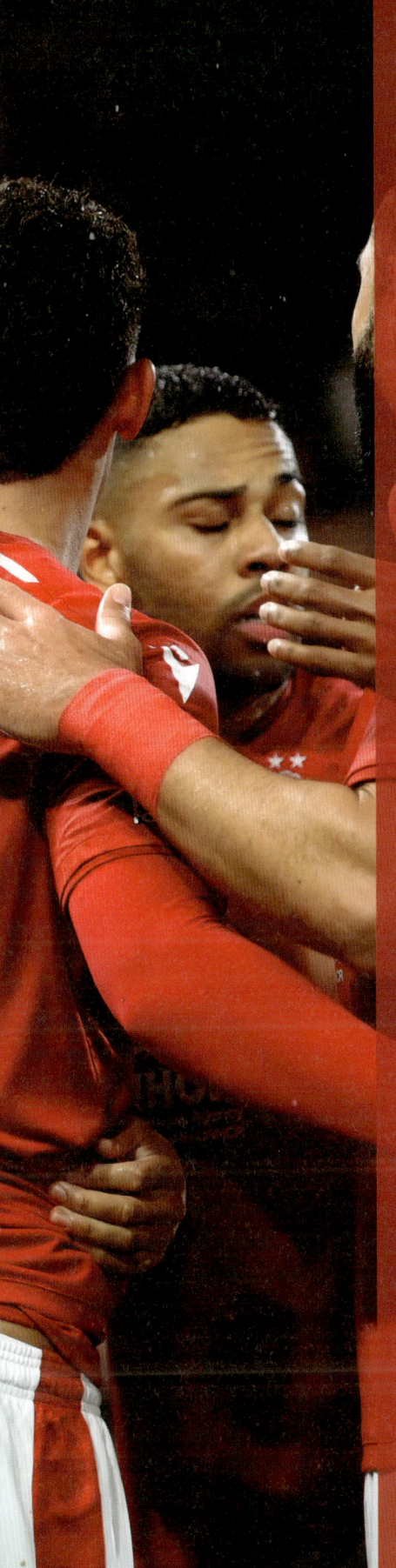

전통 명가의 자존심 회복은 지금부터

1970년대 최고 명문팀의 도약은 녹록지 않았다. 반세기 전 노팅엄의 영광의 시절은 대단했다. 1974/75시즌 2부 리그 16위에서 1976/77시즌 1부 리그 승격. 그리고 1977/78시즌 승격 직후 리그 우승. 더불어 1978/79시즌부터 두 시즌 연속 빅이어 획득. 경이로운 스텝업으로 도장 깨기를 하며 승격 직후 당대 최고의 클럽으로 우뚝 섰다. 지난 시즌도 상황은 비슷했다. 젊은 스티브 쿠퍼 감독과 함께 23년 만의 1부 리그 승격에 성공했다. 그리고 또 다른 청사진을 그렸다. 하지만 분위기는 사뭇 달랐고 냉정하게 '실패'했던 시즌으로 기록됐다.

지난 시즌의 출발은 힘찼다. 과감한 투자로 많은 선수들을 영입했다. 시즌 전체 영입 선수는 총 29명. 챔피언십 당시 사용했던 전술에 부합하고 팀을 떠난 선수들과 비슷한 성향의 선수들을 영입하며 스쿼드를 채웠다. 겨울이적시장에 데려온 펠리페 같은 베테랑 자원도 있었지만 대부분 20대 초중반의 경험이 적은 어린 선수들이었다. 이런 확고한 콘셉트와 과감한 투자는 많은 기대를 모았지만 걱정할 만한 요소도 많았다. 결국 우려했던 부분이 물렁한 조직력이라는 결과를 낳았다.

물론 조직력 문제는 어느 정도 시간이 해결해주기 마련이다. 시간이 지나면서 나름 단단해지는 모습을 보였고 시즌 중반부터 조금씩 승점을 저축했다. 하지만 선수들의 잦은 부상에서 비롯된 2차 위기는 좀처럼 피하기 어려운 숙제였다. 특히나 주축 수비들의 연이은 부상은 지난 시즌 스티브 쿠퍼 감독의 주된 고민거리였다. 큰 기대와 함께 영입된 니아카테도 장기간 부상으로 이탈했고 영입 당시 노팅엄의 클럽 레코드를 기록했던 맥케나도 건강치 못한 시즌을 보냈다. 결국 겨울이적시장에서 경험 많은 펠리페를 영입하며 수비의 중심을 잡았고 가까스로 잔류 문턱을 넘어서게 된다.

대부분의 승격 클럽들이 공격적인 스타일을 고수하다 빅리그 도전에 실패하는 것과 달리 스티브 쿠퍼 감독의 전술은 수비에 무게를 두는 경우도 많다. 때문에 프리미어리그에서도 승점을 지키는 플레이가 충분히 가능하다. 결국 이번 시즌의 관건은 조직력과 부상 관리가 될 것이다. 한 번의 기회가 더 주어졌다. 자칫 잘못하면 다시 오랜 시간 프리미어리그를 밟지 못할 수도 있다. 승격 후 두 번째 페이지. 다시 한 번 도전하는 명가의 자존심 회복을 기대해본다.

NOTTINGHAM FOREST

1 GK
Matt Turner

맷 터너

국적 미국 | **나이** 29 | **신장** 191 | **체중** 84 | **평점** -

딘 헨더슨의 공백을 메꾸기 위해 노팅엄포레스트로 둥지를 옮겼다. 아스날에서 램스데일 골키퍼의 백업으로 리그보다는 컵대회 위주로 출전했으며 유로파리그와 FA컵 포함 7경기 4실점 4클린시트를 기록했다. 지난 시즌 리그 출장 기록은 없다. 발밑이 좋은 골키퍼로 알려져 있어 아르테타에게 낙점받은 골키퍼였지만 경기 감각 때문인지 안정감은 떨어졌다. 그래도 국제대회나 유럽대항전에서 보여주는 높은 PK 선방률은 발군이다. 아스날에서는 2인자에 그쳤지만 노팅엄포레스트에서는 No.1 키퍼로 활약할 가능성이 크다. 부담감도 꽤나 큰 시즌이 될 것이다. 올 시즌, 맷 터너의 본격적인 프리미어리그 여정이 시작됐다.

2022/23시즌

	- GAMES	- MINUTES	- 실점	- 선방률	
-	- 세이브	- 클린시트	추정가치: 8,000,000€	- 경기당패스	- 패스성공률	

26 CB
Scott McKenna

스콧 맥케나

국적 스코틀랜드 | **나이** 26 | **신장** 189 | **체중** 80 | **평점** 6.39

이적 당시 노팅엄포레스트의 클럽 레코드를 세웠다. 2019년 에버딘에서의 엄청난 활약으로 많은 프리미어리그 팀들의 러브콜을 받았지만 결국 노팅엄포레스트를 선택했다. 기대에 부응했던 2021/22시즌. 팬들의 투표를 통해 노팅엄의 올해의 선수상까지 받으며 프리미어리그 승격에 주역이 됐다. 높은 신장을 바탕으로 제공권에 강점이 있고 압박 속에서도 흔들림 없는 침착한 빌드업은 맥케나 최고의 장점이다. 대인 수비 능력도 준수하다. 다만 지난 시즌은 햄스트링과 쇄골 부상으로 그라운드를 밟지 못한 시간이 너무 많았다. 맥케나의 본격적인 빅리그 도전을 기대해본다.

2022/23시즌

	20 GAMES	1,574 MINUTES	0 GOALS	0 ASSISTS	
4	0.1 경기당슈팅	0 유효슈팅	추정가치: 10,000,000€	35 경기당패스	79.30 패스성공률	0

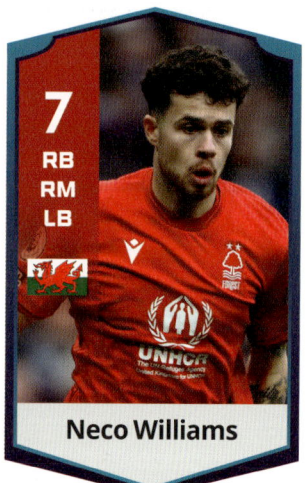

7 RB RM LB
Neco Williams

니코 윌리엄스

국적 웨일스 | **나이** 22 | **신장** 183 | **체중** 72 | **평점** 6.6

한때는 리버풀의 미래가 될 뻔했다. 그만큼 유스 시절의 임팩트는 인상 깊었다. 하지만 포지션을 풀백으로 변경한 뒤 기대만큼의 성장세를 보이지는 못했고 결국 지난 시즌을 앞두고 노팅엄으로 건너왔다. 오리에와 함께 풀백으로 활약하며 13라운드에서는 친정팀 리버풀을 꺾는 데 큰 기여를 했다. 하지만 시즌 막바지 33라운드 턱뼈 골절로 시즌아웃이 되며 아쉽게 시즌을 마감했다. 미드필더 출신으로 테크닉이 준수하지만 풀백으로선 다소 느린 발과 부족한 수비력이 단점으로 부각됐다. 특히나 도전적인 수비가 많아 경고를 받는 횟수도 잦았다. 도전보다는 조금 더 안정적인 스탠스가 필요한 시즌이다.

2022/23시즌

	31 GAMES	1,882 MINUTES	1 GOALS	0 ASSISTS	
7	0.8 경기당슈팅	7 유효슈팅	추정가치: 20,000,000€	19.5 경기당패스	66.80 패스성공률	0

PLAYERS

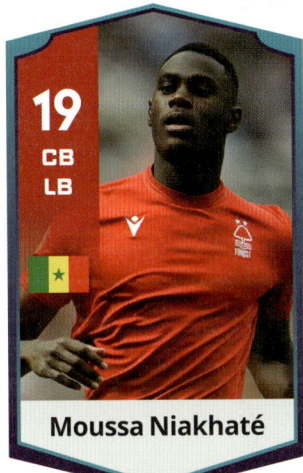

무사 니아카테

국적 세네갈 | **나이** 27 | **신장** 190 | **체중** 82 | **평점** 6.48

지난 시즌 많은 기대를 받고 분데스리가에서 건너왔다. 이미 마인츠 시절 어린 나이부터 주장으로 활약하며 유능함을 보여줬다. 하지만 프리미어리그 입성 첫 시즌 초반부터 이어진 부상의 늪은 생각보다 깊었다. 훌륭한 하드웨어를 보유하고 있고 발밑이 좋아 빌드업도 수준급이다. 하지만 햄스트링 부상으로 인한 장기 결장으로 이런 장점을 전혀 보여줄 수 없었다. 또한 스토퍼뿐만 아니라 풀백 경험도 있어 좌측 수비 모든 포지션을 소화할 수 있는 것도 강점. 건강하게 리그에 잘 적응한다면 프리미어리그 무대에서 충분히 경쟁력을 증명할 수 있는 시즌이 될 것이다.

2022/23시즌

	GAMES	MINUTES		GOALS	ASSISTS	
1	14	1,162	추정가치: 18,000,000€	0	0	0
	0.4 경기당슈팅	3 유효슈팅		21.4 경기당패스	76.30 패스성공률	

서지 오리에

국적 코트디부아르 | **나이** 30 | **신장** 176 | **체중** 76 | **평점** 6.85

부활의 신호탄을 쐈다. 2017년 여름 프리미어리그에 입성했지만 토트넘에서의 네 시즌 동안 실질적인 주전 시즌은 단 1년이었다. 이후 스페인으로 건너가 비야레알에서도 선발 자원으로 도약하는 데는 실패했다. 하지만 노팅엄포레스트에서는 달랐다. 지난해 9월 FA로 합류해 잠깐의 적응기를 거친 뒤 바로 주전으로 올라섰다. 오리에가 뛰지 않은 14경기에서 노팅엄은 단 1승만을 올리며 1승 2무 11패를 기록했고, 오리에가 출전한 24경기에서는 무려 8승 9무 7패라는 호성적을 거뒀다. 이런 활약으로 계약 연장을 이뤄냈다. 함께 FA 신분으로 시작했지만, 방출된 린가드와는 정반대의 길을 걷게 됐다.

2022/23시즌

	GAMES	MINUTES		GOALS	ASSISTS	
2	24	1,949	추정가치: 8,000,000€	1	0	0
	0.4 경기당슈팅	3 유효슈팅		30.6 경기당패스	72.80 패스성공률	

조 워럴

국적 잉글랜드 | **나이** 26 | **신장** 190 | **체중** 84 | **평점** 6.58

노팅엄에서 태어나고 자란 로컬 보이. 그리고 포레스트의 캡틴이다. 노팅엄 소속으로 대거너먼 레드브리지와 레인저스에서 임대 생활을 했다. 특히 2018/19시즌 레인저스에서 가파른 성장을 보였고 임대 복귀 이후 팀의 주전 센터백으로 활약했다. 이후 2021/22시즌 챔피언십 PFA 올해의 팀에도 선정되며 노팅엄을 23년 만의 프리미어리그 승격으로 이끌었다. 데뷔 초기에는 다소 투박한 클래식 센터백이었지만 최근엔 볼을 다루는 능력도 많이 좋아졌다. 우여곡절 끝에 잔류에 성공한 만큼 로컬 보이 캡틴의 프리미어리그 도전은 계속된다.

2022/23시즌

	GAMES	MINUTES		GOAL	ASSISTS	
6	30	2,217	추정가치: 12,000,000€	1	0	0
	0.2 경기당슈팅	2 유효슈팅		36.5 경기당패스	78.50 패스성공률	

NOTTINGHAM FOREST

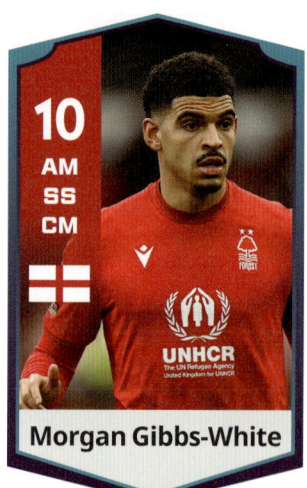

모건 깁스화이트

국적 잉글랜드 | **나이** 23 | **신장** 178 | **체중** 70 | **평점** 6.83

노팅엄포레스트의 공격 본체. 시즌 초반 엄청난 영입으로 인해 팀이 물러선 조직력을 보였을 때에도 홀로 개인 능력을 바탕으로 소년 가장의 모습을 보여줬다. 시즌 중반이 지나고 서서히 노팅엄의 조직력이 올라오면서 브레넌 존슨과 좋은 호흡을 보여줬다. 의욕이 앞서 잦은 실수를 보였던 울버햄튼 시절에 비해 한층 더 성장했던 시즌. 셰필드 임대 시절 많은 경험치를 쌓았고 결국 프리미어리그에서 통할 만한 기량을 보여줬다. 영입 당시 다소 비싼 이적료로 팬들의 질타를 받았지만 지금의 입지는 완전히 달라졌다. 지난 시즌의 활약은 명백히 등번호 10번에 어울릴 만한 퍼포먼스였다.

2022/23시즌

	35 GAMES	2,978 MINUTES	5 GOAL	8 ASSISTS	
5	1.7 경기당슈팅	19 유효슈팅	추정가치 40,000,000€	25.6 경기당패스	69.00 패스성공률	0

안토니 엘랑가

국적 스웨덴 | **나이** 21 | **신장** 178 | **체중** 70 | **평점** 6.52

브레넌 존슨이 유니폼을 갈아입었다. 공백을 메꿔야 하는 상황 속에서 비슷한 스타일의 선수를 떠올리는 건 당연하다. 안토니 엘랑가는 이번 시즌 노팅엄포레스트로 둥지를 옮겼다. 어린 시절부터 스웨덴의 연령별 대표로 활약했고 많은 기대와 함께 맨체스터유나이티드라는 빅클럽에 합류했지만 부담감이 컸을 터, 기대에 비해 좋은 성과를 거두지 못했다. 스피드가 뛰어나고 온더볼 능력이 좋기 때문에 충분히 모건 깁스화이트와 함께 노팅엄 공격의 키가 될 수 있는 재능이다. 2002년생이기에 아직 무한한 가능성이 열려있다. 빅클럽에서 가졌던 부담감을 덜어낸다면 충분히 기대 이상의 포텐셜을 보여줄 수 있을 것이다.

2022/23시즌

	16 GAMES	426 MINUTES	0 GOALS	1 ASSISTS	
0	2.11 경기당슈팅	4 유효슈팅	추정가치 19,000,000€	4.7 경기당패스	73.10 패스성공률	0

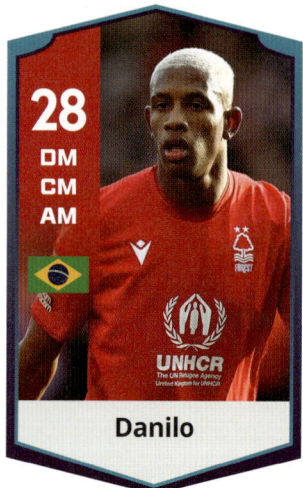

다닐루

국적 브라질 | **나이** 22 | **신장** 176 | **체중** 69 | **평점** 6.71

현재 브라질 내에서 가장 주목하고 있는 유망주. 울버햄튼의 주앙 고메스와 함께 삼바군단의 차세대 월드클래스 수비형 미드필더로 주목받고 있다. 이미 브라질 자국 리그에서는 검증을 마쳤고 많은 팀들의 러브콜 속에 노팅엄포레스트의 붉은 유니폼을 입게 됐다. 계약기간은 무려 2029년 6월까지. 전 소속팀 파우메이라스에서 같이 뛰었던 구스타부 스카르파가 있어 적응에도 큰 문제는 없어 보인다. 역동적인 압박보다는 좋은 위치 선정 후 패스 차단과 능숙한 태클을 보여준다. 간결한 빌드업과 함께 순간적으로 시도하는 돌파도 위협적이다. 다닐루의 본격적인 프리미어리그 도전은 지금부터다.

2022/23시즌

	13 GAMES	983 MINUTES	3 GOALS	2 ASSISTS	
1	1.2 경기당슈팅	4 유효슈팅	추정가치 28,000,000€	17.5 경기당패스	64.30 패스성공률	0

PLAYERS

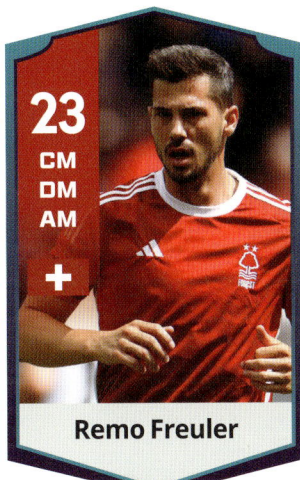

레모 프로일러
국적 스위스 | **나이** 31 | **신장** 181 | **체중** 80 | **평점** 6.37

세리에 무대에서 인상적인 활약을 보여주며 지난 시즌 3년 계약으로 노팅엄포레스트의 유니폼을 입었다. 기본적으로 활동량이 많고 성실한 플레이를 보여주는 데다 튼튼한 내구성까지 자랑한다. 발밑 플레이도 준수해 패스를 통한 빌드업에 능하고 공격적인 볼 전개도 날카롭다. 단점으로 지적되던 과욕으로 인한 무리한 태클도 많이 보완하면서 자연스럽게 카드 수도 많이 줄었다. 올 시즌은 팀의 조직력적인 면에서도 지난 시즌보다 나아질 가능성이 높다. 다년간 다양한 무대에서 경험을 쌓아온 만큼 프리미어리그에서의 2년 차가 더 기대되는 레모 프로일러다.

2022/23시즌

4	28 GAMES	2,167 MINUTES	0 GOALS	0 ASSISTS	
	0.3 경기당슈팅	1 유효슈팅	추정가치: 8,000,000€	29.6 경기당패스	79.60 패스성공률	0

라이언 예이츠
국적 잉글랜드 | **나이** 25 | **신장** 190 | **체중** 87 | **평점** 6.46

노팅엄포레스트 유스 출신. 지난 시즌 3라운드 에버튼전에서 꿈에 그리던 프리미어리그 데뷔전을 치렀다. 8라운드에는 풀럼을 상대로 아워니이의 득점을 도와 프리미어리그 첫 공격 포인트를 기록하기도 했다. 뛰어난 피지컬을 통해 박스투박스 미드필더의 전형적인 모습을 보여준다. 상당한 활동량과 튼튼한 하드웨어 그리고 투지까지 겸비했다. 궂은 일도 마다하지 않는 하드워커 유형으로 프리미어리그 데뷔 시즌부터 스티브 쿠퍼 감독의 신뢰를 받고 있다. 하지만 포지션 경쟁을 피할 수는 없다. 어떻게 보면 노팅엄포레스트의 가장 치열한 포지션 경쟁 구간에 서 있는 라이언 예이츠다.

2022/23시즌

5	26 GAMES	1,840 MINUTES	0 GOALS	2 ASSISTS	
	1 경기당슈팅	0 유효슈팅	추정가치: 11,000,000€	22.2 경기당패스	78.20 패스성공률	0

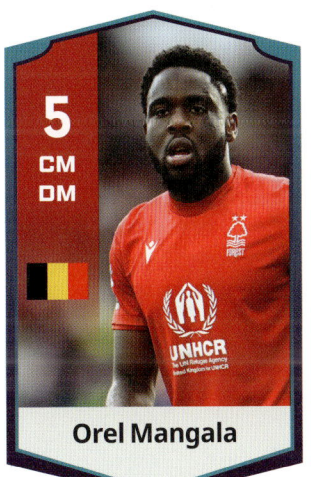

오렐 망갈라
국적 벨기에 | **나이** 25 | **신장** 178 | **체중** 80 | **평점** 6.48

전형적인 박스투박스 유형의 미드필더. 유스 시절 RSC안데를레흐트와 보루시아도르트문트를 거쳐 슈투트가르트로 이적했다. 이후 함부르크로 임대 이적해 처음으로 프로무대 주전 경험을 쌓았다. 이후 슈투트가르트로 복귀한 뒤에도 주전으로서 세 시즌 간 활약했다. 그리고 지난 시즌 프리미어리그에서의 첫 시즌은 라이언 예이츠, 다닐루와 더불어 로테이션 자원으로서 나름의 가능성을 보여줬다. 특유의 발재간을 통한 탈압박 능력은 온더볼 상황에서의 강점을 보여줬고 많은 활동량으로 적극적인 압박 또한 준수했다. 다만 경기력 기복과 아쉬운 판단력은 망갈라에게 주어진 올 시즌의 숙제다.

2022/23시즌

3	27 GAMES	1,558 MINUTES	1 GOAL	1 ASSISTS	
	0.3 경기당슈팅	3 유효슈팅	추정가치: 16,000,000€	18.7 경기당패스	81.00 패스성공률	0

NOTTINGHAM FOREST

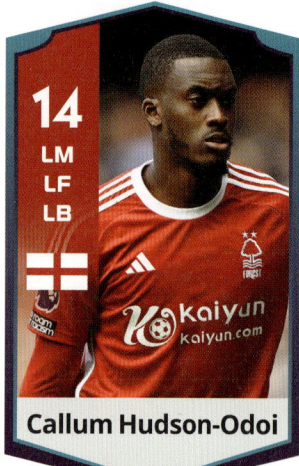

14 LM LF LB
Callum Hudson-Odoi

칼럼 허드슨오도이
국적 잉글랜드 | **나이** 22 | **신장** 182 | **체중** 76 | **평점** 6.43

다시 잉글랜드로 돌아왔다. 허드슨오도이는 한때 첼시가 자랑하는 유망주였다. 2018년 잉글랜드 FA컵을 통해 1군 무대에 데뷔했고, 2018/19 유로파리그에서 9경기 4골 2도움으로 첼시가 우승컵을 들어 올리는 데 큰 역할을 했다. 리스 제임스, 코너 갤러거 등 현재 첼시에서 뛰고 있는 유스 출신 선수들은 임대 후 1군 데뷔를 이뤄냈지만 허드슨오도이는 임대 없이 1군 무대를 밟았다. 그만큼 최고의 재능이었다. 하지만 두 번의 아킬레스건 부상은 성장에 있어 큰 걸림돌이 됐고, 결국 지난 시즌은 독일로 무대를 옮겼지만 별다른 성과는 없었다. 아직 희망은 남아있다. 나이가 어리고 재능이 분명한 만큼 부활의 신호탄은 언제든 터질 수 있다.

2022/23시즌

	GAMES	MINUTES	GOALS	ASSISTS	
0	14	605	0	1	0
	0.6 경기당슈팅	1 유효슈팅	추정가치: 14,000,000€	6.7 경기당패스	83.10 패스성공률

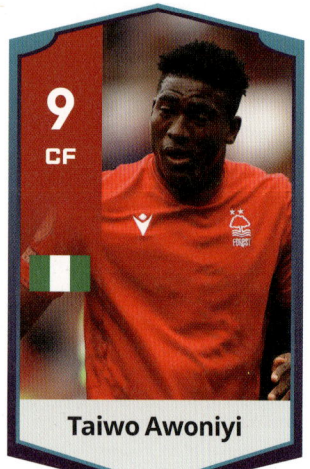

9 CF
Taiwo Awoniyi

타이워 아워니이
국적 나이지리아 | **나이** 25 | **신장** 183 | **체중** 84 | **평점** 6.49

2015년 뉴질랜드 U20 월드컵에 출전, 인상적인 활약을 펼친 후 리버풀에 입성했다. 하지만 워크퍼밋과 경험 문제로 리버풀에서 자리를 잡지 못하고 오랜 임대 생활을 거쳐 결국 우니온 베를린으로 완전 이적. 2021/22시즌 31경기 15골 10어시스트를 기록하며 팀의 사상 첫 유로파리그를 이끌었다. 이 활약으로 지난 시즌 다시 꿈의 무대에 입성, 시즌 막판 세 경기에서 무려 5골을 뽑아내며 노팅엄의 잔류에 크게 일조했다. 단단한 피지컬에 빠른 발을 갖추고 있고 공을 지키는 플레이에도 일가견이 있다. 시야가 좁고 투박하지만 지난 시즌 막판의 임팩트는 여전히 성장할 수 있음을 보여준다.

2022/23시즌

	GAMES	MINUTES	GOAL	ASSISTS	
2	27	1,412	10	1	0
	1.3 경기당슈팅	15 유효슈팅	추정가치: 25,000,000€	8.1 경기당패스	64.80 패스성공률

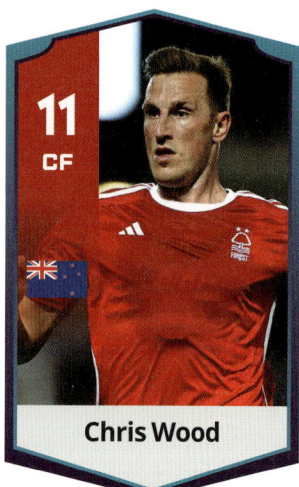

11 CF
Chris Wood

크리스 우드
국적 뉴질랜드 | **나이** 31 | **신장** 191 | **체중** 81 | **평점** 6.3

뉴질랜드를 대표하는 축구 아이콘. 2023년 1월 노팅엄포레스트로 임대 이적했다. 다년간 프리미어리그 무대에서 활동했기 때문에 이적 직후 21라운드 본머스전에 데뷔전을 가졌다. 이후 3경기 출장으로 의무 구매 조항이 발동되어 2023/24시즌부터 완전히 노팅엄 소속이 됐다. 23라운드 맨체스터시티와의 홈경기에서 후반 84분 극적인 동점골을 기록하기도 했지만 시즌 중후반 허벅지 부상으로 시즌을 끝까지 소화하지 못했다. 프리미어리그에서 공중볼 경합 성공률 1위를 압도적인 수치로 기록할 만큼 타깃형 스트라이커로서의 능력이 출중하다. 하지만 전술적인 활용도가 높은 편은 아니다.

2022/23시즌

	GAMES	MINUTES	GOAL	ASSISTS	
0	25	818	3	0	0
	0.4 경기당슈팅	4 유효슈팅	추정가치: 8,000,000€	10.1 경기당패스	60.60 패스성공률

전지적 작가 시점

김용남이 주목하는 노팅엄의 원픽!
모건 깁스화이트

소년 가장을 넘어 청년 가장으로 거듭났다. 지난 시즌 23년 만의 승격과 동시에 엄청난 영입으로 물렁한 조직력을 보였던 시즌 초반에도 모건 깁스화이트의 개인 능력은 1인분 이상을 해줬다. 특히 함께 팀을 이끌었던 또 한 명의 소년 가장 브레넌 존슨과의 호흡은 타의 추종을 불허했다.

셰필드 임대 시절에는 팀내 올해의 선수, 올해의 영플레이어상을 독식할 만큼 엄청난 활약을 보였고 당시의 경험은 프리미어리그에 비할 만한 기량으로 성장했다. 나아가 울버햄튼, 스완지시티 시절 의욕이 앞서 보였던 잦은 실수도 많이 보완했다. 노팅엄 영입 당시 다소 비싼 이적료로 많은 팬들의 질타도 받았지만 지금의 입지는 180도 달라졌다.

이번 시즌도 지난 시즌과 마찬가지로 노팅엄 공격의 본체는 모건 깁스화이트가 될 것이다. 이제는 확실히 10번이 어울리는 남자가 됐다. 깁스화이트를 축으로 한 노팅엄포레스트의 젊고 역동적인 플레이를 기대해 보자.

지금 노팅엄에 이 선수가 있다면!
아이메릭 라포르트

지난 시즌 노팅엄은 왼쪽 스토퍼 기용에 어려움을 겪었다. 젊고 좋은 왼발 센터백 자원이 많았음에도 주축들의 부상 이탈은 강등권 경쟁을 이어갈 수밖에 없게 했다. 많은 기대를 받고 독일에서 건너온 니아카테도 햄스트링 부상으로 인해 장기 결장을 피할 수 없었고 이적 당시 클럽 레코드를 세웠던 맥케나도 잦은 부상으로 그라운드를 밟지 못한 시간이 길었다. 게다가 올 시즌에도 니아카테는 팔꿈치 부상으로 시즌 초반 이탈이 예상되고 펠리페 또한 무릎 부상으로 한동안은 출전이 어렵다.

맨체스터시티는 그바르디올을 영입하면서 왼발잡이 센터백 보강에 성공했다. 자연스럽게 지난 시즌부터 출전 시간이 줄어든 라포르트는 이적에 대한 생각이 있었고, 사우디의 알나스르가 거액을 제시하며 그의 마음을 열었다. 이제는 가능성이 완전히 사라졌지만, 경험 많고 빌드업 능력이 준수한 왼발잡이 센터백이 노팅엄에 합류한다면 여러모로 좋은 수비 옵션이 되었을 것이다.

JORDAN PICKFORD
JOAO VIRGINIA
NATHAN PATTERSON
JARROD BRANTHWAITE
MICHAEL KEANE
VITALIY MYKOLENKO
SEAMUS COLEMAN
JAMES TARKOWSKI
ASHLEY YOUNG
AMADOU ONANA
BEN GODFREY
ABDOULAYE DOUCOURE
IDRISSA GUEYE
ANDRE GOMES
DELE ALLI
JAMES GARNER
YOUSSEF CHERMITI
DWIGHT MCNEIL
LEWIS DOBBIN
ARNAUT DANJUMA
BETO
DOMINIC CALVERT-LEWIN

Everton

EVERTON

에버튼 Everton FC

창단 년도	1878년
최고 성적	우승 (1890/91, 1914/15, 1927/28, 1931/32, 1938/39, 1962/63, 1969/70, 1984/85, 1986/87)
경기장	구디슨 파크 (Goodison Park)
경기장 수용 인원	40,569명
경기장 위치	Goodison Road, Liverpool L4 4EL
지난 시즌 성적	17위
별칭	The Toffees (토피스 사탕), The People's Club (사람들의 클럽)
상징색	블루, 화이트
레전드	딕시 딘, 테드 사가, 밥 배치포드, 그레엄 샤프, 네빌 사우스홀, 레이턴 베인스, 팀 케이힐 등

히스토리

에버튼FC는 잉글랜드 리버풀 에버튼을 연고지역으로 하는 구단으로, 역사와 전통을 자랑하는 클럽이다. 축구 전용 구장을 설립한 최초의 클럽이기도 하며, 현재 전 세계 모든 축구 클럽 구장들이 사용하는 덕아웃, 잔디열선, 스탠드 조명 등을 최초로 설치하고 시도한 구단이다. 프리미어리그 출범 이래로 단 한번도 강등된 적이 없으며, 2004/05시즌에는 리그 4위에 오르며 빅4의 아성을 깨고 챔피언스리그 티켓을 따내기도 했다. 이후 꾸준히 중상위권 팀으로 프리미어리그에서 맹위를 떨쳤으나 최근 몇 년간의 행보는 상당히 좋지 않았다. "PL에서 단 한번도 강등된 적이 없는 팀"이라는 명성이 무색하게 지난 두 시즌 동안 연속으로 강등 위기를 겪었다. 올 시즌만큼은 반등이 절실한 에버튼이다.

최근 5시즌 리그 순위 변동

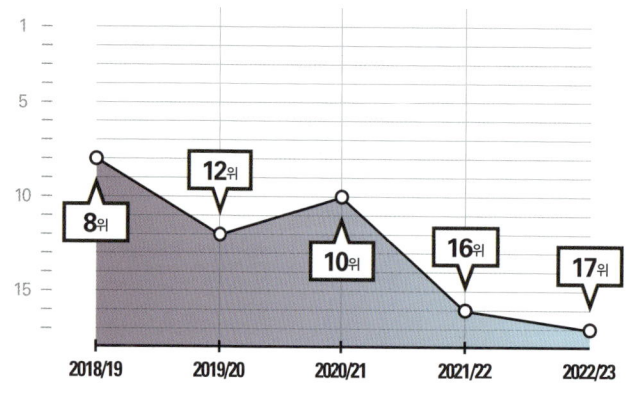

클럽레코드 IN & OUT

최고 이적료 영입 IN

길피 시구르드손
4,940만 유로
(2017년 8월, from 스완지시티)

최고 이적료 판매 OUT

로멜로 루카쿠
8,470만 유로
(2017년 7월, to 맨체스터유나이티드)

CLUB & MANAGER

션 다이치 Sean Dyche
1971년 6월 28일 | 52세 | 잉글랜드

지난 시즌 이상의 정신력과 단합이 필요하다

번리 시절 확실한 목적과 컨셉을 갖춘 롱볼 축구를 구사하며 팀을 유로파리그까지 이끈 바 있었고, 단순히 팀 성적뿐 아니라 구단의 전체적인 운영과 체계에도 적극적으로 관여했던 감독이 션 다이치였다. 이후 약간의 휴식기를 거치고 지난 시즌 에버튼에 부임했다. 션 다이치 부임 이전까지 리그 20경기에서 단 3승. 그러나 션 다이치가 팀에 합류한 이후 팀을 빠르게 정비하며 남은 18경기에서 5승 6무 7패로 차곡차곡 승점을 쌓았다. 리그 17위로 시즌을 마쳐 극적으로 강등 위기에서 팀을 구해냈다. 에버튼 감독 데뷔전에서 당시 리그 1위를 달리고 있던 아스날을 상대로 승리하면서 에버튼 팬들에게 희망을 안겨줬고, 실제로 리그 잔류라는 목표를 달성하면서 성공적으로 첫 번째 시즌을 마쳤다. 하지만 이번 시즌도 션 다이치 감독에게는 쉽지 않은 도전이 될 것이다. 재정 문제로 많은 자금을 투자할 수 없었고 다이치가 원하는 보강도 제대로 이뤄지지 못한 상태다. '쩐의 전쟁'이 되어버린 PL에서 돈의 힘을 쓸 수 없는 에버튼. 에버튼은 결국 정신력과 단합력으로 극복하는 수밖에 없다.

감독 인터뷰
"다시는 이전 시즌 같은 상황이 오지 않도록 하는 것이 과제이다. 큰 규모의 구단이라면 규모에 맞는 퍼포먼스를 보여야 한다. 다가오는 2023/24시즌은 정말 중요한 시즌이 될 것이며 지난 두 시즌보다 더 나은 성적을 내는 것이 목표다."

감독 프로필

통산	선호 포메이션	승률
492 경기 174 승 136 무 182 패	4-1-4-1	35.36%

시즌 키워드
#스피릿이필요한시점 #부상그만 #명가재건

| 경력 | 2011~2012 왓포드 | 2012~2022 번리 | 2023~ 에버튼 |

EVERTON

IN

안드레 고메스
(임대복귀)

델레 알리
(임대복귀)

제라드 브랜스웨이트
(임대복귀)

아르나우트 단주마
(임대복귀)

애슐리 영
(아스톤빌라)

유세프 체르미티
(스포르팅)

잭 해리슨
(리즈, 임대)

베투
(우디네세)

라인업

FW
- 7 맥닐
- 9 칼버트르윈
- 10 단주마
- 11 해리슨
- 14 베투
- 28 체르미티

MF
- 8 오나나
- 16 두쿠레
- 20 알리
- 21 고메스
- 27 게예
- 37 가너

DF
- 2 패터슨
- 5 킨
- 6 타코우스키
- 18 영
- 19 미콜렌코
- 22 고드프리
- 23 콜먼
- 32 브랜스웨이트

GK
- 1 픽포드
- 12 버지니아
- 31 로너건

OUT

모이스 킨
(유벤투스)

이쉬사무엘스 스미스
(첼시)

엘리스 심스
(코벤트리)

니엘스 은쿤쿠
(생테티엔)

톰 데이비스
(계약종료)

예리 미나
(계약종료)

알렉스 이워비
(풀럼)

더마라이 그레이
(알이티파크)

토마스 캐넌
(레스터시티)

메이슨 홀게이트
(사우샘프턴, 임대)

닐 모페
(브렌트포드, 임대)

장 필립그바망
(계약종료)

히든풋볼의 이적시장 평가

재정 문제로 많은 자금을 쓸 수 없는 에버튼에게는 험난한 이적시장이 될 수밖에 없었다. 놓친 선수도 많았고 원하는 보강을 확실히 할 수도 없었는데, 그럼에도 불구하고 할 수 있는 최선은 보여줬다. 단주마, 해리슨을 임대로 데려왔고, 각광받는 스트라이커 베투를 영입하는 데 성공했다. 게다가 경험 많은 애슐리 영과 미래가 기대되는 체르미티까지 품었다. 임대복귀생들의 활약까지 더해지면 더 나은 모습이 나올 것이다.

SQUAD & BEST 11

포메이션:
- 9 칼버트르윈
- 7 맥닐
- 8 오나나
- 16 두쿠레
- 37 가너
- 27 게예
- 19 미콜렌코
- 32 브랜스웨이트
- 6 타코우스키
- 2 패터슨
- 1 픽포드

2022/23시즌 스탯 Top 3

득점 Top 3
- 드와이트 맥닐 — 7골
- 압둘라예 두쿠레 — 5골
- 더마레이 그레이 — 4골

도움 Top 3
- 알렉스 이워비 — 7도움
- 드와이트 맥닐 — 3도움
- 압둘라예 두쿠레 — 2도움

출전시간 Top 3
- 제임스 타코우스키 — 3,420분
- 알렉스 이워비 — 3,382분
- 조던 픽포드 — 3,330분

히든풋볼의 순위 예측

에버튼을 강등권으로 볼 수는 없다. 이번 시즌도 어떻게든 살아남을 것이고, 지난 시즌보다 조금은 나을 것이다.

다이치가 가까스로 팀을 구했지만 이번 시즌은 정말 좋지 않다. 1부 리그 잔류의 역사가 끝날 가능성이 있다.

즉흥적인 결정이 반복되면서 팀은 일관성을 갖기 어려웠다. 이번이 가장 어려운 시즌이 될 듯.

지난 두 시즌 암울 그 자체였다. 이번 시즌도 마찬가지. 반전을 꿈꾸기엔 문제가 많다. PL 잔류만을 바랄 뿐이다.

시즌 3연째 출발. 우리가 알던 에버튼이 아니다. 이번에도 간신히 프리미어리그에 살아남을 것 같다.

여전히 쉽지 않은 시즌이지만 적어도 지난 두 시즌보다는 나은 모습을 보여줄 것. 칼버트르윈의 건강이 관건이다.

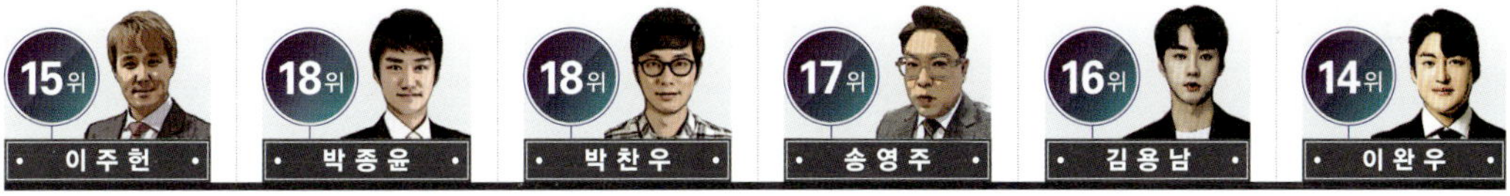

 15위 이주헌

 18위 박종윤

 18위 박찬우

 17위 송영주

 16위 김용남

14위 이완우

더 이상의 추락 악몽은 이제 그만

에버튼은 프리미어리그에서 단 한 번도 강등 당한 적이 없는 몇 안 되는 클럽 중 하나이다. 그뿐 아니라 2010년대 중반까지 유럽대항전에도 자주 출전했고 리그에서 꾸준히 중위권~중상위권 성적을 유지해왔던 강팀 중 하나였다. 하지만 지난 두 시즌은 에버튼 팬들에게는 정말 상상도 하기 싫을 만큼 끔찍한 시기였다. 2021/22시즌 강등 위기에서 가까스로 탈출했고 2022/23시즌도 마찬가지로 예상치 못한 또 한 번의 강등 위기를 겪었다. 팬들에게 있어서 그동안 '강등권 싸움'이라는 것은 사실 상상도 할 수 없는 일이었으나 최근 두 시즌 연속 강등권 싸움을 겪으며 악몽과도 같은 시기를 보냈다.

올 시즌은 과연 이러한 악몽에서 벗어날 수 있을까? 냉정하게 봤을 때 장담할 수 없다. 올 시즌도 다른 경쟁팀들은 여름이적시장에 많은 돈을 투자하며 철저한 보강을 준비했으나, 에버튼은 그동안의 성적 부진과 실패한 영입 사례, 새 경기장 투자비용, 무의미한 주급체계 등 여러 문제들이 재정난으로 작용하면서 어려운 팀 상황임에도 불구하고 이를 해결할 많은 비용을 쓸 수 없었다. 결국 션 다이치가 원하는 보강을 제대로 할 수 없었고 이러한 변수들이 결국 시즌 시작 후 문제로 작용할 가능성이 높다. 하지만 보강을 제대로 해내지 못했다고 해서 그런 팀들이 다 무조건 나락으로 떨어지는 것은 아니다. 에버튼에게는 전통적으로 특유의 스피릿이 있다. 열광적인 서포터들, 그리고 선수들의 투지 넘치는 헌신적인 플레이는 그동안 에버튼이라는 팀을 설명해주는 특유의 스타일이었다. 올시즌 반등을 위해서는 이러한 본인들의 고유한 팀 컬러를 잘 살려낼 필요가 있다.

무엇보다 올시즌 에버튼이 안정적인 순위로 시즌을 잘 치러야 하는 또 다른 이유 중에 하나는 어쩌면 올 시즌이 구디슨파크와 함께 하는 마지막 시즌이 될 수도 있다는 점이다. 추후 에버튼의 새로운 홈구장으로 사용 예정인 '브램리 무어 도크 스타디움'이 빠르면 2024년, 늦어도 2025년에는 문을 열 예정이기 때문이다. 만약 신 구장 사용을 2025년부터 하게 된다고 가정했을 때, 올 시즌 에버튼이 만에 하나 강등을 당하게 된다면 구디슨파크의 마지막을 챔피언십에서 보내게 될 수도 있다. 구디슨파크는 에버튼이 오랜 역사를 함께 보낸 홈구장이기도 하지만 현대의 축구전용구장의 기초 모델을 제공한 역사적인 경기장이기도 하다. 구디슨파크와의 아름다운 작별을 위해서는 에버튼이 새 구장 사용 이전까지 더 나은 경기력과 성적을 만들어내야만 한다.

EVERTON

1 GK
Jordan Pickford

조던 픽포드
국적 잉글랜드 | 나이 29 | 신장 185 | 체중 77 | 평점 6.69

어느덧 에버튼에서 7시즌째를 맞는 조던 픽포드 골키퍼이다. 기본적으로 골키퍼로서 신장이 큰 편이 아니고, 팔 리치도 짧은 편이다. 그럼에도 불구하고 이 모든 것을 상쇄할 정도의 놀라운 순발력과 반사신경은 픽포드의 최대 강점 중 하나이며, 상대 공격수와의 경합 상황도 전혀 두려워 하지 않고 스위핑 플레이를 한다. 밀집된 공간에서 과감하게 뛰어올라 펀칭을 하거나 캐칭을 해내는 강한 자신감과 안정감 역시 픽포드의 대표적인 무기이다. 잉글랜드 No.1 골키퍼로서의 존재감을 올 시즌도 보여줄 필요가 있다.

2022/23시즌

6	37 GAMES	3,330 MINUTES	57 실점	71.30 선방률	0
	123 세이브	8 클린시트	추정가치: 22,000,000€	31.2 경기당패스	51.80 패스성공률

6 CB
James Tarkowski

제임스 타코우스키
국적 잉글랜드 | 나이 30 | 신장 185 | 체중 81 | 평점 6.97

2021/22시즌 프리미어리그 전체 수비 블록 1위, 클리어링 2위, 헤더 클리어 2위, 공중볼 경합 승리 2위, 2022/23시즌 프리미어리그 전체 수비 블록 1위, 클리어링 2위, 헤더 클리어 2위, 공중볼 경합 승리 2위. 수치만 보더라도 타코우스키는 지난 몇 년간 PL 최고의 센터백 중 한 명이었다. 그럼에도 2021/22시즌 번리의 강등을 받아들여야 했고 지난 시즌도 에버튼 수비진에서 고군분투했다. 좋은 수비 위치 선정, 대인방어 능력을 갖췄고 몸을 내던지는 수비도 강점이다. 올시즌 역시 에버튼 수비의 핵심으로 기복 없이 수비진을 이끌어야 한다.

2022/23시즌

6	38 GAMES	3,420 MINUTES	1 GOALS	1 ASSISTS	0
	0.8 경기당슈팅	24 유효슈팅	추정가치: 18,000,000€	42.6 경기당패스	81.20 패스성공률

32 CB
Jarrad Branthwaite

재러드 브랜스웨이트
국적 잉글랜드 | 나이 21 | 신장 195 | 체중 74 | 평점 6.8

2002년생, 195cm 왼발잡이 센터백, 거기에 홈그로운까지, 가질 수 있는 완벽한 스펙을 지녔다. 지난 시즌 PSV 임대를 성공적으로 다녀왔고, 임대 후 빠르게 주전 자리를 꿰차며 활약상도 굉장히 뛰어났다. 장신임에도 불구하고 빠른 스피드를 지녔고 양 발을 곧잘 활용한다. 본인의 우상이 에버튼 출신의 존 스톤스라고 밝혔는데, 실제로 스톤스의 장점과도 유사한 면이 많다. 발 기술이 좋으며 패스 능력도 우수한 편, 대인방어 능력도 괜찮고 본인의 피지컬도 매우 잘 활용하며 세트피스 득점력도 갖고 있다. 올 시즌 기회를 많이 얻을 전망인데 그에게 남은 건 프리미어리그 무대 검증뿐이다.

2022/23시즌

2	27 GAMES	1,992 MINUTES	2 GOALS	1 ASSISTS	0
	0.7 경기당슈팅	12 유효슈팅	추정가치: 10,000,000€	47.6 경기당패스	87.20 패스성공률

PLAYERS

5 CB
Michael Keane

마이클 킨
국적 잉글랜드 | **나이** 30 | **신장** 1.91 | **체중** 82 | **평점** 6.82

에버튼 이적 후 매 시즌 팀의 중심 센터백으로서 활약했지만 지난 시즌은 타코우스키와 코디에 밀리며 전반기를 벤치 자원으로 보냈다. 하지만 번리 시절 은사 션 다이치 부임 후 다시 주전 자리를 되찾았다. 후반기 동안 좋은 폼을 보여준 경기도 있었지만 시즌 막바지로 갈수록 특유의 느린 발과 떨어진 수비력이 발목을 잡았다. 한참 좋았을때는 안정적인 클리어 능력과 적절한 판단력을 기반으로 한 전진 수비, 정확한 롱패스 능력에 강점이 있었다. 올 시즌은 이러한 장점을 보다 안정감 있게 꾸준히 보여줘야 한다.

2022/23시즌

	GAMES	MINUTES	GOALS	ASSISTS	
0	12	985	1	2	0
	1.2 경기당슈팅	10 유효슈팅	추정가치: 10,000,000€	35.7 경기당패스	70.10 패스성공률

22 CB LB RB
Ben Godfrey

벤 고드프리
국적 잉글랜드 | **나이** 25 | **신장** 184 | **체중** 78 | **평점** 6.32

수비 전 지역을 소화할 수 있는 강점이 있는 선수이다. 타고난 운동 능력과 빠른 스피드가 강점이지만, 좌우 풀백으로 출전 시에는 공격 관여나 세밀함이 떨어지는 단점이 있고, 지난 시즌 본인의 강점을 잘 활용하지 못하면서 수비력에서도 많은 문제점을 노출했다. 무엇보다 가장 큰 문제는 지난 몇 년간 부상이 너무 잦았다는 점이다. 결국 올 시즌 관건은 건강하게 시즌을 잘 치르는 것이다. 그리고 지난 시즌보다 공수 전체적으로 발전된 기량을 보이지 못한다면 고드프리에게도 이번 시즌이 에버튼에서의 마지막 기회가 될 수도 있다.

2022/23시즌

	GAMES	MINUTES	GOALS	ASSISTS	
2	13	802	0	1	0
	0.5 경기당슈팅	4 유효슈팅	추정가치: 13,000,000€	17.4 경기당패스	66.40 패스성공률

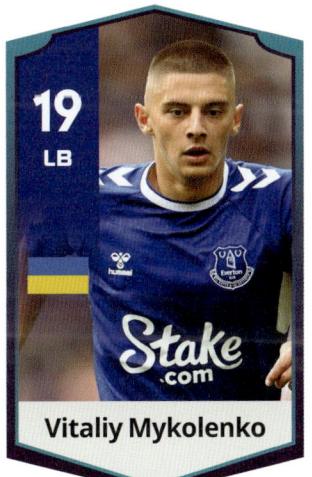

19 LB
Vitaliy Mykolenko

비탈리 미콜렌코
국적 우크라이나 | **나이** 24 | **신장** 180 | **체중** 73 | **평점** 6.58

디나모키예프 유스 시절 비슷한 연령대에서 최고의 재능이라는 평가를 받으며 17세 나이에 이미 우크라이나 프로 무대 데뷔를 했던 미콜렌코였다. 디나모키예프 시절 우크라이나 리그 최상급 왼쪽 풀백으로 활약했고, 안정적인 공수 밸런스와 더불어 공격 쪽에서 날카로운 크로스를 통해 많은 어시스트를 적립하기도 했지만, 에버튼으로 넘어와서는 상황이 달라졌다. PL 특유의 빠른 공수전환에 애를 먹으며 공격과 수비 모두 애매한 모습이었고 기대 이하의 퍼포먼스를 보였다. 에버튼이 지난 두 시즌간 전체적으로 어려운 시기를 보낸 것도 사실이지만, 올 시즌은 미콜렌코 자신이 스스로 능력을 증명해야만 하는 시즌이다.

2022/23시즌

	GAMES	MINUTES	GOAL	ASSISTS	
4	34	2,655	0	0	0
	0.3 경기당슈팅	6 유효슈팅	추정가치: 25,000,000€	29.4 경기당패스	75.60 패스성공률

EVERTON

2 RB
Nathan Patterson

네이선 패터슨

국적 스코틀랜드 | **나이** 21 | **신장** 183 | **체중** 78 | **평점** 6.51

레인저스 유스 출신으로 2022년 겨울 에버튼에 합류했다. 시무스 콜먼의 장기적인 후계자로 볼 수 있는데, 측면에서의 과감한 전진성이 돋보이는 유형이다. 일반적인 풀백처럼 측면 터치라인 근처에서 오버래핑을 시도하며 크로스 플레이에 관여하는 움직임보다는 오히려 본인이 직접 박스 안쪽으로 들어간 이후 컷백 패턴의 동선이나, 동료와의 패스앤무브를 통해 직접 박스를 타격하는 움직임이 가장 큰 특징이다. 지난 시즌 초 주전으로 시즌을 시작했지만 부상으로 전열에서 이탈한 시기가 있었기에 올 시즌은 건강하게 시즌을 끝까지 잘 마치는 것이 가장 중요할 것이다.

2022/23시즌

	19 GAMES	**1,277** MINUTES	**0** GOAL	**0** ASSISTS		
3	0.4 경기당슈팅	3 유효슈팅	추정가치: 16,000,000€	24.8 경기당패스	79.90 패스성공률	0

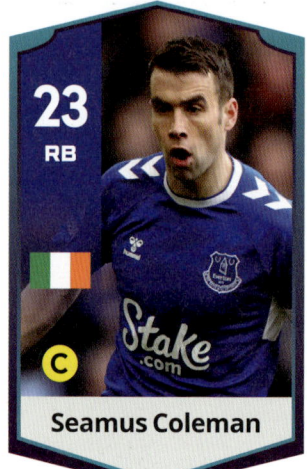

23 RB
Seamus Coleman

시무스 콜먼

국적 아일랜드 | **나이** 34 | **신장** 177 | **체중** 67 | **평점** 6.56

현 에버튼 선수단 중 유일하게 남아 있는 모이스의 유산이다. 2009년 겨울에 합류하여 다가오는 시즌까지 포함하면 무려 15년이라는 시간을 에버튼에서 보내게 된다. 전성기 때는 매우 빠른 스피드를 바탕으로 공수 기여도가 아주 뛰어났던 풀백이었다. 하지만 콜먼도 이제 나이가 들어 전성기에 비해 속도가 많이 떨어졌다. 그럼에도 여전히 특유의 저돌적이고 헌신적인 플레이와 경험을 바탕으로 생각보다 안정감 있는 모습을 보여준다. 경기장에서뿐만 아니라 라커룸 내에서도 콜먼의 역할은 매우 중요하기 때문에 올 시즌도 적절하게 베테랑의 역할을 잘 해줄 것으로 기대된다.

2022/23시즌

	23 GAMES	**1,656** MINUTES	**1** GOALS	**0** ASSISTS		
1	0.3 경기당슈팅	3 유효슈팅	추정가치: 1,000,000€	26.2 경기당패스	75.50 패스성공률	0

18 LB RB LW
Ashley Young

애슐리 영

국적 잉글랜드 | **나이** 38 | **신장** 175 | **체중** 63 | **평점** 6.58

올 여름 FA 계약을 통해서 에버튼에 합류했다. 지난 시즌 아스톤빌라에서 29경기나 소화하며 팀내 풀백 중 가장 많은 출전 시간을 소화하는 노익장을 과시했다. 아무래도 전성기때보다 공격 성향이나 공격적인 능력은 많이 떨어져 있지만 수비적인 부분에서는 생각보다 안정감 있는 모습을 많이 보여줬다. 특히 에버튼이 지난 시즌 풀백들의 부상 문제, 기량 문제가 크게 노출됐기 때문에 올 시즌 좌우 풀백을 모두 소화할 수 있는 애슐리 영의 합류는 적재적소에 큰 도움이 될 것으로 보인다. 어쩌면 올 시즌 에버튼은 영-콜먼으로 이뤄진 PL 최연장자 풀백 듀오를 주전으로 내세울 수도 있겠다.

2022/23시즌

	29 GAMES	**2,036** MINUTES	**1** GOALS	**0** ASSISTS		
7	0.5 경기당슈팅	3 유효슈팅	추정가치: 600,000€	33.3 경기당패스	77.50 패스성공률	0

PLAYERS

아마두 오나나

국적 벨기에 | **나이** 21 | **신장** 195 | **체중** 76 | **평점** 6.71

프랑스 리그1 릴에서 좋은 활약을 펼치며 지난 시즌 에버튼에 합류했다. 벨기에 국가대표 출신의 장신 박스투박스 미드필더인데, 합류하자마자 빠르게 팀에 적응하며 첫 시즌 좋은 퍼포먼스를 보여줬다. 195cm의 장신 미드필더이지만 활동량이 상당히 좋고 발 기술도 은근히 좋아서 탈압박에도 어느 정도 이점이 있다. 여기에 적극적인 압박과 좋은 태클 능력을 지녔고 제공권을 활용한 중원에서의 높이 싸움도 잘 가져간다. 현재 에버튼의 중원 자원 중 가장 좋은 툴을 가진 선수라고 할 수 있기 때문에 올 시즌도 오나나의 역할은 상당히 중요하다고 볼 수 있겠다.

2022/23시즌

	33 GAMES	2,488 MINUTES	1 GOALS	2 ASSISTS	
9	1 경기당슈팅	19 유효슈팅	추정가치: 45,000,000€	29.4 경기당패스	84.00 패스성공률	0

제임스 가너

국적 잉글랜드 | **나이** 22 | **신장** 182 | **체중** 77 | **평점** 6.43

맨유 유스 출신으로 유망주 시절부터 많은 기대를 모았던 미드필더다. 하지만 맨유에서 자리를 잡기에는 어려움이 있었고, 왓포드와 노팅엄 임대 경험을 쌓은 후 지난 시즌 에버튼으로 완전히 적했다. 에버튼으로 넘어오기 전 노팅엄에서부터 이미 챔피언십 전체 키패스 수치 5위에 랭크될 만큼 상당히 좋은 패스 센스와 킥 능력을 가진 선수이고, 좋은 발 기술, 폭넓은 활동량, 미리 시야를 확보해놓으면서 템포를 이어가는 볼 배급과 전환 패스를 곧잘 보여준다. 에버튼에서 시즌 막판, 그리고 유로U21 대회에서도 측면 수비수로 좋은 기량을 펼친 것을 봤을 때 필요 시 측면 수비수로도 활용이 가능한 자원이다.

2022/23시즌

	16 GAMES	804 MINUTES	0 GOALS	1 ASSISTS	
3	0.6 경기당슈팅	3 유효슈팅	추정가치: 16,000,000€	18.6 경기당패스	80.90 패스성공률	0

압둘라예 두쿠레

국적 말리 | **나이** 30 | **신장** 183 | **체중** 76 | **평점** 6.48

지난 시즌 에버튼 잔류의 1등 공신. 지난 시즌 후반기 두쿠레가 보여준 활약은 엄청났다. 후반기에 터뜨린 5골이 모두 승점과 직결되는 골들이었고, 션 다이치 식 전방압박 축구에 있어서도 핵심적인 역할을 해냈다. 이 선수의 최대 강점은 높은 활동량을 앞세워 공수 양면에서 타이트한 압박능력을 보여준다는 것이며, 강한 피지컬을 앞세운 저돌적인 전진성 또한 돋보인다. 나반 기복이 있는 편이고 기본기가 상당히 투박하기 때문에 프로선수의 터치가 맞는지 의심스러울 정도의 장면을 시즌 중 꽤 잦은 빈도로 보여준다. 하지만 단점보다는 장점이 더 극대화될 수 있도록 잘 활용된다면 올 시즌도 제 몫을 하는 좋은 핵심자원이 될 것이다.

2022/23시즌

	25 GAMES	1,533 MINUTES	5 GOAL	2 ASSISTS	
6	0.8 경기당슈팅	15 유효슈팅	추정가치: 12,000,000€	21.5 경기당패스	79.60 패스성공률	1

EVERTON

14 CF
Beto

베투

국적 포르투갈 | **나이** 25 | **신장** 194 | **체중** 78 | **평점** 6.66

194cm의 큰 키에 탄탄한 피지컬, 거기에 빠른 스피드까지 자랑한다. 이탈리아에서 두 시즌 연속 10골 이상 터트리며 빅리그에서도 득점력을 증명해냈다. 션 다이치의 전술에 맞게 전방에서의 경합도 해줄 수 있는 자원이며 때로는 본인의 속도를 살린 드리블돌파를 통해 직접 해결하거나 다른 동료들의 움직임도 살려줄 수 있다. 칼버트르윈의 잦은 이탈로 그동안 전방에 문제가 많았던 에버튼에 해결책을 제시해줄 수 있는 자원이라는 생각이 들며, 올시즌 에버튼이 지난 두 시즌 동안의 부진을 되풀이하지 않기 위해서는 베투의 활약이 매우 중요할 것이다.

2022/23시즌

	33 GAMES	2,132 MINUTES	10 GOAL	1 ASSISTS	
2	1.8 경기당슈팅	45 유효슈팅	추정가치: 25,000,000€	8.8 경기당패스	65.70 패스성공률	0

7 LW LB
Dwight McNeil

드와이트 맥닐

국적 잉글랜드 | **나이** 23 | **신장** 183 | **체중** 72 | **평점** 6.99

지난 시즌 압둘라예 두쿠레와 더불어 팀 잔류에 있어서 가장 핵심적인 역할을 해냈던 맥닐이다. 시즌 도중 번리 시절 은사인 션 다이치가 부임했고, 션 다이치 부임 후에는 모든 경기 선발로 뛰며 지난 시즌 팀내 최다 득점 7골을 기록하기도 했다. 엄청난 체력을 바탕으로 측면 전체를 누비면서 공수에 기여하는 하드워커인데, 90분이 다 된 시간에도 불구하고 자기 진영까지 내려와서 수비가담한 이후 다시 전방으로 스프린트를 가져가며 역습을 이끄는 모습은 압권이다. 측면에서의 돌파력과 날카로운 크로스를 바탕으로 팀 공격을 이끌며 다가오는 시즌도 에버튼의 핵심 자원 중 한 명이 될 가능성이 높은 전망이다.

2022/23시즌

	36 GAMES	2,498 MINUTES	7 GOAL	3 ASSISTS	
5	1.3 경기당슈팅	21 유효슈팅	추정가치: 20,000,000€	21 경기당패스	76.40 패스성공률	0

9 CF
Dominic Calvert-Lewin

도미닉 칼버트르윈

국적 잉글랜드 | **나이** 26 | **신장** 189 | **체중** 71 | **평점** 6.62

에버튼이 지난 두 시즌 동안 고생했던 가장 큰 책임자 중 한 명이다. 매 시즌 부상으로 인한 전력 이탈로 팀에 기여하지 못하면서 에버튼은 지난 두 시즌 동안 팀 득점이 리그 평균 기록을 넘기지 못했다. 일단 칼버트르윈은 건강하기만 하다면 확실하게 팀의 문제점을 해결해줄 수 있는 능력 있는 공격수인 것은 분명하다. 강력한 피지컬과 경합 능력, 높은 제공권과 위치 선정, 적절한 득점력과 연계 능력까지 분명 장점이 많은 공격수이며, 션 다이치의 축구 색깔에도 부합하는 스타일의 스트라이커다. 다만 결정력은 좀더 세밀하게 보완할 필요가 있고, 무엇보다도 올 시즌 만큼은 부상없이 시즌을 치를 수 있느냐가 칼버트르윈 자신에게 달린 최대 과제이다.

2022/23시즌

	17 GAMES	1,165 MINUTES	2 GOALS	1 ASSISTS	
3	1.8 경기당슈팅	18 유효슈팅	추정가치: 25,000,000€	12.6 경기당패스	60.90 패스성공률	0

전지적 작가 시점

이완우가 주목하는 에버튼의 원픽!
도미닉 칼버트르윈

지금 에버튼에 이 선수가 있다면!
팀 케이힐

지난 시즌 에버튼의 가장 큰 문제는 공격이었다. 리그 38라운드 동안 34골밖에 터뜨리지 못하면서 리그 평균 득점이 1골이 안 되는 수치였고, 이는 강등권 팀들보다도 떨어지는 기록이었다. 이러한 원인 중 칼버트르윈의 부재를 빼놓을 수 없다. 칼버트르윈은 지난 두 시즌 동안 여러 부상으로 리그의 절반도 뛰지 못했다. 지난 시즌도 단 17경기밖에 소화하지 못했지만 여전히 칼버트르윈이 나왔을 때의 존재감이나 영향력은 다른 공격수들보다 훨씬 뛰어났다.

특히나 위치 선정과 헤더, 제공권 경합능력이 뛰어난 특징이 있는 칼버트르윈은 션 다이치 특유의 롱볼 전술에서 더욱 더 전술적 가치가 있다. 이러한 장점들을 봤을 때 건강한 칼버트르윈은 득점력, 제공권, 연계 모든 부분에서 에버튼의 고민을 해결해줄 수 있는 적임자이다. 이번 시즌만큼은 에버튼 구단의 적절한 관리가 필요하고, 더불어 칼버트르윈 스스로도 더 이상 부상을 당하지 않게끔 건강한 몸을 만들어 팀에 기여할 필요가 있다.

전적으로 전술적인 부분에 초점을 맞춰 상상의 나래를 펼쳐봤다. 션 다이치는 번리 시절부터 공격수의 제공권 능력과 강한 압박능력을 중시했다. 수비라인을 높게 올리면서 앞선에서부터 강한 압박을 통해 상대의 후방 빌드업을 저지하기 위한 노력을 많이 기울였는데, 여기서 나타나는 특징 중 하나는 공격수 중 활동량 좋은 선수 한 명이 상대의 수비형 미드필더를 적극적으로 압박하면서 상대의 패스를 측면이나 롱볼로 이어지게끔 한다.

이러한 역할을 가장 잘해줄 수 있는 선수가 누가 있을까 고민하다 에버튼의 레전드인 팀 케이힐이 떠올랐다. 팀 케이힐은 과거 에버튼에서 큰 신장이 아님에도 엄청난 점프력과 힘을 통해 헤더로만 무려 31골을 터트렸다. 공격형 미드필더가 주 포지션이지만 때로는 공격수 역할을 맡기도 했는데, 케이힐은 창의적인 패스 보다는 적극적으로 상대를 압박하고 공격 상황에서는 박스 타격과 박스 안 위치 선정, 제공권 경합을 통해 찬스를 만들어냈던 선수다. 션 다이치의 전술에서 현재의 칼버트르윈과 과거의 팀 케이힐, 두 선수의 공존은 엄청난 시너지가 되지 않을까 상상해본다.

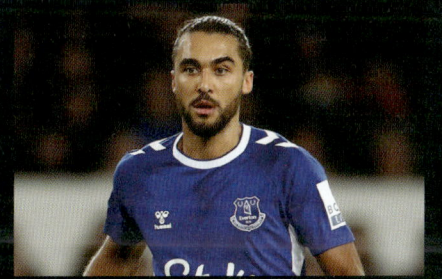

JAMES TRAFFORD
ARIJANET MURIC
DARA O'SHEA
CHARLIE TAYLOR
JORDAN BEYER
CJ EGAN-RILEY
CONNOR ROBERTS
HJALMAR EKDAL
VITINHO
AMEEN AL DAKHIL
JACK CORK
J HANN GUDMUNDSSON
JOSH BROWNHILL
SANDER BERGE
JOSH CULLEN
SAMUEL BASTIEN
JAY RODRÍGUEZ
BENSON MANUEL
WOUT WEGHORST
NATHAN REDMOND
ANASS ZAROURY
ZEKI AMDOUNI

18

Burnley

BURNLEY

번리 Burnley

- 창단 년도 | 1882년
- 최고 성적 | 우승 (1920-/21, 1959/60)
- 경기장 | 터프 무어 (Tuff Moor)
- 경기장 수용 인원 | 21,944명
- 경기장 위치 | Turf Moor, 52-56 Harry Potts Way, Burnley BB10 4BX
- 지난 시즌 성적 | 1위 (챔피언십)
- 별칭 | The Clarets (클라렛; 와인색)
- 상징색 | 마젠타 (와인색)
- 레전드 | 조지 빌, 레이 포인터, 지미 매클로이, 윌리 어빈, 로비 블레이크 등

히스토리

1882년 창단한 번리는 초창기 잉글랜드 축구 역사에 빼놓을 수 없는 중요한 클럽이다. 잉글랜드의 축구협회 FA는 이미 1863년에 만들어졌지만, FA 설립 후에도 거의 20년 동안 축구에 프로라는 개념은 없었다. 당시까지만 해도 스포츠는 아마추어 정신에 입각해 대부분 학생들이 하는 교육의 일환으로 취급되었다. 그러나 1880년대 들어 노동자들이 여가 생활을 즐기기 위해서 팀을 결성하기 시작했고, 그 중에 하나가 바로 랭커셔 주를 기반으로 한 번리였다. 번리는 과거 1부 리그에서 우승한 적이 있을 정도로 유서 깊은 팀이었으나, 마지막으로 우승한 지 벌써 60년이 넘었다. 20세기에 들어와서 대부분의 기간 동안 성적이 좋지 못했고 하부 리그에 머물렀으나, 2008/09시즌에 이르러서야 승격 플레이오프에서 승리하며 최초로 프리미어리그에 진출했다.

최근 5시즌 리그 순위 변동

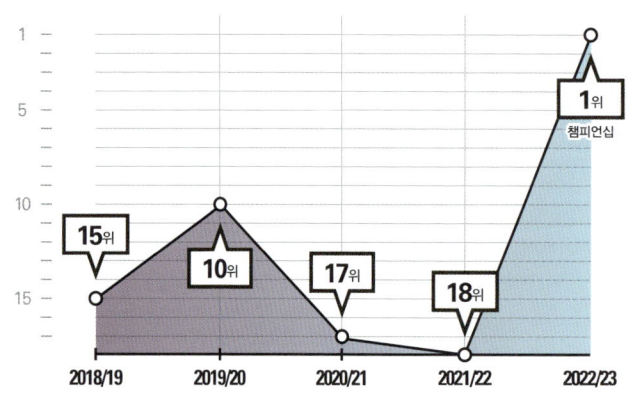

클럽레코드 IN & OUT

최고 이적료 영입 IN

제키 암도우니
1,860만 유로
(2023년 7월, from 바젤)

최고 이적료 판매 OUT

크리스 우드
3,000만 유로
(2022년 1월, to 뉴캐슬)

CLUB & MANAGER

뱅상 콤파니 Vincent Kompany　　1986년 4월 10일 | 37세 | 벨기에

맨시티의 전설, 감독으로 프리미어리그 컴백

선수 시절 뛰어난 재능으로 늘 세계 최고의 수비수 중 하나로 거론되었고 실제로 우승도 많이 차지했으나 동시에 잦은 부상으로 '유리몸'이라는 불명예스러운 별명도 붙었다. 2018/19시즌 레스터시티전에서 폭발적인 중거리 슛 득점으로 팀에 우승을 안긴 뒤 모국 벨기에 안더레흐트로 돌아가 선수 겸 감독을 맡아 지도자 생활을 시작했다. 선수에서 은퇴한 뒤 본격적으로 감독을 맡아 안더레흐트에서 일정 수준 이상의 성과를 거뒀고, 지난 시즌 번리에서는 모두가 반신반의했지만 압도적인 성적으로 번리를 1년 만에 바로 승격시켰다. 다이치 시절의 다소 투박한 스타일의 축구에서 현대적이고 세련된 스타일로 팀을 변모시킬 것이다. 선수로서의 재능만큼이나 감독으로서의 재능도 높게 평가받는 그가 감독으로는 프리미어리그에 어떤 족적을 남길지 벌써부터 기대가 된다.

📋 감독 인터뷰

"나는 단순히 지시를 내리는 것이 아니라 항상 선수들에게 왜 어떻게 무언가를 해야 하는지 말해줄 것이다. 그게 바로 내가 번리에 가져다줄 수 있는 변화이다."

감독 프로필

통산	선호 포메이션	승률
149 경기 **77** 승 **45** 무 **27** 패	**4-2-3-1**	**51.67%**

시즌 키워드

#제2의과르디올라　　　　#뉴번리

우승 이력

- 잉글랜드 챔피언십 (2022/23)

경력

2019~2021	2022~
안더레흐트	번리

BURNLEY 279

BURNLEY

IN

산데르 베르게
(셰필드)

제키 암도우니
(바젤)

제임스 트래포드
(맨체스터시티)

네이션 레드몬드
(자유계약)

FW
- 7 그뷔드뮌손
- 9 로드리게스
- 10 벤손
- 12 콜레오소
- 15 레드먼드
- 17 포스터
- 19 자루리
- 30 암도우니
- 45 오바페미

MF
- 4 코크
- 8 브라운힐
- 11 트와인
- 24 컬렌
- 25 베르게
- 26 바스티엥

DF
- 2 오셰이
- 3 테일러
- 5 바이어
- 6 이건라일리
- 14 로버츠
- 18 에크달
- 22 비티뉴
- 28 알다킬

GK
- 1 트래포드
- 49 무리치

OUT

바우트 베호르스트
(호페하임)

바비 토마스
(코벤트리)

루크 맥날리
(스토크시티)

애슐리 반스
(계약종료)

히든풋볼의 이적시장 평가

한정된 예산이지만 영입을 잘 하고 있다. 영입된 선수들 중에 가장 중요한 두 선수는 베르게와 암도우니. 두 선수 모두 콤파니 감독이 원하는 현대적인 스타일을 구현할 수 있는 선수이며, 프리미어리그에 잘 적응한다면 다이치 시대와는 또 다른 느낌의 새로운 생존왕 번리를 볼 수 있을 것이다. 과거 강등으로 인해 주축 선수들이 다수 팀을 떠났음에도 수완을 발휘한 적이 있기에 이번 시즌 번리의 선택도 눈여겨볼 만하다.

SQUAD & BEST11

2022/23시즌 스탯 Top 3

Best 11
- 19 자루리
- 30 암도우니
- 10 벤손
- 24 컬렌
- 25 베르게
- 8 브라운힐
- 2 오셰이
- 5 바이어
- 18 에크달
- 14 로버츠
- 49 무리치

득점 Top 3
- 텔라 — 17골
- 벤손 — 11골
- 로드리게스 — 10골

도움 Top 3
- 브라운힐 — 8도움
- 로버츠 — 6도움
- 그뷔드뮌손 — 6도움

출전시간 Top 3
- 조시 컬렌 — 3,844분
- 아랴네트 무리치 — 3,617분
- 조시 브라운힐 — 3,579분

히든풋볼의 순위 예측

17위 이주헌
챔피언십에서 보여준 기세를 계속 이어나간다면 잔류에는 성공할 것으로 보인다.

16위 박종윤
챔피언십에서 보여준 콤파니 감독의 센세이션이 PL에서 얼마나 통할 것인가? 적절한 현실 타협이 필요하다.

17위 박찬우
이상과 현실 사이에서 그 간극을 채우는 데 고군분투할 것 같다. 생존왕 번리의 저력을 믿을 뿐.

18위 송영주
지난 시즌 챔피언십 1위를 차지한 전력, 콤파니의 전술과 용병술, 알찬 전력 보강. 하지만 잔류는 쉽지 않다.

17위 김용남
콤파니 감독의 축구는 매력적이다. 다만 여기는 PL이다. 강등권싸움이 예상된다.

17위 이완우
콤파니 감독의 프리미어리그 첫 시즌, 힘겨운 도전이지만 그래도 팀을 잔류로 이끌어낼 것.

생존왕 번리 다시 PL에 돌아오다

지금은 에버튼의 감독이 된 션 다이치 감독 시절의 번리는 나름의 색깔이 분명한 팀이었다. '올드스쿨' 잉글랜드 스타일의 4-4-2 기반에 시메오네의 아틀레티코 마드리드가 연상되는 두터운 두 줄 수비축구가 결합된 스타일이었다. 다이치는 전방으로 빠르게 공을 넘겨주는 킥앤러시를 주요 전개 방식으로 삼았고, 전방의 공격수들은 체격이 좋고 공중볼에 강한 선수들로 구성되어 있었다. 2012년 챔피언십에서 처음 번리를 맡은 션 다이치는 단계적으로 팀 순위를 상승시켰고, 2014/15시즌에는 5년 만에 번리를 프리미어리그 승격으로 이끌었다. 그리고 2016년부터 2021년까지 번리는 적은 이적 예산에도 보유한 선수들의 능력치를 거의 최대로 끌어내며, 6시즌 동안 프리미어리그에서 살아 남았다. 하지만 다이치도 2021/22시즌의 성적 부진은 극복해내지 못했고, 결국 경질되고 말았다. 임시감독 체제로 시즌을 마무리했지만, 강등은 피할 수 없었고 번리에게는 새 판을 짜야 할 시기가 왔다.

그렇게 지난 시즌 새롭게 선임된 감독이 뱅상 콤파니였다. 현역 시절 그는 맨시티의 상징과도 같은 뛰어난 수비수였고, 과르디올라의 축구 스타일에 깊이 감화된 인물이었다. 기존의 다이치와는 정반대의 스타일을 추구하는 감독이었고, 감독 경험도 많지 않다 보니 우려의 목소리도 많았다. 하지만 콤파니는 1년 만에 팀을 바꾸어 놓았다. 더 이상 번리는 롱볼 축구를 추구하지 않는다. 콤파니의 번리는 현대적이고 세련된 축구를 추구한다. 지난 시즌 번리는 챔피언십에서 가장 높은 점유율을 기록한 팀이며, 패스 성공률도 85%에 달할 정도로 많은 패스를 통해 지배적인 축구를 구사하는 팀이었다. 어떻게 1년 만에 팀이 이렇게 바뀔 수 있었을까?

먼저, 번리는 팀이 강등 당했기 때문에 그동안 주축으로 활약하던 선수들을 대거 다른 프리미어리그 팀으로 떠나보낼 수밖에 없었다. 거액을 들여 영입한 네이선 콜린스를 비롯해, 코르네, 맥닐, 닉 포프, 타코우스키, 벤 미 등이 모두 팀을 떠나갔다. 대신 자루리, 무리치와 같은 아주 젊은 선수들이 왔고 콤파니가 벨기에 리그에서 주목했던 벤손, 컬렌 같은 선수들을 영입했다. 어린 선수들이 다수 주축이 되면서 콤파니의 스타일을 빠르게 받아들였고, 팀은 시즌 중반 이후 22경기 연속 무패 기록을 세우며 가파른 상승세를 탔다. 이렇게 압도적인 성적을 거뒀지만, 돌아온 프리미어리그에서의 도전은 쉽지만은 않을 것이다. 상대하는 팀들의 수준이 높아진 상황에서 챔피언십에서처럼 주도하는 경기 스타일을 유지하기에 경쟁력이 부족해 보이기 때문이다. 그러나 지난 시즌 풀럼이 승격해서 기대 이상의 성적을 거두었듯이 '뉴 번리'는 콤파니와 함께 새로운 생존왕이 될 가능성도 충분하다.

BURNLEY

1 GK
James Trafford

제임스 트래포드

국적 잉글랜드 | **나이** 20 | **신장** 192 | **체중** 85 | **평점** 7.02

큰 키와 긴 팔을 이용해 골문을 지키는 골키퍼 유망주. 어시스트를 기록한 적이 있을 정도로 롱킥의 강도도 정확도도 나쁘지 않다. 잉글랜드의 각급 연령별 대표를 거쳤으며, 장래 잉글랜드 골문을 지킬 후보 중 하나. 맨체스터시티 유스 출신으로 2021년에는 애크링턴으로 임대를 갔고, 이듬해에는 볼턴으로 임대되어 하부 리그에서 경험을 쌓았다. 번리는 트래포드에게 장기적으로 골키퍼 자리를 맡기려는 계획을 가지고 있기 때문에 그를 영입했고, 현 주전인 무리치와도 좋은 경쟁체제를 구축할 것으로 보인다.

2022/23시즌

	47 GAMES	4,230 MINUTES	34 실점	78.80 선방률	
3	126 세이브	22 클린시트	추정가치: 15,000,000€	36.1 경기당패스	71.60 패스성공률	0

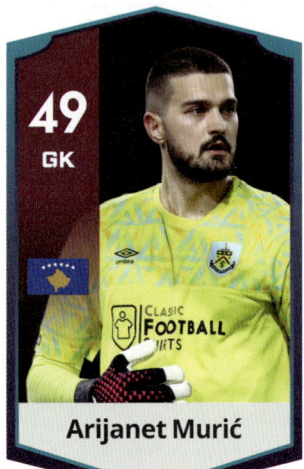

49 GK
Arijanet Murić

아라네트 무리치

국적 코소보 | **나이** 24 | **신장** 198 | **체중** 81 | **평점** 6.8

2m에 달하는 장신을 활용해 제공권 능력이 좋은 골키퍼. 코소보 혈통의 스위스 출신으로 취리히와 그라스호퍼 유스에서 뛰다 맨시티에 입단하면서 주목을 받았다. 과르디올라의 승인을 받은 만큼 기본적인 패스 능력도 괜찮은 편이다. 골키퍼로서 각각의 개별적인 능력이 최상위급이라고 보기는 어렵지만, 현대적인 골키퍼에게 필요한 조건을 두루두루 갖추고 있다. 그러나 종종 집중력이 흐트러지는 모습을 보이면서 실수가 나오는 편이라 아직까지 안정감이 높은 골키퍼라고 보기는 어렵다.

2022/23시즌

	41 GAMES	3,617 MINUTES	31 실점	76.60 선방률	
4	92 세이브	17 클린시트	추정가치: 12,000,000€	34.2 경기당패스	80.20 패스성공률	0

5 CB
Jordan Beyer

조던 바이어

국적 독일 | **나이** 23 | **신장** 187 | **체중** 80 | **평점** 7.09

센터백과 라이트백을 모두 볼 수 있는 다재다능한 수비수. 짧은 패스워크에 강점을 갖고 있고, 팀 내 후방 빌드업에서 중요한 역할을 담당한다. 큰 키에 많은 활동력을 가져가고 수비력은 괜찮은 편이지만, 크로스의 질이 뛰어나다고 보기는 어렵다. 2021/22시즌부터 묀헨글라드바흐에서 주전급으로 도약했으며, 이 때 센터백과 우측 풀백을 오가면서 활약했다. 번리로 이적한 뒤로는 주로 센터백으로 나오고 있으며, 지난 시즌 챔피언십 우승의 핵심 멤버 중 하나였다. 독일 국가대표로는 U21 팀에서 활약했지만, 아직까지 성인 팀에 소집되지는 못했다.

2022/23시즌

	30 GAMES	2,533 MINUTES	1 GOALS	3 ASSISTS	
5	0.4 경기당슈팅	4 유효슈팅	추정가치: 16,000,000€	75.2 경기당패스	91.60 패스성공률	0

PLAYERS

얄마르 에크달
국적 스웨덴 | **나이** 24 | **신장** 188 | **체중** 77 | **평점** 7.19

안정감 있는 패스를 통한 전개 능력과 좋은 축구 지능을 겸비한 수비수. 위치선정 능력이 좋아 공의 낙하 지점을 잘 포착해 공중볼 처리에도 강점을 갖고 있다. 다만 키에 비해 체격 자체는 크지 않아 몸싸움이 강한 편은 아니다. 브롬마포이카르나, 함마르뷔, 유르고덴스 등의 클럽을 거치며 줄곧 스웨덴 리그에서 활약하다 지난 시즌 겨울 이적시장을 통해 번리로 이적했다. 번리 이적 후 특유의 빌드업 능력을 통해 팀의 우승에 일조했는데, 프리미어리그에서도 에크달의 능력이 발휘될지 지켜보는 것도 흥미로운 일이다. 22년부터 스웨덴 국가대표로 뽑히기 시작해 점차 입지를 넓혀가고 있다.

2022/23시즌

1	9 GAMES	770 MINUTES	1 GOALS	1 ASSISTS	0
	0.1 경기당슈팅	1 유효슈팅	추정가치: 8,000,000€	82.4 경기당패스	87.50 패스성공률	

다라 오셰이
국적 아일랜드 | **나이** 24 | **신장** 189 | **체중** 75 | **평점** 6.97

주로 중앙 수비수로 활약하는 선수지만 주력이 좋아 풀백도 볼 수 있으며, 유사 시에는 수비형 미드필더까지 볼 수 있을 정도로 다양한 포지션을 소화할 수 있다. 큰 키를 가진만큼 제공권 싸움에도 능한 편이라 세트피스에서도 위협적인 존재이다. 2015년 웨스트브롬에 입단한 뒤 연령별 팀을 모두 거친 뒤 팀이 프리미어리그로 승격한 2020/21시즌에는 주전 센터백으로 활약했다. 웨스트브롬에서 다시한번 승격을 꿈꿨지만, 2022/23시즌에도 팀은 승격에 실패했고, 이제 번리에서 다시 한번 프리미어리그에 도전한다. 20년부터 아일랜드 대표팀에서 활약하고 있다.

2022/23시즌

6	37 GAMES	3,330 MINUTES	2 GOALS	1 ASSISTS	0
	0.7 경기당슈팅	6 유효슈팅	추정가치: 5,000,000€	63.5 경기당패스	83.40 패스성공률	

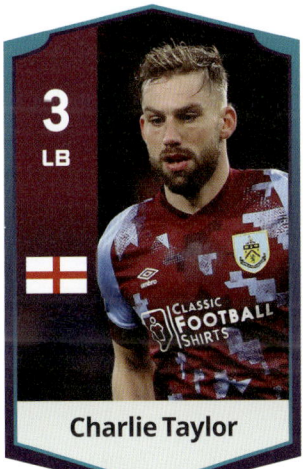

찰리 테일러
국적 잉글랜드 | **나이** 29 | **신장** 176 | **체중** 70 | **평점** 6.62

대인 마크에 능하고 깔끔한 크로스 능력을 자랑하는 좌측 풀백으로 2018년부터 자유계약 신분으로 번리에 입단했다. 리즈의 유스 시절부터 잠재력을 높이 평가받아 리즈가 수많은 하부 리그 팀으로 임대를 보내면서 공들여 키운 선수였지만 점차 프리미어리그 클럽들과 연결되면서 리즈와의 재계약은 불발됐다. 리즈에서의 마지막 시즌인 2017/18시즌에는 출선거부 상태도 벌어져 리즈 팬들에게는 아직도 상처로 남아있는 이름이다. 다이치 감독 시절에는 번리의 붙박이 주전이었지만, 콤파니 감독 부임 이후에는 출전시간이 줄어들어 입지가 크게 흔들리고 있다.

2022/23시즌

2	33 GAMES	1,713 MINUTES	0 GOAL	1 ASSISTS	0
	0.1 경기당슈팅	0 유효슈팅	추정가치: 3,500,000€	43 경기당패스	86.00 패스성공률	

BURNLEY

14 RB Connor Roberts

코너 로버츠

국적 웨일스 | **나이** 27 | **신장** 175 | **체중** 72 | **평점** 6.72

엄청난 활동량과 기동력을 바탕으로 공수 양면에서 팀에 많은 도움을 주는 풀백. 체구가 크진 않지만, 저돌적인 몸싸움을 즐겨하며 공중볼도 곧잘 따내는 편이다. 그러나 기술적으로 뛰어난 편이 아니라 이러한 플레이가 반칙이나 카드로 귀결되는 경우도 많고, 상대가 적극적인 압박을 가했을 때는 이를 타개하는 데 어려움을 겪는 편이다. 웨일스 출신답게 스완지시티에서 유스 시절부터 꾸준하게 활약했으며, 2021/22시즌 번리로 이적한 이후에도 부동의 주전 우측 풀백으로 활약하고 있다. 웨일스 대표팀의 주전 라이트백으로 카타르 월드컵에서도 3경기 모두 출전했다.

2022/23시즌

	GAMES	MINUTES	GOAL	ASSISTS	
7	43	3,529	4	6	1
	0.7 경기당슈팅	11 유효슈팅	추정가치: 8,000,000€	63 경기당패스	87.70 패스성공률

25 DM Sander Berge

산데르 베르게

국적 노르웨이 | **나이** 25 | **신장** 195 | **체중** 96 | **평점** 6.95

뛰어난 빌드업 능력으로 3선에서 공격 전개를 부드럽게 하는 미드필더. 베르게가 돋보이는 점은 키가 매우 큰 장신 선수임에도 발밑이 뛰어나 다양한 스타일로 전방으로 공을 공급해줄 수 있다는 점이다. 좋은 시야를 바탕으로 한 패스는 물론, 상대 수비가 압박해도 이를 간결하게 제친 뒤에 패스를 넣어준다. 베르게의 이러한 특징은 셰필드보다 노르웨이 대표팀에서 두드러진다. 벨기에 헹크를 거쳐 셰필드유나이티드로 이적한 뒤 프리미어리그에서 많은 시간을 뛰지는 않았지만, 챔피언십에서는 핵심 선수로 거듭났다. 공격적인 축구를 천명한 콤파니 감독 아래서 베르게가 얼마나 발전할 수 있을지 기대된다.

2022/23시즌

	GAMES	MINUTES	GOALS	ASSISTS	
4	37	3,107	6	5	0
	1.5 경기당슈팅	14 유효슈팅	추정가치: 20,000,000€	36 경기당패스	80.50 패스성공률

4 DM Jack Cork

잭 코크

국적 잉글랜드 | **나이** 34 | **신장** 183 | **체중** 70 | **평점** 6.68

어느새 축구선수로는 황혼기를 맞이하고 있는 코크는 지금까지 번리의 주장이자 핵심 미드필더로 팀에 영향력이 가장 큰 선수였다. 첼시에서 유스 시절을 보낼 때는 미드필더가 아니라 센터백이었는데, 이미 수비력 자체가 완성된 선수라는 평가를 받으며 테리의 뒤를 이을 것으로 기대를 받았다. 다만 신체발육 자체가 다소 늦어 수비수가 아니라 미드필더로 포지션을 변경했다. 번리에 입단하기 전 스완지에서는 기성용과 함께 미드필더를 맡아 한국팬들에게도 친숙한 선수이다. 베르게의 영입으로 코크의 출전시간 자체는 많이 줄어들겠지만, 그만이 갖고 있는 특유의 뛰어난 수비력은 분명 팀에 도움이 될 때가 있을 것이다.

2022/23시즌

	GAMES	MINUTES	GOALS	ASSISTS	
12	39	2,437	0	2	0
	0.2 경기당슈팅	2 유효슈팅	추정가치: 1,000,000€	41.9 경기당패스	87.00 패스성공률

PLAYERS

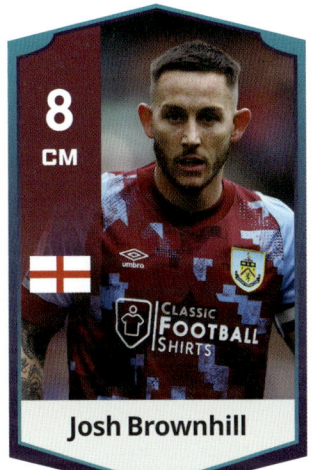

조시 브라운힐
국적 잉글랜드 | **나이** 27 | **신장** 178 | **체중** 69 | **평점** 7.27

높은 체력과 왕성한 활동량을 바탕으로 경기 내내 곳곳을 누비는 타입의 미드필더. 2019/20시즌 코크의 부상으로 인해 브라운힐을 영입했고, 이 때가 생애 처음으로 프리미어리그에서 뛰게 된 시점이었다. 프리미어리그에서도 브라운힐 특유의 활동량은 번리가 코크의 공백을 느끼지 못하게 해줬고, 이후 코크와 함께 번리를 대표하는 미드필더로 인정받았다. 처음 온전하게 프리미어리그에서 시즌을 보낸 2020/21시즌에는 체력적으로 지친 모습이 나오기도 했는데, 활동량이 주 무기인 선수인 만큼 시즌 내내 일정한 몸 상태를 유지하는 것이 중요해 보인다. 번리 이적 이후 공격력도 점점 발전해 지난 시즌에 특히 많은 공격 포인트를 올렸다.

2022/23시즌

	41 GAMES	3,579 MINUTES	7 GOALS	8 ASSISTS	
9	1.4 경기당슈팅	22 유효슈팅	추정가치: 18,000,000€	48.1 경기당패스	82.70 패스성공률	0

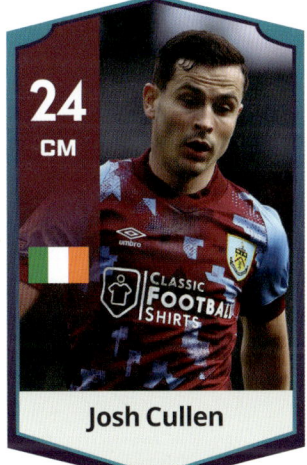

조시 컬렌
국적 아일랜드 | **나이** 27 | **신장** 175 | **체중** 70 | **평점** 6.92

웨스트햄 유스 출신이나 팀에서 자리를 잡지 못해 20대 초반에는 브래드포드, 볼턴, 찰턴, 안더레흐트 등 많은 팀에 임대를 다녔다. 그러다 지난 시즌 번리에 와서는 팀에 빠져서는 안 될 미드필더로 활약하며 챔피언십 우승에 많은 공헌을 했다. 활발하게 움직이면서 동료들의 패스 선택지를 늘려주고, 좋은 킥력을 통해서 많은 공격 기회도 창출해냈다. 체구가 큰 편이 아니라 몸싸움에 강하지는 않다는 것이 아쉬운 점. 대표팀에서는 2019년에 처음 아일랜드 성인 대표팀에 발탁되어 점차 주전으로 떠오르고 있다.

2022/23시즌

	43 GAMES	3,844 MINUTES	1 GOALS	4 ASSISTS	
8	0.7 경기당슈팅	5 유효슈팅	추정가치: 13,000,000€	71.2 경기당패스	88.00 패스성공률	0

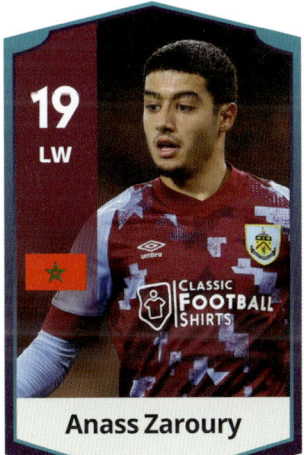

아나스 자루리
국적 모로코 | **나이** 22 | **신장** 176 | **체중** 70 | **평점** 6.95

마치 아자르를 연상시킬 정도로 뛰어난 드리블 능력을 갖춘 윙어. 벨기에 리그에서 뛰던 시절에는 크게 주목받지 못하던 선수였지만, 번리로 이적한 뒤 킥력도 발전해 2022/23시즌 많은 공격 포인트를 만들었다. 스피드가 빠른 편이고 좋은 기술과 발재간을 갖추고 있어 드리블 돌파에 능하다. 다만 체구가 크지 않은 편이라 경합에는 다소 취약한 모습을 보이는데, 프리미어리그에서도 자루리의 돌파 능력이 통할 수 있을지는 지켜봐야 할 것이다. 벨기에의 연령별 대표팀을 거쳤지만 성인 국가대표로는 모로코 대표팀을 선택했고, 카타르 월드컵에서는 크로아티아와의 경기에 출장했다.

2022/23시즌

	34 GAMES	2,357 MINUTES	7 GOAL	5 ASSISTS	
1	1.6 경기당슈팅	17 유효슈팅	추정가치: 12,000,000€	22.1 경기당패스	72.60 패스성공률	0

BURNLEY

15 RW
Nathan Redmond

네이선 레드먼드

| 국적 | 잉글랜드, 자메이카 | **나이** 29 | **신장** 173 | **체중** 69 | **평점** 7.04 |

버밍엄의 유스 출신으로 10대에 이미 성인팀에 합류할 정도로 어린 시절부터 재능을 인정받았다. 노리치와 소튼을 거치면서 꾸준하게 프리미어리그에서 출장했고, 2선의 다양한 포지션을 소화했다. 자메이카 배경의 선수답게 빠른 스피드를 갖춘 선수로, 최고 수준의 윙어라고 보기는 어렵지만 나름대로 쏠쏠하게 공격 포인트를 제공했다. 2019/20시즌부터 자잘한 부상이 늘어나자 소튼은 레드먼드와의 재계약을 포기했고, 지난 시즌에는 튀르키예 베시크타스에서 활약했다. 2선 보강을 노린 번리가 자유계약으로 영입했으며, 돌아온 프리미어리그에서 다시 한 번 레드먼드의 노련미가 빛을 발할 수 있을지 기대된다.

2022/23시즌

5	25 GAMES	1,582 MINUTES	5 GOAL	5 ASSISTS	0
	1.9 경기당슈팅	18 유효슈팅	추정가치: 10,000,000€	24.5 경기당패스	75.50 패스성공률

10 RW
Benson Manuel

벤손 마누엘

| 국적 | 벨기에, 앙골라 | **나이** 26 | **신장** 175 | **체중** 68 | **평점** 6.76 |

민첩하고 발재간이 좋은 윙어로 속도의 가감을 통해 수비를 돌파하는 능력이 탁월하다. 왼발 킥도 장점이라 좋은 궤적의 크로스나 중거리슛을 자주 시도한다. 지난 시즌 번리에서는 모두 14개의 공격 포인트를 올리면서 텔러, 브라운힐에 이어 팀내 세 번째로 많은 공격 포인트를 올렸다. 벨기에 리그 때만 해도 잉글랜드에서 성공할 거라고 생각하기 어려웠는데, 2019년부터 자잘한 부상에 시달리며 출전 기회를 많이 받지 못했기 때문이다. 그래도 1,500분 이상의 출전시간을 보장받았던 시즌에는 꽤 높은 생산성을 보여 주었는데, 바로 그 점을 높이 평가한 번리가 벤손을 영입했다. 챔피언십에서 대성공을 거둔 벤손은 이제 프리미어리그 도전을 앞두고 있다.

2022/23시즌

3	33 GAMES	1,489 MINUTES	11 GOAL	3 ASSISTS	0
	1.8 경기당슈팅	18 유효슈팅	추정가치: 7,000,000€	18.4 경기당패스	86.70 패스성공률

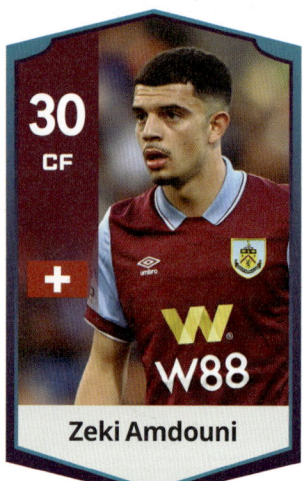

30 CF
Zeki Amdouni

제키 암도우니

| 국적 | 스위스 | **나이** 22 | **신장** 185 | **체중** 79 | **평점** 7.02 |

2022/23시즌 유로파컨퍼런스리그에서 바젤 소속으로 팀을 4강까지 이끌었고, 7골을 기록하며 피오렌티나의 카브레우와 함께 득점왕을 차지했다. 암도우니의 가장 큰 장점은 단순히 골만 노리는 타입이 아니라 경기 전반적으로 영향을 미치는 스타일의 공격수라는 점이다. 암도우니는 경기장 전체를 활동반경으로 삼을 정도로 넓게 움직이며, 직접 공을 운반하며 동료들과 연계를 통해서 많은 공격 기회를 만들어 낸다. 리그에서 폭발적으로 득점을 많이 하지는 않았지만, 컨퍼런스리그에서 적은 경기수에도 많은 골을 넣은 것은 가까운 미래에 리그 최정상급 공격수로 성장할 잠재력을 갖추고 있다고 평가 받기에 충분한 활약이었다.

2022/23시즌

1	32 GAMES	2,192 MINUTES	12 GOALS	4 ASSISTS	0
	2.3 경기당슈팅	34 유효슈팅	추정가치: 10,000,000€	19.4 경기당패스	73.00 패스성공률

전지적 작가 시점

박찬우가 주목하는 번리의 원픽!
산데르 베르게

공격축구를 내세운 번리가 프리미어리그에서 경쟁력을 갖기 위해서는 중원에서의 활약이 중요할 수밖에 없다. 그런 의미에서 산데르 베르게의 활약 여부는 번리의 시즌 성적을 좌우할 정도로 중요한 이적이다. 베르게는 좋은 체격조건을 보유함과 동시에 빌드업에 장점이 있는 선수인데, 주도적인 축구를 추구하는 콤파니 감독에게 딱 맞는 스타일의 미드필더이다. 기존의 컬렌이나 브라운힐 역시 많은 활동량으로 미드필드 장악에 도움을 주는 선수들이지만, 빌드업에서는 다소 아쉬운 게 사실이었는데, 베르게의 가세로 번리의 중원은 PL에서도 한번 해볼 만한 구성을 갖추게 됐다.

풀럼의 성공 방식에서 보이듯이, 번리가 프리미어리그에서 살아남기 위해서는 강팀과의 대결도 중요하지만, 하위권 팀과의 대결에서의 결과가 더 중요할 수밖에 없다. 번리의 스타일이 많은 패스와 점유, 지배를 추구한다면 이들과의 경기에서 미드필더들이 상대를 압도하는 모습을 보여야 한다. 그런 점에서 베르게가 셰필드나 노르웨이 대표팀에서 보여준 전개 능력이 나온다면, 경기력 자체는 꾸준하게 안정적으로 좋은 모습을 보일 것이다.

지금 번리에 이 선수가 있다면!
드와이트 맥닐

2018/19시즌 혜성같이 나타난 맥닐은 번리의 아이돌 같은 존재였다. 날렵하게 움직이며 민첩성을 자랑했고, 날카로운 왼발 킥은 좋은 크로스를 선보이면서 세트피스도 도맡아 찰 정도였다. 맥닐이 번리에게 있어 중요했던 것은 좌측 윙어로 뛸 수 있을 뿐만 아니라 중앙에서도 활약할 수 있는 선수였기 때문에 팀에 전술적인 유연함을 줄 수 있기 때문이다. 콤파니 감독이 이끄는 번리는 다이치 시절보다 세부적인 움직임에서 다양한 플레이를 요구할 가능성이 많은데, 맥닐과 같은 선수가 있다면 팀은 보다 다채로운 스타일을 선보일 수 있다.

물론, 맥닐에게는 에버튼에서 다이치 감독과 다시 만난 것도 좋은 일이다. 다이치 감독 아래서 맥닐은 크게 성장했고, 프리미어리그에서도 주목받는 선수가 되었으니 말이다. 맥닐은 번리에 있었기 때문에 수비력 또한 개선될 수 있었다. 그러나 콤파니 감독 아래서 맥닐이 플레이했다면 어떤 부분이 더 발전했을지 상상해보는 것도 흥미로운 일이다. 번리와 에버튼은 강등권에서 경쟁을 할 가능성도 없지 않은데, 이 때 맥닐이 얼마나 활약하는지 지켜보는 것도 이번 시즌 프리미어리그에서 빼놓을 수 없는 재미 요소가 될 것이다.

ADAM DAVIES

WES FODERINGHAM

GEORGE BALDOCK

MAX LOWE

AUSTON TRUSTY

CHRIS BASHAM

JOHN EGAN

ANEL AHMEDHODZIC

JACK ROBINSON

JAYDEN BOGLE

YASSER LAROUCI

RHYS NORRINGTON-DAVIES

JOHN FLECK

OLIVER NORWOOD

ISMAILA COULIBALY

BEN OSBORN

ANIS BEN SLIMANE

ANDRE BROOKS

RHIAN BREWSTER

WILLIAM OSULA

OLIVER MCBURNIE

BENIE TRAORÉ

Sheffield United

SHEFFIELD UNITED

셰필드 유나이티드
Sheffield United

창단 년도	1899년
최고 성적	우승 (1897/98)
경기장	브라몰 레인 (Bramall Lane)
경기장 수용 인원	32,050명
경기장 위치	Highfield, Sheffield S2 4SU
지난 시즌 성적	2위 (챔피언쉽)
별칭	The Blades (블레이즈)
상징색	레드, 화이트
레전드	조 쇼, 해리 존슨, 빌리 샤프, 필 자기엘카, 닉 몽고메리, 앨런 우드워드 등

히스토리

잉글랜드 사우스요크셔 주의 셰필드에 연고지를 둔 축구클럽이다. 홈구장으로 사용하는 브라몰 레인은 국제 경기를 개최할 수 있는 경기장 중에서도 세계에서 두 번째로 오래된 축구 경기장이다. 셰필드유나이티드는 영국 축구 클럽팀 중에서 4부 리그부터 1부 리그까지 모두 우승을 경험해본 몇 안 되는 팀들 중 하나이기도 하다. 창단 초기에 전성기를 맞이하였고 이후에는 강등과 승격을 오갔으며, 21세기 이후에는 프리미어리그에 2006/07시즌, 2019/20시즌, 2020/21시즌 총 3시즌 속해 있었는데, 2006/07시즌은 승격 첫 시즌만에 강등 당했고, 2019/20시즌, 2020/21시즌에는 크리스 와일더의 '전진 센터백' 축구로 인상을 줬지만 다음 시즌 강등당하고 말았다. 그동안의 PL 무대에서의 경쟁이 쉽지 않았던 만큼 올시즌도 셰필드는 험난한 생존 경쟁이 예상된다.

최근 5시즌 리그 순위 변동

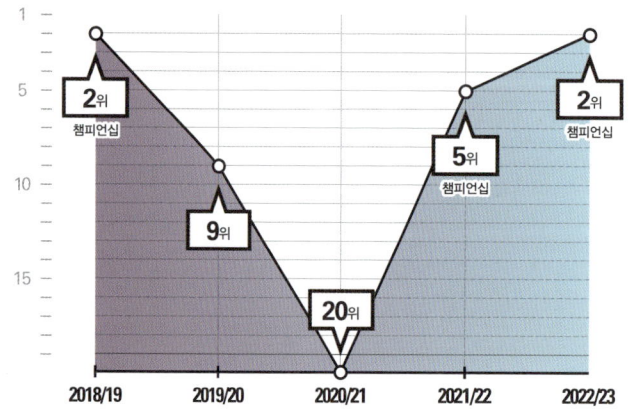

클럽레코드 IN & OUT

최고 이적료 영입 IN
리안 브루스터
2,600만 유로
(2020년 10월, from 리버풀)

최고 이적료 판매 OUT
아론 램스데일
2,800만 유로
(2021년 8월, to 아스날)

CLUB & MANAGER

폴 헤킹바텀 Paul Heckingbottom | 1977년 7월 17일 | 46세 | 잉글랜드

다시 한 번 도전하는 프리미어리그, 이번이 진짜다!

현역 시절 맨유 유스에 머무른 적도 있었지만 프로 데뷔 후에는 하부 리그를 전전하며 평범한 선수 생활을 보냈다. 이후 반슬리와 리즈유나이티드, 하이버니안을 거치면서 셰필드유나이티드 U21 감독으로 부임했으며, 2020/21시즌 1군팀 감독인 크리스 와일더가 성적 부진으로 팀을 떠나면서 감독대행으로서 프리미어리그 무대를 한 차례 경험했다. 당시 셰필드의 성적이 심각할 정도로 좋지 않기 때문에 팀의 강등을 막아낼 수는 없었지만 이후 다시 한번 셰필드 감독에 정식으로 임명되어 본인만의 색깔을 팀에 잘 녹여냈다. 전방에서 보이는 높은 강도의 압박, 다이렉트한 공격 전개, 짜임새 있는 동선 배분과 경기중 유기적인 전술 변화 능력 등 이미 챔피언십 리그에서 전술적 능력은 충분히 검증을 마쳤다. 이제는 그 능력을 PL 무대에서 검증해야만 하는데, 팀 승격에 힘을 보탠 핵심 4인방 은디아예, 베르게, 도일, 맥아티가 모두 팀을 떠났다. 새로 보강된 선수들은 대부분 PL경험이 없어서 좋은 성적을 기대하기는 어렵다. 거두절미하고 어떻게든 생존 먼저 해내는 것이 헤킹바텀에게 주어진 과제라고 볼 수 있다.

📋 감독 인터뷰

"우리는 단지 숫자를 채우기 위해 프리미어리그에 가는 것이 아니다. PL에 가서도 공격적으로 우리의 스타일을 시도해볼것이며, 이번 시즌 우리는 승점을 위해 모든 경기에서 열심히 싸워야 할 것이다."

감독 프로필

통산	선호 포메이션	승률
247 경기 **103** 승 **58** 무 **86** 패	**3-5-2**	**41.70%**

시즌 키워드

#PL재도전   #강등?   #잔류?

경력 ▼

2016~2018	2018	2019	2021~

반즐리	리즈유나이티드	하이버니언	셰필드유나이티드

SHEFFIELD UNITED

IN

- 베니 트라오레 (헤켄)
- 아니스 벤슬리마네 (브뢴비)
- 야세르 라루치 (트루아, 임대)
- 오스턴 트러스티 (아스날)
- 비니시우스 소우자 (롬멜SK)
- 구스타보 하머 (코벤트리)
- 톰 데이비스 (에버턴, FA)
- 카메론 아처 (아스톤빌라)
- 제임스 맥아티 (맨시티, 임대)
- 루크 토마스 (레스터시티, 임대)

포메이션

FW
- 7 브루스터
- 9 맥버니
- 10 아처
- 11 트라오레
- 36 제비슨

MF
- 4 플렉
- 8 하머
- 16 노우드
- 17 쿨리발리
- 21 비니시우스
- 22 데이비스
- 23 오스본
- 25 슬리마네
- 28 맥아티

DF
- 2 발독
- 5 트러스티
- 6 바샴
- 12 이건
- 13 로우
- 14 토마스
- 15 아흐메도지치
- 19 로빈슨
- 20 보글
- 27 라루치

GK
- 1 데이비스
- 18 포더링엄
- 37 아미샤

OUT

- 엔다 스티븐스 (스토크시티)
- 일리만 은디아예 (마르세유)
- 산데르 베르게 (번리)
- 토미 도일 (맨시티, 임대복귀)
- 카이론 고든 (계약종료)
- 빌리 샤프 (계약종료)
- 잭 오코넬 (계약종료)

히든풋볼의 이적시장 평가

루턴타운과 함께 가장 스쿼드가 빈약한 팀으로 보이는 것이 셰필드. 계약만료와 임대복귀 선수를 제외하고도 주요 선수를 많이 잃었고 포지션별로 알찬 보강을 하긴 했지만 새로 영입한 선수들이 과연 팀을 떠난 선수들만큼 해줄 수 있을지 여부는 불투명하다. 다행히 지난 시즌 핵심이었던 맥아티를 다시 임대로 데려오는 것은 성공했으나, 나머지 영입생들의 PL 적응이 관건이다. 전반적으로 경험이 부족한 선수들이 많다.

히든풋볼 이적시장 평가단

SQUAD & BEST11

2022/23시즌 스탯 Top 3

득점 Top 3
- 일리만 은디아예 **14**골
- 올리버 맥버니 **13**골
- 제임스 맥아티 **9**골

도움 Top 3
- 일리만 은디아예 **11**도움
- 산데르 베르게 **5**도움
- 올리버 노우드 **5**도움

출전시간 Top 3
- 존 이건 **3,955**분
- 일리만 은디아예 **3,718**분
- 올리버 노우드 **3,527**분

Best 11:
- 9 맥버니
- 10 아처
- 13 로우
- 28 맥아티
- 21 비니시우스
- 16 노우드
- 2 발독
- 19 로빈슨
- 12 이건
- 15 아흐메도지치
- 18 포더링엄

히든풋볼의 순위 예측

19위 이주헌
승격한 세 팀 중에 패배가 가장 많았다. 강등을 피하기 위해서는 지는 경기를 무승부로 만드는 능력이 필요하다.

19위 박종윤
이번 시즌이 프리미어리그에서 머물 수 있는 마지막 타이밍. 나중에 다시 만나자! 셰필드.

19위 박찬우
경쟁이 치열한 리그에서 살아남기가 쉽지 않을 것이다. 의외의 요소들이 터져야 할 듯.

20위 송영주
잔류하기 위해선 기적이 필요하다. 은디아예의 이적부터 꼬인 이적시장 행보가 아쉽다. 수비 전술로 버텨야 한다.

19위 김용남
최근 승격과 강등이 반복된다. 잔류를 간절히 바라지만 쉬워 보이지는 않는다.

19위 이완우
승격에 기여한 주력 선수들의 이탈이 뼈아프며, 대체로 영입한 선수들이 기존 전력보다 훌륭한지 의문이다.

현실? 목표? 차근차근! 잔류가 먼저!

21세기 세 번째 프리미어리그 승격이다. 사실 셰필드유나이티드는 프리미어리그가 출범하기 이전에도 잉글랜드 풋볼 리그 디비전에서 승격과 강등을 자주 오갔던 팀이다. 아니나 다를까 워낙에 강등과 승격을 자주 경험하다 보니 1부 리그, 2부 리그, 3부 리그, 4부 리그를 모두 우승해본 클럽이라는 이색적인 타이틀을 가지고 있는 몇 안 되는 클럽이기도 하다. 가장 최근 PL무대에 승격했던 2019/20시즌 전진 센터백 전술로 온 축구팬들을 놀라게 했지만 20-21시즌 특유의 전술이 상대에게 이미 분석됨과 동시에 전진 센터백의 핵심 자원이었던 오코넬마저 시즌아웃으로 전력에서 이탈하며 리그 꼴찌로 강등을 당해야만 했다.

하지만 2023/24시즌 셰필드유나이티드는 다르다. 폴 헤킹바텀은 요카노비치 전 감독 이전에 크리스와일더 감독과 같은 3-5-2 시스템을 메인으로 가져가며 크리스와일더의 색깔을 어느 정도 유지한 상태에서 본인만의 전술색을 추가적으로 입히면서 챔피언십리그를 장악했다. 헤킹바텀 감독이 요구하는 전술 스타일은 높은 위치에서의 강한 압박, 공격 작업 시 짜임새 있는 패턴플레이, 중앙 미드필더들의 과감한 공격가담이 특징적이다. 특히 중앙에 많은 선수를 배치하면서 중원 수적우위 상황을 만드는데, 여기서 특이점은 점유를 하기 위한 수적 우위가 아닌 경합 이후 세컨볼을 따내기 위한 것이다. 혹은 상대에게 소유권을 뺏기더라도 즉각적인 팀 압박을 하기 위해서 중원에서 수적 우위 상황을 가져간다.

공을 소유했을 때는 빠른 공격 전개를 중시하는 특징을 갖고 있으니 챔피언십 리그 최상위 팀 중 하나였음에도 불구하고 이 팀의 점유율이나 패스에 관련된 수치는 지극히 평범한 편이다. 문제는 확실히 색깔 있는 전술 운영을 통해 챔피언십 리그에서는 성공을 거뒀지만 과연 프리미어리그 무대에서도 이러한 전술이 통할 수 있을지 관건이다. 그동안 챔피언십 리그에서 압도적인 수치를 보여주고도 재차 강등 당한 팀들의 사례가 수없이 많았기 때문이다. 일단 이번 여름이적시장에서 떠난 선수를 대체할 알짜배기 영입은 조용히 잘 해내고 있다. 튀니지 국가대표로 카타르 월드컵에서 활약한 젊은 미드필더 슬리마네를 영입했고 스웨덴 리그 득점 1위를 달리고 있는 어린 공격수 베니 트라오레까지 비교적 싼값에 영입했다. 셰필드의 잔류를 위해서는 새로운 선수들과 기존 선수들 사이의 조화, 헤킹바텀의 전술적 역량, 이 모든 것들이 완벽하게 맞아떨어져야만 한다. 조화만 잘 된다면 꽤나 놀라운 저력을 보여줄 수도 있지 않을까 하는 기대를 해본다.

SHEFFIELD UNITED

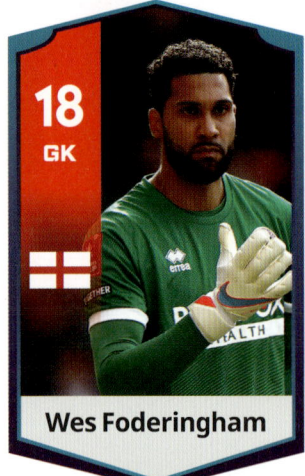

웨스 포더링엄

국적 잉글랜드 | **나이** 32 | **신장** 185 | **체중** 74 | **평점** 6.62

프로 데뷔 12년차, 감격의 프리미어리그 데뷔를 앞두고 있다. 셰필드가 2020/21시즌 PL 무대에 있을 때는 램스데일에 밀려 단 1경기도 출전하지 못했으나 지금은 상황이 다르다. 주전으로서 승격의 주역이 됐고 지난 시즌 챔피언십 리그에서 무려 18회의 클린시트를 기록했다. 관건은 PL 무대에서의 활약 여부다. 좋은 반사신경을 갖추고 있지만 판단에서 지적을 많이 받는다. 어처구니 없는 실수를 종종 하기도 한다. PL 무대는 훨씬 더 많은 위기가 찾아올 것이고 더 강한 압박이 존재할 것이기 때문에 더 빠른 상황 대처 능력과 판단 능력을 보여줘야만 살아남을수 있을 것이다.

2022/23시즌

	40 GAMES	3,515 MINUTES	32 실점	69.80 선방률	
2	74 세이브	17 클린시트	추정가치: 700,000€	22.6 경기당패스	60.10 패스성공률	2

존 이건

국적 아일랜드 | **나이** 30 | **신장** 185 | **체중** 87 | **평점** 6.99

팀의 캡틴이자 셰필드의 핵심 센터백이다. 지난 시즌 리그에서 한 경기를 제외한 45경기에 출전했고 팀 내에서 가장 많은 출전시간을 소화하며 팀의 승격에 기여했다. 아일랜드 대표팀 내에서도 주축 센터백으로 활약할 정도로 경험이 출중하며, 존 이건의 강점은 센터백치고 발밑이 좋은 편이며 전진 수비에 능하고 후방 빌드업에도 일가견이 있다. 공격 상황에서는 적극적으로 전진하면서 공수에 모두 적절하게 관여하는 센터백이다 보니 커리어 내내 수비수로서는 득점력도 꽤나 좋은편에 속했다. 올 시즌 리그 생존을 위해서는 이건이 수비의 중심을 잘 잡아줘야 한다.

2022/23시즌

	45 GAMES	3,955 MINUTES	2 GOALS	1 ASSISTS	
9	1 경기당슈팅	39 유효슈팅	추정가치: 6,000,000€	48.1 경기당패스	76.00 패스성공률	1

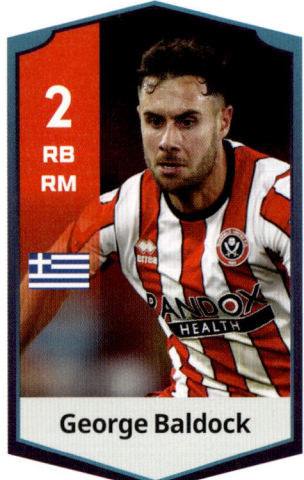

조지 발독

국적 그리스 | **나이** 30 | **신장** 178 | **체중** 69 | **평점** 6.68

잉글랜드 버킹엄 출생이지만 조부가 그리스 국적을 가지고 있어 그리스 국가대표를 선택할 수 있었고, 실제로도 그리스 대표팀을 선택해 활약하고 있는 특이한 이력의 소유자다. 셰필드 합류 이전에는 주로 잉글랜드 하부 리그에서 활약했고 아이슬란드에서도 잠깐 뛴 이력이 있다. 2017년 셰필드 합류 이후 셰필드에서만 7시즌째를 맞이하며 커리어가 만개하고 있다. 상당히 저돌적이고 적극적인 유형이며 적재적소에 크로스를 올려주며 공격가담 능력도 좋다. 셰필드가 과거 PL에 있었을 당시에도 좋은 활약을 펼쳤기 때문에 올 시즌도 발독의 꾸준함이 필요한 셰필드다.

2022/23시즌

	36 GAMES	2,876 MINUTES	1 GOALS	3 ASSISTS	
7	0.4 경기당슈팅	10 유효슈팅	추정가치: 3,500,000€	28.9 경기당패스	74.30 패스성공률	0

PLAYERS

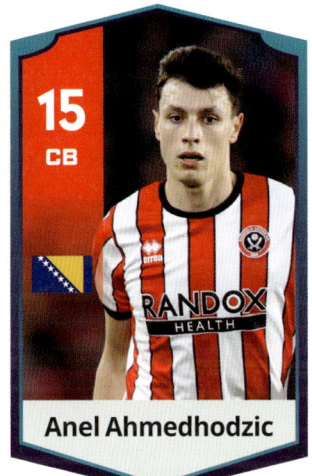

아넬 아흐메도지치

국적 보스니아 | **나이** 24 | **신장** 192 | **체중** 84 | **평점** 7.13

지난 시즌 셰필드유나이티드 최고의 수비수로서 팀을 승격시키는 데 크게 일조했다. 190cm이라는 큰 신체조건을 갖고 있지만 유연성이 상당히 좋고 발밑도 부드럽다. 과감한 전진 수비와 인터셉트에 능하며 공격 상황에는 센터백임에도 불구하고 적극적으로 상대 깊숙한 진영까지 전진하면서 팀 공격에 기여한다. 그러한 특유의 공격적인 스타일 덕분인지 지난 시즌 리그에서만 무려 6골과 2개의 도움을 기록했다. 다만 종종 그러한 공격성 때문에 뒷공간을 많이 노출하는 단점이 있으며, PL 무대에서는 이러한 수비적인 밸런스를 조금 더 보완할 필요가 있다.

2022/23시즌

	34 GAMES	2,860 MINUTES	6 GOALS	2 ASSISTS	
12	1.1 경기당슈팅	20 유효슈팅	추정가치: 20,000,000€	36.4 경기당패스	75.40 패스성공률	0

크리스 바샴

국적 잉글랜드 | **나이** 35 | **신장** 190 | **체중** 84 | **평점** 6.76

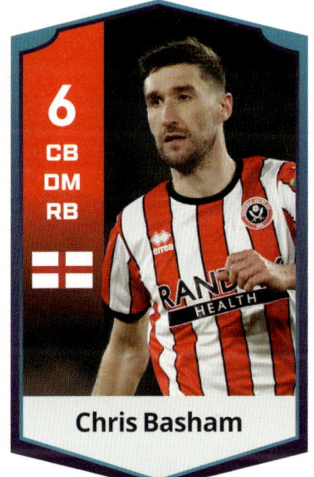

주로 3백의 우측 스토퍼로 활약하지만 필요에 따라 수비형 미드필더와 우측 풀백까지도 맡을 수 있다. 언제나 팀의 핵심으로 활약해왔고 과거 PL에서 돌풍을 일으켰던 시즌에도 전 경기에 출전하며 리그 최고의 센터백 중 한 명이라는 평가를 받았지만 지난 시즌 후반기부터는 주전에서 밀려난 상황이다. 빠른 스피드와 대인방어 능력, 적극성, 전진성이 돋보이는 센터백이지만 비슷한 유형으로 더 큰 존재감을 보이고 있는 아흐메도지치가 합류하면서 주전 자리에서 조금 멀어져 있다. 하지만 올 시즌 셰필드의 생존을 위해서는 바샴의 풍부한 경험이 반드시 필요할 것이다.

2022/23시즌

	29 GAMES	1,736 MINUTES	0 GOALS	2 ASSISTS	
1	0.3 경기당슈팅	7 유효슈팅	추정가치: 300,000€	31 경기당패스	77.60 패스성공률	0

잭 로빈슨

국적 잉글랜드 | **나이** 29 | **신장** 180 | **체중** 68 | **평점** 7.06

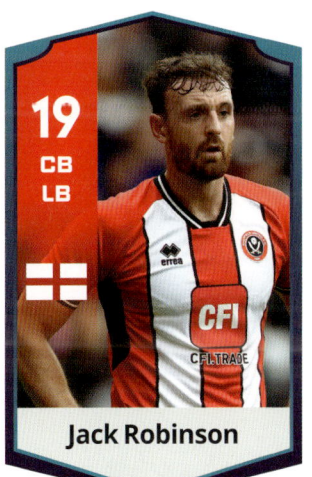

리버풀 유스출신으로 커리어 초반 좌측 풀백으로 시작했다. 이후 셰필드 합류 후에 대부분 3백의 좌측 수비로 활약하고 있으며, 팀의 전술상 우측 스토퍼인 바샴과 아흐메도지치가 공격적으로 전진하고, 좌측 스토퍼인 로빈슨은 전진성을 조금 자제하며 수비 밸런스를 맞추는 편이다. 안정감 있는 발밑과 전개능력을 갖췄고 대인방어와 적절한 판단, 예측을 통해 안정감 있는 수비를 가져간다. 무엇보다 롱스로인이라는 좋은 무기를 장착하고있는 자원인데, PL 역사에 롱스로인을 구사했던 몇몇 선수들은 항상 팀에 훌륭한 기여를 했다. 로빈슨 역시 그러한 모습을 기대한다.

2022/23시즌

	27 GAMES	2,131 MINUTES	3 GOAL	1 ASSISTS	
4	0.6 경기당슈팅	10 유효슈팅	추정가치: 700,000€	40.8 경기당패스	74.60 패스성공률	0

SHEFFIELD UNITED

13 LB/LM
Max Lowe

맥스 로우

국적 잉글랜드 | **나이** 26 | **신장** 175 | **체중** 69 | **평점** 7.02

더비카운티 유스 출신 좌측 풀백으로 제이든 보글과 함께 2020년 팀에 합류했다. 셰필드에서는 좌측 윙백으로 나서고 있으며, 좌측면에서의 부지런한 움직임이 돋보인다. 공수 밸런스가 안정적인 편이고 특히 공격상황에서는 적극적으로 오버래핑, 언더래핑을 효율적으로 시도한다. 측면 공격 작업에 적극적으로 관여하며 반대편에서 전개가 될 때는 종종 박스 안으로 직접 들어가는 움직임까지, 확실히 기본에 충실한 유형의 윙백이라고 볼 수 있다. 부상으로 빠진 기간을 제외하고는 거의 선발로 나온 만큼 좌측에서 주전 한 자리를 차지할 가능성이 높다.

2022/23시즌

🟨	GAMES	MINUTES	GOAL	ASSISTS	🟥
5	26	2,006	1	5	0
	0.4 경기당슈팅	5 유효슈팅	추정가치: 3,000,000€	27.1 경기당패스	69.70 패스성공률

20 RB/RM
Jayden Bogle

제이든 보글

국적 잉글랜드 | **나이** 23 | **신장** 178 | **체중** 69 | **평점** 6.65

더비카운티 유스 출신 우측 풀백으로 맥스 로우와 함께 2020년 팀에 합류했다. 같은 시기 팀에 합류했지만 동료인 맥스 로우보다 훨씬 더 많은 주목을 받았던 재능인데, 실제로 이미 더비카운티 시절 챔피언십리그에서 놀라운 정도의 퍼포먼스를 보여주었다. 수비력도 괜찮고 빠른 발을 지녔으며 공도 잘 다룬다. 그러다 보니 측면 공격뿐아니라 중앙쪽으로 동선을 가져가면서 다른 동료들을 살리는 움직임도 괜찮은 편이고, 적재적소에 좋은 크로스 능력도 보여준다. 과거 챔피언십 리그에서 많은 어시스트 기록을 쌓기도 했다. 생각보다 부상이 잦은 유형이라 올 시즌 부상 관리가 관건이다.

2022/23시즌

🟨	GAMES	MINUTES	GOALS	ASSISTS	🟥
7	20	1,389	2	1	0
	1.1 경기당슈팅	14 유효슈팅	추정가치: 3,800,000€	24.7 경기당패스	66.20 패스성공률

16 DM/CM
Oliver Norwood

올리버 노우드

국적 잉글랜드 | **나이** 32 | **신장** 175 | **체중** 76 | **평점** 7.24

맨체스터유나이티드 유스 출신으로 맨유에서는 자리를 잡지 못하면서 하부 리그 팀 임대, 이적을 오가다 셰필드에 합류하며 기량이 만개했다. 셰필드에 합류한 순간부터는 팀에 없어서는 안 될 존재가 됐으며, 중원에서의 폭넓은 활동량과 탄탄한 수비력이 돋보인다. 더불어 특유의 킥력을 바탕으로 수비 성공 이후 전개하는 롱패스의 정확도나 구질도 상당히 좋다. 공격 시에는 종종 박스 외곽 쪽으로 빠져서 시도하는 크로스의 정확도도 상당하다. 지난 시즌 리그 전 경기 출전, 팀 내 패스 시도 1위, 키패스 1위, 태클 시도 1위. 올 시즌도 셰필드 중원의 사령관은 올리버 노우드다.

2022/23시즌

🟨	GAMES	MINUTES	GOALS	ASSISTS	🟥
7	46	3,527	2	5	0
	1.1 경기당슈팅	6 유효슈팅	추정가치: 2,000,000€	53.7 경기당패스	78.30 패스성공률

PLAYERS

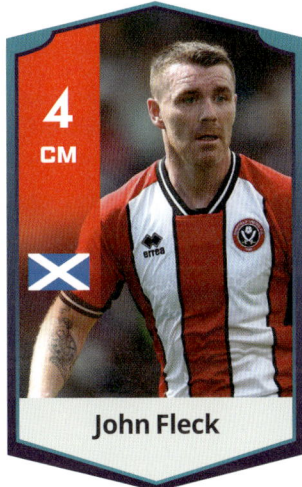

존 플렉

국적 스코틀랜드 | **나이** 31 | **신장** 169 | **체중** 72 | **평점** 6.44

레인저스 유스 출신의 저돌적인 중앙 미드필더. 2016/17시즌 팀에 합류하자마자 수많은 공격 포인트를 기록하며 팀을 챔피언십 리그로 승격시켰다. 이후에도 챔피언십 리그에서 팀의 핵심로 활약하며 프리미어리그까지도 승격시켰고, 팀의 여러 차례 승격과 강등을 모두 함께 경험한 베테랑이다. 지난 시즌은 부상 문제와 젊고 재능 있는 미드필더들이 합류하면서 주전 자리를 내줬다. 체구는 작지만 활동량이 풍부하고 좋은 신체 밸런스, 날카롭고 정교한 왼발 킥을 가진 박스투박스 미드필더이다. 거친 스타일이 다소 흠이지만 올 시즌 적재적소에 플렉의 역할, 쓰임새가 필요한 셰필드이다.

2022/23시즌

	26 GAMES	1,108 MINUTES	1 GOALS	1 ASSISTS	
3	0.3 경기당슈팅	3 유효슈팅	추정가치: 1,000,000€	17.5 경기당패스	80.00 패스성공률	0

아니스 벤 슬리마네

국적 튀니지 | **나이** 22 | **신장** 188 | **체중** 86 | **평점** -

튀니지 국가대표 미드필더. 덴마크 출생이기 때문에 덴마크 청소년 대표로 활약한 경력도 있지만 이후 튀니지 성인 대표팀을 선택하여 2022 카타르 월드컵 튀니지의 주전 미드필더로 활약했다. 덴마크 리그 브뢴비에서 꾸준히 주전으로 활약했으며, 188cm의 큰 신장에 툴이 상당히 좋은 자원이다. 볼 다루는 스킬과 탈압박 능력이 매우 좋으며, 시야가 넓어서 과감한 키패스도 도전적으로 시도한다. 무엇보다 이 선수의 최대 장점은 플레이스타일이 상당히 간결하다는 것인데, 불필요한 터치없이 적재적소에 필요한 움직임과 패스앤무브를 가져가며 팀플레이에 기여한다.

2022/23시즌

	30 GAMES	1,313 MINUTES	3 GOALS	1 ASSISTS	
6	1.5 경기당슈팅	9 유효슈팅	추정가치: 2,500,000€	17.5 경기당패스	71.40 패스성공률	0

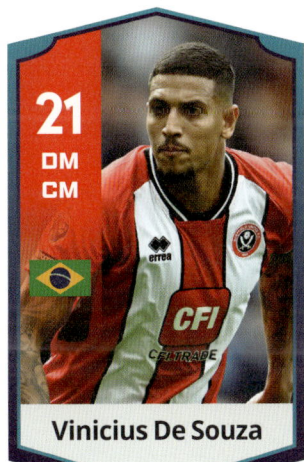

비니시우스 소우자

국적 브라질 | **나이** 24 | **신장** 187 | **체중** 80 | **평점** 6.68

지난 시즌 에스파뇰의 강등을 막아내진 못했지만 적어도 비니시우스 소우자의 활약은 라리가 최고의 수비형 미드필더라고 부르기에 부족이 없었다. 라리가 전체 미드필더 중 태클 시도 1위, 인터셉트 2위, 경합 승률 3위의 수치가 증명하듯 에스파뇰 중원에서의 존재감은 엄청났다. 다부진 활동량과 안정적인 수비력, 성실한 수비 커버, 수비형 미드빌너로서 갖춰야할 능력은 모두 지녔고, 여기에 더해 볼배급이나 패스 능력도 괜찮다. 공격력이나 전진성에서 아쉬움은 좀 있어도 중원에서의 수비력과 안정적인 연결고리 역할은 확실한 선수다.

2022/23시즌

	34 GAMES	2,434 MINUTES	1 GOAL	1 ASSISTS	
8	0.3 경기당슈팅	1 유효슈팅	추정가치: 6,000,000€	26.6 경기당패스	80.10 패스성공률	1

SHEFFIELD UNITED

7 CF WF
Rhian Brewster

라이언 브루스터

| 국적 잉글랜드 | 나이 23 | 신장 180 | 체중 75 | 평점 6.39 |

리버풀 유스에서 자라며 잉글랜드 전역이 기대하던 유망주였으나 부상이 브루스터의 커리어 발목을 잡았다. 스완지시티 임대 시절 챔피언십에서 짧은 기간 동안 엄청난 활약을 펼쳐 보이며 역시 최고의 재능이라는 것을 증명했지만 셰필드 이적 후 부상으로 결장한 경기가 실제로 뛴 경기보다 많을 정도로 이렇다 할 활약을 펼치지 못했다. 부상 전에는 빠른 스피드를 활용한 라인브레이킹과 침투 능력이 돋보였고, 어떤 위치, 자세에서도 슈팅이 가능한 특유의 기술적인 슈팅 능력을 진 기본기가 뛰어난 선수였다. '먹튀'라는 오명을 벗기 위해 올시즌만큼은 스스로 가진 능력을 입증해야 한다.

2022/23시즌

	GAMES	MINUTES	GOAL	ASSISTS	
1	16	567	1	1	0
	1.3 경기당슈팅	15 유효슈팅	추정가치: 4,000,000€	6.3 경기당패스	66.00 패스성공률

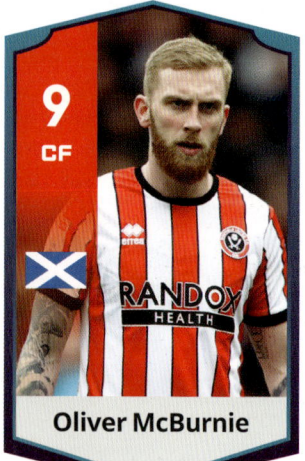

9 CF
Oliver McBurnie

올리버 맥버니

| 국적 스코틀랜드 | 나이 27 | 신장 188 | 체중 77 | 평점 7.05 |

지난 시즌 리그 13골을 터트리며 팀의 주전 스트라이커로서 핵심적인 역할을 했다. 맥버니는 득점 이외에 폭넓은 움직임과 활동량, 상대 수비를 끌어당기는 움직임을 통해 동료를 살려주는 이타적인 플레이에도 강점이 있고, 188cm의 큰 신장을 바탕으로 공중볼 경합과 헤더에도 우월한 능력을 뽐낸다. 볼 다루는 센스도 좋아서 박스 근처 동료와의 연계플레이나 박스 외곽이나 아래로 내려와서 직접 플레이메이킹을 하는 모습도 종종 나타난다. 챔피언십에서는 많은 골을 터뜨렸지만 과거 프리미어리그에서의 득점력은 좋지 못했기에 올시즌 PL 무대에서 경쟁력을 보여줘야 한다.

2022/23시즌

	GAMES	MINUTES	GOAL	ASSISTS	
10	38	2,225	13	2	0
	2.2 경기당슈팅	66 유효슈팅	추정가치: 5,000,000€	17.4 경기당패스	62.80 패스성공률

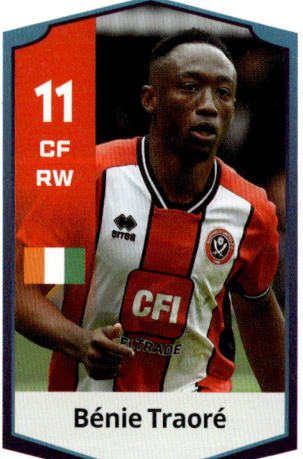

11 CF RW
Bénie Traoré

베니 트라오레

| 국적 코트디부아르 | 나이 20 | 신장 172 | 체중 64 | 평점 – |

코트디부아르 출신의 2002년생 특급 유망주 스트라이커. 스웨덴 리그 헤켄에서 14경기 12골을 터뜨리면서 득점 1위를 달리던 중 셰필드유나이티드에 합류했다. 상당히 저돌적이고 빠른 스피드를 가지고 있으며 골결정력도 뛰어나다. 특히 동료와의 원투패스를 주고 받으며 뒷공간침투 플레이를 즐겨하는데 이러한 베니 트라오레의 플레이스타일은 투톱을 활용하는 셰필드의 시스템에도 잘 맞는 유형이라고 볼 수 있다. 측면으로 빠지면서 동료의 움직임을 활용하는 플레이도 능하기 때문에 PL 템포에 적응만 한다면 좋은 공격자원이 될 수 있을 것이다.

2022/23시즌

	GAMES	MINUTES	GOALS	ASSISTS	
0	14	1,225	12	2	0
	3.09 경기당슈팅	23 유효슈팅	추정가치: 3,500,000€	- 경기당패스	- 패스성공률

전지적 작가 시점

이완우가 주목하는 셰필드의 원픽!
베니 트라오레

핵심 공격수였던 일리만 은디아예가 팀을 떠났기 때문에 셰필드에서 가장 주목해볼 만한 선수를 꼽으라면 새로운 신입생, 코트디부아르 출신의 2002년생 특급 스트라이커 베니 트라오레다. 프로데뷔 2시즌 만에 이미 스웨덴 리그 득점 1위를 달리면서 말 그대로 리그를 정복하다가 셰필드로 넘어온 선수다. 특유의 타고난 저돌성과 스피드, 골결정력은 충분히 프리미어리그 무대에서의 활약을 기대하게 만든다.

특히 본인의 개인능력이나 운동능력에만 의존하는 스타일이 아닌 부지런한 오프더볼 움직임이나 측면으로 빠지는 움직임을 통해서 직접 미끼 역할을 하고 다른 동료를 살려주는 플레이도 이미 능숙하게 할 줄 아는 선수라는 점에서 올리버 맥버니와의 시너지를 충분히 기대해볼 수 있다. PL의 강한 압박강도와 빠른 템포에 얼마나 빠르게 적응하는지 여부가 관건이며, 이를 이겨낼 수 있다면 분명 올시즌 팀에서 중요한 역할을 해냄은 물론 PL 팬들에게도 이름을 널리 알릴 수 있을 것이다.

지금 셰필드에 이 선수가 있다면!
케일러 나바스

올시즌 셰필드의 스쿼드 구성이나 전력을 놓고 봤을 때 여러 포지션에서 다른 경쟁팀들에 비해 약해 보이는 곳이 제법 있는 편이다. 특히 그 중에서도 셰필드 유나이티드의 가장 큰 약점이 될 만한 취약 포지션은 골키퍼쪽이라는 생각이다. 기본적으로 주전으로 예상되는 웨스 포더링엄은 프리미어리그 경험이 단 한 번도 없으며, 과거 셰필드가 PL에 있을 당시 벤치멤버였고 단 한 경기도 출전하지 못했다.

챔피언십과 달리 PL 무대에서는 수비적으로 몰리는 상황이 훨씬 더 많아질 것이기 때문에 상대의 강한 압박과 더불어 많은 슈팅을 허용하게 될 텐데, 커리어 동안 여러 차례 판단적인 부분에서 단점을 보인 포더링엄은 PL 무대에서도 쉬이 문제를 노출할 가능성이 높다. 이런 상황에서 지난시즌 노팅엄 임대를 통해 후반기 엄청난 활약을 선보이며 팀 잔류에 기여했던 케일러 나바스 같은 베테랑 골키퍼가 셰필드에 올 수만 있다면 큰 도움이 될 것이다. 셰필드 입장에서는 나바스의 존재만으로도 엄청난 힘을 얻을 것이고, 수비진들에게 든든한 버팀목이 되어줄 수 있을 것이다. 나바스의 선방능력은 이미 전 세계에 검증된 상태이다.

CARLTON MORRIS

CAULEY WOODROW

ELIJAH ADEBAYO

AMARI'I BELL

ISSA KABORÉ

ALFIE DOUGHTY

ROSS BARKLEY

PELLY RUDDOCK MPANZU

TIM KRUL

TAHITH CHONG

JORDAN CLARK

MARVELOUS NAKAMBA

TEDEN MENGI

JACOB BROWN

MADS ANDERSEN

Luton Town

LUTON TOWN

루턴타운 Luton Town

- 창단 년도 | 1895년
- 최고 성적 | 7위 (1986/87)
- 경기장 | 케닐워스 로드 (Kenilworth Road)
- 경기장 수용 인원 | 10,073명
- 경기장 위치 | 1 Maple Rd E, Luton LU4 8AW
- 지난 시즌 성적 | 챔피언십 3위
- 별칭 | The Hatters (해터스)
- 상징색 | 오랜지
- 레전드 | 고든 터너, 존 무어, 리키 힐, 브라이언 스타인, 말 도나히, 폴 월시, 믹 하포드, 데이비드 프리스 등

히스토리

루턴타운은 잉글랜드 베드포드셔 루턴을 연고지로 하는 클럽으로 1885년 4월에 창단되어 138년의 역사를 보유하고 있다. 루턴타운의 역사는 강등과 승격의 반복이라고 할 정도로 1부 리그에서 5부 리그까지 오갔다. 1980년대부터 1990년대 초반까지 1부 리그에서 활약했지만 1991/92시즌 1부 리그에서 강등된 이후 연이어 추락하면서 세미프로 리그까지 강등되는 아픔을 겪기도 했다. 2010년대 들어 5부 리그에서 차근차근 승격하더니 2019년 챔피언십 승격에 성공했고, 2022/23시즌 챔피언십에서 3위를 기록하며 치른 승격 플레이오프에서 선덜랜드와 코벤트리시티를 차례로 격파하면서 31년 만에 잉글랜드 1부 리그로 복귀했다. 루턴타운이 1992년 프리미어리그 출범 후 처음으로 프리미어리그에 등장하게 된 것이다. 참고로 루턴타운 북쪽으로 19마일 떨어진 곳에 왓포드가 위치해 라이벌 관계를 형성하고 있다. 두 팀의 매치는 도시를 이어주는 도로의 명칭을 따 'M1 더비'라고 불린다.

최근 5시즌 리그 순위 변동

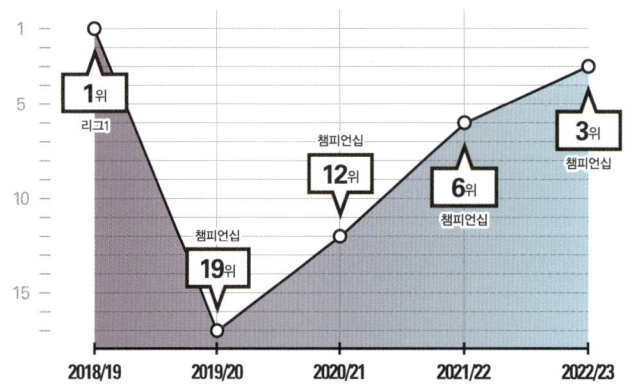

클럽레코드 IN & OUT

최고 이적료 영입 IN
라이언 자일스
585만 유로
(2023년 7월, from 울버햄튼)

최고 이적료 판매 OUT
제임스 저스틴
670만 유로
(2019년 7월, to 레스터시티)

CLUB & MANAGER

롭 에드워즈 Rob Edwards

1982년 12월 25일 | 40세 | 웨일스

루턴타운과 함께 프리미어리그에 도전하다

1982년생의 젊은 감독으로 루턴타운을 31년 만에 잉글랜드 1부 리그에 승격시킨 주인공. 선수 시절, 아스톤빌라, 울버햄튼, 블랙풀, 반슬리, 웨일스 대표팀 등에서 센터백으로 활약해 무엇보다 수비의 안정감을 중시하는 스타일로 알려졌다. 그는 스리백을 바탕으로 단단한 수비라인을 구축하고 빠른 역습을 통해 득점을 추구한다. 2021/22시즌 리그2에서 포레스트 그린 로버스를 이끌고 1위를 기록하며 승격시키더니 2022년 11월 루턴타운의 지휘봉을 잡자마자 승격에 성공하며 지도력을 입증했다. 다만 프리미어리그 경험이 없고 전술이 단조로워 루턴타운을 잔류시킬 수 있을지 미지수다.

감독 인터뷰

"우리의 목표는 프리미어리그 잔류다. 두려움은 없다. 우리가 해야 할 한 가지는 우리가 최고의 버전인지 확인하고 가능한 수준까지 준비하는 것이다. 우리 스스로를 믿고 집중해야 한다."

감독 프로필

통산	선호 포메이션	승률
146 경기 61 승 42 무 43 패	3-4-1-2	41.78%

시즌 키워드

#프리미어리그도전 | #승격전도사 | #잔류

우승 이력

- EFL 리그2 (2021/22)

LUTON TOWN

IN

- 라이언 자일스 (울버햄튼)
- 타이트 총 (버밍엄)
- 매즈 안데르센 (번슬리)
- 마블러스 나캄바 (아스톤빌라)
- 치에도지에 오그베네 (로더햄)
- 이사 카보레 (맨체스터시티)
- 토마스 카민스키 (블랙번)
- 로스 바클리 (니스)
- 제이콥 브라운 (스토크시티)
- 팀 크룰 (노리치시티)
- 테덴 멘기 (맨체스터유나이티드)

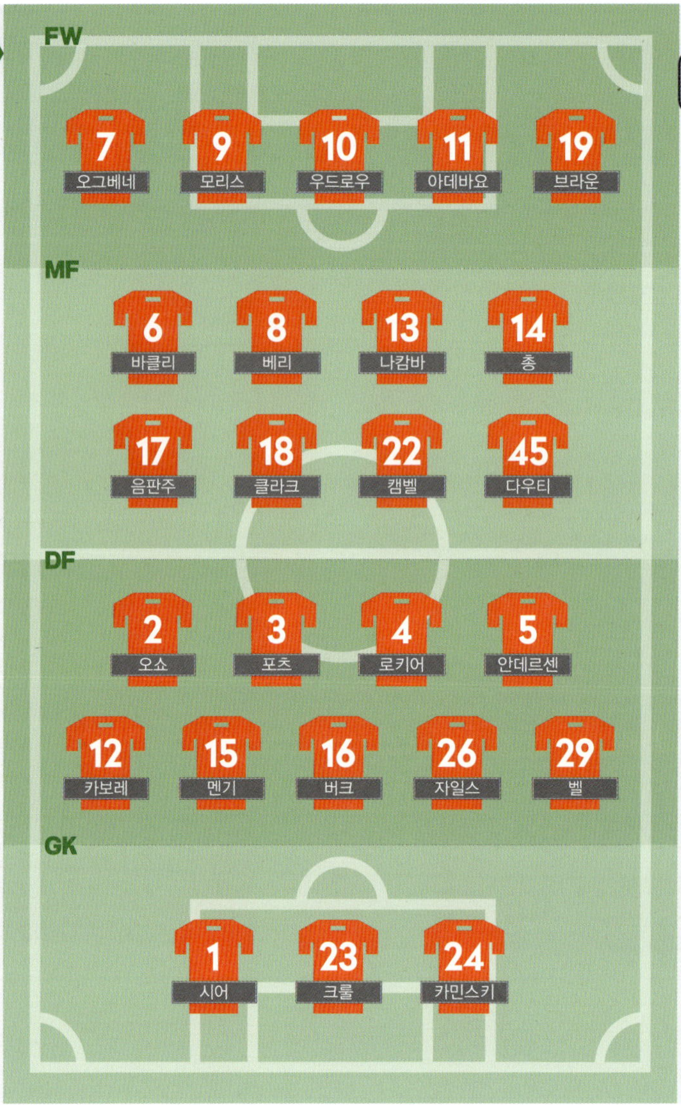

OUT

- 소니 브래들리 (더비카운티)
- 해리 이스테드 (찰턴)
- 카를로스 멘데스 (볼턴)
- 프레드 오녜디마 (로더햄, 임대)
- 잭 월턴 (던디, 임대)
- 엘리엇 소프 (슈르즈버리, 임대)
- 조 테일러 (콜체스터, 임대)
- 핸리 랜스버리 (계약종료)
- 앨런 캠벨 (밀월)
- 아드미랄 무스케 (엑스터시티)
- 루이 왓슨 (찰턴)

FW: 7 오그베네, 9 모리스, 10 우드로우, 11 아데바요, 19 브라운

MF: 6 바클리, 8 베리, 13 나캄바, 14 총 / 17 음판주, 18 클라크, 22 캠벨, 45 다우티

DF: 2 오쇼, 3 포츠, 4 로키어, 5 안데르센 / 12 카보레, 15 멘기, 16 버크, 26 자일스, 29 벨

GK: 1 시어, 23 크룰, 24 카민스키

히든풋볼의 이적시장 평가

루턴타운은 2023년 여름 전력 보강을 위해 분주히 움직였다. 카민스키, 바클리, 브라운, 자일스, 총, 안데르센, 나캄바, 오그베네 등을 영입해 전력 상승을 꾀했고 두터운 스쿼드를 만들었다. 제이콥 브라운의 영입으로 지난 시즌 리그에서 20골을 넣은 칼튼 모리스를 서포트할 공격수를 구했지만 득점포 가동으로 이어질지 의문이다. 영입한 선수들이 PL에서 경쟁력을 보여주지 못하면 루턴의 잔류 가능성은 희박할 것이다.

SQUAD & BEST11

2022/23시즌 스탯 Top 3

득점 Top 3
- 칼튼 모리스 — 20골
- 엘리자 아데바요 — 7골
- 알란 캠벨 — 3골

도움 Top 3
- 칼튼 모리스 — 6도움
- 알피 도우티 — 5도움
- 조던 클라크 — 4도움

출전시간 Top 3
- 이선 호바스 — 3,960분
- 아마리 벨 — 3,866분
- 톰 로키어 — 3,446분

BEST 11

- 9 모리스
- 7 오그베네
- 19 브라운
- 45 도허티
- 13 나캄바
- 17 음판주
- 12 카보레
- 29 벨
- 4 로키어
- 16 버크
- 24 카민스키

히든풋볼의 순위 예측

20위 · 이주헌
챔피언십에서 감격적인 승격을 이뤄냈지만 1부에서 잔류까지 성공할 것으로 생각하는 이는 많지 않다.

20위 · 박종윤
PL 최악의 성적이었던 더비 카운티의 최저 승점을 바꿀지도 모르는 루턴타운은 미안하지만 다시 자리로 돌아가줘.

20위 · 박찬우
어렵게 프리미어리그에 합류했지만, 가혹한 경쟁이 기다리고 있다.

19위 · 송영주
31년 만에 1부 리그 승격 하지만 올라오긴 어려워도 내려가긴 쉽다. 아름다운 동화의 끝은 비극일지 모른다.

20위 · 김용남
극적으로 PL 입성. 하지만 기쁨은 잠시. 수비의 안정감이 현저히 떨어진다.

20위 · 이완우
감독도 선수도 PL 경험이 거의 전무하다. 재정 한계도 명확해 PL 경쟁이 얼마나 어려운지 체감할 것이다.

31년 만의 PL 도전, 잔류 가능할까

루턴타운은 2022/23시즌 챔피언십에서 번리와 셰필드유나이티드에 이어 3위를 기록했다. 이에 따라 승격 플레이오프에 진출에 성공했다. 그리고 준결승전에서 선덜랜드를 1, 2차전 합계 3-2로, 결승전에서 코벤트리시티와 1-1 무승부 끝에 승부차기에서 6-5로 승리하며 승격을 확정했다. 루턴타운의 승격은 마치 동화와 같았다. 1991/92시즌 잉글랜드 1부 리그 20위로 강등을 당한 후, 무려 31년 만에 프리미어리그 승격에 성공했다는 사실부터 놀랍지만 최근 9년 동안 세미프로인 5부 리그에서 차근차근 승격해 프리미어리그에 등장한 것도 가히 충격적이다. 5부 리그에서 1부 리그까지 9년 만에 도달한 것은 윔블던FC(1977년~1986년) 이후 처음이니 충격이 아닐 수 없다.

루턴타운 승격의 원동력은 역시 롭 에드워즈 감독에게서 찾아야 한다. 루턴타운은 2022년 11월 네이선 존스 감독이 사우샘프턴으로 떠나자 에드워즈를 감독으로 임명했다. 에드워즈 감독은 시즌 중반에 부임했음에도 전체적인 조직력과 압박, 스리백 기반의 단단한 수비, 해결사 칼튼 모리스의 득점력 등을 앞세워 효율적인 경기 운영을 보여줬다. 시즌 막판 리그 13경기 연속 무패(8승 5무)를 기록했을 정도. 특히, 루턴타운의 수비는 말 그대로 끈끈함을 과시했다. 루턴타운이 지난 시즌 챔피언십 46경기에서 57골밖에 넣지 못했음에도 3위를 차지할 수 있었던 것은 수비의 힘이 대단했기 때문이다.

하지만 프리미어리그는 챔피언십과 다르다. 루턴타운의 최대 장점인 수비력이 오히려 프리미어리그에선 발목을 잡을 수도 있다. 다시 말해 챔피언십에서 통했던 수비가 프리미어리그에서도 통할 가능성은 희박하다. 이것은 공격에도 적용된다. 간판 스트라이커 칼튼 모리스는 지난 시즌 리그 20골을 넣으며 팀 득점의 36%를 책임졌다. 그만큼 칼튼 모리스에 득점 의존도가 높았던 것이 사실이다. 그러나 칼튼 모리스가 프리미어리그에서도 비슷한 수준의 득점포를 가동할 것이라고 장담하기 어렵다. 설상가상 루턴타운의 이적 행보도 아쉬움이 남는다. 물론, 선수 영입에 적극적이었던 것은 부인할 수 없지만 로스 바클리를 제외하면 주로 하부 리그에서 활약했던 선수들 위주로 영입을 단행했다는 점이 껄끄럽다. 하물며 롭 에드워즈 감독조차 프리미어리그 경험이 없지 않은가? 루턴타운이 아름다운 동화를 쓰며 31년 만에 프리미어리그에 등장한 사실은 놀라울 따름이지만, 강등의 위험에서 자유롭지 못하다는 사실도 부인하긴 어렵다.

LUTON TOWN

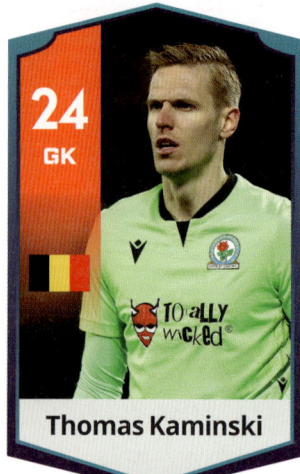

24 GK
Thomas Kaminski

토마스 카민스키

국적 벨기에 | **나이** 30 | **신장** 190 | **체중** 82 | **평점** 6.66

벨기에 출신의 베테랑 골키퍼. 2023년 여름 250만 파운드의 이적료에 블랙번에서 영입됐다. 루턴타운은 2022/23시즌 노팅엄 포레스트에서 임대 영입해 주전 골키퍼로 활용했던 이선 호바스가 복귀함에 따라 골키퍼 영입이 절실했고, 결국 카민스키를 선택한 것이다. 베어쇼트, 뢰번, 안더레흐트, 코르트레이크, 헨트 등 벨기에 클럽에서 활약했고, 블랙번에서 3시즌 동안 주전으로 뛸 정도로 경험이 풍부하다. 190cm의 장신을 이용한 공중볼 장악에 능하고, 순간 판단력이 뛰어나 좋은 위치를 선점한다. 다만 발 기술이 뛰어난 편이 아니고 종종 실점의 빌미가 되는 큰 실수를 범한다.

2022/23시즌

3	28 GAMES	2,520 MINUTES	35 실점	71.20 선방률	0
	83 세이브	10 클린시트	추정가치: 2,200,000€	31.8 경기당패스	72.70 패스성공률	

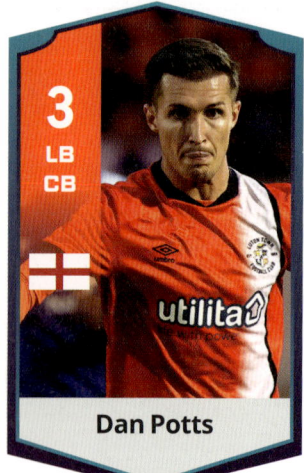

3 LB CB
Dan Potts

댄 포츠

국적 잉글랜드 | **나이** 29 | **신장** 173 | **체중** 69 | **평점** 6.84

루턴타운의 레프트백이자 센터백. 과거 웨스트햄의 주장이었던 스티브 포츠의 아들로 9세의 나이에 웨스트햄에 입단하면서 성장했다. 2010년 12월 웨스트햄에서 데뷔했지만 이렇다 할 활약을 하지 못했고 2015년 FA로 루턴타운에 이적했다. 루턴타운이 리그2에서 리그1, 챔피언십, 프리미어리그로 차례로 승격하는 동안 꾸준히 출전하며 팀에 기여했다. 그 결과 2023년 6월, 1년 계약 연장에 성공했다. 기동력과 스피드가 뛰어나고 완발을 활용한 크로스가 정확한 편이다. 하지만 수비에서 종종 실수를 범해 확실한 주전으로 활약한 시즌은 많지 않다. 참고로 12세에 백혈병 진단을 받았지만 16세에 완쾌했다.

2022/23시즌

3	26 GAMES	2,020 MINUTES	1 GOALS	0 ASSISTS	0
	0.72 경기당슈팅	7 유효슈팅	추정가치: 1,000,000€	28.8 경기당패스	68.30 패스성공률	

4 CB
Tom Lockyer

톰 로키어

국적 웨일스 | **나이** 28 | **신장** 184 | **체중** 72 | **평점** 7.13

웨일스 국가대표 센터백으로 루턴타운 수비의 중심이다. 브리스톨 로버스와 찰튼을 거쳐 2020년 루턴타운으로 이적했다. 이적 후 첫 시즌 고전했지만 주전으로 도약하면서 루턴타운의 수비에서 없어서는 안 되는 존재로 성장했다. 수비 리딩과 대인마크, 공중볼, 위치 선정, 공간 커버 등에 뛰어난 능력을 발휘하면서 루턴타운 수비를 진두지휘한다. 코벤트리시티와의 2023년 챔피언십 플레이오프 결승전에서 11분 만에 외부 충격 없이 홀로 쓰러지며 교체 아웃되어 병원으로 옮겨졌고, 병상에서 우승을 축하한 것이 이슈가 되기도 했다. 이후 심장 수술을 받았지만 선수 생활에 지장이 없는 것으로 알려졌다.

2022/23시즌

6	42 GAMES	3,638 MINUTES	4 GOALS	1 ASSISTS	1
	0.73 경기당슈팅	8 유효슈팅	추정가치: 3,000,000€	39.5 경기당패스	68.10 패스성공률	

PLAYERS

16 CB/RB Reece Burke

리스 버크

국적 잉글랜드 | **나이** 26 | **신장** 188 | **체중** 81 | **평점** 6.71

루턴타운의 센터백이자 라이트백. 웨스트햄 유스 출신으로 헐시티를 거쳐 2021년 6월 FA의 신분으로 루턴타운으로 이적했다. 이후 2시즌 연속으로 20경기 이상을 소화하며 1.5군으로 제 역할을 소화했다. 대인 마크 능력과 스피드, 기동력, 위치 선정, 태클 등에서 뛰어난 모습을 보여주지만 실수가 잦은 편이다. 어린 시절, 워낙 잠재력이 뛰어나 2014/15시즌에는 '웨스트햄 올해의 영플레이어'로 선정되었지만 기대만큼 성장하진 못했다. 하지만 2015/16시즌 브래드포드로 임대되어 활약하면서 두각을 나타내기 시작했고, 이후 가는 곳마다 중용되는 모습을 보여줬다.

2022/23시즌

3	22 GAMES	1,417 MINUTES	2 GOALS	0 ASSISTS	0
	0.14 경기당슈팅	2 유효슈팅	추정가치: 1,800,000€	28.8 경기당패스	67.00 패스성공률	

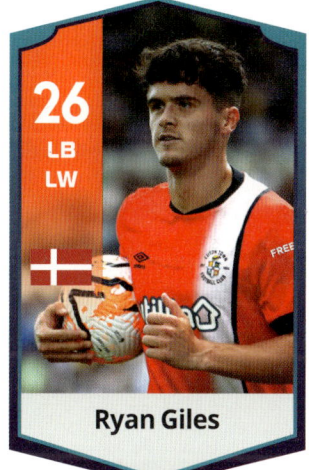

26 LB/LW Ryan Giles

라이언 자일스

국적 덴마크 | **나이** 23 | **신장** 183 | **체중** 72 | **평점** 6.81

루턴타운이 2023년 여름 클럽 레코드인 500만 파운드의 이적료에 울버햄튼에서 영입한 레프트백이자 윙어. 라이언 자일스는 울버햄튼 유스 출신이지만 주로 임대로 활약하며 경험을 쌓았다. 무려 7개의 클럽에서 임대로 활약했을 정도. 스피드와 드리블, 기동력, 크로스 등에서 장점을 보여주고 종종 박스 안으로 침투하며 슈팅을 시도하곤 한다. 하지만 공격력에 비해 수비력에 문제를 노출해 안정감이 부족하는 평을 듣고 있다. 주로 하부리그 클럽에서 경험을 쌓아서 프리미어리그에서 어느 정도의 활약을 할지 미지수. 루턴타운의 기대에 부응하지 못한다면 댄 포츠와의 주전 경쟁에서 밀릴 수도 있다.

2022/23시즌

3	47 GAMES	4,020 MINUTES	0 GOALS	11 ASSISTS	0
	0.38 경기당슈팅	4 유효슈팅	추정가치: 9,000,000€	38.8 경기당패스	78.40 패스성공률	

5 CB Mads Andersen

매즈 안데르센

국적 덴마크 | **나이** 25 | **신장** 194 | **체중** 81 | **평점** 6.84

덴마크 출신의 장신 센터백. 덴마크의 명문 브뢴비 유스 출신으로 호르센스와 반슬리를 거쳐 2023년 7월 루턴타운으로 이적했다. 특히, 반슬리에서 4시즌 동안 주전으로 활약하며 자신의 진가를 입증했다. 194cm의 큰 신장을 이용한 공중볼 장악과 대인 마크 능력을 바탕으로 안정된 수비를 보여준다. 또한, 공간에 대한 이해력 등이 뛰어난 중앙 수비수로 좌우 가리지 않고 뛸 수 있으며 동료 수비수들의 실수를 잘 커버한다. 다만, 스피드가 뛰어난 공격수와의 경쟁에서 문제를 노출하곤 한다. 루턴타운은 톰 로키어와 함께 매즈 안데르센을 수비의 중심으로 활용할 계획이다.

2022/23시즌

10	44 GAMES	3,880 MINUTES	1 GOALS	1 ASSISTS	1
	0.44 경기당슈팅	2 유효슈팅	추정가치: 2,000,000€	20.1 경기당패스	67.40 패스성공률	

LUTON TOWN

이사 카보레

12 RB
Issa kaboré

국적 부르키나파소 | **나이** 22 | **신장** 180 | **체중** 70 | **평점** 6.57

부르키나파소 국가대표 라이트백. 2020년 7월 메헬렌에서 맨체스터시티로 이적한 후 주로 임대되어 활약했더니 2023년 7월 루턴타운으로 임대되었다. 맨체스터시티에서 단 1경기도 뛰지 못했지만 메헬렌, 트루아, 마르세유 등으로 임대되서 주전으로 활약했을 정도로 능력을 인정받고 있다. 스피드와 드리블이 뛰어나 직선적인 돌파로 날카로운 측면 공격을 보여준다. 오른발 크로스도 수준급. 하지만 피지컬이 다소 약해 몸싸움에 약점을 노출하고 수비할 때 무리한 태클로 카드를 받곤 한다. 부르키나파소 태생으로 2019년 6월, 18세의 나이에 A매치에 데뷔한 이후, 꾸준히 부르키나파소 대표팀에 차출되고 있다.

2022/23시즌

	GAMES	MINUTES	GOAL	ASSISTS	
1	22	1,022	1	0	0
	0.7 경기당슈팅	3 유효슈팅	추정가치: 7,000,000€	19.2 경기당패스	81.60 패스성공률

펠리 러독 음판주

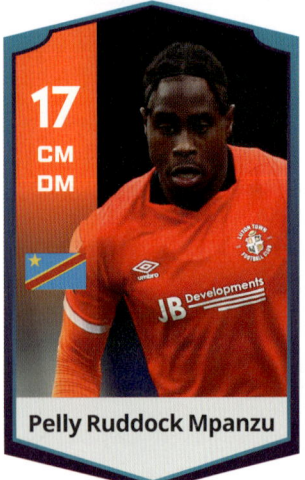

17 CM DM
Pelly Ruddock Mpanzu

국적 콩고민주공화국 | **나이** 30 | **신장** 175 | **체중** 63 | **평점** 6.62

콩고민주공화국 대표팀 출신의 중앙 미드필더이자 수비형 미드필더. 2013년 11월 루턴타운으로 임대된 후 완전 이적하면서 루턴타운의 중심으로 활약하고 있다. 루턴타운이 컨퍼런스 프리미어(5부 리그)에서 프리미어리그까지 승격하는 동안 함께 한 유일한 선수로 역사상 최초로 5부에서 1부까지 한 클럽에서 승격한 선수가 되었다. 주로 박스 투 박스 미드필더의 모습으로 왕성한 활동량과 강한 압박, 빠른 침투 등을 통해 에너지 넘치는 플레이를 펼친다. 종종 센터백으로 뛸 정도로 수비력을 보유하고 있다. 사촌 동생인 피커 키오소도 한때 루턴타운에서 선수로 함께 뛴 적이 있다.

2022/23시즌

	GAMES	MINUTES	GOAL	ASSISTS	
6	33	2,394	3	1	0
	0.85 경기당슈팅	4 유효슈팅	추정가치: 4,000,000€	26.8 경기당패스	76.70 패스성공률

로스 바클리

6 CM LM RM
Ross Barkley

국적 잉글랜드 | **나이** 29 | **신장** 189 | **체중** 83 | **평점** 6.54

잉글랜드 국가대표 출신의 베테랑 미드필더. 단단한 피지컬과 왕성한 활동량을 바탕으로 필드 이곳저곳을 누비면서 공격의 윤활유 역할을 하고, 전진 드리블과 침투 능력을 바탕으로 공격을 주도한다. 공격형 미드필더로 데뷔했지만 중앙 미드필더로 더 능력을 발휘한다. 다만 패스를 통해 경기를 조율하는 스타일이 아니라서 종종 전술적 수행 능력이 떨어진다는 평을 듣는다. 또한 경기마다 기복이 심한 편이다. 에버튼 유스 출신으로 첼시와 니스를 거쳐 2023년 8월 루턴타운으로 이적했다.

2022/23시즌

	GAMES	MINUTES	GOALS	ASSISTS	
1	27	923	4	2	0
	3.56 경기당슈팅	17 유효슈팅	추정가치: 6,000,000€	16.5 경기당패스	83.60 패스성공률

PLAYERS

마블러스 나캄바
국적 짐바브웨 | **나이** 29 | **신장** 177 | **체중** 71 | **평점** 6.93

수비력이 뛰어난 미드필더로 풍부한 활동량과 넓은 활동 범위, 정확한 태클, 영양가 높은 인터셉트 능력을 과시한다. 신장이 큰 편은 아니지만 밸런스가 뛰어나 강한 압박과 뛰어난 몸싸움 능력을 보여준다. 하지만 공격 전개 능력이 현저히 떨어져 빌드업 관여도가 높지 않고 슈팅이나 패스가 정확한 편이 아니라서 공격 포인트도 부족하다. 2023년 1월 아스톤빌라에서 루턴타운으로 임대 영입된 후 7월 완전이적하며 3년 계약을 맺었다. 짐바브웨 출신으로 2015년 A매치에 데뷔한 후 짐바브웨 대표팀의 중심으로 활약 중이다.

2022/23시즌

	20 GAMES	1,726 MINUTES	0 GOALS	0 ASSISTS	
3	0 경기당슈팅	0 유효슈팅	추정가치: 4,000,000€	33.5 경기당패스	80.00 패스성공률	0

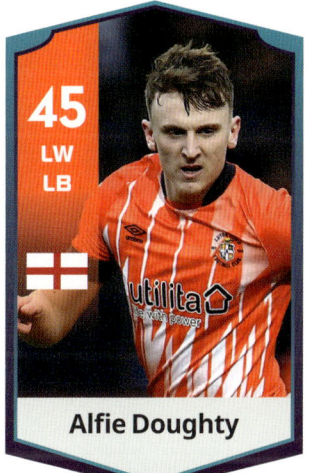

알피 다우티
국적 잉글랜드 | **나이** 23 | **신장** 183 | **체중** 69 | **평점** 7.14

루턴타운이 프리미어리그에 승격하는 데 혁혁한 공을 세운 왼쪽 풀백이자 윙어. 찰튼 유스 출신으로 스토크 시티를 거쳐 2022년 6월 루턴타운으로 이적했다. 잦은 부상으로 고생하면서 제 실력을 발휘하지 못했지만 루턴타운으로 이적하면서 건강한 모습으로 공식 35경기나 소화하며 팀에 에너지를 부여했다. 왼쪽 측면에서 수준급의 스피드와 드리블, 왼발을 이용한 정확한 크로스 등으로 공격에 기여하면서도 위치 선정과 긴 다리를 이용한 태클 등으로 수비에서도 제 실력을 발휘했다. 다만 선수 경력을 전체적으로 볼 때, 23세의 젊은 나이임에도 부상을 너무 자주 당한다.

2022/23시즌

	31 GAMES	2,438 MINUTES	2 GOALS	5 ASSISTS	
11	1.16 경기당슈팅	10 유효슈팅	추정가치: 2,200,000€	21.6 경기당패스	69.60 패스성공률	0

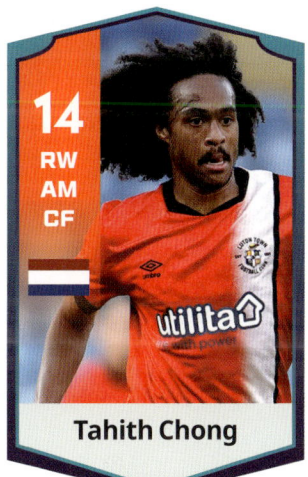

타이티 총
국적 네덜란드 | **나이** 23 | **신장** 185 | **체중** 77 | **평점** 6.75

루턴타운의 새로운 에이스. 맨체스터유나이티드 유스 출신으로 버밍엄을 거쳐 2023년 7월 루턴타운으로 이적했다. 맨유 시절부터 높은 잠재력으로 기대주란 평을 들었지만 버밍엄으로 이적해서야 자신의 능력을 발휘하기 시작했다. 지난 시즌 공식 41경기에서 4골을 넣었을 정도로 준수한 활약을 보였다. 주로 오른쪽 윙어로 활약하지만 공격형 미드필더, 스트라이커 등 공격의 모든 포지션을 소화할 수 있다. 왼발을 이용한 크로스와 슈팅, 빠른 스피드와 돌파 능력 등을 통해 공격에 활기를 불어넣는다. 그러나 큰 키에 비해 공중볼과 몸싸움에 약하고, 종종 판단력에서 문제를 노출하며 실수를 범한다.

2022/23시즌

	38 GAMES	2,858 MINUTES	4 GOALS	5 ASSISTS	
4	0.6 경기당슈팅	19 유효슈팅	추정가치: 3,200,000€	17.8 경기당패스	75.30 패스성공률	0

LUTON TOWN

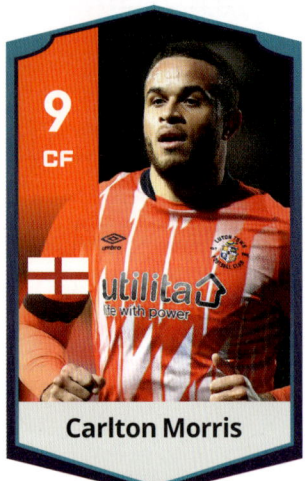

9 CF
Carlton Morris

칼튼 모리스

국적 잉글랜드 | **나이** 27 | **신장** 188 | **체중** 86 | **평점** 7.21

루턴타운의 해결사. 최전방 스트라이커로 반박자 빠른 슈팅과 위치 선정, 공간 침투 등에서 뛰어난 능력을 발휘하며 연계 플레이도 능해 도움을 기록하곤 한다. 노리치 유스 출신으로 반즐리를 거쳐 2022년 7월 루턴타운으로 이적했다. 2022/23시즌 루턴타운에서 데뷔시즌임에도 최전방에서 20골을 넣으며 팀 내 최다골을 기록했다. 노리치에서 기회를 잡지 못해 여러 클럽에서 임대되어 뛰었고, 반즐리에서도 2시즌을 소화했지만 한 시즌에 20골을 넣은 것은 2022-23시즌이 처음. 이전까지 한 시즌에 10골 이상을 넣은 적조차 없다. 따라서 프리미어리그에서 얼마나 골을 넣을지 궁금증을 자아내고 있다.

2022/23시즌

11	47 GAMES	3,693 MINUTES	20 GOAL	7 ASSISTS	0
	3.05 경기당슈팅	38 유효슈팅	추정가치: 6,000,000€	21.3 경기당패스	63.90 패스성공률

10 CF
Cauley Woodrow

컬리 우드로우

국적 잉글랜드 | **나이** 28 | **신장** 184 | **체중** 72 | **평점** 6.35

최전방 스트라이커로 연계 플레이와 오프더볼에서의 움직임, 위치 선정, 헤더에서 능력을 발휘하지만 마지막 슈팅과 패스에서 정확도가 부족해 결정력에서 기복이 심한 편이다. 루턴타운 유스 출신으로 풀럼, 반즐리를 거쳐 2022년 6월 11년 만에 루턴타운으로 복귀했다. 반즐리에서 5시즌 동안 155경기 53골을 넣으면서 득점력을 과시해 기대를 모았지만 2022/23시즌 루턴타운에서 공식 31경기에 출전했음에도 3골 1도움에 그치며 아쉬움을 남겼다. 2013/14시즌 풀럼 소속으로 프리미어리그에서 1경기를 뛴 경험이 있지만, 10년 만에 돌아온 프리미어리그에서 얼마나 활약할 수 있을지 미지수다.

2022/23시즌

3	27 GAMES	741 MINUTES	2 GOAL	1 ASSISTS	0
	3.69 경기당슈팅	13 유효슈팅	추정가치: 1,200,000€	11.3 경기당패스	72.20 패스성공률

11 CF
Elijah Adebayo

일라이저 아데바요

국적 잉글랜드 | **나이** 25 | **신장** 190 | **체중** 88 | **평점** 6.72

190cm의 장신 스트라이커로 문전에서 고공 장악력과 포스트 플레이, 원터치 슈팅 등으로 위력을 발휘한다. 종종 큰 신장과 몸싸움 능력 때문에 센터백으로 뛰기도 했다. 하지만 스피드가 느리고 테크닉이 부족하며 결정력 또한 탁월하다고 말하긴 어렵다. 풀럼 유스 출신으로 월솔을 거쳐 2021년 2월 루턴타운으로 이적했다. 2021/22시즌 리그에서 16골을 넣으며 해결사로 부상했지만 지난 시즌 리그에서 7골에 그쳐 기대만큼의 득점력을 보여주진 못했다. 하지만 간판 스트라이커 칼튼 모리스와의 호흡이 좋고 워낙 공중볼에 강해 2023/24시즌에도 적지 않은 경기에 선발 출전할 것으로 예상된다.

2022/23시즌

9	45 GAMES	3,523 MINUTES	7 GOALS	3 ASSISTS	0
	2.29 경기당슈팅	25 유효슈팅	추정가치: 6,000,000€	14.3 경기당패스	63.80 패스성공률

전지적 작가 시점

송영주가 주목하는 루턴타운의 원픽!
칼튼 모리스

루턴타운이 지난 시즌 3-4-1-2 포메이션 하에서 선 수비 후 역습 전술을 구사하면서도 승리를 쟁취할 수 있었던 이유는 확실한 해결사인 칼튼 모리스가 있었기 때문이다. 칼튼 모리스는 지난 시즌 리그 44경기에 출전해 20골 6도움을 기록하며 루턴타운의 공격을 주도했다. 리그 마지막 5경기에서 연속으로 공격 포인트를 생산하며 4골 2도움을 기록했을 정도. 비록 플레이오프 3경기에서 침묵을 지켰지만 '루턴타운의 공격 = 칼튼 모리스'라고 해도 과언이 아닐 정도로 파괴력을 발휘했다.

루턴타운은 이번 시즌에도 칼튼 모리스의 골을 기대하고 있다. 그렇다면 칼튼 모리스는 팬들의 기대에 부응할 수 있을까? 가능성은 희박하다. 무엇보다 칼튼 모리스는 프리미어리그 경험이 전무하다. 그리고 한 시즌에 두 자릿수 골을 넣은 것은 지난 시즌이 유일하다. 그럼에도 루턴타운의 공격진을 고려할 때, 칼튼 모리스의 득점력에 기대할 수밖에 없다. 모리스가 지난 시즌처럼 해결사 역할을 해야만 루턴타운이 잔류 가능성을 높일 수 있기 때문이다.

지금 루턴타운에 이 선수가 있다면!
일란 멜리에

루턴타운은 지난 시즌 챔피언십 44경기에서 39골만을 허용하면서 단단한 수비력을 보여줬다. 이는 롭 에드워즈 감독의 수비 전술과 끈끈한 스리백이 힘을 발휘했기 때문이지만 이선 호바스 골키퍼의 활약도 간과할 수 없다. 호바스는 2022년 여름 노팅엄포레스트에서 루턴타운으로 임대되어 리그 44경기에 출전해 47골만을 허용했다. 무실점 경기도 무려 19경기나 된다. 하지만 호바스 골키퍼가 임대 복귀하면서 루턴타운은 블랙번에서 뛰어난 활약을 펼쳤던 토마스 카민스키와 팀 크룰 골키퍼를 영입했다. 그럼에도 여전히 불안감은 존재한다.

이런 측면에서 지난 시즌 프리미어리그 19위로 강등된 리즈유나이티드의 일란 멜리에는 루턴타운에게 매력적 골키퍼다. 비록 지난 시즌 리그 34경기에서 67골이나 허용했지만 멜리에는 프리미어리그 경험과 뛰어난 반사신경, 넓은 커버 범위, 적확한 판단력 등을 보유하고 있다. 루턴타운 입장에선 2022/23시즌 프리미어리그에서 수비적인 전술을 구사할 가능성이 크므로 멜리에처럼 믿을 만한 골키퍼가 필요했다. 지금 상황에선 카민스키가 기대 이상의 활약을 펼치길 바랄 수밖에 없다.

MY FAVORITE PL STADIUM

맨체스터유나이티드 - 올드트래포드

이주헌

해설자로 데뷔해서 현장에서 처음으로 생중계를 한 곳이 바로 이 구장이다. 박지성과 루니, 호날두가 함께 경기를 뛰는 모습을 중계했다. 심장이 터져버릴 것 같은 긴장감이 있어 정신없이 데뷔전 중계를 마쳤던 기억이다. 지금 와서 생각해보면 내 생에 두 번 다시 없을 PL 현장 생중계였다. 이후에도 올드트래포드를 가끔 방문했는데 그때마다 내가 앉았던 자리를 쳐다보면 옛날의 그 긴장감이 다시 느껴지기도 한다. 평생 머리와 가슴에 남는 추억을 안겨준 곳이다.

토트넘 - 토트넘 훗스퍼 스타디움

100년이 넘은 화이트 하트 레인을 대체하기 위해 지어진 최신식 경기장으로 현재 최고의 리그인 프리미어리그에 걸맞은 최고의 경기장 중 하나이다. 축구뿐만이 아니라 NFL 경기까지 같이 열릴 수 있게 개폐식 잔디구장이라는 공법이 사용되었고, 루프 시스템 역시 최신식이다. 이처럼 가장 진보된 기술이 적용된 스타디움에서 경기를 관람하는 것은 축구팬이라면 누구나 바라는 일일 것이다. 토트넘은 한국인이라면 특별한 감정이 생길 수밖에 없는 팀이기 때문에 언젠가 꼭 한번 방문하고 싶다.

박찬우

아스날 - 에미레이츠 스타디움

김용남

06-07시즌부터 노후화된 하이버리를 대신해서 새로 개장한 구장이다. 이 시기부터 아스날은 허리띠를 졸라매며 우승과 갈수록 멀어졌다. 이제는 어려운 시기를 이겨내고 다시 한 걸음 전진하려 하고 있다. 이 타이밍에 이곳을 한 번 방문한다면 감회가 새로울 것이다. 또한 에미레이츠 스타디움을 있게 한 아르센 벵거 감독의 동상이 경기장 앞에 세워져 있다. 이는 올드 팬들의 마음을 자극하기에 충분하다.

히든풋볼 멤버들의 최애 PL 경기장

아스날 - 에미레이츠 스타디움

처음 가본 유럽의 축구 경기장이다. 학창시절부터 응원해왔던 팀의 홈구장이지만 단순히 그런 의미뿐 아니라 여러 가지 감정과 의미가 있다. 이전 하이버리를 쓸 때의 추억과 구장을 옮기며 힘들어했던 아르센 벵거 감독과 팬들. 이제 다시 앞으로 나아가는 아르테타와 선수들 등 내가 즐겨온 해외축구 그리고 아스날의 이야기가 모두 집약된 곳.

박종윤

리버풀 - 안필드

개인적으로 가장 가보고 싶은 경기장을 뽑으라면 단연코 안필드다. 잉글랜드와 스페인의 여러 경기장을 가봤지만 안타깝게도 아직 안필드를 가보지 못했다. 왜 안필드를 방문할 생각을 하지 못했을까? 6만 명이 넘는 관중이 동시에 "You'll never walk alone"을 부르는 모습을 화면으로 볼 때마다 울컥했는데, 스티븐 제라드나 제이미 캐러거가 안필드를 자랑할 때마다 동의했는데, 왜 나는 런던에서 발길을 돌렸을까? 다시 생각하면 후회막심이구나! 당장 가고 싶다. 와이프만 허락한다면!

송영주

에버튼 - 구디슨 파크

구디슨파크는 클래식과 모던이 공존하는 상당히 매력적인 경기장이다. 전 세계 모든 나라의 현대 축구전용구장의 기초 모델이 되기도 했던 경기장이 구디슨파크이며, 수많은 역사와 기록들이 담겨 있는 경기장이기도 하다. 빠르면 2024년, 늦어도 2025년 에버튼의 신구장 '브램리무어도크스타디움'이 완공되기 때문에 축구 역사의 한 페이지를 장식한 구디슨파크와의 이별을 준비해야 하는 것은 크나큰 아쉬움이다.

이완우

20232024 프리미어리그 가이드북

초판 1쇄 펴낸 날 | 2023년 9월 15일
초판 2쇄 펴낸 날 | 2023년 11월 24일

지은이 | 히든풋볼
펴낸이 | 홍정우
펴낸곳 | 브레인스토어

책임편집 | 김다니엘
편집진행 | 홍주미, 박혜림
디자인 | 참프루, 이예슬
마케팅 | 방경희

주소 | (04035) 서울특별시 마포구 양화로 7안길 31(서교동, 1층)
전화 | (02)3275-2915~7
팩스 | (02)3275-2918
이메일 | brainstore@chol.com
블로그 | https://blog.naver.com/brain_store
페이스북 | http://www.facebook.com/brainstorebooks
인스타그램 | https://instagram.com/brainstore_publishing

등록 | 2007년 11월 30일(제313-2007-000238호)

ⓒ 브레인스토어, 히든풋볼, 2023
ISBN 979-11-6978-014-8 (03690)

* 이 책은 저작권법에 따라 보호받는 저작물이므로 무단전재와 무단복제를 금하며, 이 책 내용의 전부 또는 일부를 이용하려면 반드시 저작권자와 브레인스토어의 서면 동의를 받아야 합니다.

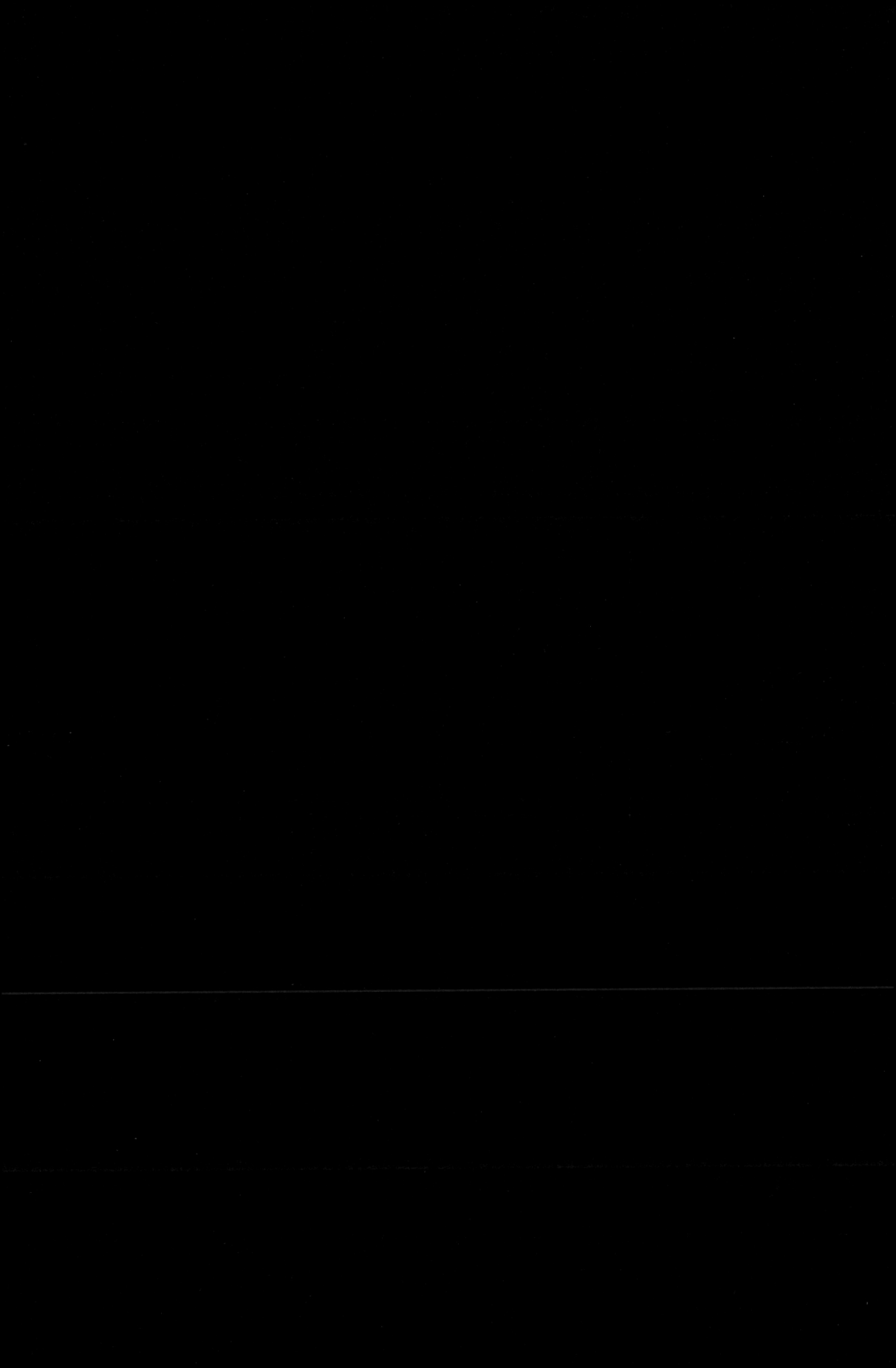